扬雄研究丛书

邓稳 编著

# 百年扬雄研究

文献综录文学卷

巴蜀书社

**图书在版编目（CIP）数据**

百年扬雄研究文献综录·文学卷 / 邓稳编著. —成都：巴蜀书社，2021.12

ISBN 978-7-5531-1587-0

Ⅰ.①百… Ⅱ.①邓… Ⅲ.①扬雄（前53—18）—学术研究—文集②古典文学研究—中国—西汉时代—文集 Ⅳ.①B234.995-53②I206.341

中国版本图书馆 CIP 数据核字（2021）第 248740 号

BAINIAN YANGXIONG YANJIU WENXIAN ZONGLU WENXUEJUAN

**百年扬雄研究文献综录·文学卷**
邓　稳　编著

| | |
|---|---|
| 策划组稿 | 施　维 |
| 责任编辑 | 张琳婉 |
| 封面设计 | 周　明 |
| 出　　版 | 巴蜀书社 |
| | 成都市锦江区三色路 238 号新华之星 A 座 36 层 |
| | 邮编：610023 |
| | 总编室电话：(028)86361843 |
| 网　　址 | www.bsbook.com |
| 发　　行 | 巴蜀书社 |
| | 发行科电话：(028)86361856 |
| 经　　销 | 新华书店 |
| 照　　排 | 四川胜翔数码印务设计有限公司 |
| 印　　刷 | 成都蜀通印务有限责任公司 |
| | 电话：(028) 64715762 |
| 版　　次 | 2022 年 5 月第 1 版 |
| 印　　次 | 2022 年 5 月第 1 次印刷 |
| 成品尺寸 | 152mm×215mm |
| 印　　张 | 23.5 |
| 字　　数 | 470 千 |
| 书　　号 | ISBN 978-7-5531-1587-0 |
| 定　　价 | 39.00 元 |

本书若有印装质量问题，请与工厂调换

# 目　录

# 百年扬雄文学研究综述

  扬雄（前53—18），字子云，西汉蜀郡成都人，"少而好学"，"博览无所不见"，"默而好深湛之思"，"欲求文章成名于后世"（《汉书·扬雄传》），一生创作颇丰。扬雄的创作以古代四部分类法而论，经部有小学类的《方言》，史部有载记类的《蜀王本纪》、职官类的《二十五官箴》，子部有儒家类的《法言》、术数类的《太玄》，集部有别集类的《扬子云集》；以现代学科分类而言，则包含哲学、文学、语言学乃至天文学、音乐学。由此可见，扬雄是古代早期难得的一个涉猎极其广博的学者。

  自汉武帝"罢黜百家，独尊儒术"以后，整个中国古代社会无不具有"依经立义"的特点，因此扬雄作为哲学家、思想家在古代特别受人关注。东汉桓谭《新论·正经篇》载桓谭答王莽"扬子云何人耶"说："（扬子云）才智开通，能入圣道，卓绝于众，汉兴以来未有此人也。"《新论·闵友篇》又载张子侯评扬雄为"西道孔子"，桓谭反驳说"子云亦东道孔子"，此已开以"圣"论扬雄之先河。宋代理学兴起，扬雄不仅因为仕莽被朱熹《朱子纲目》批为"莽大夫"，还因为《反离骚》被朱熹《楚辞后语》批为"屈原之罪人"，后世学者多据此评论扬雄的人格与文学。不过，无论褒贬，大率皆以经学、德性立论。19 世纪末，西学东渐，学风丕变，扬雄的语言学受到关注，《方言》研究蔚然成风。

与哲学、语言学研究相比，近百年来扬雄的文学研究起步较晚。究其原因大约有三。首先，从清代考据学到清末实学的兴起乃至西方实证学的引入，更有助于语言学、哲学的兴盛；其次，大半个 20 世纪都是平民文学的时代，扬雄的文学作品主要是繁富的汉大赋，在被贴上"贵族文学"的标签以后很难受到学界关注，更不用说赞扬；复次，扬雄的哲学、语言学专著大都流传较广，而文学范围宽广、模糊且没有扬雄自订的文集传世，在一定程度上影响了近百年扬雄文学研究的深入展开。

有关扬雄的研究综述也反映了上述特点。2007 年华学诚《二十世纪以来的〈方言〉整理》（《中文自学指导》2007 年第 5 期）、2010 年魏锦《以扬雄〈方言〉为依据的汉代方言分区研究综述》（《重庆广播电视大学学报》2010 年第 5 期）、2011 年雍鹏《〈方言〉文献综述》（《语文学刊》2011 年第 5 期）、2013 年华学诚与徐妍雁《扬雄〈方言〉及其研究述评》[《苏州大学学报》（哲学社会科学版）2013 年第 1 期]相继发表，由此可见有关扬雄语言学的研究曾经较为兴盛。2012 年，韩文娟发表有关扬雄哲学研究的综述类文章《近三十年来扬雄〈法言〉研究综述》。然而，有关扬雄文学研究的独立综述尚未见发表，只是在张晓明《二十年来扬雄研究综述》（《青岛大学师范学院学报》2002 年第 4 期）、吴会蓉与李玉巧《纪念扬雄诞辰 2070 周年暨四川省扬雄研究会第一届学术会议综述》[《西华大学学报》（哲学社会科学版）2018 年第 1 期]、王虎与肖娇娇《"扬雄研究的现状与未来"——纪念扬雄逝世两千周年学术研讨会综述》（《文学遗产》2018 年第 4 期）等综合性综述中略有涉及。

自从改革开放以来，特别是在新世纪弘扬中华传统文化的背景下，扬雄的文学研究迅速发展。由近几年的学术会议论文来看，有关扬雄哲学、文学研究的论文占了多数。这既受"盛世作赋"文学传统的影响，也得益于扬雄文学作品的宽泛性、文学阐释的多元性。然而，诸多原因使得写作扬雄文学研究综述相当困难，或许这也是此类研究综述少见发表的原因。

要写作扬雄文学研究综述，首先得确定扬雄的文学文本。阮元《书梁昭明太子文选序后》说："昭明所选，名之曰文。盖必文而后选也，非文则不选也。经也，子也，史也，皆不可专名之为文也。故昭明《文选序》后三段特明其不选之故。必沉思翰藻，始名之为文，始以入选也。"① 以此狭义的"文学"而论，似乎只有赋、箴等韵文可以入选。而章太炎以广义"文学"立论："凡云文者，包络一切著于竹帛者而为言。故有成句读文，有不成句读文，兼此二者，通谓之文。"② 以此而言，则扬雄的所有文字都可以进入文学领域，范围又过于宽泛。

当然，中国传统分类法的集部也是判定文学作品的重要标准。因为扬雄未自订文集，后世所辑扬雄集的内容差异很大，如《四库全书·集部·别集类》所收明代郑朴所辑《扬雄集》把扬雄《法言》《太玄》《方言》等子部书籍也囊括进去，实属不类。综观集部特别是别集体例，一般是不收成书，但如有散佚的专书，虽为经、史等内容往往也会录入别集之中。因此，本书所认定的扬雄文学作品为除《法言》《太玄》《方言》三本专书之外的所有文字。

① 阮元：《书梁昭明太子文选序后》，载舒芜等编选：《中国近代文论选》，人民文学出版社 1981 年版，第 105 页。
② 章太炎：《国故论衡·文学总略》，上海古籍出版社 2003 年版，第 52 页。

其次，需要确定文学研究的范围。当代学界一般把古代作家的文学研究区分为文学创作、文学理论两类，但具体而言，这两类研究又都将涉及美国学者 M. H. 艾布拉姆斯《镜与灯：浪漫主义文论及批评传统》中所说的世界、作品、艺术家、欣赏者的四重关系①，四者关系错综复杂，如要厘清当然又会将扬雄哲学、语言学等知识体系包含进来。本次扬雄研究中心从哲学、语言学、文学、文艺美学四个方面分别编撰百年扬雄研究综录，鉴于其他专著会有更加细致的专题论述，本书略去扬雄文学研究之外的话题。

## 一、文学文献的考辨及整理研究

虽然扬雄的文学作品被时人刘歆《七略》以及稍后的班固《汉书·艺文志》著录，但这种著录并不完整。因此，扬雄作品篇目不易确定，不少后出作品的真伪也尚待辨别。本节从扬雄作品真伪、作品编年、文集整理的角度将近百年扬雄文学文献的研究状况做一简要整理。

（一）作品真伪考辨

扬雄的文学作品主要载录于《汉书》本传、《文选》《古文苑》以及其他类书之中。《古文苑》晚出而所载唐前作品既多且完整，其真伪备受后人质疑，因此所载扬雄《蜀都赋》《太玄赋》的争议也大。

1. 关于《蜀都赋》真伪的讨论

1956 年，徐中舒在《巴蜀文化初论》[《四川大学学报》（社会

---

① ［美］M. H. 艾布拉姆斯著，郦稚牛等译：《镜与灯：浪漫主义文论及批评传统》，北京大学出版社 2015 年版，第 5 页。

科学版）1959 年第 2 期〕中已对《蜀都赋》的真伪率先提出质疑，1979 年在《论〈蜀王本纪〉成书年代及其作者》中进一步阐释了这一观点："蜀之有都（指京都言）自蜀汉称帝始，扬雄时代蜀哪有都"，因此"此赋非扬雄作，不辨自明"①。1985 年，郑文《对扬雄生平与作品的探索》又据文献来源否定扬雄作《蜀都赋》："《蜀都赋》虽略见于《艺文类聚》六十一，而《古文苑》言'世传孙洙巨源于佛寺经龛中，得唐人古文章一编，莫知谁录也'。（韩元吉《古文苑序》）说是子云所作，似乎不大可信。"② 后来，方铭、王青也从不同角度质疑扬雄作《蜀都赋》的可靠性。③ 但 2010 年，熊良智先生《扬雄〈蜀都赋〉释疑》对这些质疑做了否定：首先，蜀之有"都"当始于鱼凫王朝时期，早于扬雄的司马相如在其《难蜀父老》中有"东乡还报，至于蜀都"之语；其次，《汉书·艺文志》"诗赋略"载扬雄赋十二篇，但其名不可尽考，不能因为《蜀都赋》不见于《汉书》而否定扬雄的著作权；复次，虽然《古文苑》首载《蜀都赋》全篇，但两晋到唐代的古注、类书对其有多处征引，因此"并非《古文苑》始载《蜀都赋》其文"；最后，从《蜀都赋》"东""冬"不分、"侵""冬"互押等两汉蜀言用韵特征，绾合扬雄多有蜀地作品等例证，"扬雄是最有可能写作《蜀都赋》的"④。

①　徐中舒：《论〈蜀王本纪〉成书年代及其作者》，《社会科学研究》1979 年第 1 期。

②　郑文：《对扬雄生平与作品的探索》，载中华书局编辑部编：《文史》第二十四辑，中华书局 1985 年版，第 209 页。

③　方铭：《扬雄赋论》，《中国文学研究》1991 年第 1 期；王青：《扬雄评传》，南京大学出版社 2000 年版，第 267—269 页。

④　熊良智：《扬雄〈蜀都赋〉释疑》，《文献》2010 年第 1 期。

### 2. 关于《太玄赋》真伪的讨论

《古文苑》载扬雄赋三篇：《蜀都赋》《太玄赋》《逐贫赋》，《太玄赋》最为可疑。1957 年，郑文《读扬雄〈太玄赋〉献疑》首先指出《太玄赋》并非扬雄所作，理由如下：第一，《太玄赋》不同于扬雄《太玄》的宇宙观、人生观；第二，《太玄》本于《周易》《老子》，而《太玄赋》仅有一句与《周易》《老子》相关，不符合赋这种文体的铺陈特征；第三，《太玄赋》逃避现实，与扬雄其他作品中反映的志向不同。总之，《太玄赋》并不是铺陈《太玄》的赋，不大可能为扬雄所作。① 郑文《对扬雄生平与作品的探索》（《文史》第二十四辑，中华书局 1985 年版）也因此将《太玄赋》视为伪作而未加著录。2006 年，向永宁《〈太玄赋〉作者考辨》又从五个方面否定扬雄作《太玄赋》：第一，该赋独见于来历不明的《古文苑》，未被此前类书等文献引用；第二，《太玄赋》与扬雄的思想不合；第三，《太玄赋》和扬雄的文风、用韵不一致；第四，《太玄赋》在避讳方面不合情理；第五，《太玄赋》论及骑马，与汉代现实不合。最后，作者认为晋代杨泉也著有《太玄》，且西晋时期已有马镫的使用，"杨泉作《太玄赋》是有可能的"②。当然，学界也有不同的声音。束景南在 1993 年发表《〈太玄赋〉非伪作辨》，文章认为郑文所提出的四条证据皆不能成立，《太玄赋》从班固至宋代《直斋书录解题》之时都流传有序，决非伪作。③

### 3.《校猎赋》与《羽猎赋》的关系

易小平在《〈校猎赋〉就是〈羽猎赋〉吗？——兼论扬雄初为

---

① 郑文：《读扬雄〈太玄赋〉献疑》，《争鸣》1957 年第 4 期。

② 问永宁：《〈太玄赋〉作者考辨》，《湖北大学学报》（哲学社会科学版）2006 年第 5 期。

③ 束景南：《〈太玄赋〉非伪作辨》，《古籍整理研究学刊》1993 年第 5 期。

郎的时间及年龄》一文中提出了《校猎赋》与《羽猎赋》的关系问题。

首先，易小平认为扬雄所上四大赋中因从"羽猎"而作的是《校猎赋》，但被《文选》易名为《羽猎赋》，因此造成混淆。《汉书·扬雄传》在叙述扬雄进献四大赋时说："其十二月羽猎，雄从，……故聊因《校猎赋》以讽，其辞曰……"在本传中扬雄因从"羽猎"而献《校猎赋》，可见其赋本名《校猎赋》，但《文选》选录这篇文章时却易名为《羽猎赋》。因此，"人们习惯上以为就是此传赞语中的《羽猎赋》"。但是，"通观《校猎赋》的整个序文，《校猎赋》之名赫然在目，何尝有《羽猎赋》三个字？由此可见，《校猎赋》自是《校猎赋》，决非《羽猎赋》也"。又《汉书》本传所载扬雄大赋"其例皆为序末明题"，且据赞语《羽猎赋》当为扬雄待诏后所献的第一篇赋，因此《校猎赋》决非《羽猎赋》。

其次，易小平认为扬雄因奏《羽猎赋》为郎，但该赋已经亡佚。据《汉书·扬雄传》赞语"初，雄年四十余，……大司马车骑将军王音……荐雄待诏，岁余，奏《羽猎赋》，除为郎"，可知扬雄因上《羽猎赋》而为郎。易小平认为："由于正文中的《校猎赋》被认为就是赞语中的《羽猎赋》，于是就出现了前者作于王音死后和后者作于王音生前之间的明显矛盾。"至于《羽猎赋》的去向，易小平认为"一个比较合理的解释是亡佚了"①。

4. 其他作品的真伪问题

首先是《州箴》的真伪。《汉书·艺文志》载扬雄所序三十八篇中有"箴二"，《扬雄传·赞》言扬雄"作《州箴》"，《后汉

① 易小平：《〈校猎赋〉就是〈羽猎赋〉吗？——兼论扬雄初为郎的时间及年龄》，《广西大学学报》（哲学社会科学版）2007 年第 3 期。

书·胡广传》载扬雄作《十二州箴》，《古文苑》载《十二州箴》十二篇，严可均《全西汉文》辑得《官箴》二十一篇并《州箴》共计三十二篇，其中应当有部分作品非扬雄所作。束景南《扬雄作州箴辨伪》认为扬雄实据《禹贡》"九州"作《九州箴》，将《交州箴》《幽州箴》《并州箴》三篇定为后人伪作。《交州箴》为伪作证据有二：交州之名始于建安八年，此箴当作于建安八年以后，决非扬雄能作；《交州箴》言大汉时黄支"来牵其犀"指西汉平帝二年之事，而扬雄作州箴在汉成帝绥和年间，可证该箴当为后人伪作。《并州箴》将并州和朔方看成一部，而这是东汉建武十一年的事，因此这篇作品当作于东汉建武十一年以后。扬雄《冀州箴》已把汉代的幽州地域包括进去，不可能再为幽州作箴，因此"作伪者无知，增作《幽州箴》，露出破绽"①。

其次是《官箴》。严可均《全西汉文》辑录属名扬雄的《官箴》二十一篇，刘保贞《扬雄著作及其流传》认为："侍中、太史令、国三老、太乐令、太官令这五篇是残篇，属于'阙'的那种，由于难窥全豹，真伪就难于详考了；太常、尚书、博士、司空这四篇的归属自古就有问题。"其中，《太常箴》，《初学记》卷十二作崔骃，《古文苑》卷七作崔骃，但注云"一作扬雄"；《尚书箴》，《古文苑》卷七作崔瑗，但注云"一作扬雄"；《博士箴》，《古文苑》卷七作崔瑗；《司空箴》，《初学记》卷十一作崔骃，《古文苑》卷七作扬雄，但注云"一作崔骃"。因此，刘保贞认为："这四篇据严可均考证为扬雄作，但实情也很难稽考了。"②

王允亮《扬雄五官箴非原作考辨》从箴文所反映的信息考定

---

① 束景南：《扬雄作州箴辨伪》，《文献》1992 年第 4 期。

② 刘保贞：《扬雄著作及其流传》，《山东大学学报》（哲学社会科学版）2003 年第 1期。

《交州牧箴》《尚书箴》《司空箴》《博士箴》《太常箴》五篇应是后人之作，同时认为崔瑗《叙箴》所载扬雄作"九州及二十五官箴"中的"九州"实泛指"国家全境"，不能据此认为扬雄只作九篇州箴，实则扬雄作《州箴》十二篇。①

最后是关于《酒箴》的篇名。今所见《汉书·游侠传》作"《酒箴》"，而《太平御览》引《汉书》作"《酒赋》"，严可均认为："《北堂书钞》作《都酒赋》，都酒者，酒器名也。验文当以都酒为长。"刘保贞认为："《游侠传》所引，文意尚不完整，肯定是个节录。从这点节录看，其体例与大赋相似，与短小精悍的箴不同。"② 可见其认为该篇篇名当为《酒赋》或《都酒赋》。万光治先生《汉赋通论》"汉赋今存篇目叙录"亦定其篇名为"《酒赋》"③。

（二）作品系年考证

近百年扬雄文学作品的系年考证由三部分构成。首先是扬雄年谱研究，如1937年汤炳正先生在《论学》第4—7期连载的《扬子云年谱》认为，《反离骚》《广骚》《畔牢愁》作于阳朔元年，《甘泉赋》《羽猎赋》《酒赋》作于元延二年，《长杨赋》作于元延三年等；其次是各种文学编年史著作，如刘汝霖《汉晋学术编年》（商务印书馆1932年版）、陆侃如《中古文学系年》（陆氏遗著，主体写于1937—1947年，人民文学出版社1985年版）、刘跃进《秦汉文学编年史》（商务印书馆2006年版）、易小平《西汉文学编年史》（上海古籍出版社2012年版）等都对扬雄作品的系年做了或多或少的考察；最后是扬雄具体篇目系年的考证论文。由于

---

① 王允亮：《扬雄五官箴非原作考辨》，《中国韵文学刊》2018年第3期。
② 刘保贞：《扬雄著作及其流传》，《山东大学学报》（哲学社会科学版）2003年第1期。
③ 万光治：《汉赋通论》，中国社会科学出版社、华龄出版社2004年版，第448页。

单篇论文的系年考证往往较为深入且对前二者的成果多有吸收，本文即以此为主要考察范围将扬雄重要文学作品的系年研究介绍如下。

1. 四大赋系年考证

四大赋是扬雄入京后进献的重要赋作且创作年代较为清楚，因此历代皆有学者对四大赋的系年进行考证。近百年来陆侃如是较早考证四赋系年的学者，他认为扬雄元延二年依次进献《甘泉赋》《河东赋》《校猎赋》（陆侃如认为《校猎赋》即《羽猎赋》），元延三年进献《长杨赋》。① 唐兰《扬雄奏〈甘泉〉〈河东〉〈羽猎〉〈长杨〉四赋的年代》（《学原》1948 年第 10 期）针对陆侃如提出质疑，认为应该用严密的方法推论四赋的作年，但并没有给出推论结果。因此，在相当长的一段时间内陆侃如的说法占据主流。2002 年，杨福泉将唐兰的论断和方法付诸实践，考证出《甘泉赋》《河东赋》《羽猎赋》奏于永始四年，《长杨赋》奏于元延元年。② 随后熊良智先生《扬雄"四赋"时年考》［《四川师范大学学报》（社会科学版）2005 年第 3 期］论证结果与之相同。对扬雄四赋系年考订的文章极多，观点也互有歧异。综观诸家观点相异之处，乃缘于依据的文献不同。一派考证据《汉书·扬雄传》《汉书·成帝纪》，可称为"持《汉书》论"。然而，《汉书》纪、传本身也有矛盾，因此其所得结论也有分歧。另一派则据《文选》李善注引《七略》所载扬雄献赋时年为据。2017 年，陶成涛《扬雄四赋作年新论》即以《七略》所载为据，绾合汉成帝时郊祀制度变迁的舆

---

① 陆侃如：《扬雄与王音、王根、王商的关系》，《大公报·文史周刊》1947 年第 39 期。

② 杨福泉：《扬雄至京、待诏、奏赋、除郎的年代问题》，《上海大学学报》（社会科学版）2002 年第 1 期。

论背景、"预先献赋"的文学传统以及扬雄本人"归蜀葬子"的活动，认为扬雄永始三年（前 14）完成《羽猎赋》《甘泉赋》《河东赋》，绥和元年（前 8）完成《长杨赋》。① 可以预见，随着对扬雄文学文献研究的深入，还会有更多的学者撰文探讨这一重要问题。

2. 扬雄其他作品的系年研究

相较于四大赋，扬雄其他作品系年大多不太明确，但研究论文却较多。如张晓明《扬雄著作存佚考及系年研究》认为《反离骚》《广骚》《畔牢愁》作于阳朔中（前 24—前 21），《酒箴》作于元延四年（前 9）后汉成帝崩之前，《蜀都赋》早于或同于《反离骚》，系在成帝永始年间（前 16—前 13），《逐贫赋》"似为早期作品，且比《蜀都赋》更早"，《绵竹赋》作于永始年间（前 16—前 13），等等。② 其他如王以宪《扬雄著作系年》（《湘潭大学社会科学学报》1983 年第 3 期）、林贞爱《扬雄年谱》（载林贞爱《扬雄集校注》，四川大学出版社 2001 年版）等对扬雄众多作品的系年也往往采用时段法来模糊处理。不过，这样做也很有意义，如王以宪认为扬雄最先创作《逐贫赋》《蜀都赋》，林贞爱亦认为《蜀都赋》作于扬雄离蜀去京之前。这些重要作品的系年被分系为某个时段，对考察扬雄的文学创作、文学思想仍有极其重要的意义。当然，部分作品的系年尚可以更加准确一些，如王允亮《扬雄官箴创作及经典化问题探讨》（《暨南学报》2017 年第 8 期）认为扬雄《官箴》当作于成帝绥和元年末至二年初之间。总之，扬雄作品系年是一个细致而复杂的工作，尚需更多学者共同探讨。

---

① 陶成涛：《扬雄四赋作年新论》，《西北大学学报》（哲学社会科学版）2017 年第 6 期。

② 张晓明：《扬雄著作存佚考及系年研究》，《青岛大学师范学院学报》2004 年第 4 期。

（三）扬雄文集的整理

今天所谓文集乃指古代四部法中集部之别集。现存最早而完整的四部分类目录著作是《隋书·经籍志》，该书载"汉太中大夫扬雄集五卷"，但这个集子或许早亡，或许少有流传。因此，宋代晁公武说："古无雄集，皇朝谭愈好雄文，患其散在诸篇籍，离而不属，因缀辑之，得四十余篇。"① 实际上，扬雄集历代皆有编撰，但大多散佚，并没有一个流传有序的版本。不过，这并不能说明扬雄文集不受人重视，《四库全书》集部别集类仅收《扬子云集》《蔡中郎集》《孔北海集》三部汉代文集，而西汉仅扬雄一人有集，序列第一。可见，在四库馆臣心中，扬雄文集的地位是比较高的。不过，与扬雄《太玄》《法言》《方言》三部自订专著相比，扬雄文集确有两大缺陷：第一，没有流传有序的版本，因此内容多寡不一、篇目顺序比较混乱；第二，在古代只有零散的单篇注释，没有形成经典注本。近百年扬雄文集整理的重要成果有张震泽《扬雄集校注》（上海古籍出版社 1993 年版）、郑文《扬雄文集笺注》（巴蜀书社 2000 年版）、林贞爱《扬雄集校注》（四川大学出版社 2001 年版）。

这三部扬雄文集注本的出现，至少有三方面的意义。第一，为学界提供了扬雄文学研究的读本；第二，填补了扬雄文集无注本的空白；第三，扬雄文集由于内容不多，又无注本，在雕版印刷盛行以后，少有单行本流传，而注本的出现使得扬雄文集以单行本流传成为可能。

---

① 晁公武撰，孙猛校证：《郡斋读书志校证》，上海古籍出版社 2011 年版，第 827 页。

## 二、扬雄文学创作及作品阐释研究

### （一）扬雄文学创作研究

#### 1. 模拟与因革的辩论

扬雄著作多有模拟特色。班固在《汉书·扬雄传》赞中说："（雄）实好古而乐道，其意欲求文章成名于后世，以为经莫大于《易》，故作《太玄》；传莫大于《论语》，作《法言》；史篇莫大于《仓颉》，作《训纂》；箴莫善于《虞箴》，作《州箴》；赋莫深于《离骚》，反而广之；辞莫丽于相如，作四赋。皆斟酌其本，相与放依而驰骋云。"本传中亦载扬雄自道其赋模拟司马相如："先是时，蜀有司马相如，作赋甚弘丽温雅，雄心壮之，每作赋，常拟之以为式。"因此，历代皆有学者揭橥扬雄创作的模拟特征。郭绍虞《中国文学批评史》说："（扬雄）泥于复古宗经的主张，于是好用古文奇字，于是模拟经典形式。"① 周勋初在《中国文学批评小史》中说："扬雄极力强调学习古代经典，他的几部著名作品差不多都是模仿而成的，……这又开了后代重模拟的风气。"② 吴全兰《扬雄是"摹拟大师"之辨正》把扬雄文学作品中的模拟篇目以表格形式做了展现：

| 扬雄著作 | 所模仿的著作 |
|---|---|
| 《反离骚》《太玄赋》 | 屈原《离骚》 |
| 《甘泉赋》《河东赋》《羽猎赋》《长杨赋》 | 司马相如《子虚赋》《上林赋》 |
| 《解嘲》《解难》 | 东方朔《答客难》 |
| 《剧秦美新》 | 司马相如《封禅文》 |

---

① 郭绍虞：《中国文学批评史》，商务印书馆2010年版，第76页。
② 周勋初：《中国文学批评小史》，长江文艺出版社1981年版，第24页。

由此表可知，扬雄现存文学作品几乎每篇都有模拟痕迹。

对于模拟的原因，学者也做过探讨。王瑶认为："他们为什么喜欢拟作别人的作品呢？因为这本来是一种主要的学习属文的方法，正如我们现在的临帖学书一样。前人的诗文是标准的范本，要用心地从里面揣摩、模仿，以求得其神似。所以一篇有名的文章，以后寻常有好些人底类似的作品出现，这都是模仿的结果。"[1]吴全兰《扬雄是"摹拟大师"之辨正》认为扬雄模拟创作主要受限于汉代文人仿作风气的影响。而仿作风气形成的原因有二：一是受到经学恪守师法家法、因循前人、少有创新的学风影响；二是汉代文章式样少，文人竞相写赋，难免互相借鉴，按照一定体式写作。[2] 不过，这也只说明汉代文人模拟风气形成的部分原因，并不能很好解释扬雄模拟的深层次原因。

近百年来对这一问题的探讨较为明显地区分为两个阶段，前期特别是20世纪80年代以前学者们多批评其模拟的消极因素，后期特别是21世纪以后则多肯定其在模拟中的创新价值。2000年，吴全兰《扬雄是"摹拟大师"之辨正》认为"摹拟大师"是贬称，不过扬雄对前人的作品既有模仿又有创新，既有借鉴又有发展。2003年，陈恩维《试论扬雄赋的模拟与转型》认为扬雄的模拟实践是其创作走向成熟的必经阶段，并以《法言·吾子》"好书而不要诸仲尼，书肆也；好说而不要诸仲尼，说铃也"和《太玄·玄莹》"夫道，有因、有循、有革、有化"为据，认为扬雄最终把模拟"上升到了方法论的高度"[3]。

此外，还有不少学者从扬雄与司马相如异同的角度对扬雄模

① 王瑶：《中古文学史论》，北京大学出版社 1986 年版，第 200 页。
② 吴全兰：《扬雄是"摹拟大师"之辨正》，《桂林市教育学院学报》2000 年第 3 期。
③ 陈恩维：《试论扬雄赋的模拟与转型》，《中国韵文学刊》2003 年第 2 期。

拟说提出质疑。1985 年，王以宪《试论扬雄在汉大赋上对司马相如的因革和发展》指出："（扬雄）继承司马相如最力而有改革与创新，尤其是他对汉大赋形式主义弊病的深刻认识及精辟见解，更是直接影响了后世作家们的创作与批评家们对辞赋的评价。"该文认为其创新之处主要表现在：第一，在内容上，扬雄赋的讽谏更明白率直；第二，在艺术手法上，司马相如长于描述而扬雄长于议论；第三，在艺术风格上，司马相如清峻豪放而扬雄庄重深沉；第四，在结构形式上，扬雄赋篇幅缩短、喜用长句长对、保存骚赋楚歌之风，与司马相如也有区别；第五，扬雄扩大了汉赋的题材。① 蒋文燕《扬雄与司马相如赋风差异之比较》，贾名党、吴益群《司马相如与扬雄略论》，赵骥《经学变化的文学投影：司马相如、扬雄田猎赋异同论》等文章均从扬雄与司马相如的差异比较中肯定了扬雄的创新价值。

2. 扬雄文学创作的特征研究

首先，研究扬雄大赋创作的征实性特征。2009 年，王怀成《扬雄〈蜀都赋〉之征实性略考》认为，《蜀都赋》对四川地域特征、经济状况及城市面貌三个方面做了真实反映，所以其内容"类皆有据"，"却可信然"②。此后，易闻晓也认为扬雄大赋创作代表着汉赋"征实的转向"③，并从创作缘由、假托形式、叙议为本的框架结构三方面做了较为详细的论述。

其次，讨论扬雄大赋的创作模式。王德华从扬雄"丽以则"的赋论准则探讨其"以颂为讽"的大赋创作模式，并认为扬雄四

① 王以宪：《试论扬雄在汉大赋上对司马相如的因革和发展》，《江西师范大学学报》（哲学社会科学版）1985 年第 1 期。

② 王怀成：《扬雄〈蜀都赋〉之征实性略考》，《社科纵横》2009 年第 2 期。

③ 易闻晓：《论扬雄与汉赋的转向》，《复旦学报》（社会科学版）2018 年第 6 期。

大赋借助以序明讽、推而隆之、曲终奏雅等方式展现"以颂为讽"的创作模式。① 崔爽也认为扬雄开创了以颂为讽、文史夹以微讽、大量用典、抒情中议论的新的讽谏手法。② 此外，雷雨婷《扬雄辞赋创作变革及其赋学思想》（宁夏大学硕士论文，2016 年）对扬雄辞赋创作的特点做了探讨。

3. 扬雄文学创作的个性与创新

陶秋英《汉赋之史的研究》（中华书局 1939 年版）盛赞司马相如而鄙薄扬雄，所谓"司马放达而子云拘谨"，代表着那个时代对扬雄的普遍评价。但 21 世纪以来，出现了不少挖掘扬雄文学创作个性的论文。2005 年，辛小飞《扬雄赋的个性特征》通过分析扬雄的生平与赋作，认为扬雄赋作的艺术创新表现在有自觉的讽谏意识，扩大了赋作的描写领域。③ 2010 年，马建华《扬雄"四赋"的突破》认为扬雄四大赋虽然为模拟司马相如而作，但是在形式、内容、风格等方面有以下创新：在讽谏主旨上，司马相如着力点在弘辞丽句，虽曲终奏雅而不免狗尾续貂，而扬雄赋为讽谏而作，篇中的铺陈夸张只是作赋手段；在体式上，扬雄有意打破散体赋、骚体赋的界限，用骚体来表现汉代盛世和天子声威，使骚体摆脱以往压抑的基调，正式融入汉代主流文化；在题材和内容上，扬雄赋对宫殿、水中狩猎的大力描写皆比前人有所开拓；在讽喻内容上，扬雄也有所拓宽；扬雄四赋还体现一定的民本思想，非常鲜明地反对扰民、虐民行为。正因为颇多创新，扬雄才

---

① 王德华：《扬雄赋论准则及其大赋创作模式》，《浙江师范大学学报》（社会科学版）2011 年第 4 期。

② 崔爽：《浅谈扬雄赋中讽谏手法》，《商业文化》2011 年第 7 期。

③ 辛小飞：《扬雄赋的个性特征》，《和田师范专科学院学报》2005 年第 5 期。

在"汉赋发展史上赢得了与司马相如并称的地位"①。2009 年，陈碧仙《试析扬雄辞赋作品的艺术特色》归纳扬雄辞赋创作四个方面的独创与改革：铺叙与说理相结合；虚构方法的革新；篇幅缩短，不落俗套；练字遣词极有功力。② 2018 年，赵骥《经学变化的文学投影：司马相如、扬雄田猎赋异同论》以田猎赋为例分析扬雄与司马相如赋异趣的社会原因：汉武帝时面对有离心倾向的诸侯王和频繁入境杀掠的匈奴，强调集权大一统和尊王攘夷的公羊学兴起，因此司马相如《子虚赋》《上林赋》的主要视点在"尊君"，有尊上贬下的特点；随着传统儒家仁政思想、道统价值重新被重视，孟子的思想给予士人劝谏的勇气并有助于其养成独立的人格，因此扬雄《羽猎赋》主要视点在"安民"，有"屈君以伸天"的倾向。③

## 二、扬雄文学作品的阐释

### （一）对赋作的解读

宋皓琨《扬雄四大赋的文本重读——以〈上林赋〉为比较对象》从文本细读的角度将扬雄四大赋，特别是《甘泉赋》与司马相如《上林赋》对比后认为：扬雄把《上林赋》的虚拟描写转为写实艺术、空间艺术转为时间艺术、夸诞艺术转为言志艺术。④ 王德华《主文谲谏　以颂为讽——扬雄〈甘泉赋〉〈羽猎赋〉〈长杨

① 马建华：《扬雄"四赋"的突破》，《新乡学院学报》（社会科学版）2010 年第 2 期。
② 陈碧仙：《试析扬雄辞赋作品的艺术特色》，《福建教育学院学报》2009 年第 3 期。
③ 赵骥：《经学变化的文学投影：司马相如、扬雄田猎赋异同论》，《济南大学学报》（社会科学版）2018 年第 4 期。
④ 宋皓琨：《扬雄四大赋的文本重读——以〈上林赋〉为比较对象》，《齐齐哈尔大学学报》（哲学社会科学版）2006 年第 6 期。

赋〉解读》抓住扬雄赋的两个特征予以阐释：一是"诗人之赋丽以则"的赋论准则以及"以颂为美"创作思维模式的展现，二是赋序与韵散结合句式的变化。这种解读视角最终落实到扬雄赋体创作的特点以及汉代大赋的演变上来。①

王允亮《从激愤到和平——扬雄〈逐贫赋〉赏析》通过对《逐贫赋》三个层次的解读揭示赋作思想由激荡到平静的变化过程，并驳正了明代谢榛对扬雄"急于富贵""终仕新莽"的批评。② 李昕昕《扬雄述志赋发微》在探讨"述志赋"的概念后，从"名""富贵""纲常"三个角度解读扬雄《反离骚》《逐贫赋》《太玄赋》《解嘲》《解难》五篇述志赋。③ 张丽萍、朱智明《士人的自觉意识——扬雄抒情言志赋之研究》否定学界对扬雄抒情言志赋"清静无为""消极避世"的批评，认为扬雄在这类赋中流露的"皇权的疏离意识"是一种当时士人的自觉意识，并因此推动汉赋由再现到表现的转变。④

（二）对《反离骚》的解读

骚体虽属楚辞，但因为汉人辞、赋未作细分，后人研究时亦常将其隶属于述志赋或抒情言志赋。不过，扬雄因为《反离骚》批评屈原而被后人批判为"屈原之罪人"，且学者对《反离骚》的阐释也很多，因此将其单列一类予以介绍。1929 年 12 月 4 日，鲁迅在上海暨南大学讲演时曾以"《离骚》与《反离骚》"为题表达"这两派——牢骚与反牢骚都不是社会的叛徒"的观点。1982 年，

---

① 王德华：《主文谲谏　以颂为讽——扬雄〈甘泉赋〉〈羽猎赋〉〈长杨赋〉解读》，《古典文学知识》2010 年第 1 期。

② 王允亮：《从激愤到和平——扬雄〈逐贫赋〉赏析》，《名作欣赏》2011 年第 8 期。

③ 李昕昕：《扬雄述志赋发微》，《乐山师范学院学报》2007 年第 10 期。

④ 张丽萍、朱智明：《士人的自觉意识——扬雄抒情言志赋之研究》，《辽宁师专学报》（社会科学版）2011 年第 2 期。

李拓之《离骚与反离骚——鲁迅先生诞生一百周年纪念》对鲁迅演讲的旨意做了解读。这两篇文章虽然并未过多论及扬雄《反离骚》一文，但由此可见《反离骚》在整个中国特别是近代中国学术史、文化史上的影响。

1982年，黄中模《扬雄的〈反离骚〉及其引起的论争》是中华人民共和国成立以后较早为扬雄《反离骚》正名的学术论文。该文从《反离骚》的主要内容、扬雄与班固论骚之异同、围绕扬雄评骚的论争三个角度做了较为全面的评述，并认为历代评价《反离骚》的矛盾"其实质是儒家思想与非儒家思想的分岐，在评价屈原的论争中的反映"，而对扬雄评骚"应作具体分析，不宜笼统地全盘否定"①。1989年，郭建勋《扬雄及其〈反离骚〉之再认识》也是针对当时学界全盘否定扬雄及其《反离骚》而作。该文认为，扬雄其实对屈原和《离骚》做了高度评价，《反离骚》"反其辞而合其心"；扬雄"守道保身"的人生哲学虽然与屈原不同，但有其深刻的历史原因和相当的合理性，因此不能成为人们批判扬雄的理由；朱熹等从人品角度批评扬雄，认为其《反离骚》的根本目的在于"以明天下之大戒"，这种观点显得机械和片面；《反离骚》在艺术上可能不太成功，但在文学史特别是思想史上价值独特，即以异端思想成为反传统的武器。② 王思齐《试论〈反离骚〉的文学价值》专从文学艺术的角度为扬雄《反离骚》正名：首先，《反离骚》开启了一种新型的悼文形式；其次，虽为拟骚，但摆脱《离骚》的笼罩，输入了自己的时代精神；复次，构建了自己独特的文化心理结构。③ 赵乖勋《再论扬雄〈反离骚〉》认

① 黄中模：《扬雄的〈反离骚〉及其引起的论争》，《江汉论坛》1982年第6期。
② 郭建勋：《扬雄及其〈反离骚〉之再认识》，《求索》1989年第4期。
③ 王思齐：《试论〈反离骚〉的文学价值》，《考试周刊》2009年第43期。

为，扬雄把人的行为目的和方法分开，只是对屈原绝对不从俗、不用"以退为进"的策略、不识"时"的三种行为方法表示不满，而这些观点为个体的自由发展拓展了空间。①

（三）对其他作品的阐释

赵俊玲《"官箴王阙"传统与扬雄箴文》从"官箴王阙"的政治制度和历史传统出发，结合扬雄箴文的具体内容，认为扬雄箴文的箴戒对象是君主而不是学界普遍认可的百官。②

张晓明《论扬雄"连珠"的文学价值》认为扬雄创立"连珠"意在讽谏，表现出他渴望政治开明、吏治清廉和人民生活安定的愿望，两则"连珠"均分为两段的形式则具有很强的逻辑推理特色，因此扬雄"连珠"的文学价值主要表现在"它是一种言约意丰的富有文学色彩的、与赋同时存在却是对'赋丽以淫'的文风起矫正作用的新文体。它的出现对东汉抒情小赋的产生有较大影响，同时也是赋向骈文过渡的一种新文体"③。

刘保贞《扬雄与〈剧秦美新〉》认为扬雄《剧秦美新》作于"投阁"被释后，扬雄无论思想上还是个人感情上都对王莽倍加赞赏，并且建议王莽行巡狩天下、封禅泰山之礼。④ 王瑰《也论扬雄"美新"》则认为《剧秦美新》作于"投阁"之后，应该为求生而不是赞美所作，其"美新"的动机是为完成《方言》争取时间和创造环境的文化使命感。⑤ 王允亮《扬雄〈剧秦美新〉与汉代的王

---

① 赵乖勋：《再论扬雄〈反离骚〉》，《四川师范大学学报》（社会科学版）2010 年第 6 期。
② 赵俊玲：《"官箴王阙"传统与扬雄箴文》，《安阳师范学院学报》2015 年第 3 期。
③ 张晓明：《论扬雄"连珠"的文学价值》，《青岛大学师范学院学报》1999 年第 2 期。
④ 刘保贞：《扬雄与〈剧秦美新〉》，《山东大学学报》（社会科学版）2000 年第 6 期。
⑤ 王瑰：《也论扬雄"美新"》，《关东学刊》2016 年第 6 期。

道观》否定李善及五臣注对《剧秦美新》"奋三为一"指《尧典》《舜典》《帝典》三篇的解释，认为"奋三为一"实源于"王道通三"的观念，具有大一统特色，是时代精神的高度体现。[①]

侯文学教授《淑周楚之风烈——扬雄作品的文化阐释》（东北师范大学博士论文，2003 年）从扬雄对人物、艺术、自然事象的审美观照及其不同时期的色彩取向、文化走向等多个方面对扬雄文学作品进行系统的文化解读，可以看成是大陆较早以专著形式研读扬雄文学作品的成果，可惜至今尚未正式出版。

## 三、扬雄文学理论研究

扬雄的文学思想极其博大且充满矛盾，因而广为历代学者关注。本套丛书中的《百年扬雄研究文献综录·文艺美学卷》一书对此也多有探讨，因此本节主要以文学理论范畴为切入点对现有研究做一简要介绍。

### （一）扬雄文学理论研究总述

中国文学理论的专文，一般认为始于魏文帝曹丕的《典论·论文》。那是一个"文学自觉"的时代，在此之前，虽然时有对文学的评论，但比较隐晦且不成系统。扬雄是西汉重要的思想家、哲学家，相比同时代其他的赋家、作家，他有着更为自觉的文学理论意识，构筑了完整的文学理论体系，为后世所用。近百年来，一代又一代的学者接受时代的洗礼而对扬雄文学理论做出相应的研究。

第一，探讨扬雄文学思想的矛盾性。"童子雕虫篆刻"与"壮夫

---

① 王允亮：《扬雄〈剧秦美新〉与汉代的王道观》，《上海大学学报》（社会科学版）2017 年第 5 期。

不为"中的"童子"与"壮夫","诗人之赋丽以则，辞人之赋丽以淫"中的"诗人"与"辞人"、"丽以则"与"丽以淫"等等，皆是用对比的方法提出自己的文学理论。扬雄前期模拟屈原、司马相如大量创作各种辞赋作品，后期提出悔赋不作的观点，更让其文学理论充满矛盾。1957 年，朱东润《中国文学批评史大纲·西汉之文学批评》即指出这种矛盾："子云论赋，前后主张不一。"①

第二，从思想渊源探讨扬雄文学理论矛盾的原因。首先，从儒学与文学的双重标准来解读其矛盾。郭绍虞《中国文学批评史》认为："大抵汉人论赋不外两点：一是站在文学的立场言者，一是站在儒学的方面言者；而扬雄一生之赋论却兼有这两方面。"② 扬雄早年好赋，论赋偏于文学的立场，晚年斥赋，论赋则偏于儒学的立场。罗根泽《中国文学批评史》也认为由于扬雄对重形式之"文"的反对，对重内容之儒家之"学"的提倡，因而主张宗经、征圣与尊孔。③ 其次，从儒道思想的冲突来理解其矛盾。李庆甲《扬雄文学思想述评》认为扬雄文学思想受儒家思想影响的主要表现是形成明道、征圣、宗经的文学主张，并提出"明道、征圣、宗经的原则不但是扬雄反对辞赋的理论基础，且是他全部文学理论的核心"④，而扬雄主张为文质朴、自然，便是深受道家思想影响的明证。许结先生《论扬雄融合儒道对其文论的影响》先论述扬雄的儒道思想"就儒学而言，他是先秦儒家发展到汉代董仲舒集大成后发生深刻变化之关键；就道学而言，他是先秦道家发展到魏晋

---

① 朱东润：《中国文学批评史大纲》，上海古籍出版社 2005 年版，第 15 页。
② 郭绍虞编著：《中国文学批评史》，百花文艺出版社 1999 年版，第 52 页。
③ 罗根泽：《中国文学批评中》，上海书店出版社 2003 年版，第 93 页。
④ 李庆甲：《扬雄文学思想述评》，载上海人民出版社编：《古典文学论丛》，上海人民出版社 1980 年版，第 73 页。

玄学之间的枢纽；就儒道融合对古代文化心理结构产生之影响而言，他的作用更不应轻估"，然后阐述这一哲学思想对文学理论的影响，"由于学术思想中儒道融合之影响，扬雄文艺观始终贯串了两种精神：一是儒家文为经世、学以致用之精神，一是道家轻禄傲贵、淡泊自守之精神"，并具体从扬雄文论中文与道、文与质、对汉赋的评价与对屈原的评价这四方面来论析两种精神相互矛盾的表现。① 复次，从"自然之道"与宗经、征圣来解读其矛盾。敏泽《中国文学理论批评史》称扬雄"认为的自然之道是发展变化的，本身就包含因与革两种互相对立的因素"②，而最能体现自然之道的则是圣人所著经书，于是"扬雄把'圣人'及经书抬高到了无以复加的地步，作为一切'言''书'的最高标准和楷模"③。

第三，从人生经历、心态等角度探讨扬雄文学理论的变化原因。孙少华先生《扬雄的文学追求与文学观念之迁变》认为，扬雄的文学追求由早期辞赋创作转向后期经学与诸子学术研究有内外两个因素，内在因素是扬雄所处的社会普遍性心理环境及自身性格缺陷造就他悲观的心理状态与消极的人生态度，从而影响其文学追求与文学观念变化，而外在因素则是由于朝代更迭所造成的学术风尚转向。④

第四，探讨扬雄文学思想与文学自觉的关系。鲁迅"曹丕的一个时代可说是'文学的自觉时代'"（《魏晋风度及文章与药及酒之关系》）的观点影响深远，但也有不少学者在逐渐修正这一

---

① 许结：《论扬雄融合儒道对其文论的影响》，《学术月刊》1986 年第 4 期。
② 敏泽：《中国文学理论批评史》，吉林教育出版社 1993 年版，第 152—153 页。
③ 同上书，第 153 页。
④ 孙少华：《扬雄的文学追求与文学观念之迁变》，《清华大学学报》（哲学社会科学版）2012 年第 1 期。

结论。张少康《论文学的独立和自觉非自魏晋始》一文即提出异议："文学的独立和自觉是从战国后期（楚辞）的创作开始初露端倪，经过了一个较长的逐步发展过程，到西汉中期就已经很明确了，这个过程的完成，我认为可以刘向校书而在《别录》中将诗赋专列一类作为标志。"① 万志全《论文学的自觉理论探讨始自扬雄的丽》更进一步认为："文学自觉的标志性特征已在扬雄的'丽'中显现端倪。"② 无独有偶，钟志强《扬雄的"以文立命"及其对文学自觉的影响》通过对屈原"以文抒情"、贾谊"以文自广"、司马迁"以文立言"、扬雄"以文立命"的"文"的变化阐述扬雄"已标志了'文学自觉'初具雏形"，即扬雄对"丽"的自觉追求已经成为文学自觉的标志性特征；扬雄区分不同体裁及文体，并能根据需要选择不同文体；扬雄对促进文学从广义的学术中分化出来功不可没。③

第五，探讨扬雄文学思想的影响。不少学者在探讨扬雄的文学思想时都会或多或少涉及这一问题，其中尤以 1988 年许结先生发表于《中国社会科学》的《论扬雄与东汉文学思潮》一文最为详尽、深刻。该文主要讨论扬雄对后世文学的影响及其在汉代文学史上的地位，内容丰富、分析精辟，限于篇幅，这里只就扬雄文学思想的影响做简要介绍。在文学理论方面，该文要点有二：一是提出"扬雄'文必艰深'的理论与'言渺而趋深'的创作风格，并非'摹拟复古的保守思想'，而是'穷变'思想的曲折反

---

① 张少康：《论文学的独立和自觉非自魏晋始》，《北京大学学报》（哲学社会科学版）1996 年第 2 期。

② 万志全：《论文学的自觉理论探讨始自扬雄的丽》，《名作欣赏》2007 年第 1 期。

③ 钟志强：《扬雄的"以文立命"及其对文学自觉的影响》，《四川教育学院学报》2009 年第 3 期。

映"；二是总结扬雄首次将自然之"神"用于文艺批评，形成"宇宙—人事—艺术"的结构系统。第五部分"对东汉文学思潮形成的积极影响"从三个方面总结扬雄对东汉文学思潮形成的影响：第一，"以著述企求立名，破西汉儒门师法章句传统之学以成一家之言"；第二，"扬雄立'玄'，于开东汉学术玄远旨趣的同时，亦开东汉文风中崇尚自然的思想情趣和达观玄览的艺术境界"；第三，"扬雄在时代变革期对儒学传统与辞赋艺术的反思，促进了东汉文学观念的演变"。具体表现亦为三点：其一，"个性意识的觉醒与沉沦于西汉经学氛围的先秦人本位思想的复甦，使扬雄首开以文学笔触品藻人物之风"；其二，"扬雄文质副称说改变了西汉重质轻文观，为东汉重文思想创造了转机"；其三，"扬雄思想中萌发出一种自觉艺术观对东汉艺术观念的演变有一定影响"①。

（二）扬雄文学理论的重要范畴研究

扬雄的文学理论极为丰富且大多为妙言警句，因此在中国文学的漫长发展过程中逐渐成为文学理论的重要范畴，近百年来也多有学者撰专文研究。今摘其重要者介绍如下。

1. 丽则、丽淫与"文质"说

"丽"作为审美概念在扬雄之前也间有提及，如司马相如在《上林赋》描写上林的"巨丽"之美，汉宣帝认为"（辞赋）小者辩丽可喜"（《汉书·王褒传》），但皆不及扬雄论述之广泛、深刻。学界一般认为《汉书·扬雄传》源自扬雄自传，本传"先是时，蜀有司马相如，作赋甚弘丽温雅，雄心壮之，每作赋，常拟之以为式"，提到扬雄对司马相如"弘丽温雅"之赋的模仿；"雄以为赋者，将以风也，必推类而言，极丽靡之辞，闳侈钜衍，竞

---

① 许结：《论扬雄与东汉文学思潮》，《中国社会科学》1988年第1期。

于使人不能加也"，指出赋文体"极丽靡之辞"的特征。扬雄在与刘歆的书信中说自己"少不得学，而心好沉博绝丽之文"，"沉博绝丽"或可视为"弘丽"的注解。由此可见，扬雄认为"丽"是汉赋的主要文体特征，后来扬雄在《法言》中对汉赋之"丽"做了修正："诗人之赋丽以则，辞人之赋丽以淫。"由此，丽则、丽淫成了中国文学理论史特别是赋论中经久不衰的审美范畴。扬雄《太玄·文》"阴敛其质，阳散其文。文质班班，万物粲然"，可以看成是对丽则、丽淫给出的哲学解释。因此，文质相符又可视为丽则观的另一种表达。前文在论及扬雄文学思想时已粗略涉及"丽"的思想，此处再对相关专文予以介绍。

兰寿春《"诗人之赋丽以则"辩证——简论扬雄赋论的影响和意义》认为扬雄是汉大赋的叛逆者、批判者，扬雄"丽以则"的标准问题就是文与质的关系问题，是在"文人'欲兴治'的创作立意，社会上强调雅乐经学的思想，促使文学家们反思汉赋的社会作用"这种背景下产生的，并认为扬雄的赋论约束了汉大赋的发展，同时客观上催生了东汉抒情小赋的出现。①

陈碧仙《兼论扬雄关于汉赋"丽则"和"丽淫"的文学思想》认为"丽则""丽淫"以及"文质相符"的文学理论特征有二：首先，扬雄第一次从审美高度明确指出了汉赋的共同特质——"丽"；其次，扬雄着眼于文学功能的文以致用的观点突出强调了文学的"则"。作者肯定这些理论："从审美高度提出的文学丽靡特质和着眼于文学功用的文以致用观念是扬雄文学思想的核心，

---

① 兰寿春：《"诗人之赋丽以则"辩证——简论扬雄赋论的影响和意义》，《龙岩学院学报》2007年第1期。

它对后代的文学创作和文学理论都产生了深刻的影响。"①

束景南《论扬雄文学思想之"文质相副"说》认为，是扬雄首先系统地提出"文质"说这一重要范畴，而不是流行说法所主张的孔子和刘勰。为了要救汉儒以文害质和汉赋家文丽用寡之病，扬雄重点论述了"文质"说中"质"的方面，具体包括"质"是"情"、"质"是"道"、"质"是"事"等。②

田胜利《扬雄"文质说"及相关的文学观念与创作》认为扬雄"文质说"源自儒家，也有对道家思想的吸纳，并且借助宗经立义桥梁在具体的文学创作中得到实践。③

2. "诗人之赋"与"辞人之赋"

这一范畴出自《法言·吾子》"诗人之赋丽以则，辞人之赋丽以淫"，与"丽则""丽淫"紧密相关。这一理论范畴的主要焦点在谁是"诗人"，谁是"辞人"，哪些作品为"诗人之赋"。

曹大中《屈赋非扬雄所说"诗人之赋"辩》从四个方面否定屈原赋为"诗人之赋"的流行观点：第一，"则者可法则"，《法言·吾子》曾论述一切言论、行为、著述的法则，屈原及其赋作被排除在外；第二，扬雄《反离骚》批评屈原的处世哲学，可见他不以屈原及其作品为取法的准则；第三，据《文选·谢灵运传论》李善注知扬雄批评屈原作品"过以浮"；第四，《法言·吾子》评价屈原智否问题时只给了"丹青"之伦的评价，与可为法则的圣人不同。因此，"屈原的赋，扬雄认为够不上'丽以则'的标

---

① 陈碧仙：《兼论扬雄关于汉赋"丽则"和"丽淫"的文学思想》，《福建教育学院学报》2009 年第 1 期。

② 束景南、郝永：《论扬雄文学思想之"文质相副"说》，《文艺理论研究》2007 年第 4 期。

③ 田胜利：《扬雄"文质说"及相关的文学观念与创作》，《湖南工业大学学报》（社会科学版）2017 年第 6 期。

准，不属于'诗人之赋'的范围内。'诗人之赋'只能是指五经之一的《诗经》的作品"①。

刘洌《扬雄"诗人之赋"辩义》也认为"诗人之赋"中的"诗人"，"不是荀子或屈原，也不是通常意义上的'作诗者'或'以诗名家者'，而是专指《诗经》的作者"，因此"诗人之赋"即《诗经》中的赋。不过，这里的赋"与后世将'赋'作为一种'体'的概念毫不相涉"②。

冷卫国《"诗人之赋"与"辞人之赋"——论扬雄的赋学批评》晚出，且与上述两文观点不同，认为屈原之赋为"诗人之赋"，司马相如等汉代赋家之赋则为"辞人之赋"。可能因为该文侧重点在扬雄的赋学批评，并未对何为"诗人之赋""辞人之赋"做出细致考论。③

3. 童子雕虫与壮夫不为

语出《法言·吾子篇》："或问：'吾子少而好赋。'曰：'然。童子雕虫篆刻。'俄而曰：'壮夫不为也。'或曰：'赋可以讽乎?'曰：'讽乎! 讽则已，不已，吾恐不免于劝也。'或曰：'雾縠之组丽。'曰：'女工之蠹矣。'"对"童子雕虫篆刻""壮夫不为"，研究者一般理解为：扬雄视赋为雕虫小技，壮年后不屑再作赋，其

---

① 曹大中：《屈赋非扬雄所说"诗人之赋"辩》，《中国文学研究》1990 年第 4 期。
② 刘洌：《扬雄"诗人之赋"辩义》，《文艺评论》2011 年第 6 期。
③ 冷卫国：《"诗人之赋"与"辞人之赋"——论扬雄的赋学批评》，《齐鲁学刊》2013 年第 3 期。

至认为扬雄是"文学取消主义的始作俑者"①。近年来也有部分学者对此展开专题讨论，时有新意。

1986 年，马夏民《扬雄薄赋辨》根据《说文解字》"学僮十七以上，又以八体试之"认为，"虫书和刻符皆为学僮所习，当然是少年人的玩意"，并总结了扬雄薄赋的三个原因：汉代辞赋家的地位很低；悟其所作之赋，皆模拟之作；为了"明道""宗圣"和"征经"。总之，扬雄薄赋"是从担心辞赋会惑乱经典这个意义上对赋加以否定的"②。

魏鹏举《"雕虫"与"雕龙"的故事——兼论扬雄与刘勰的文学观》将视文章为小道的扬雄"雕虫"论与刘勰"雕龙"论相提并论，分析了各自立论的缘由及相互的关联："'雕虫'在扬雄那里虽然不是对于'文'的完全否定，但显然有着反对文滥的强烈忧患，是以'破'的消极倾向为主的；'文弊'的这一忧患虽然也被刘勰所继承，但刘勰是以'破'而求立的，是从积极的方面认定和规范'文'的价值的，所以他用'雕龙'。"③

王虎《"雕虫"探源》视"虫"为"彤"的通假，意为"丹饰、雕饰"④。张明辉《关于扬雄辞赋观的一点厘清》由此认为"扬雄之'雕虫'句，指年轻时喜欢雕饰辞藻，写了些大赋，壮年

---

① 顾易生：《先秦两汉文学批评史》认为，"童子雕虫篆刻""壮夫不为"的结论被"后来的道学家加以片面发挥，就成了文学的取消主义。扬雄作为始作俑者，有其一定的责任"，上海古籍出版社 1990 年版，第 550 页。张明辉：《关于扬雄辞赋观的一点厘清》指出，"扬雄的'童子雕虫篆刻，壮夫不为也'，长期以来一直被认为是矫枉过正的偏激之辞，是文学取消主义的始作俑者。"《南阳师范学院学报》（社会科学版）2010 年第 10 期。
② 马夏民：《扬雄薄赋辨》，《信阳师范学院学报》（哲学社会科学版）1986 年第 2 期。
③ 魏鹏举：《"雕虫"与"雕龙"的故事——兼论扬雄与刘勰的文学观》，《文化与诗学》2008 年第 1 期。
④ 王虎：《"雕虫"探源》，《光明日报》2009 年 10 月 19 日。

后就不写这些'辞人之赋'了",并指出这一观点表明扬雄发现了辞赋艺术形式和文学功能之间的矛盾,标志着"辞赋摆脱儒家经典附庸地位的开始"①。

## 四、扬雄文学研究的特点及趋势

近百年来扬雄文学研究成果较为丰硕,但在研究焦点、成果形式等方面皆带有不同的时代烙印。

第一,从研究时段的盛衰来看,20世纪初至1949年,受文学成为独立学科的刺激,扬雄文学研究进入学者的研究视域;1950年至1979年,受政治、文化的影响,扬雄文学研究几乎停滞,罕有开创性成果;1980年至1999年,文学文艺思潮兴起,扬雄文学研究进入破冰期,产生了比较丰富的成果;21世纪以来,受弘扬传统文化、地方文化的影响,扬雄文学研究进入空前繁盛期,产生了大量的研究成果,不仅多有开创性的成果,亦有不少普及性的论文。

第二,就研究焦点和情感倾向来看,1949年之前多集中在扬雄赋的研究且以批评为主;改革开放至新世纪研究范围拓宽,多从儒道思想角度解读扬雄的文学思想,虽不乏批评之论,但亦时见同情之理解,甚或褒扬;21世纪以后,研究范围更加宽广,扬雄文学研究全面展开,特别注重其文化价值及对地方文化建设的意义,虽然立论比较客观,但几乎全为褒扬之论。

第三,就成果形式而言,1949年之前少有扬雄文学研究的专

① 张明辉:《关于扬雄辞赋观的一点厘清》,《南阳师范学院学报》(社会科学版)2010年第11期。

著专文，成果形式多是中国文学史、赋史等专著中的章节，甚至片言只字；改革开放至今多为单篇论文的形式。21 世纪以后扬雄文学研究的硕博论文大量涌现，已经接近专著的形式。虽然截至目前，除了三种扬雄文集的笺注本以外，尚未有扬雄文学研究专著正式出版，但相信很快就会涌现一批成果丰硕的研究专著。

第四，21 世纪以来，地方政府及相关研究机构成为推动扬雄文学研究的主要动力之一。四川省委省政府以及扬雄故里成都郫都区政府在各个层面推动了扬雄文学研究，四川省扬雄研究中心、四川省扬雄研究会各自召开多次扬雄学术研究会议并发布大量相关课题，极大地推动了扬雄文学研究的深入展开。

总而言之，近百年来扬雄文学研究虽然几经波折，但进入新世纪以后借助时代思潮，扬雄文学研究已经全面展开，可以预见其发展的可能方向：

第一，扬雄文学文献的研究与集成将进一步深入展开。随着中国经济、文化实力的不断增强，国家已经持续加大对古典文学文献的支持力度与范围。扬雄文集在历代皆有编撰，但大多散佚，致使其作品真伪、篇目多寡等存在较大争议，当前扬雄文学研究已进入活跃时期，学界有热情也有必要进一步展开扬雄作品真伪考辨、系年校注等文献工作，从而编撰出反映时代特色的经典文集。

第二，扬雄文学作品的解读、文学理论的阐释将更加深入且更具有时代特色。与西汉乃至两汉文学家相比，扬雄文学研究至少具有三方面优势：文学作品较多且涉及各种体裁，文学理论丰富且充满矛盾，文学理论与文学作品之间存在极大的张力。因此，扬雄文学研究的兴盛不但可以预见，而且由于国家和地方政府的推动，这种研究必然和当下的文化思潮融合，体现强烈的时代特色。

　　第三，海外扬雄文学研究特别是其研究成果的译介将进入一个活跃时期。中国古代很少关注日本、韩国的扬雄研究，几乎从未译介他们的成果，由于全球化的影响，学界不仅会译介日、韩的扬雄文学研究成果，对欧、美等其他地区近代以来的扬雄研究成果也将大量翻译。同时，扬雄研究中心、扬雄研究会最近几年召开的学术会议已经有不少日、韩和欧美学者参会，可以预见扬雄文学研究的全球化也可能是一个趋势。

　　第四，扬雄文学研究乃至扬雄研究将进入一个集大成的时期。扬雄是中国早期难得的一个"百科全书"式的学者，其著作涉及哲学、文学、语言学等多个学科领域，由于学术分科、学术视野的变化，新时代的扬雄研究具有分科研究、综合研究相辅相成的特点。可以预见，学界必将在系统整理出版历代研究成果的基础上全面系统地推动扬雄研究，从而促成扬雄研究集大成时代的到来。

# 著作提要

## 扬雄集校注

张震泽校注,上海古籍出版社 1993 年 10 月第一版。全书包括前言、赋十篇、文七篇、书四篇、颂诔两篇、箴三十三篇、扬雄自序一篇、附录《扬雄佚事》《扬雄佚篇目》《扬雄年表》三篇。《扬雄自序》由《汉书·扬雄传》改题而成,作者认为:"由此可见《汉书·扬雄传》全部即雄《自序》之文,兹酌录之,改题《自序》以入本集。顾班氏以序为传,亦间下己语,删之则有伤文义,姑具存之,加方括弧以为别。"因为《汉书》本传所载《反离骚》《甘泉赋》《河东赋》《校猎赋》《长杨赋》五篇作品已收录于《扬雄集校注》正文,故《自序》对其略而未录。

张震泽,字溥东,又字一泓,山东长清人,1911 年 10 月生。曾为辽宁大学中文系文学研究所所长、中国书法家协会会员、中华诗词学会顾问,著有《诗经新论》《孙膑兵法校理》《许慎年谱》《张衡诗文集校注》《扬雄集校注》等。其中,《张衡诗文集校注》《扬雄集校注》皆被收入上海古籍出版社《中国古典文学丛书》。

作者原拟以《四库全书》所收明代郑朴《扬雄集》为底本加以校注，但因为该集收有《太玄》《法言》等专著，与"文人别集例不收成书"的原则不合，最终确定以严可均《全上古三代秦汉三国六朝文》为底本，"只收散篇而舍成书，惟《蜀王本纪》仅存片段，不成章节，姑入集中"。作者在前言中自称该书"可说是扬子云集最完备的了"。刘保贞《扬雄著作及其流传》亦认为："从版本的角度来看，张震泽的《扬雄集校注》，据严辑复查出处，删其不当，补其缺遗，并详加注释校勘，凡得五十七篇。可说是自有扬雄集以来辑录最完备、注释校勘最详审的本子。"①

此书未明言校注体例，综观全书，其体例大略如下。一是注出扬雄每篇文章的出处，如《甘泉赋并序》作者注释云："《甘泉赋》，见《汉书》本传、《昭明文选》、《艺文类聚》三十九。《文选》有序，即用《汉书》本传文，本传又用扬雄《自序》。"二是对篇中地理、人名、官职等专有名词以及部分较为生僻的词语做出注释，在注释之中常常引文为证，如《蜀都赋》注释"火井"云："火井：天然气井，其气可燃以煮盐，今四川各县多有之。《后汉·郡国志》蜀郡临邛本注：'《博物记》曰：有火井，深二三丈，在县南百里，以竹木投取火。后人以火烛投井中，火即绝灭不复然。'"三是对所选的大多文章分段注释并做简要的段意说明，如《蜀都赋》以"蜀都之地……犹縠毕方"为一段，在这段注释后提行说明段意云："此段总写蜀都之方位、特产及异物。"

该书完成于 1988 年 1 月，1991 年 11 月始补写前言，作者时年 81 岁，颇多感慨，故在《前言》末附诗一首："铅椠辛勤愧子

---

① 刘保贞《扬雄著作及其流传》，《山东大学学报》（哲学社会科学版）2003 年第 1 期。

云，遍搜群书辑遗文。四赋堪与相如敌，二《言》前更无古人。自有精思出众者，《剧美》之间见初心。世俗多诬常耳食，'仿古''附莽'非确论"。

## 扬雄文集笺注

郑文笺注，巴蜀书社 2000 年 6 月第一版，全书包括前言、正文和附录三部分。作者将扬雄作品分为六卷，大致按照赋、书、文、箴的文体编排。附录收辑残篇："若夫《三国志注》《北堂书钞》《艺文类聚》《隋书·天文志》《后汉书注》《昭明文选注》……《太平御览》《太平寰宇记》等书所引作品的残零，则归入附录，仍如前法笺注。"

此书以严可均《全汉文》所辑四卷为底本，前言大致讲明校书体例。一是解释篇名及基本常识，如《河东赋并序》作者注释云："黄河流经山西省西，自北而南，因称山西地区为河东。……序者，陈述著者之意趣旨也。"二是作品首选《汉书》《昭明文选》《古文苑》，注释采取王先谦《汉书补注》的方法，"先列各家注释，末后才提出自己的见解"。如《甘泉赋》注释"为汉十世"之"十世"："善曰：'……十世，成帝也，上玄，天也。'李周翰曰：'成帝当汉之十世。'按：十世：谓高帝、惠帝、吕后、文帝、景帝、武帝、昭帝、宣帝、元帝、成帝。"三是对所引书目之文字，一并引用校者之注，间或按以己意。如对《长杨赋》"乃今日发矇"之"矇"的校注："善曰：'……矇与蒙，古字通。'……梁章钜曰：'……六臣：矇，作蒙。……'按：六臣本作矇，校云：'五臣作蒙。'"

该书完成于 1986 年，作者感慨中华人民共和国成立后扬雄研究略有兴盛，但"多从哲学和文学理论上探讨。专力研究他的文的，据我所知，还是太少。正由这样，不自量力，辑《汉书》和《古文苑》等书旧注，参以己见，成为一书，名曰《扬雄文集笺注》"。

## 扬雄集校注

林贞爱校注，四川大学出版社 2001 年 6 月第一版。全书由前言、赋八篇、文两篇、书两篇、颂两篇、箴二十八篇、扬雄残文补遗十篇和附录构成，其中附录收有家牒、《扬侍郎集》《扬雄年谱》。此书前言由杨世明代序，对扬雄在历史上的地位予以肯定。

此书对校注体例做了大致说明。一是采用题解以释篇名。如《蜀都赋》，先言蜀都历史由来，次言《蜀都赋》主要内容，最后对《蜀都赋》给予总体评价。二是对篇中天文、地理、职官及重点字词进行解释，有的引书以为证。如解释《蜀都赋》之"坤宫"："坤属阴，坤之象为地，此指古梁州。《易·说卦》：'坤为地，……为大舆。'《注》：'坤，西南方之卦也。'"三是对生僻字采用注音及谐音法，以减少读者阅读障碍。四是注释力争完备，对有些词语做了多方考证；对某些难懂的句子，做了必要的解释；格式上采用每条注释之后空一格的样式。

此书于 1983 年完成初稿，随后三易其稿，可见作者用功颇勤。

# 扬雄评传

王青著，南京大学出版社 2000 年 12 月第一版。该书是南京大学匡亚明主编的大型丛书《中国思想家评传丛书》中的一种，影响较为广泛。全书由"扬雄生活的时代背景""扬雄的生平事迹""扬雄的经学传承、人生形态及政治态度""《太玄》以及扬雄的哲学体系""《法言》及其思想学说""扬雄的文学创作与理论""扬雄的其他学术著作""扬雄的影响"八章以及"扬雄年谱"等构成。"扬雄的文学创作与理论"虽然只有一章但结构较为系统，内容也比较丰富，与一般单篇文章的专题论述不同。因为国内尚无扬雄文学研究的专著出版，故将该书论列于此，以备参考。

第六章"扬雄的文学创作与理论"共分"扬雄的骚体赋""扬雄的大赋""扬雄的杂赋""扬雄其他文体的创作""扬雄的文学理论"五节。其赋体分类受许结先生《汉代文学思想史》（人民文学出版社 2010 年版）反骚系列、大赋系列、《太玄》系列的三分法影响，不过将《太玄》系列换为杂赋系列，作者自言更换原因为："首先，《太玄赋》之真伪疑不能明，是伪作的可能性极大；第二，骚体赋与大赋均是以文体形式分类，此处改用内容分类，不妥；第三，这样的命名方式只能包容《解嘲》《太玄赋》，以及与此阶段思想相近的《逐贫赋》，而无法包容《解难》和《酒箴》等作品。"

第二节作者以刘勰"深玮"二字评价扬雄的大赋，并指出其大赋创作的两大特点及其讽喻的四种方法。第一大特点是属辞之委婉，第二大特点是结构的严密。四种讽喻方法分别是：夸辞以见其非、美辞以饰其非、直辞以励其志、微辞以戒其行。在第三节杂赋的讨论中，作者首先通过《太玄赋》与扬雄整体思想的矛盾肯定《太玄赋》为伪作，排除在扬雄杂赋讨论范围之外，然后逐篇解读，得出最终结论："扬雄的辞赋创作，在中国辞赋史上占有重要地位。"

第五节"扬雄的文学理论"从扬雄以玄为中心的哲学体系出发考察了扬雄文学理论的生成及特征，肯定扬雄文学理论的三大影响：首先，从理论上奠定明道、征圣、宗经的原则，成为中国封建社会处于绝对统治地位的正统文学观；其次，其文质相副、以质为主的文质观，成为儒家文学理论中的经典思想；第三，扬雄的文必艰深说成为唐代古文运动中皇甫湜、孙樵等人理论的先声。

总之，该书关于扬雄文学创作及理论的探讨能够结合扬雄生平及其他著作进行整体研究，虽然不是扬雄文学研究的专著，但在某种程度上却具有专著的严密性和丰富性，故附列于此。

## 蜀中汉赋三大家

万光治著，巴蜀书社 2004 年 8 月第一版。该书是四川省人民政府参事室、四川省文史研究馆编《巴蜀文化走进千家万户丛书》之一种，时任四川省省长张中伟同志作序。由序言可知，该套丛书以十六大报告"全面建设小康社会，必须大力发展社会主义文化，建设社会主义精神文明"为指引，结合四川省实际以加强四川省精神文明建设而设计并出版的一套普及读本。

蜀中汉赋三大家分别指西汉时期司马相如、王褒、扬雄三个赋家，该书第三章"博雅深沉：扬雄"以传记的形式展现了扬雄的生平、思想以及文学作品等各个方面的情况。这虽然只是一篇薄薄的普及性文章，但因为作者万光治先生是撰写汉赋研究名著《汉赋通论》的赋学研究大家，其中亦不乏精辟的见解："对这一时期的扬雄来说，屈原是他心目中最值得崇敬的悲剧性英雄。""扬雄把这痛苦倾注在《反离骚》之中，含蓄而深沉地实现了他对封建集权政治的强烈控诉。""《逐贫赋》的文字表面看来十分风趣，骨子里却有一种无可奈何的悲哀。""《解嘲》在认识上与《反离骚》是一脉相承的。不同的是《反离骚》说的是屈原个人的遭遇，而《解嘲》则说的是一代知识分子的命运。""从《反离骚》到《解嘲》，可以见出扬雄经过仕途的历练，对人生和历史，都有更加深刻的认识。对历史实行理性的批判，是《解嘲》一文最为闪光的思想亮点。""司马相如以'赋心''赋迹'之说，开启了中国赋学的创作论；扬雄以'丽则''丽淫'之说，首创了中国赋学的批评论。"

最为难得的是，作者将晦涩难懂的庙堂文学用通俗易懂、风趣幽默的语言做了全面介绍。毫无疑问，这本书乃至这套丛书对今天在弘扬传统文化背景下再一次掀起的传统文化普及工作有着重大的启示和借鉴意义。

# 著作选录

## 作品考辨

### 扬雄著作及其流传①

#### 刘保贞

扬雄是西汉末年的文学家、思想家和语言学家，为我们后人留下了大量的作品，由于扬雄走的是与常人不同的路子，他爱用奇字，作品又多为模拟而作，特别是准《易》作的《太玄》，用字既古奥，体例亦特别，一般人都看不懂，所以当时的人对他的作品就有两种不同的评价。刘歆认为后人将用以"覆酱瓿"，而桓谭则坚信必传于后世，说："凡人贱近而贵远，亲见扬子云禄位容貌不能动人，故轻其书。……今扬子之书文义至深，而论不诡于圣人，若使遭遇时君，更阅贤知，为所称善，则必度越诸子矣。"[1]《扬雄传》桓谭的话言中了，扬雄的书终于流传了下来，而且被传播到国外，日、德、法等国都有研究扬雄著作的书问世。

---

① 原载《山东大学学报》（哲学社会科学版）2003 年第 1 期。

## 一、扬雄之专著

现存扬雄专著有：

1.《太玄》。关于扬雄作《太玄》的事，自古无异议，唯其卷、篇的数目，说法略有差异。隋萧该《汉书音义》引刘向《别录》云："扬雄经目有玄首、玄冲、玄错、玄测、玄舒、玄莹、玄数、玄文、玄掜、玄图、玄告、玄问，合十二篇。"[2]刘向所见比之本传所记，多《玄问》一篇。另外，本传所记之《摛》与刘向所见之《舒》，二字意虽同而说法已异，这说明扬雄后来对他的《太玄》又作过修订。即便班固一人，前后说法也不同。陈振孙《直斋书录解题》云："案《汉志》扬雄所序三十八篇，《太玄》十九。本传：'三方、九州、二十七部、八十一家、七百二十九赞，分为三卷，有《首》《冲》《错》《测》《摛》《莹》《数》《文》《掜》《图》《告》十一篇，皆以解剥《玄》体。'盖与本经三卷，共为十四，今《志》云十九，未详。"[3]

《太玄经》的单行本，隋时已不见于著录，唯因后人的注释得以流传后世。《隋志》就著录有宋衷、陆绩、蔡文邵、虞翻、陆凯、王肃等人的注。后世注释、研究《太玄》的代有其人。严灵峰《周秦诸子知见书目》著录了历代研究《太玄》的书目 78 种（包括两种日本的著作），书中对每书的版本流传情况都作了简明扼要的介绍。现存的比较重要的著作有：（晋）范望《太玄经解赞》十卷，（宋）司马光《集注太玄经》十卷，（宋）张行成《翼玄》十二卷，（明）叶子奇《太玄本旨》九卷，（清）陈本礼《太玄阐秘》十卷。近来研究《太玄》的著作，主要有郑万耕《太玄校释》（北京师范大学出版社，1989 年版）、刘韶军《太玄校注》

（华中师范大学出版社，1996年版）等，这些著作吸收了前人的研究成果，参以新意，并加有新式标点，便于阅读。

原本《太玄》也像《周易》一样，经与传是分开的，宋衷注释时，为便于阅览，就把《玄首》一篇分置于每首赞辞之前，把《玄测》一篇，分置于每条赞辞之下。

2.《太玄经章句》。扬雄不但为他的三卷《太玄经》作有十一篇"传"，他还像当时的经生对待"六经"那样，为他的"经"也作了《章句》，这些章句虽然班固没有看到，但当时并未佚失，而是在民间悄悄地流传，只是到了隋朝，才真正亡佚。《隋书·经籍志》云："梁有《扬子太玄经》九卷，扬雄自作章句，亡。"[4]

3.《法言》。本传中详细记载了《法言》的缘起和十三篇的序目。序目简明扼要地说明了每篇的写作意图。这十三篇序，"本在卷末，如班固《叙传》然，今本分冠篇首，自宋咸始也"（卷九）[3]。就内容上来说，第十篇《重黎》和第十一篇《渊骞》内容相似，泛论历史上的人物和事件，是扬雄的史论。汪荣宝疑其实为一篇（详见《法言义疏》十六《渊骞》卷第十一）。

《法言》的卷数本传与《汉志》一致，都说是十三卷。其单行本隋时也已不见于著录，也籍后人的注释、研究著作得以广泛流行。严灵峰《周秦诸子知见书目》著录了后世注释、研究《法言》的著作87种，其中包括日文6种、女真文一种、法文一种和德文一种。现存的比较重要的有（晋）李轨《扬子法言注》十三卷、（宋）宋咸《扬子法言注》十卷、（宋）司马光《扬子法言集注》十卷等。近来出版的研究扬雄《法言》的重要著作是汪荣宝《法言义疏》。张仲夫评价此书说："《法言》本系拟经而作，《义疏》即以治经之法治之，考源流，明正假，审正俗，辨异文，补旧注，一秉汉学家师法，乾、嘉诸老遗规。校勘注释，不嫌其详，于五家注及音义之外，还荟萃了清代以来各家的研究成果，并且旁征博引，增加了大量的校释和论述，尤以涉及小学和历史方面者居多。经初步统计，引书达三百种左右，足见其内容之丰富。虽然有的地方不免失之烦芜丛杂，琐碎乖僻，但总的说来，确实是对我们研读《法言》大有补益的一部书。"[5]《点校说明》

4.《法言解》。《隋志》著录有扬雄《法言解》一卷，此《解》不见于本传，后世也无称引者，严灵峰疑《隋志》有误。（见《周秦诸子知见书目》）

5.《方言》。又名《輶轩使者绝代语释别国方言》，不见于《汉书》，东汉应劭《风俗通义·序》始言之："周秦常以岁八月遣輶轩之使，求异代方言，还奏籍之，藏于秘室。及嬴氏之亡，遗脱漏弃，无见之者。蜀人严君平有千余言，林闾翁孺才有梗概之法。扬雄好之。天下孝廉、卫卒交会，周章质问，以次注续，二十七年，尔乃治正，凡九千字。"[6]其后晋常璩《华阳国志·蜀郡士女》亦载："林闾，字公儒，临邛人也。善古学。古者天子有輶车之使，自汉兴以来，刘向之徒但闻其官，不详其职。惟闾与严君平知之，曰：'此使考八方之风雅，通九州之异同，主海内之音韵，使人主居高堂知天下风俗也。'扬雄闻而师之，因此作《方言》。"[7]这些说法，大都源于扬雄与刘歆往还二书，东晋郭璞《方言注》附载有此二书，据此可证《方言》及《答刘歆书》为扬雄作，不伪。（宋）洪迈《容斋随笔》中疑其非，证据不足。关键一点是后人作伪的动机不明确。后人若能作出这部书，以自己的真名献给朝廷则可得高官，流布世间则可扬名后世，为何偏要系在与己无关的扬雄名下？欲要神其术则也应托之于三皇五帝、周公、孔子，就像谶纬、术数书一样，托之于扬雄并不能使其增加哪怕是一丁点的神秘色彩，更何况《方言》是实实在在的学问，里面并无天机、秘术，是根本用不着"神"的。此书《隋志》、两《唐志》皆有著录，并题为扬雄撰，惟卷数或为十三，或为十四，与刘歆书信及郭璞序中所言十五卷不合，今传本字数有一万一千九百余，比应劭所说多近三千字，这可能是由于《方言》乃扬雄未竟之作，后人续有增补合并造成的。

研究《方言》的著作主要有：（晋）郭璞《方言注》，（清）戴震《方言疏证》十三卷，（清）钱绎《方言笺疏》十三卷。周祖谟、吴晓铃《方言校笺及通检》是近来《方言》研究的集大成者。《校笺》以宋李文授本作底本，参以戴震、卢文弨、刘台拱、王念孙、钱绎诸本，又旁征论著达三十三种（像《原本玉篇残卷》《玉烛宝典》、慧琳《一切经音义》、《倭名类聚钞》、王仁煦《刊谬补缺切韵》、《唐韵残卷》等都是清人未曾见过的），详定其是非，加以刊定。后附的《通检》与《校笺》相配合，使用起来十分方便，"从此中外学者再来研究《方言》，只要'手此一编'，就可以不必还在校刊文字和分析排比上费冤枉功夫；他们就可以集中精力，'单刀直入'地从语言的观点去探讨《方言》的精诣。这样一来，二千年前庄遵、林闾翁孺和扬雄的集体工作，才可以在郭璞、刘献廷、王国维之外，多加几个知己。假如将来中外学者对于《方言》能够有伟大的新贡献，那么，他们的成绩应该有不少的部分记在周吴两君的账上！"[8]（罗常培《方言校笺及通检序》）

已残缺的专著有：

1.《二箴》（《州箴》和《官箴》）

关于扬雄作《州箴》的时间及篇数，前人多有争论，或云九州，或云十二州，或云作于成帝之时，或云作于王莽时期。现在，《州箴》的问题经束景南先生考证，已基本清楚了（见束景南《扬雄作州箴辨伪》，《文献》，1992. 4. 3～10）。扬雄实作《州箴》九篇（冀、兖、青、徐、杨、荆、豫、益、雍），幽、并、交三篇乃后人伪作。《九州箴》当作于绥和元年年底。

《官箴》的情况较复杂，据严可均辑录，现存的挂在扬雄名下的《官箴》有司空、尚书、大司农、侍中、光禄勋、大鸿胪、宗正卿、卫尉、太仆、廷尉、太常、少府、执金吾、将作大匠、城门校尉、太史令、博士、国三老、太乐令、太官令、上林苑令等二十一篇。其中，侍中、太史令、国三老、太乐令、太官令这五篇是残篇，属于"阙"的那种，由于难窥全豹，真伪就难于详考了；太常、尚书、博士、司空这四篇的归属自古就有问题：

《太常箴》，《艺文类聚》卷四十九作扬雄，《初学记》卷十二作崔骃，《古文苑》（清嘉庆十四年重刻宋淳熙本，下同）卷七作崔骃，但注云一作扬雄。

《尚书箴》，《艺文类聚》卷四十八作扬雄，《古文苑》卷七作崔瑗，但注云一作扬雄。

《博士箴》，《艺文类聚》卷四十六作扬雄，《古文苑》卷七作崔瑗。

《司空箴》，《艺文类聚》卷四十七作扬雄，《初学记》卷十一作崔骃，《古文苑》卷七作扬雄，但注云，一作崔骃，《文选·西都赋》注引首二句作扬雄。

这四篇据严可均考证为扬雄作，但实情也很难稽考了。《官箴》的写作时间自应与《州箴》同时。

2.《蜀王本纪》。此书不见于《汉书》，汉人的著作中也不见称引。最早称扬雄作《蜀王本纪》的是常璩，其《华阳国志·序志》说："司马相如、严君平、扬子云、阳成子玄、郑伯邑、尹彭城、谯常侍、任给事等各集传记，以作《本纪》，略举其隅。"[7]此是说司马相如、扬雄等人都搜集整理过蜀地的奇闻逸事和民间传说，但这些著作除零星的片言只语见于后人引用外，其余均已失传，详情无从稽考。最早明言引用扬雄《蜀王本纪》的是左思《蜀都赋》刘逵注（《文选》卷四）。清人严可均从《文选》《后汉书》《御览》等注文中辑录《蜀王本纪》一卷，二十六条（见《全上古三代秦汉文·全汉文》卷五十三）；又有（玉函山房辑佚书补编）辑《蜀王本纪》一卷两条。两书去其重复共二十七条。

已佚的专著有：

1.《训纂》和《苍颉训纂》。《汉书·艺文志》对这两篇分别作了著录，而且班固对这两书的成书过程也作了说明："元始中，徵天下通小学者以百数，各令记字于庭中。扬雄取其有用者以作《训纂篇》，顺续《苍颉》，又易《苍颉》中重复之字，凡八十九章。"[1]这两篇著作均已亡佚。有人以为《训纂》是字书，《苍颉训纂》为注释字书的传释之书，恐不确。这两篇著作性质应是相同的。所谓"训纂"，即"纂次成文即又为之训释"[9]之意。《训纂》是扬雄从百余名小学家写出的字中，取原《苍颉》中没有而又有用的字编成一篇，可能于疑难字下注读音、明训释；《苍颉训纂》是去除《苍颉》中的重复字，重新编排，并于疑难字下注读音、明训释。扬雄这样作是因为，当时流行的《苍颉》这部字书是由汉代的闾里书师合并秦代的《苍颉》等三部著作而成的，中间自然有一些重复的字。

2.《乐》。《汉志》儒家类著录扬雄《乐》四篇，《隋志》及两《唐志》均无记载，但《隋志》有《乐经》四卷，不注作者姓名，故有人把它归之于扬雄，有人归之于阳城子张。姚振宗说："案本志云《乐》四，疑即王莽在平帝时所立，当时成书不一其人，故王仲任归之阳城衡，班孟坚归之扬雄，犹《论语集解》同撰者五人，诸史志归之何晏，《晋书》归之郑冲也。"[9]上述说法恐不确切。王莽所立的《乐经》，其内容应如《周礼》和《礼记》那样，是说明在何种场合、条件下应奏何乐以及乐的教化功用的，扬雄在这方面不擅长，桓谭《新论》说："扬子云大才而不晓音。余颇离雅操而更为新弄，子云曰：事浅易善，深者难识。卿不好雅颂而悦郑声，宜也。"（见《太平御览》[10]五百六十五）因此，王莽立《乐经》时扬雄不一定能参与。扬雄的这四篇《乐》已佚，但后人从《水经注》《艺文类聚》《太平御览》等书中辑录有《琴清英》一篇数条，据认为可能是四篇之一。《琴清英》的内容主要是一些有关琴及琴曲的传说故事，刘向《说苑》、蔡邕《琴操》等中也有类似的传说，因此，其他的三篇《乐》也很可能是一些有关笙、箫等乐器及乐曲的传说故事。这些故事不会是扬雄的自创，应是扬雄搜集当时流传的有关乐的传说故事而略加删改、润色编成的。

3.《续史记》。《论衡·须颂》说："司马子长纪黄帝以至孝武，扬子云录宣帝以至哀、平。"[11]刘知几《史通·古今正史》也说："《史记》所书，年止汉武，太初以后，阙而不录，其后刘向、刘歆、冯商、卫衡、扬雄……相次撰续，迄于哀、平间，犹名《史记》。"[12]则扬雄尚续过《史记》，惜其不传。


二、扬雄之文


《汉志》著录扬雄赋十二篇，但有总数无细目，详情已不可知。现因《汉书》的记载而流传下来的作品有：

1.《反离骚》。2.《甘泉赋》。3.《河东赋》。4.《羽猎赋》。5.《长杨赋》。6.《解嘲》。7.《解难》。（以上见《扬雄传》）8.《赵充国颂》（见《赵充国传》）。9.《上书谏不许单于朝》（见《匈奴传》）。

因《隋书·天文志》保存下来的有：《难盖天八事》。

因《文选》等古类书保存下来的尚有：

1.《剧秦美新》（见《文选》四十八、《艺文类聚》十）。2.《蜀都赋》（见《古文苑》一、《艺文类聚》六十一）。3.《太玄赋》（见《古文苑》一）。4.《逐贫赋》（见《古文苑》一、《艺文类聚》三十五、《初学记》十八、《太平御览》二百八十五）。5.《答刘歆书》（见《艺文类聚》八十五、《古文苑》五）。6.《元后诔》（见《艺文类聚》十五，作《皇后诔》。《汉书·元后传》节录有四句）。

已无全文，见于他书称引的有：

1.《酒箴》（见《汉书·游侠传》）。严可均说："案《汉书》题作《酒箴》，《御览》引《汉书》作《酒赋》，各书作《酒赋》，《北堂书钞》作《都酒赋》，都酒者，酒器名也。验文当以都酒为长。"（《全汉文》卷五十二）[13]《游侠传》所引，文意尚不完整，肯定是个节录。从这点节录看，其体例与大赋相似，与短小精悍的箴不同。2.《核灵赋》（屡见于《文选》注、《太平御览》）。3.《与桓谭书》（屡见于《文选》注，又见杨慎《赤牍清裁》）。4.《连珠》（见《艺文类聚》五十七、《文选注》、《太平御览》四百六十八）。

他书中提到篇目，不见引文的有：

1.《广骚》。2.《畔牢愁》（以上见《扬雄传》）。3.《县邸铭》。4.《玉佴颂》。5.《阶达铭》。6.《成都城四隅铭》。7.《绣补》《灵节》《龙骨》铭诗三章（以上见《答刘歆书》）。8.《绵竹颂》（见《文选·甘泉赋》李周翰注，云："扬雄①家贫，好学，每制作，慕相如之文，尝作《绵竹颂》。成帝时，直宿郎杨庄诵此文，帝曰：此似相如之文。庄曰：非也，臣邑人扬子云②。帝即召见，拜为黄

---

① 编者注：原文为"杨雄"，本书统一改作"扬雄"。
② 编者注：原文为"杨子云"，本书统一改作"扬子云"。

门侍郎。"[14] 不知何据）。

## 三、扬雄文集的整理

现存典籍中最早著录《扬雄集》的是《隋志》，云"《汉太中大夫扬雄集》五卷"[4]，两《唐志》著录亦同，所收篇目已不得而知。而据宋人《崇文总目·别集类》记载：两汉人的文集，至宋时仅存董仲舒、蔡邕、陈琳三家。据此，则隋唐时流传的《扬雄集》五卷，已亡于唐五代之乱。宋时又有多人对《扬雄集》进行辑录。赵希弁续编《郡斋读书志·后志》云："《扬雄集》三卷。古无雄集，皇朝谭愈好雄文，患其散在诸篇籍，离而不属，因缀辑之，得四十余篇。"[15] 又陈振孙《直斋书录解题》卷十六记载："《扬子云集》五卷，汉黄门侍郎扬雄子云撰。大抵录《汉书》及《古文苑》所载。"[3]《宋志》也记有《扬雄集》六卷。这些版本亦多亡佚。明万历间张燮辑《汉魏六朝七十二家集》，又收录了扬雄的文集，其后，梅鼎祚继辑陈隋以前之文成《历代文纪》，张采也辑有《历代文钞》，都收录了《扬雄集》，但都不收歌赋。万历、天启间，新安汪氏也刊行了汪士贤所辑《扬子云集》三卷。崇祯时张溥辑《汉魏六朝百三名家集》，以张燮《汉魏六朝七十二家集》为蓝本而以冯惟讷《古诗纪》、梅氏《文纪》补缀成书，其中有《扬雄集》，且收歌赋，但其书蝼驳多误，不可据。郑朴又辑有《扬子云集》六卷。他在《扬子云集》五卷的基础上，取《太玄》《法言》《方言》三书，及类书所引《蜀王本纪》《琴清英》诸条，与诸文赋合编之，定为六卷，而以逸篇之目附卷末。《四库全书》即用此本。但明人辑书，不如清人所辑精当。清严可均《全汉文》中，收辑扬雄文、赋，以及《难盖天》《蜀王本纪》《州箴》《官

著作选录

049

篋》《琴清英》等，合编为四卷，辑文注明出处，内容最为详尽。最近出版的整理扬雄文集的著作主要有：张震泽《扬雄集校注》（上海古籍出版社 1993 年版）、郑文《扬雄文集笺注》（巴蜀书社 2000 年版）、林贞爱《扬雄文集校注》（四川大学出版社 2001 年版）。从版本的角度来看，张震泽的《扬雄集校注》，据严辑复查出处，删其不当，补其缺遗，并详加注释校勘，凡得五十七篇。可说是自有扬雄集以来辑录最完备、注释校勘最详审的本子。

**参考文献：**

[1] 班固. 汉书［M］. 北京：中华书局，1962.

[2] 萧该. 汉书音义［M］. 北京：书目文献出版社，1996.

[3] 陈振孙. 直斋书录解题［M］. 丛书集成初编［Z］. 北京：中华书局，1985.

[4] 魏征. 隋书［M］. 北京：中华书局，1973.

[5] 汪荣宝. 法言义疏［M］. 新编诸子集成［Z］. 北京：中华书局，1987.

[6] 应劭. 风俗通义校释［M］. 成都：四川书店，1984.

[7] 常璩. 华阳国志校注［M］. 成都：四川书店，1984.

[8] 周祖谟，吴晓铃. 方言校笺及通检［M］. 北京：科学出版社，1956.

[9] 姚振宗. 汉书艺文志条理［M］. 二十五史补编［Z］. 北京：中华书局，1956.

[10] 李昉. 太平御览［M］. 北京：中华书局，1960.

[11] 王充. 论衡［M］. 上海：上海人民出版社，1974.

[12] 刘知己，程千帆. 史通笺记［M］. 北京：中华书局，1980.

[13] 严可均. 全汉文［M］. 北京：商务印书馆，1999.

[14] 萧统. 六臣注文选［M］. 北京：中华书局，1987.

[15] 晁公武，赵希弁. 昭德先生郡斋读书志［M］. 台北：新文丰，1989.

# 《校猎赋》就是《羽猎赋》吗？
## ——兼论扬雄初为郎的时间及年龄①

易小平

## 一、《校猎赋》正名

扬雄字子云，西汉蜀郡成都（今四川成都）人。生于宣帝甘露元年（前53），卒于新莽天凤五年（18），是西汉后期最重要的辞赋作家，与前期的司马相如齐名。《汉书》卷八十七《扬雄传》是研究扬雄生平事迹的主要史料，由前面的正文和后面的赞语两部分组成。长期以来，这两部分之间被怀疑存在某些矛盾，引起不少学者的种种争论和解释，因此有必要对之加以澄清。

《汉书·扬雄传》赞语曰："初，雄年四十余，自蜀来至游京师，大司马车骑将军王音奇其文雅，召以为门下史，荐雄待诏，岁余，奏《羽猎赋》，除为郎，给事黄门，与王莽、刘歆并。"[1]3583 按王莽从黄门郎另迁他职的下限年为永始元年（前16），这也是扬雄奏《羽猎赋》而得以与王莽等并为黄门郎的下限年。王音卒于永始二年（前15），因此扬雄被荐及作《羽猎赋》都在王音生前。《扬雄传》正文云："正月，从上甘泉，还奏《甘泉赋》以讽。其辞曰……其三月，将祭后土……还上《河东赋》以劝，其辞曰……其十二月羽猎，雄从……故聊因《校猎赋》以风，其辞曰……"[1]3522 这里的《校猎赋》，入选萧统《文选》时题作《羽猎

① 原载《广西大学学报》（哲学社会科学版）2007 年第 3 期。

著作选录

赋》，因此人们习惯上以为就是此传赞语中的《羽猎赋》。据《汉书·成帝纪》元延二年："春正月，行幸甘泉，郊泰畤。三月，行幸河东，祠后土……冬，行幸长杨宫，从胡客大校猎。宿萯阳宫，赐从官。"[1]327两者略加比较，很容易得出《校猎赋》等三赋作于元延二年（前11）的结论：这已是王音去世的永始二年（前15）之后的第四年。由于正文中的《校猎赋》被认为就是赞语中的《羽猎赋》，于是就出现了前者作于王音死后和后者作于王音生前之间的明显矛盾。

对于《汉书·扬雄传》这一"矛盾"记载，后世学者感到困惑不已；困惑之余，形成了两种颇具代表性的解释性意见。一种意见认为，赞语中所说扬雄的推荐者不是王音，而是王根或王商，可以称之为王音否定说。主张王音为王根之误的，如《资治通鉴》成帝元延元年（前12）胡注引《考异》曰："时王音卒已久，盖王根也。"[2]279郑文先生《对扬雄生平与作品的探索》一文对此认同。[3]205主张王音为王商之误的，如陆侃如先生《中古文学系年》成帝元延元年（前12）所言："（王）根于元延元年除夕前不久方迁大司马骠骑将军，而扬雄于次年正月即献赋，未免太匆促了。因此，我们假定王音非王根之误，而是王商之误。"[4]10张震泽先生《扬雄生平、作品评价及其他有关问题》一文对此认同。[5]92我们认为，这两种王音否定说都是不能成立的，理由如下：其一，从字形上看，音、根、商三字差异甚大，不容易混淆；其二，从历史上看，王音所任为车骑将军，王根所任为骠骑将军，王商所任为卫将军，他们所任官职名称的差异很大，班固更不容易将之混淆。杨福泉先生《扬雄至京、待诏、奏赋、除郎的年代问题》一文说："荐雄者实为王音，而非王商或王根。班固'赞'文并没有错。退一步说，即使他将人名记错了，但将'卫将军''大将军'或'骠骑将军'错成'车骑将军'的可能性实在太小。"[6]21所论极是。

另一种意见认为，赞语中的这段记载是值得怀疑、甚至否定的，可以称之为赞语否定说。如戴震《方言疏证》卷十三注扬雄《答刘歆书》云："大抵《纪》（按指《成帝纪》）据策书，年月日必详，而《传》（按指《扬雄传》）所据不一，或作者追忆失之……赞内举音荐雄待诏，不过附存异闻。"[7]501郑文先生《对扬雄生平与作品的探索》一文也说："是本传所谓王音'荐雄待诏，岁余，奏《羽猎赋》，除为郎，给事黄门'为不确。"[3]204基本上是对戴说的继承。或以为传闻，或以为不确，都是对班固赞语所叙事实可靠性的怀疑和否定。这种赞语否定说是对《汉书·扬雄传》这一文本对象某一部分的否定，然而论者同时又以同一文本对象的其他部分作为自己的立论基础，这样论者实际上就不自觉地陷入了自我否定的尴尬境地，难逃从主观出发对史料进行随意裁取的嫌疑，由此得出的结论自然难以令人信服。事实上，戴说本身也只是一种推测性的意见（所谓"大抵"），并没有任何史料可以支持，本身极其脆弱，根本不足以撼动班固文本的权威性和可信性。

上述两种意见都有一个共同的前提，以为正文中的《校猎赋》就是赞语中的《羽猎赋》。然而，《校猎赋》果真就是《羽猎赋》吗？令我们十分震惊的是，事实与此完全相反！

让我们仔细看看《扬雄传》所载《校猎赋》的整个序文："其十二月羽猎，雄从。以为昔在二帝三王，宫馆台榭沼池苑囿林麓薮泽财足以奉郊庙，御宾客，充庖厨而已，不夺百姓膏腴谷土桑柘之地。女有余布，男有余粟，国家殷富，上下交足，故甘露零其庭，醴流其唐，凤凰集其树，黄龙游其沼，麒麟臻其囿，神爵栖其林。昔者禹任益虞而上下和，草木茂；成汤好田而天下用足；文王囿百里，民以为尚小；齐宣王囿四十里，民以为大；裕民之与夺民也。武帝广开上林，南至宜春、鼎湖、御宿、昆吾，旁南山而西，至长杨、五柞，北绕黄山，濒渭而东，周袤数百里。穿昆明池象滇河，营建章、凤阙、神明、驱娑，渐台、太液象海水周流方丈、瀛洲、蓬莱。游观侈靡，穷妙极丽。虽颇割其三垂以赡齐民，然至羽猎田车戎马器械储偫禁御所营，尚泰奢丽夸诩，非尧、舜、成汤、文王三驱之意也。又恐后世复修前好，不折中以泉台，故聊因《校猎赋》以风，其辞曰"云云。[1]3540 通观《校猎赋》的整个序文，《校猎赋》之名赫然在目，何尝有《羽猎赋》三个字？由此可见，《校猎赋》自是《校猎赋》，决非《羽猎赋》也，此以《校猎赋》本序言之，这是其一。

再以序例言之。班固《扬雄传》所载扬雄大赋原文且有序者，其例皆为序末明题。如《甘泉赋》序末："正月，从上甘泉，还奏《甘泉赋》以风。其辞曰"云云。[1]3522 又如《河东赋》序末："雄以为临川羡鱼不如归而结网，还上《河东赋》以劝，其辞曰"云云。[1]3535 又如《长杨赋》序末："雄从至射熊馆，还上《长杨赋》，聊因笔墨之成文章，故藉翰林以为主人，子墨为客卿以风。其辞曰"云云。[1]3557《校猎赋》序末也是如此："故聊因《校猎赋》以风，其辞曰"云云。误《校猎赋》之题为《羽猎赋》，盖取此赋序文开头"羽猎"二字耳，然此则置序中《校猎赋》之全名于不顾，且与序末明题之例相违。《校猎赋》绝非《羽猎赋》，此其二也。

又，班固《扬雄传》赞语说王音"荐雄待诏，岁余，奏《羽猎赋》"，细玩其意，盖言《羽猎赋》是扬雄待诏之后所献的第一篇赋。而《扬雄传》正文言："孝成帝时，客有荐雄文似相如者。上方郊祀甘泉泰畤、汾阴后土，以求继嗣。召雄待诏承明之庭。"[1]3522 之后即言其待诏承明之庭后所作的两篇赋，第一篇是《甘泉赋》，第二篇是《河东赋》，都不是《羽猎赋》。这也说明正文中的《校猎赋》不是赞语中的《羽猎赋》，此其三也。

考后人误《校猎赋》为《羽猎赋》，实始于《文选》。《文选》卷八选入此赋，首次名之曰《羽猎赋》。《文选》在后世影响很大，以致有了"《文选》烂，秀才半"之说。在士子们长期的诵读之中，《文选》以《校猎赋》为《羽猎赋》的错误作法，也潜移默化地为人们所接受，承袭至今，长达一千五百余年。然而《校猎赋》之非《羽猎赋》的事实，却在《文选》编成之前四百年左右就已成书并且流传至今的《汉书》中得到完整地记载和保存。这个文献事实无可辩驳地说明，《校猎赋》自是《校猎赋》，《羽猎赋》自是《羽猎赋》，两者根本不是同一篇作品。后人于此不悟，不能改正《文选》之失，反而去质疑《汉书》，白白地浪费了许多时间和精力，可惜可叹。

正文中的《校猎赋》既非赞语中的《羽猎赋》，那么《羽猎赋》又到哪里去了呢？一个比较合理的解释是亡佚了。《校猎赋》之序及赋文因为都在《汉书·扬雄传》正文中得到完整地收录而流传至今，《羽猎赋》则没有那么幸运，后来由于种种原因而亡佚了，以至我们今天只能看到它的篇名。

## 二、扬雄初为郎的时间

明确了《扬雄传》正文中的《校猎赋》并非赞语中的《羽猎赋》的事实，就可以进一步探讨扬雄初为郎的时间了。

前引赞语曰："（王音）荐雄待诏，岁余，奏《羽猎赋》，除为郎，给事黄门，与王莽、刘歆并。"以前学者多误《校猎赋》为《羽猎赋》，因此他们往往以《校猎赋》的写作时间来确定扬雄初为黄门郎的时间。如上所述，《校猎赋》的写作时间通常认为是在元延二年（前11），因此他们认为扬雄初为郎也应在此年。如陆侃如先生《中古文学系年》元延二年："扬雄作《甘泉赋》，大病。又作《河东赋》《羽猎赋》及《赵充国颂》，除为郎，给事黄门。"[4]11 另有人认为扬雄作《校猎赋》在永始四年（前13），初为郎则在其后的元延元年（前12），如杨福泉先生《扬雄至京、待诏、奏赋、除郎的年代问题》一文："扬雄除郎应在永始四年末奏《羽猎赋》和元延二年上《长杨赋》之间的元延元年。"[6]这两种说法都是以《校猎赋》的写作时间来确定扬雄初为郎的时间。如上所述，正文中的《校猎赋》并非赞语中的《羽猎赋》，而扬雄初为郎前所作的却是《羽猎赋》，因此以《校猎赋》的写作时间来确定扬雄初为郎的时间就犯了张冠李戴的错误。

怎样才能确定扬雄初为郎的时间呢？上引《扬雄传》的赞语对此说得相当清楚：在王音推荐之后，与王莽为郎相并，而在写成《羽猎赋》之际。因此，首先要从王音那里寻找线索。如前所述，赞语中所说扬雄的推荐者为大司马车骑将军王音不误。按《汉书·百官公卿表》阳朔三年（前22）："八月丁巳，大司马（王）凤薨。九月甲子，御史大夫王音为大司马车骑将军。"[1]830 又永始二年（前15）："正月乙巳，大司马（王）音薨。二月丁酉，特进成都侯王商为大司马卫将军。"[1]834《汉书·成帝纪》永始二年："春正月己丑，大司马车骑将军王音薨。"[1]321据此，王音为大司马车骑将军在阳朔三年九月到永始二年正月之间（前22—前15）。扬雄初为郎既然发生在王音推荐之后，自然也在此期间。

其次，要从王莽那里寻找线索。赞语云扬雄"奏《羽猎赋》，除为郎，给事黄门，与王莽、刘歆并"。一般论者对这段至关重要的话避而不谈，只有杨福泉先生对此作了一些解释："是说扬雄与他们一起在朝廷任职，亦即所谓'同官'之义，而不是说此时扬雄和王莽、刘歆同为黄门侍郎。"[6]然而这个解释与赞语却是完全矛盾的，因为赞语接着就强调了扬雄与王莽、董贤在以后仕途上的"不同官"："哀帝之初，又与董贤同官。当成、哀、平之间，莽、贤皆为三公，权倾人主，所荐莫不拔擢，而雄三世不徙官。"所谓"不徙官"，就是说在王莽、董贤为三公时，扬雄仍为黄门郎而与之"不同官"。对扬雄与王莽以后"不同官"的强调，反过来又证明以前扬雄与之同官，即"并"为黄门郎的事实。因此，对扬雄与王莽并为黄门郎的事实是不容否认的。

扬雄既然确实与王莽曾经并为郎官，因此，如果能够知道王莽为郎的时间范围，那么扬雄初为郎的时间范围也就不难确定。事实上，王莽为郎的时间范围是相当清楚的，《汉书·王莽传》记载："阳朔中，世父大将军（王）凤病，莽侍疾，亲尝药，乱首垢面，不解衣带连月。凤且死，以托太后及帝，拜为黄门郎。"[1]4039《汉书·百官公卿表》阳朔三年："八月丁巳，大司马（王）凤薨。"[1]830据此王莽初为黄门郎当在王凤去世的阳朔三年（前22）。又《王莽传》："迁射声校尉……永始元年，封莽为新都侯。"[1]4039《汉书·外戚恩泽侯表》新都侯王莽："永始元年五月乙未以帝舅曼子侯。"[1]705据此，王莽从黄门郎另迁他职的下限在永始元年（前16）。这样扬雄与王莽并为郎的时间范围就在阳朔三年与永始元年之间（前22—前16），这与前面据王音在大司马车骑将军位上的任期所确定的扬雄被荐为郎的时间范围（前22—前15）基本相同。

最后，还可以从《羽猎赋》篇名来寻找扬雄初为郎的线索。尽管《羽猎赋》正文已经亡佚了，但从篇名可以推知是写成帝出宫行猎之事。通观《汉书》有关成帝的事实，我们认为这与成帝出宫微行之事有关。

成帝出宫微行始于鸿嘉元年（前20）。《汉书·成帝纪》鸿嘉元年："上始为微行出。"张晏注曰："于后门出，从期门郎及私奴客十余人。白衣组帻，单骑出入市里，不复警跸，若微贱之所为，故曰微行。"[1]316成帝微行的背景，是在王凤去世之后的王音执政期间。《汉书·叙传》："自大将军薨后，富平、定陵侯张放、淳于长等始爱幸，出为微行。"[1]4200王凤为王太后之弟，成帝亲舅，生前甚为成帝敬惮，是成帝政治上的监护人，因此在其执政期间成帝少有放纵微行的记录。王凤的继任者王音是王太后从弟之子，成帝从舅，不仅不为成帝所惮，反而要小心侍奉甚至讨好成帝，直到鸿嘉元年六月封为安阳侯才算取得成帝的信任。时距王凤去世一年多，正是在这一年多的时间里，成帝逐渐习惯了没有了王凤监护的生活，也习惯了王音的唯唯诺诺，于是成帝个性中某些自由放纵的东西逐渐释放出来，出宫微行就是其表现之一。

《汉书·叙传》："自大将军（王凤）薨后，富平、定陵侯张放、淳于长等始爱幸，出为微行，行则同舆执辔，入侍禁中，设宴饮之会，及赵、李、诸侍中皆引满举白，谈笑大噱。"[1]4200《汉书·张敞传》："鸿嘉中，上欲遵武帝故事，与近臣游宴，放以公主子开敏得幸。放……与上卧起，宠爱殊绝，常从为微行出游，北至甘泉，南至长杨、五柞，斗鸡走马长安中，积数年。"[1]2654上述微行中的种种生活，成帝美其名曰"武帝故事"。在武帝故事之中，有严助、司马相如、吾丘寿王等文人侍从，成帝既然效法武帝故事，当然也需要一些文人来点缀。王音推荐扬雄，当在这种背景之下，且有投成帝之好和巩固自己地位的目的。扬雄的《羽猎赋》，当即以成帝微行生活中的游猎为内容。这样，《羽猎赋》的写作时间最早也在鸿嘉元年（前20）成帝开始微行之后。

综合以上三个方面的线索，决定扬雄初为郎的三个因素是：在阳朔三年九月到永始二年正月之间（前22—前15）为王音所推荐，在阳朔三年与永始元年之间（前22—前16）与王莽并为郎，在鸿嘉元年（前20）成帝开始微行而写作《羽猎赋》之后。由此可见，扬雄初为郎当在鸿嘉元年到永始元年（前20—前16）之间。前述学者认为扬雄初为郎在元延元年（前12）或元延二年（前11），那显然是不能成立的，因为到元延元年或元延二年时，王莽早已另迁新都侯，贵为侍中，不再与扬雄并为黄门郎了。而且那时王音早已去世，不存在推荐扬雄的可能。

## 三、扬雄初为郎时的年龄

至于扬雄初为郎时的年龄，赞语言"四十余"，受到人们的质疑。因为扬雄生于宣帝甘露元年（前53），而在王音为大司马车骑将军期间（前22—前15），扬雄年龄最多不过三十二到三十九之间。故钱大昕《三史拾遗》对此提出了质疑："雄以五凤五年卒，年七十一，则成帝永始四年，年始四十有一，而王音之薨乃在永始二年正月，使果为音所荐，则游京师之年尚未四十也。"[8]925对此，周寿昌《汉书注校补》卷四十八作了一个比较合理的解释："古四字作三，传写时由三字误加一画，应正作三十余始合。案本书《五行志》吴王濞封有四郡，顾炎武校正曰：'四郡当作三郡，古四字积画以成，与三易混，犹《左传》陈蔡不羹三国为四国也。'此汉以前三三误书之证。故自三误作三。"[9]783这个解释从校勘学的角度出发，是比较合乎情理的，胜于动辄否定班固《汉书》文本的作法。

周寿昌以顾炎武的校勘成果论证汉时四字有作三之例，这里再以出土文献补证之。《敦煌汉简》释文十三："直百三十三，直百五十六。"[10]221二五二："戍卒效谷常利里张诩年三十。"[10]229—八〇六："守御器簿：长斧三，长椎三，蓬呈三，三。"[10]289—八八四："始建国天凤三年，库守宰尹千人忠。"[10]292 据笔者初步统计，此书中这样的例子达五十余处，这里只是略举其中一小部分而已。地下文献进一步说明，周氏的立论是可取的。故赞语所言扬雄初为郎时年"四十余"，当为"三十余"之形讹。

综上所述，只要尊重《汉书·扬雄传》所载事实并仔细分析，就可以认识到《扬雄传》正文中的《校猎赋》并不是赞语所提及的《羽猎赋》，扬雄的推荐者确实为王音，正文与赞语之间并不存在什么矛盾；以赞语中的王音、王莽和《羽猎赋》为线索，可以推知扬雄初为郎在鸿嘉元年到永始元年（前20—前16）之间；时年"四十余"，实为"三十余"之形讹。反之，如果对《扬雄传》所载事实不尊重或误读，就会轻率地对扬雄的推荐者王音进行否定，或对扬雄与王莽并为郎的事实进行否认和曲解，或将《校猎赋》与《羽猎赋》混为一谈，从而产生一些不必要的歧说和错误。

## 参考文献

［1］班固. 汉书［M］. 北京：中华书局，1962.

［2］司马光. 资治通鉴［M］. 北京：中华书局，1997.

［3］郑文. 对扬雄生平与作品的探索［J］. 文史（二十四辑）［C］. 北京：中华书局，1985.

［4］陆侃如. 中古文学系年［M］. 北京：人民文学出版社，1985.

［5］张震泽. 扬雄生平、作品评价及其他问题［J］. 辽宁大学学报，1992（3）.

［6］杨福泉. 扬雄至京、待诏、奏赋、除郎的年代问题［J］. 上海大学学报（社科版），2002（1）.

［7］戴震. 方言疏证［M］. 续修四库全书，第193册.

［8］钱大昕. 三史拾遗［M］. 续修四库全书，第454册.

［9］周寿昌. 汉书注校补［M］. 续修四库全书，第267册.

［10］甘肃省文物考古研究所. 敦煌汉简［C］. 北京：中华书局，1991.

# 扬雄《蜀都赋》释疑①

## 熊良智

扬雄是西汉时期巴蜀的辞赋大家，他创作了对巴蜀文学具有开创意义的辞赋作品《蜀都赋》，在现代学术界却遭到了质疑。著名学者徐中舒先生就认为："此赋非扬雄作，不辨自明。"② 郑文先生则从文献来源推测："《蜀都赋》虽略见于《艺文类聚》六十一，而《古文苑》言'世传孙洙巨源于佛寺经龛中，得唐人古文章一编，莫知谁录也。'（韩元吉《古文苑序》）说是子云所作，似乎不大可信。"③ 其他如方铭、王青也从不同角度提出了质疑④。应该说学者的怀疑都提出了一定的思考，但是推测的多，并没有充分的论证。笔者通过对现有资料的解读认为《蜀都赋》最有可能是扬雄所作。

一

徐中舒先生质疑扬雄《蜀都赋》的一条重要根据是："蜀之有都（指京都言）自蜀汉称帝始，扬雄时代蜀哪有都？"笔者以为这其实是徐先生的误会，徐先生理解"都"为"京都"。蜀之有国，

---

① 原载《文献》2010 年第 1 期。

② 徐中舒：《论〈蜀王本纪〉成书年代及其作者》，《川大史学·徐中舒卷》，四川大学出版社，2006 年，第 488 页（原刊《社会科学研究》创刊号，1979 年 3 月）。相近观点又见于《巴蜀文化初论》，《四川大学学报》（哲学社会科学版）1959 年第 2 期。

③ 郑文：《对扬雄生平与作品的探索》，《文史》第 24 辑，中华书局，1985 年，第 209 页。

④ 方铭：《扬雄赋论》，《中国文学研究》1991 年第 1 期；王青：《扬雄评传》，南京大学出版社，2000 年。

恐怕是很久远的事。就以徐先生曾在文中引过的《本蜀论》记载："望帝者杜宇也，从天下。女子朱利自江源出，为宇妻。遂王于蜀，号曰望帝。望帝立以为相。时巫山峡蜀水不流。帝使（鳖）令凿巫峡通水，蜀得陆处。望帝自以德不如，遂以国禅，号曰开明。"既然有王，有国，则必有其都。现代考古发掘的三星堆遗址以及成都十二桥、羊子山土台等遗址，证明古蜀早已存在大型都邑，而三星堆已有王权机制，十二桥已发现宫殿格局，则蜀之有都是不可否认的事实，彭邦本教授就明确指出："看来三星堆这座面积达 2.6 万平方公里的古城，曾是雄极一时的蜀地共主——鱼凫王朝的都城。"① 这也可以从传世文献得到证明。《蜀王本纪》载："蜀王据有巴蜀之地，本治广都樊乡，徙居成都。秦惠王遣张仪、司马错定蜀，因筑成都而县之。成都在赤里街，张若徙置少城内，始造府县寺舍。今与长安同制。"② 因此，蜀之有都绝不是从蜀汉称帝开始的。特别是汉武帝时期的司马相如在所作《难蜀父老》中已有"蜀都"之称："东乡还报，至于蜀都，耆老大夫，缙绅先生之徒二十七人，俨然造焉。"③ 这说明扬雄时代，早已有了"蜀都"。

而且扬雄《蜀都赋》中的"蜀都"并非单指京都而言。"蜀都之地，古曰梁州"，"东有巴賨，绵亘百濮"，"南则有楗牂潜夷，昆明峨眉"，"西则有盐泉铁冶，橘林铜陵"，"北则有岷山，外羌白马"。地域既非限于"蜀郡"，也非限于成都，而是指以成都为

---

① 彭邦本：《早期蜀史诸代并存、相继关系及其共主秩序考略》，《徐中舒先生百年诞辰纪念文章》，巴蜀书社，1998年，第300页。

② 转引自（清）严可均：《全上古三代秦汉三国六朝文》，中华书局，1958年，第一册，第414页。

③ （汉）司马迁：《史记》，中华书局，1982年，第3049页。

中心的所属封邑之地。这也正是扬雄不少作品中"都"字的一贯用法。比如《益州箴》："茫茫洪波，鲧湮降陆。于时八都，厥民不隩。"章樵注："鲧湮洪水，不知疏导其源，故八州之民，皆不得宅土安居。"① 此以"八州"释"八都"。又《徐州箴》："降用任姜，镇于琅玡，姜氏绝苗，田氏攸都。"据《史记·田敬仲完世家》所载："齐国之政，皆归田常。田常于是尽诛鲍、晏、监止及公族之强者。而割齐自平安以东至琅邪，自为封邑。封邑大于平公之所食。"② 田常为相，专齐之政，所谓田氏"攸都"，正是自为封邑。这也说明徐先生对于扬雄《蜀都赋》中"蜀都"所指是有误会的。

二

《蜀都赋》受到现代学者的怀疑的另一个重要原因，是其不见于《汉志》。但是，我们从《汉书·艺文志》的记载中知道，扬雄赋十二篇，其中班固注："入扬雄八篇。"遍检《汉书》，《扬雄传》所载有《甘泉赋》《河东赋》《校猎赋》《长杨赋》；汉人以辞赋一家，赋、颂一体，则有《反离骚》《广骚》《畔牢愁》，《赵充国传》则有《赵充国颂》。又，许慎《说文解字·氏部》有"扬雄赋，响若氏隤"③，所引是《解嘲》中文字，则《解嘲》亦谓之赋。如此则总计为九篇，与《汉书·艺文志》所载有别。如果按《七略》原载四篇，《汉书·扬雄传》也说："辞莫丽于相如，作四赋"，则班固所入"八篇"也不能尽见于《汉书》，是否因此而否定《汉

---

① 《古文苑》卷十四，影印文渊阁《四库全书》本，台湾商务印书馆，1986 年。
② 《史记》，第 1884 页。
③ （清）段玉裁：《说文解字注》，上海古籍出版社，1988 年，第 628 页。

书·艺文志》关于扬雄赋十二篇的记载呢？十二篇赋既不尽见于《汉书》，其名也不可尽考，则《蜀都赋》不见于《汉书》，并不足成为其非扬雄作的证据。我们甚至还可以从班固《两都赋》只言片语的描述中，推测班固是读过扬雄《蜀都赋》的。比如《两都赋》："若摘锦布秀，烛耀乎其陂"，李善注引扬雄《蜀都赋》曰："丽靡摘烛，若挥锦布绣"①，李善注《文选》多徵引文献出典，此或正是李善认为语源所出即为扬雄《蜀都赋》，则《蜀都赋》或正属班固"入扬雄八篇"之一。

学者们怀疑《蜀都赋》真伪的又一个理由，是《蜀都赋》作为完整的作品，最早见于《古文苑》中，但《古文苑》所选文"其真伪盖莫得而明"②，很难作为定据。然而，同样载于《古文苑》中扬雄其他作品《幽州箴》《交州箴》等，郑文先生等皆无所疑，而以《蜀都赋》出于《古文苑》则不可信，似乎在逻辑上有自相矛盾之嫌。而且，从两晋到唐代的古注、类书多处徵引《蜀都赋》，与左思差不多同一时代的刘逵仅在左思《蜀都赋》注中就曾征引扬雄《蜀都赋》达十馀次，如"带二江之双流，抗峨眉之重阻"，刘逵注："扬雄《蜀都赋》曰：两江珥其前。"③ 在"家有盐泉之井，户有橘柚之园"下，刘逵注："扬雄《蜀都赋》曰：夹江缘山。又曰：西有盐泉铁冶，橘林铜陵。"④ 在"若其旧俗"，刘逵注："扬雄《蜀都赋》曰：其俗迎春送冬，百金之家，千金之公。"⑤ 又据臧荣绪《晋书》所载左思作《三都赋》，"乃诣著作郎

---

① 《文选》，中华书局，1977 年，第 29 页。
② （清）永瑢等：《四库全书总目》，中华书局，1965 年，第 1691 页。
③ 《文选》，第 75 页。
④ 同上书，第 77 页。
⑤ 同上书，第 79 页。

张载，访岷邛之事"，而张载所注《魏都赋》"汉罪流御，秦馀徙役
刑"，也引扬雄《蜀都赋》曰："秦汉之徙，充以山东。"① 其他如
王羲之《与周益州书》、郦道元《水经注·江水一》都有引述，而
北齐的司马膺之还专门为扬雄《蜀都赋》作过注②。《艺文类聚》
六十一则节引扬雄《蜀都赋》。因而并非《古文苑》始载《蜀都
赋》其文。

　　有的学者也从《蜀都赋》的创作角度，质疑扬雄《蜀都赋》
的真伪，认为："左思作《三都赋》，当时人人争着抄写，洛阳为
之纸贵。同时有人模仿《三都赋》而作的《蜀都赋》也托名扬雄
而盛于世。"③ 可是，左思《蜀都赋》采用的托名西蜀公子与东吴
王孙的对话结构形式，与《三都赋》共为整体，欲抑先扬，最后
在《魏都赋》中以魏国先生所言为"上德之至盛"的主旨，也就
是抑吴都、蜀都而申魏都④，即皇甫谧《三都赋序》所说"因客主
之辞，正之以魏都，折之以王道"，这与扬雄《蜀都赋》迥然不
同。左思在《三都赋序》中已明确宣称"思慕《二京》而赋《三
都》。"两相比较，无法看出称作扬雄《蜀都赋》模仿左思《蜀都
赋》的痕迹。同时，与左思同一时代的张载、刘逵都在著作中引
述扬雄的《蜀都赋》，他们不会对这样一篇模仿左思《蜀都赋》，
而冒名扬雄的《蜀都赋》一无所知。特别是张载，左思创作《三
都赋》时还曾专门拜访过他，他若是引述了一篇模仿左思《蜀都

① 《文选》，第 109 页。
② （唐）李百药《北齐书·司马子如传》载司马膺之"好读《太玄经》，注扬雄《蜀都
赋》"（中华书局，1972 年，第 241 页）。
③ 徐中舒：《论〈蜀王本纪〉成书年代及其作者》，《川大史学·徐中舒卷》，第 487
页。
④ （清）王鸣盛：《十七史商榷》卷五十一，《三江扬都条》，北京市中国书店，1987
年。

赋》的作品而浑然不觉，这在情理上很难说通。

三

而根据现有资料，我们认为扬雄是最有可能写作《蜀都赋》的。按《汉书·扬雄传》记载，扬雄少而好学，"顾常好辞赋。先是时，蜀有司马相如，作赋甚弘丽温雅。雄心壮之，每作赋，常拟之以为式。"① 入京师后所献赋，都特别强调讽谏，可是因为"赋劝而不止明矣"，"于是辍不复为"。据此可以推断《蜀都赋》是一篇早年的作品，文中几乎不见讽谏之意，但是其中的山川地理，物产丰饶，世风习俗的描述夸饰，正可以看出他对司马相如赋的"弘丽温雅"的向往。这也是两汉时期巴蜀文学的一时风气。《汉书·地理志》记述说："及司马相如游宦京师诸侯，以文辞显于世，乡党慕循其迹。后有王褒、严遵、扬雄之徒，文章冠天下。由文翁倡其教，相如为之师。"② 这自然会形成一种对巴蜀题材的关注。《文选·甘泉赋》李周翰注："扬雄家贫好学，每制作，慕相如之文，尝作《绵竹颂》。"③ 从扬雄《答刘歆书》所言"雄始能草文，先作《县邸铭》《王珥颂》《阶闼铭》及《成都城四隅铭》"，"成帝好之，以为似相如"④ 可以看出，或者多与巴蜀题材有关，与司马相如的风格相似，这些文章多已不见。今天还能见到的则有《益州箴》《蜀王本纪》《蜀都赋》。

再从《蜀都赋》本身用韵的情况来看，扬雄的《蜀都赋》"东"、

---

① （汉）班固：《汉书》，中华书局，1962年，第3514—3515页。
② 《汉书》，第1645页。
③ 《六臣注文选》，中华书局，1987年，第140页。
④ （清）严可均：《全上古三代秦汉三国六朝文》，第411页。

"冬"不分，比如"尔乃其俗：迎春送冬，百金之家，千金之公，乾池泄澳，观鱼于江。"这里"冬""公""江"三字的用韵分属"冬"与"东"部，更有特点的是"侵""冬"通押，比如：

　　尔乃其人自造奇锦，统缫緷纈，綵缘卢中，发扬文采，转代无穷。其布则细絺弱折，绵茧成袵，阿丽纤靡，避晏与阴。蜘蛛作丝，不可见风。筲中黄润，一端数金。雕镂铅器，百伎千工。

　　这里的"锦、中、穷、袵、阴、风、金、工"，分别为"侵""冬""冬""侵""侵""冬""侵""东"部韵字。根据语音学家的研究，这正是两汉时蜀方言的情形，也是扬雄赋用韵的情形。罗常培、周祖谟先生就曾经指出："阳声韵东、冬两部王褒和扬雄的韵文里通押的比单独应用的还多。"这在扬雄的《羽猎赋》有"穷、雄、溶、中"，《甘泉赋》中有"钟、穷"，《河东赋》有"降、隆、东、双、功、龙、融、颂、雍、踪、从"的用韵。"下至东汉时，广汉人李尤所作韵文东、冬也合用不分。"所以，"东、冬两部不分，可能是蜀方言的一般现象。"[①] 他们又指出："侵部字在司马相如的文章里有与冬部通押的例子。""在扬雄的作品里，侵部字不仅与冬部字通押，而且与蒸部字通押。"我们看《太玄》的"进"首次四的赞辞："日飞悬阴，万物融融。"[②] 又《沈》首辞："阴怀于阳，阳怀于阴，志在玄宫"[③]。这里的"阴"属侵部韵，"融、宫"属冬部韵。又《太玄》的《太玄莹》："夫一一所以

①　罗常培、周祖谟：《汉魏晋南北朝韵部演变研究》，科学出版社，1958年，第87页。
②　（汉）扬雄：《太玄经》，《诸子集成》补编七，四川人民出版社，1997年，第263页。
③　同上书，第301页。

摹始而测深也，三三所以尽终而极崇也，二二所以参事而要中也。"① 这里的"深"属侵部字，"融，容，崇，中"为冬部韵，其中"容"虽为东部，但蜀方言不分而通押。虽然这种异部通押的现象在其他方言中也有可能存在，但考虑到扬雄赋中这些用韵特点的统一性，我们认为扬雄作《蜀都赋》最有可能。

## 《太玄赋》作者考辨②

### 问永宁

研究《太玄》者，多将《太玄赋》看作理解《太玄》的重要文献。一些重要的关于扬雄的研究著作，也多认为《太玄赋》是扬雄的作品。因此，《太玄赋》的真伪，影响到对《太玄》的理解，有必要对其进行分析。

《太玄赋》首见于《古文苑》。此书来历不明，《四库全书总目》云："世传孙洙巨源于佛寺经龛中得之，云唐人所藏。所录诗赋杂文，自东周迄于南齐，凡二百六十余首，皆史传、《文选》所不载。然所录汉、魏诗文，多从《艺文类聚》《初学记》删节之本，石鼓文亦与近本相同，其真伪盖莫得而明也。"[1]1691《古文苑》于扬雄名下，收赋三篇：《太玄赋》仅见于本书，其他两篇也为《艺文类聚》《初学记》等类书所收，其文字和类书所收完全相同，应该是扬雄的作品。《太玄赋》独见于《古文苑》，较之其他两篇作品，甚为可疑。

为讨论方便，现摘抄《太玄赋》部分文字于下：

---

① 《太玄经》，第 326 页。
② 原载《湖北大学学报》（哲学社会科学版）2006 年第 5 期。

观大易之损益兮，览老氏之倚伏，省忧喜之共门兮，察吉凶之同域。……丰盈祸所棲兮……圣作典以济时兮，驱蒸民而入甲，张仁义以为网兮，怀忠贞以矫俗……岂若师由、聘兮，执玄静于中谷，纳价禄于江淮兮，揖松、乔于华岳，升昆仑以散发兮，踞弱水而濯足……忽万里而一顿兮，过列仙以托宿，役青要以承戈兮，舞冯夷以作乐，听素女之清声兮，观宓妃之妙曲……排阊阖以窥天庭兮，骑骓骊以踟蹰，载美门与俪游兮，永览周乎八极……斯、错位极离大戮兮，屈子慕清藏鱼腹兮……孤竹二子饿首阳兮…我异于此执太玄兮，荡然肆志不拘挛兮。

这篇文章问题很多。首先，《太玄》之后，不应有《太玄赋》的出现。

《汉书·扬雄传》："赋劝而不止，明矣，又颇似俳优淳于、优孟之徒，非法度所存、贤人君子诗赋之正也"，这是写作《太玄》以前的事。以作赋与俳优为比，足见扬雄对大赋已有很强烈的拒斥感，并且"辍不复为。"《法言·吾子》称赋为"雕虫篆刻"，"壮夫不为"，对赋予以否定。就扬雄现存的作品看，成帝朝以后，就没有以赋名篇的著作。在《太玄》之后，又重作冯妇，不合情理。《太玄》传文有《太玄摛》。《文心雕龙·诠赋》："赋者，铺也，铺采摛文，体物定志也。"《太玄摛》："摛，张之。"摛与赋之意同。钱钟书云："《太玄摛》即不协韵之《太玄赋》。"[2]956 在《太玄》完成之后，《太玄摛》已经完成，也不应有《太玄赋》之出现。

其次，《太玄赋》和扬雄的思想不合。

1. 对五经和孔子的态度不同。《太玄捝》将五经比为天地，说："天地作函，日月固明，五行该丑，五岳宗山，四渎长川，五经括矩。"《法言序》云："神心忽悦，经纬万方，事系诸道德仁义礼"，"圣人聪明渊懿，继天测灵，冠于群论，经诸范"，"仲尼以来，国君将相卿士名臣参差不齐，一概诸圣。"《法言·问神》："大哉！天地之为万物郭，五经之为众说郭。"又云："书不经，非书也，言不经，非言也。"《法言·君子》："圣人之书、言、行，天也。"《法言·五百》："圣人之言，天也"，又云："赫赫乎日之光，群目之用也；浑浑乎圣人之道，群心之用也。"对五经和孔子表示出最大的推崇。而《太玄赋》贬圣典，嘲孔子。两者的不同，显而易见。

2. 对于忠孝等价值的态度不同。《法言·学行》："学以治之，思以精之，朋友以磨之，名誉以崇之，不倦以终之，可谓好学也已矣。"《太玄赋》则云："名誉怨所集。"宣扬忠孝是扬雄作《太玄》的目的。《太玄·常》云："君臣之道，万世不易。"《太玄告》云："故有祖宗者，则称为孝，序君臣者，则称呼忠。"《太玄赋》却说："麟而可羁近犬羊兮，鸾凤高翔戾青云兮。"又说："荡然肆志不拘挛兮。"

《太玄赋》反仁义，说"圣作典以济时"是"驱蒸民而入甲，张仁义以为网"。《法言·问明》"玄何为？为仁义。"明确指出作《太玄》的目的，在于讲仁义。《汉书·扬雄传》"（《太玄》）拟之以道德仁义礼智，无主无名，要合五经"，《法言·吾子》："适尧、舜、文王者为正道，非尧、舜、文王者为它道，君子正而不它。"两者所体现的价值观截然相反。如果《太玄赋》不是伪作，这个事实就无法得到解释。

3. 在对人物的评判上，《太玄赋》和扬雄一贯的看法有严重冲突。《太玄赋》："屈子慕清，葬鱼腹兮，伯姬曜名，焚厥身兮，孤竹二子，饿首山兮。"《法言·吾子》称屈原"如玉如莹，爰变丹青，如其智！如其智！"对屈原作了极高评价。《法言·问明》："吾珍庄也，居为难也。不慕由及夷矣。"推崇夷、齐。扬雄尊崇孟子，《孟子·万章下》云："伯夷，圣之清者"，《法言·渊骞》将以"首阳为拙，柱下为工"的东方朔，看作"滑稽之雄"。显然，扬雄是推崇夷、齐的。

扬雄不信神仙。《法言·君子》云："有生者，必有死；有始者，必有终，自然之道也"。认为神仙之长生为妄说。"惟器嚣者为能使无为有。"《法言》中讥评求仙的文字很多，《法言·修身》"或问：众人？曰：富、贵、生。贤者？曰：义。圣人？曰：神。……天下有三门，由于情欲，入自禽门；由于礼义，入自人门；由于独智，入自圣门"。表现出对神仙长生思想的鄙视与排斥。然《太玄赋》却说："揖松、乔于华岳，升昆仑以散发兮，踞弱水而濯足……忽万里而一顿兮，过列仙以托宿，役青要以承戈兮，舞冯夷以作乐。"表现出对神仙说的高度认同。

在扬雄的作品中，宓妃的形象很差。《解嘲》："初累弃彼宓妃兮，更思瑶台之逸女。"《甘泉赋》："屏玉女而却宓妃"，"玉女无所眺其清卢兮，宓妃曾不能施其蛾眉"。《校猎赋》："鞭洛水之宓妃，饷屈原与彭胥。"《汉书·扬雄传》："时赵昭仪方大幸，每上甘泉，常法从，在属车间，豹尾中。……（故雄）又言屏玉女而却宓妃。"赵昭仪姊妹的残忍与秽行，在《汉书·外戚传》中多有记载，在汉末臭名昭著。扬雄久居省中，对此有着外人难以体会的反感，《太玄·内》次八："内不克妇，荒家及国，涉深不测。"测云："内不克妇，国之孽也"，以赵昭仪比况玉女、宓妃，表现出对玉女、宓妃强烈的厌恶感；《太玄赋》则云："听玉女之清声兮，观宓妃之妙曲。"却对玉女、宓妃表示出明显的欣赏之情。玉女、宓妃的形象天差地别，矛盾显然可见。

再次，《太玄赋》和扬雄的文风、用韵不一致。《太玄》古称难读，内容古奥，是根本原因。《太玄》是拟易之作，扬雄对《易经》有极深把握，与《太玄赋》谈易只论损益大不相同。扬雄对老子的肯定在论道德，《法言·问道》云："老子之言道德，吾有取尔，及槌提仁义，灭绝乱学，吾无取焉尔。"而《太玄赋》论老子只说倚伏。郑文云："《太玄》所本《老》《易》是这样复杂而微妙。《太玄赋》仅举易之'损益'，《老》之'倚伏'，实不符赋这种文体的铺陈敷布的要求。"[3]321郑文之说是正确的。与《太玄》的古奥复杂不同，《太玄赋》的文字浅显直白。《解嘲》云："炎炎者灭，隆隆者绝，观雷观火，为盈为实，天收其声，地藏其热，高明之家，鬼瞰其室。"李光地以《丰》卦释之[2]956，甚确。《剧秦美新》云："震声日景，炎光飞响，盈塞天地之间。"亦用《丰》卦。《太玄赋》："雷隐隐而辄息兮，火犹炽而速灭。"仍然是释《丰》卦。扬雄是西汉大赋的代表作家，其工于造意，自不待言，以扬雄的博学高才，不应该在作品中屡屡使用同一意象，给人以才思枯竭之感。下文云："丰盈祸所集"，既用《丰》卦，又讲丰盈，扬氏用字极工，似不会露此破绽。

扬雄的大赋用韵，与其同乡司马相如、王褒一致，虽较宽泛，仍有规律可寻；《太玄赋》则不同，此赋以蒸、真合韵，这在扬雄的其他作品中，皆无先例。简宗梧《司马相如·扬雄及其赋之研究》（稿本）云："本赋用韵怪异，于乱曰之前，全押入声字。""用韵如此之宽，于赋篇之中，罕有其匹。"他怀疑"《太玄赋》是否子云所作，确有商榷余地。"简氏的研究为研究《太玄赋》的真伪，提供了有力旁证。

复次，《太玄赋》在避讳方面不合情理。扬雄对避讳很注意，《太玄》中颇多其例。《敛·初一》："利用安人正国。"《太玄》系韵文，此处"国"应作"邦"，与"当"东阳合韵，"国"入职部，与"当"不合韵。则"国"系"邦"之讳字无疑。《太玄赋》云："丰盈祸所棲兮。"《古文苑》四部丛刊韩元吉本、岱南阁丛书本、守山阁本均作"丰盈"。汉惠帝名刘盈，汉人多避"盈"作"满"。扬雄也是避"盈"的。《少》次六："少持满，先盛后倾。"此处"满"应作"盈"，与"倾"同为耕部，作"满"则不韵，显因避讳而改。《盛·次八》："挹于满荥，几后之倾"。"荥"的本字显然就是"盈"，《积·次五》："藏不满，盗不赢"，吴汝纶说："满读为盈，此避汉讳"，（《桐城先生点勘太玄读本》宣统二年衍星社本）吴氏之说是正确的。扬雄在《太玄》中避汉，假如《太玄赋》出于《太玄》解释，怎么能够不避汉讳，直接用"丰盈"这种字眼。从避讳字的运用看，《太玄赋》和《太玄》不相应，不是扬雄的作品。

　　最后，《太玄赋》论及骑马，与汉代现实不合。按马镫出现较晚，直到魏晋南北朝时期才渐趋成熟。早期的镫是单侧镫，只在马的左侧有，是为了上马方便。最早的双侧镫，目前发现于前燕冯素弗墓中，汉代实物没有发现。就现存汉墓壁画看，汉代尚无马镫[4]265。甚至南北朝的敦煌壁画中，骑兵亦无镫[5]129。

　　汉代人出行多乘车，少骑马。在无镫的情况下，控制马的回旋，适应马奔跑的惯性，并不是容易掌握的技术，未经长期训练，骑马的危险很大。骑马全凭大腿用力，非常辛苦。《三国志·蜀志·先主传》引司马彪《九国春秋》："身不离鞍，髀肉皆消，今不复骑，髀里肉生。"在这种情况下，汉人描写出游的作品，要么乘车，要么乘龙舟，无人选择骑马。然而《太玄赋》"骑骓騛以踟蹰。"不但提到骑马，还要将骑马作为一种享受，与"听素女之清声，饮玉醴以解渴"并列。如果《太玄赋》真是扬雄的作品，这种描写无疑是荒谬的。

《太玄赋》："朝发轫于流沙兮，夕翱翔于碣石"。此句拟《离骚》："朝发轫于苍梧兮，夕余至乎悬圃。"洪兴祖补注："轫，止车之木。"《后汉书·申屠刚传》："遂以头轫乘舆轮，帝遂为止。"《守》次六："车案轫，圭壁尘。"发轫即是表示乘车。一个人乘车的同时又说骑马，显然矛盾。扬雄以思维缜密出名，这种矛盾的出现，也说明《太玄赋》不是扬雄的作品。

对于《太玄赋》的作者，我认为有可能是晋代的杨泉。杨泉亦著有《太玄》，其书已佚。据《意林》卷五所收文字看，其思想注重明哲保身，潜身远祸。如云"内清外浊，弊衣裹玉"，"强梁者亡，掘强者折，大健者跋，大利者缺"，"鸾雏凤子，养生高峙，隐耀深林，不食淬秽。"皆和《太玄赋》的观点相当一致。杨泉吴人，主要生活于晋代，此时马镫在南中国，可能已经有一定程度的流行，"在南方，年代最早的双马镫见于南京象山 7 号东晋墓。"[6]182稍前的西晋时期，应该已有马镫在使用。有了马镫，骑马就不再那么辛苦，骑马出游成为一件有趣的事情，可以作为享受，写入文章中了。《古文苑》所收文章已晚至南齐，杨泉作《太玄赋》是有可能的。

### 参考文献

［1］永瑢. 四库全书总目：下册［M］. 北京：中华书局，1965.

［2］钱钟书. 管锥篇［M］. 北京：中华书局，1986.

［3］郑文. 金城丛稿［M］. 济南：齐鲁书社，2000.

［4］顾森. 秦汉绘画史［M］. 北京：人民美术出版社，2000.

［5］周锡保. 中国古代服饰史［M］. 北京：中国戏剧出版社，1996.

[6] 黄展岳. 考古纪元——万物的来历 [M]. 成都：四川教育出版社，1998.

## 扬雄奏《甘泉》《河东》《羽猎》《长杨》四赋的年代①（节选）
### 唐　兰

《大公报·文史周刊》三十九期有陆侃如先生所写的《扬雄与王音、王根、王商的关系》一文，我读到了很感兴趣，这一个问题从司马光的《通鉴考异》提出以后竟有这么多的推测，而每一个推测，都不见得很妥当。

这个老问题，在原始史料里，有两处可疑。

（一）《汉书·扬雄传》赞说：

> 初雄年四十余，自蜀来游，至京师，大司马车骑将军王音奇其文雅，召以为门下史，荐雄待诏，岁余，奏《羽猎赋》除为郎，给事黄门。

考《文选·王文宪集序》注引《七略》："子云《家谍》言以甘露元年生也。"这应该是很可信的年代。《汉书》本传说，"年七十一，天凤五年卒"和《家谍》正合。从这两个证据，我们可以确定他生于西元前五三年，卒于西元一八年。大司马车骑将军王音卒于成帝永始二年，即西元前一五年，根据上述的证据，扬雄那时才三十九岁，所以钱大昕《三史拾遗》说：

---

①　原载《学原》第 1 卷 1948 年第 10 期。

使果为音所荐，则游京师之年，尚未盈四十也。

（二）《文选·甘泉赋》李善注说：

> 《汉书》曰："永始四年正月行幸甘泉。"《七略》曰："《甘泉赋》，永始三年正月待诏臣雄上。"《汉书》三年无幸甘泉之文，疑《七略》误也。

又《长杨赋》李善注说：

> 明年谓作《羽猎赋》之明年，即校猎之年也。班欲叙作赋之明年，《汉书·成纪》曰："元延二年冬，幸长杨宫，纵胡客大校猎"是也。《七略》曰："《羽猎赋》，永始三年十二月上。"然永始三年去校猎之前，首尾四载，谓之明年，疑班固误也。又《七略》曰："《长杨赋》，绥和元年上。"绥和在校猎后四岁，无容元延二年校猎，绥和元年赋，又疑《七略》误。

李善这两段注里，一回说《七略》误，一回又说班固误，这是很可疑的。他所引的《七略》里的三个年代，是原始史料，可是据《汉书》本纪甘泉泰畤是永始三年十月才复的，四年正月才行幸甘泉，郊泰畤，怎么会在三年的正月就上《甘泉赋》呢？

由于这两点可疑，才有各种推测。司马光根据扬雄的自序，做《甘泉赋》那一年的十二月又做了《羽猎赋》的一个事实，以为应该在元延二年，因而把荐雄待诏一事放在元延元年，那时王音已经早死了，所以说应当是王根把《甘泉》《河东》《羽猎》都放在元延二年。这一点后来很多学者都同意，因为在《成帝本纪》里，只有这一年的正月幸甘泉，三月幸河东，而冬天又有一次纵胡客大校猎，似乎是三者具备。不过宋祁校《汉书》引《通鉴考异》，把原文删改了，好像司马光把作三赋的年代，放在元延元年，是错误的。

有些人想替作《剧秦美新》的扬雄辩护，说没有活到王莽的时候，把扬雄的见成帝，推早到成帝初年，建始改元时，因而说卒于天凤五年是错的。他们没有看见《七略》里所引的子云《家牒》，明明白白地说生于甘露元年，这种徒劳的考证，我们可以不管。

何焯、周寿昌都没有用司马光的说法，何氏以为扬雄在永始三年是四十岁，就是四十余自蜀游京师被王音荐举的一年，《甘泉赋》是永始四年上的。周寿昌说他没有把王音拜大司马和薨年考一下是错的。他也认为扬雄是王音荐的，但是四十余，应改作三十余。其实周氏的说法也有困难。王音死时，扬雄三十九岁，如其荐雄在死前一两年，怎么能说三十余，要是在王音刚拜大司马时，扬雄刚三十二三岁，倒是可以说三十余了，不过又怎样去解释这岁余奏《羽猎赋》呢？

现在陆侃如先生的说法，还是根据司马光，可不相信王音是王根的错误，而另外提出一个可能的人物，王商。因为王商在元延元年正月做大司马卫将军，十二月乙未迁大司马大将军，辛亥薨。庚申，光禄勋王根做大司马骠骑将军。陆先生说：

> 不知庚申为何日，但自乙未至此，已二十六日，故王根作大司马一定在除夕前不久，而扬雄则在次年正月便从上甘泉作赋了，这时间未免太匆促了些。

他认为在元延元年荐扬雄的，应该是王商。考陈援庵先生

《二十史朔闰表》，元延元年十二月朔是甲午，乙未是初二日，庚申是二十七日，在这一年里，王根只做了三天大司马，时间实在太匆促了，在这一点上，我是同意陆先生的看法的。王商的所以错成王音，陆先生以为是班固记错了，因为王商是卫将军，"卫"字不容易错成"车骑"。

不过主要的问题，还在司马光的说法对不对。我觉得把王音改成王根，或者王商，如无确实的证据，都是有些危险的。因为班固离扬雄这么近，看见过《七略》，看见过扬子云的《家谍》，会把王根或王商错做王音，骠骑将军或卫将军错成车骑将军吗？

《七略》所载的三个年代，司马光压根儿就没有注意过，应该是很大的漏洞。沈钦韩在《甘泉赋》和《校猎赋》里都从《通鉴》作元延二年，在《长杨赋》却说：

> 又疑《七略》编当时文，不当有失，或雄自叙，止据奏御之日，秘书典校，则凭写进之年，故参差先后也。

这是他自相矛盾的地方。陆侃如虽也承认"《七略》当信赖"，可是他认为三赋是元延三年奏御，不能在四年前的永始三年写进。又说即使奏御在永始时，也不能四年才幸甘泉而三年已然写进。所以他的结论是"李善所见《七略》，恐怕不是原文"。

另外，还有一个重要的问题。本传所引扬雄自序，做《羽猎赋》的明年，上将大夸胡人以多禽兽，所以从秋天起就把老百姓捉来的禽兽，送到长杨射熊馆，叫胡人手搏，所以他又做了《长杨赋》。成帝《本纪》在元延二年冬说："行幸长杨宫，从胡客大校猎"和《长杨赋》所说正合，应当是一件事情。司马光等因为把元延二年冬的大校猎，当做《羽猎赋》的羽猎，反而把因叫胡人手搏禽兽而作的《长杨赋》落空了。司马光很干脆，就在元延三年硬添上一条"上令胡人搏禽兽"，说《本纪》错了。戴震认为元延三年没有长杨校猎一回事，是扬雄传错的。钱大昕用司马光的说法，以为元延三年幸长杨射熊馆，《本纪》没有写，二年只校猎，没有胡客，三年才有胡客，并两事为一，是《本纪》错的。

## 扬雄四赋作年新论①

### 陶成涛

扬雄是汉大赋发展的重要人物，其《甘泉赋》《河东赋》《羽猎赋》《长杨赋》也是汉赋史上的重要作品。目前学界对扬雄四赋作年，有以下两种主流观点：

第一种以《中古文学系年》为代表，陆侃如先生直接以《汉书·扬雄传》为依据，判定《甘泉赋》《河东赋》《校猎赋》作于元延二年（前11），《长杨赋》于"明年"（元延三年，前10）[1](P11-15)，这种观点从清代以来就一直被学者坚持，也是目前学界的传统看法，影响很大。

第二种观点以《中国辞赋发展史》为代表，结合了《汉书·成帝纪》中成帝第一次行幸甘泉的记载——"（永始）四年春正月，行幸甘泉，郊泰畤，神光降及紫殿。大赦天下。赐云阳吏民爵，女子百户牛酒，鳏寡孤独高年帛。三月，行幸河东，祠后土，赐吏民如云阳，行所过无出田租"[2](P324)，认为皇帝首次祭祀的规模和意义均大于之后元延二年的祭祀活动，故将《甘泉赋》《河东赋》作年前移至永始四年（前13）。此种观点支持者颇多，其实早

① 原载《西北大学学报》（哲学社会科学版）2017年第6期。

著作选录

在民国时期唐兰先生《扬雄奏甘泉河东羽猎长杨四赋的年代》一文就已经反驳陆侃如先生发表在《大公报》文史周刊三十九期的与《中古文学系年》相同的说法，认为《甘泉赋》《河东赋》《校猎赋》作于永始四年[3](P55-57)，《中国辞赋发展史》同[4](P139)。目前学界支持赞同这一观点者颇多。①

以上两种主流观点之外，《文选》李善注尚保存有第三种关于扬雄辞赋作年的记载。《文选》卷七《甘泉赋》、卷八《羽猎赋》、卷九《长杨赋》李善注均引《七略》所记载的写作时间："《汉书》曰：永始四年正月，行幸甘泉。《七略》曰：《甘泉赋》，永始三年正月，待诏臣雄上"[5](P322)"《七略》曰：《羽猎》，永始三年十二月上"[5](P389)"（《长杨赋》）绥和元年上"[5](P403)。《文选》引《七略》的记载和以上两种"持《汉书》论"的主流观点相左，从李善本人开始便有怀疑，学界至今的主流观点也对此多是相对忽视或简单否定的态度②。

学界否定"永始三年"记载可靠性的直接解释是：今本《文选》中"永始三年"为"永始四年"之误抄（古字三、四形近，

---

① 例如：杨福泉《扬雄年谱考订》（载于《绍兴文理学院学报》2006 第 2 期，第 67—79 页）、杨福泉《扬雄至京待诏奏赋除郎的年代问题》（载于《上海大学学报（社会科学版）》2002 年第 1 期，第 17—21 页）、熊良智《扬雄"四赋"时年考》（载于《四川师范大学学报》2005 年第 3 期，第 70—72 页）、易小平《关于扬雄四赋作年的两个问题》（载于《古籍研究丛刊》2010 年第 6 期，第 92—95 页）、龙文玲《〈文选〉扬雄〈甘泉赋〉作年考辨》（收入刘跃进、柳宏主编《现代学术视野下的〈文选〉研究》，中国社会科学出版社，2016 年版，第 159—171 页）皆作永始四年。

② 仅见林贞爱《扬雄集校注》所附年谱将扬雄前三赋列在永始三年，然而，该文论述陷入钻求所谓"大有文章"的穿凿中："如果没有汉成帝行幸甘泉在前，怎么会有皇太后诏有司复甘泉泰畤在后呢？这一前一后，便大有文章。原来汉成帝这次行幸甘泉，是为赵飞燕求子嗣，因而班固在修史时有顾忌，不便直书其事。"此说认为永始三年本有甘泉祭祀而《汉书》隐而不书，揣测无凭，三年既不书，四年何以书之？且《汉书·郊祀志》明确言因皇嗣无子而恢复甘泉祭祀，何有"顾忌"之处？牵强不足为解。详参林贞爱《扬雄集校注》，四川大学出版社 2001 年版，第 328 页。

传写致误）。自《汉书·扬雄传》王先谦补注引顾炎武"四郡为三郡之误"说以来[1]，学者甚多认为"永始三年"应为"永始四年"之误。从陆侃如先生到杨福泉、易小平、熊良智等学者，均认为"三"字有误。但是，《文选》李善注于《甘泉赋》《羽猎赋》两处引《七略》，两处文字相隔甚远，均系"误抄"、同时犯错，概率不大。且《说文解字》录"四"，仅籀文（大篆）作四横的写法，与"三"相近，古文"四"字与今文"四"相近，与今文"三"并不形近，汉代通行今文，古文已废，更遑论大篆，况且顾炎武的"四郡为三郡之误"说也非确证，引猜测之论来证概率极低之误，其能够成立的可能性或者说致误的必然性是大可商榷、难以令人信服的。况且，《七略》成书即在扬雄当世，如果传抄不误，则可信度要高于《汉书》扬雄本传。如果仅仅因为《七略》记载与《汉书》的记载相抵牾，就判定《七略》的记载是字形之误，是囿于《汉书》权威的偏颇做法，且逻辑上并不严密。本文拟对《汉书》记载的不合理之处提出怀疑，同时重新审视《七略》记载的合理性，以提出扬雄四赋作年的新说。

---

[1] 《汉书补注》引三、四字形讹误之说云："本书《五行志》'吴王濞封有四郡'，顾炎武校正曰：四郡当作三郡，古四字积画以成，与三易混，犹《左传》陈、蔡、不羹、三国为四国也。"见王先谦《汉书补注》，上海古籍出版社 2008 年版（整理本），第拾壹册，第 5411 页，注八。笔者按，《左传》三国四国是否致误，注家尚有分歧。杜预注春秋实有二不羹国。洪亮吉、阎若璩、汪中皆主杜预之说，杨伯峻先生从此说。详参杨伯峻《春秋左传注》，中华书局 1981 年版，第 1340 页。至于《汉书·五行志》所云"是时吴王濞封有四郡五十余城"，钱大昕《廿二史考异》卷七已作辩证："按《高帝纪》六年以故东阳郡、鄣郡、吴郡五十三城立刘贾为荆王。吴濞所封，即贾故地。故传云'王三郡五十三城'。而《伍被传》云：'吴王王四郡之众'，此志亦云四郡者，楚汉之际，会稽尝析为吴郡。《灌婴传》：'度江破吴郡长吴下，得吴守。遂定吴、豫章、会稽郡'，此有会稽又有吴郡之证。《吴王濞传》：'上患吴会稽轻悍'，亦两郡兼举也。吴郡本会稽所分，言吴可以包会稽。《高帝纪》单称吴郡则为三郡，此兼举吴会，故言四郡也。"见钱大昕《廿二史考异》，上海古籍出版社 2004 年版，第 131 页。可见，三、四字形讹误仅属猜测，以上两则材料皆非确证。

# 一、《汉书·扬雄传》并非全部抄自扬雄"自序"

学界目前主流的两种以《汉书》记载判定扬雄四赋作年的观点，均对《文选》李善注所引《七略》的记载持漠视或简单否定态度。而学界之所以奉《汉书·扬雄传》为第一手的权威史料，与颜师古注《汉书·扬雄传》以来的一个错误的解读密切相关。《汉书》原文"赞曰：雄之自序云尔。初……"之下有颜师古注云"自《法言》目之前，皆是雄本自序之文也"[2](P3583)。颜师古认为，《汉书·扬雄传》中，《法言》目录之前的文字，全部是班固抄录扬雄《自序》而成的。而这个判定是不对的。

《汉书·扬雄传》录扬雄辞赋七篇（即《反离骚》《甘泉》《河东》《校猎》《长杨》《解嘲》《解难》）及《法言》目录，《法言》目录前云"《法言》文多不着，独着其目"，之后云"赞曰：雄之自序云尔。初……"此"自序"所包括的范围，被颜师古判定为除了《法言》目录之外的、"赞曰"以上的全部《扬雄》本传的文字。后代学者多从此论，进而认为班固直接采录扬雄"自序"而成《扬雄传》——既然《汉书》扬雄本传的文字全部来自扬雄生前亲自写成的自传性质的《自序》，属于第一手材料的信史，是不容置疑的，那么其所记载的扬雄辞赋作年，自然为绝对真实可靠的本人记录——然而事实情况并非如此。

扬雄"自序"即《汉书·艺文志》著录"扬雄所序三十八篇"①。

---

① 汪荣宝辩驳颜师古、段玉裁诸人的观点，并以《史记》《汉书》《论衡》为例，证扬雄"自序"即《汉书·艺文志》所著录"扬雄所序三十八篇"中最后一篇，为扬雄亲自编定。详见汪荣宝《法言义疏》，中华书局 1987 年版，第 2—3 页。笔者按，汪氏所论极精。学者怀疑"自序"并非"扬雄所序三十八篇"，而是另有所指。并不能让人信服，因为从文献学的角度无法解释既存在另一本《自序》，又从未被《汉书·艺文志》《隋书·经籍志》等目录学著作著录的矛盾。

这个"自序"到底有哪些内容呢？我们根据《汉书·艺文志》的著录，可以认定，扬雄的"自序"（以下称《自序》）不包括辞赋作品。理由如下：

首先，作为保存了刘歆《七略》著录内容的《汉书·艺文志》，将"扬雄所序三十八篇"列入"诸子略"之儒家，且有班固注："《太玄》十九，《法言》十三，《乐》四，《箴》二"[2](P1727)，数字相加，正好三十八篇。从著录体例以及篇目吻合的事实考察，皆可认定扬雄《自序》是一部儒家类的子书，并无辞赋作品。

第二，假使扬雄《自序》依然收录了辞赋作品，且刘歆是见过扬雄《自序》的，那么，我们假使存在的扬雄《自序》中收录的辞赋作品，应该在《汉书·艺文志》中的"诗赋略"中反映出来。然而我们注意到，《汉书·艺文志》正文刘歆仅仅著录了扬雄四篇辞赋，是班固通过注文又增补了八篇[2](P1750)。也就是说，如果扬雄《自序》中收入辞赋，其数量应该与《汉书·艺文志》正文记载吻合，即四篇。但是《汉书·扬雄传》居然收录了七篇。这个数字的差异恰恰说明，班固的《扬雄传》并非全文抄录自扬雄的《自序》。颜师古所言的《汉书·扬雄传》全文抄录自扬雄"自序"的结论是不正确的。刘歆所著录的辞赋篇数和班固所录篇数数量上的差异恰恰说明，颜师古所判定的《汉书》扬雄本传文字全部来自扬雄《自序》以及因之而来的推论"扬雄《自序》中收录辞赋"，都是不可能成立的。刘歆著录的扬雄辞赋四篇以及班固补录的辞赋八篇，这些信息均不可能来自于扬雄《自序》。换言之，扬雄《自序》并无辞赋作品。

实际上，《汉书·艺文志》所列的"《太玄》十九，《法言》十三，《乐》四，《箴》二"已经非常明晰，扬雄的《自序》仅仅是对后期所创作的《太玄》《法言》等著作做的一个纲领化的目录提要，介绍其各卷的作意和主旨。这种做法，在《史记·太史公自序》中已经有了。

然而，学者对颜师古深信不疑的第二个因素，正是来源于《史记·太史公自序》。班固在《汉书·司马迁传》中全文抄录《史记·太史公自序》，并于文末亦言"迁之自叙云尔"，且颜师古注也说："自此以前，皆其自叙之辞也。自此以后，乃班氏作传语耳。"[2](P2724) 这与《扬雄传》中"赞曰：雄之自序云尔"① 完全是一个腔调。故而使学者产生类比：《司马迁传》都全文抄录了，《扬雄传》应该也是全文抄录。其实这种类比和套用是不准确的，并且受了"义例先行"的思维束缚。《扬雄传》中的"雄之自序云尔"与前文"《法言》文多不录，独着其目"互相照应，上承内容是《法言》的目录，班固没有将《法言》的全部内容抄录入《扬雄传》，而是将扬雄本人对《法言》所做的"目录提要"（即扬雄的《自序》的文字）全文抄录进来，并在抄完之后加以说明——《法言》的目录内容是"雄之自序"，这才是"雄之自序云尔"的准确意思。《汉书·扬雄传》文中"《法言》文多不录，独着其目"以下的文字，从"天降生民，倥侗颛蒙，恣于性情，聪明不开，训诸理。撰《学行》第一"到"孝莫大于宁亲，宁亲莫大于宁神，宁神莫大于四表之欢心。撰《孝至》第十三"，均是直接抄录自扬雄的《自序》，文意甚明。学者以《司马迁传》中辞句相同但语境所指不同的文字来类比《扬雄传》，而得出《扬雄传》的全部文字都抄录自扬雄《自序》，就显得颇为轻率了。

综上，我们可以清楚地认识到，颜师古在注《汉书·扬雄传》的"雄之自序云尔"犯了一个错误。由于学界长期没有认识到这

---

① 笔者怀疑《扬雄传》中"赞曰：雄之自序云尔"中的"赞曰"可能系倒文，或当为"雄之自序云尔。赞曰：初，雄年四十余，自蜀来至游京师。"

个错误，导致在判定扬雄四赋作年这个问题上长期迷信于《汉书·扬雄传》的权威性。以误生误，致使学界在讨论这个问题上长期原地打转，徘徊不前。

扬雄在其晚年对辞赋的讽谏作用彻底失去信心，一心闭门著经。《自序》作为他对自己平生著作的提纲挈领式的归纳，自收《太玄》《法言》等哲学作品，不收辞赋作品，是完全正常的。因此，班固在给扬雄立传时，其辞赋作品的理解必然不是扬雄自己的意见，而是后人的理解，很有可能正是班固自己的理解。《文选》中冠以"并序"的《汉书》本传文字，也仅代表班固自己的意见。①

班固为扬雄立传，收录辞赋，而"扬雄所序三十八篇"不录辞赋，故其作品的写作年代和背景不知其详。明此，则可知《汉书·扬雄传》涉及四赋作年的史料来源，绝非囿于颜师古注的学者所认为的"第一手材料"般绝对可靠。学者若抱定《汉书·扬雄传》为铁证来判定扬雄四赋的作年，所得结论的武断性已是显而易见了。

当然，已经有很多学者已经开始关注《汉书·成帝纪》中郊祀甘泉的年代记载与《扬雄传》的差异，并据《成帝纪》将《甘泉赋》《河东赋》《羽猎赋》三赋移到永始四年，已是在很大程度上解除了对《汉书》扬雄本传"唯一铁证"的迷信，并且得到了众多支持。但是这种意见并没有明确认识到《汉书·扬雄传》的记载并非全部来自扬雄"自序"，在考定作年中依然不忍割舍，因此遇到了新的麻烦：《汉书》内部，《成帝纪》和《扬雄传》矛盾。《成帝纪》记载首

① 如《甘泉赋》"并序"云："孝成帝时，客有荐雄文似相如者，上方祀甘泉泰畤、汾阴后土以求继嗣，召雄待诏承明之庭。正月，从上甘泉还，奏《甘泉赋》以风。"文字与《汉书》本传同。已有学者总结出《文选》中录史官之语冠以"并序"的凡例，见刘盼遂《文选篇题考误》，收入郑州大学古籍所编《中外学者文选学论集》，中华书局1998年版，第4—5页。

次甘泉泰畤在永始四年（前13）春，唯——次"行幸长杨宫，从胡客大校猎"在元延二年（前11）冬，相隔近三年。而在《扬雄传》中，《甘泉赋》《河东赋》《羽猎赋》三赋却紧密排列在一年之中，《长杨赋》也紧接着在"明年"，间隔仅一年。若将《甘泉赋》《河东赋》《羽猎赋》前移至永始四年，则《长杨赋》必然跟着前移至元延元年①，与《成帝纪》不合。并且次生出汉成帝到底有没有二次校猎长杨的争议、更有这个"明年"到底间隔了一年还是两年的争议②，皆源自于学者对《汉书》扬雄本传文字录自扬雄"自序"所谓"第一手资料"的误判和轻信。

## 二、《甘泉赋》《河东赋》二赋反映了成帝时期恢复郊祀旧制的舆论

汉武帝确立了甘泉宫祭天（泰畤）、汾阴祭地（后土）的郊祀制度。《汉书·郊祀志》记载成帝时期郊祀制度的重要变迁：成帝初期，采纳丞相匡衡、贡禹等人的意见，徙甘泉泰畤、汾阴后土于长安南郊。两年之后，匡衡坐事免官爵，"众庶多言不当变动祭祀者"，成帝初罢甘泉泰畤之时，遇到"大风坏甘泉竹宫"的灾异，刘向遂引《易大传》"巫神者殃及三世"来攻击朝臣轻改郊祀旧制，主张恢复甘泉汾阴之祀。又因成帝无继嗣，皇太后下诏恢复甘泉泰畤汾阴后土如故[2](卷二十五下，P1253—1259)。皇太后下诏的时间，

---

① 熊良智《扬雄"四赋"时年考》即持此论，载于《四川师范大学学报》，2005年第3期，第70—72页。

② 据易小平《关于扬雄四赋作年的两个问题》，对汉成帝是否有两次校猎的争论，从胡三省、钱大昕等人就已经开始了。今人陆侃如在《中古文学系年》中也持"实在是两回校猎"的观点。易文认为，《校猎赋》属于跨年完成的作品。《扬雄传》中的"明年"，并不是成帝校猎的第二年，而是扬雄作《校猎赋》之后的第二年。按，易文依旧试图平衡《汉书》内部《成帝纪》与《扬雄传》的矛盾，结论较难让人信服。

《汉书·成帝纪》有永始三年（前14）十月恢复甘泉泰畤的记载[2](P324)，而《汉书·郊祀志》平帝元始五年王莽上奏言"建始元年（前32），徙甘泉泰畤、河东后土于长安南北郊。永始元年（前16）三月，以未有皇孙，复甘泉、河东祠"[2](P1265)。王莽距成帝不晚，上书皇帝，所言不当有误。可见，从郊祀地点被改变之刻起，朝廷中就有反对的声音。而在成帝永始四年首次祭祀甘泉汾阴之前，朝廷主张恢复武帝旧制的呼声越来越强烈。这个舆论与郊祀制度的变迁相始终，其影响是非常广泛而长久的。

陆侃如先生《中古文学系年》据《汉书·成帝纪》永始三年（前14年）十月恢复甘泉泰畤的记载，认为《甘泉赋》不可能作于永始三年十月之前。进而认为李善所见《七略》不是原文[1](P13)。这种判断实际上没有意识到当时在正式恢复甘泉泰畤之前的较长一段时期内，朝廷上下甚嚣尘上的主张恢复甘泉祭祀的舆论的力量。虽然《汉书·成帝纪》所载永始四年始幸甘泉，永始三年没有行幸甘泉之事，但恢复甘泉祭祀的舆论已经足以产生《甘泉赋》了。即，国家或社会的某场重大活动或重要事件在没有发生之前，如果已经有了山雨欲来的征兆，与之相关的文学作品就有可能产生。最典型的例子就是司马相如在汉武帝封禅泰山之前八年就已经写好了《封禅书》。假如没有《史记》的明确记载，又假如我们无法获得其他有关司马相如生平的详细资料，我们就很可能以武帝封禅之年来判定《封禅书》的写作年代，从而产生错误的结论。与之相同的还有杜甫献"三大礼赋"和《封西岳赋》的时间①。扬雄前期的大赋创作有谋求政治出路的意图，而《甘泉赋》《河东

① 关于杜甫献赋年代，张忠纲《杜甫献〈三大礼赋〉时间考辨》（载于《文史哲》2006年第1期，第66—69页）考证为天宝九载玄宗祭天地太庙之前。而《封西岳赋》本身就是预献，唐玄宗并未封西岳。

赋》二赋，具有很强的政治意义。故而，政治舆论必然对扬雄产生影响。退一步论，即便不是受舆论影响，作为社稷重祀，必当提前预先安排日程，以为准备，就祥避灾①。永始四年正月举行祭祀，而永始三年平静无所准备，是绝不可能的。故而，在皇太后已下诏恢复甘泉泰畤、汾阴后土之时，扬雄应该已经把《甘泉赋》《河东赋》当作参与政治舆论讨论、通过大赋迎合朝廷新动向颂扬之文，在皇帝亲祀活动之前就已经上奏②。我们不能仅凭《汉书》永始四年始祭甘泉泰畤的记载来判定扬雄写《甘泉赋》等作品一定不会在此之前；也不能凭《汉书·扬雄传》中的"正月，从上甘泉，还，奏《甘泉赋》以风""还，上《河东赋》以劝"等史官之语来轻率判定必然是先有甘泉、河东之祀，后有《甘泉》《河东》之赋。并且，应该认识到，预先献赋，是赋家干预政治和博取自身声名的重要手段，也是封建时代国家重大活动之前常有的现象。

永始二、三年间，汉廷终于结束了争议已久的恢复武帝郊祀旧制的舆论，准备正式恢复甘泉、汾阴之祀。朝廷确定永始四年正月举行首次甘泉泰畤，其预留的准备时间可能提前半年甚至更早。扬雄以"待诏"的身份，在皇帝"始幸甘泉"之前预先创作《甘泉赋》《河东赋》进献，以为润色大典、营造声势，这是完全

---

① 杨福泉据《成帝纪》永始三年正月"日有蚀之"的记载认为本年计划将祀甘泉，因遇日食罢停。参见杨福泉《扬雄至京待诏奏赋除郎的年代问题》，载《上海大学学报》（社会科学版）2002年第1期，第20页。

② 在《甘泉赋》和《河东赋》的文本中，扬雄遣词造句虚与委蛇，并无实际扈从甘泉、汾阴的描写。尤其是《河东赋》结尾云："轶五帝之遐迹兮，蹑三皇之高踪。既发轫于平盈兮，谁谓路远而不能从？"如果是自汾阴扈从回来所作，那么事实已摆在眼前，这一句反问多少有些多余，或者说针对性不足。如果是朝廷郊祀舆论尚在争议未决之时，那么整篇赋的立意就在结尾的"谁谓"上，鲜明地体现了扬雄迎合汾阴祭祀的立场和姿态。

合理的。① 并且，扬雄在此年年尾又向皇帝献《羽猎赋》，终于得到重视，拜为郎。这与《汉书·扬雄传赞》言"初，雄年四十余，自蜀来至游京师，大司马车骑将军王音奇其文雅，召为门下史，荐雄待诏。岁余，奏《羽猎赋》，除为郎"的记载吻合②，扬雄上《甘泉赋》的身份是"待诏"，这一点与《七略》"待诏臣雄上"也完全吻合。并且可以推定，《羽猎赋》与《汉书·成帝纪》所载元延二年冬成帝长杨校猎完全无关，班固在《汉书·扬雄传》中对《羽猎赋》所加的讽喻解读只能是史官之见，不可作为系年的依据。因此，扬雄的前三篇赋正确的时间排列应该是《甘泉赋》《河

---

① 桓谭《新论》云："子云亦言：'成帝时，赵昭仪方大幸。每上甘泉，诏使作赋。为之卒暴，思精苦……'"，班固《汉书·扬雄传》又有"每上甘泉，常法从，在属车间豹尾中……"之语。按，桓谭盖追忆转述扬雄之言，"赵昭仪方大幸"，正在永始初年，"每上甘泉，诏使作赋"可解为"每上将幸甘泉，诏使作赋"，未必是甘泉郊祀之后才"诏使作赋"，此符合扬雄待诏的身份，且桓谭所述并无扬雄扈从成帝行幸甘泉之意。《汉书》本传所云"常法从"，仅可看作是班固的史家之语和赋家解读，并非可作为《甘泉赋》写作背景的铁证。

② 《汉书·成帝纪》载永始二年正月己丑，"大司马车骑将军王音薨"。《七略》载上永始三年十二月扬雄上《羽猎赋》，正是"岁余"。扬雄拜郎是因《羽猎赋》，那么，《羽猎赋》不可能再与三年之后的元延二年校猎相关联，而《汉书·扬雄传》所引《校猎赋》如果是《羽猎赋》，则前后矛盾。易小平《〈校猎赋〉就是〈羽猎赋〉吗？——兼论扬雄初为郎的时间及年龄》一文即否定《羽猎赋》与《校猎赋》为同一篇，认为"《羽猎赋》亡佚，导致《羽猎赋》《校猎赋》二赋被混为一谈"。参见《广西大学学报》（哲学社会科学版）2007 年第 3 期，第 117—120 页。然而，易文观点的前提是以《汉书·扬雄传》著录辞赋的部分为确凿无误的信史，元延二年确实是《校猎赋》的写作背景，因此得出此说。本文认为，此论破立太勇，恐难服人。《羽猎赋》的前后两次时间矛盾的记载，应该与班固在《扬雄传》中以极强的儒家正统思想，有意强调扬雄作品的讽谏意义，将扬雄《羽猎赋》与成帝校猎强行"扯"上联系有关，《扬雄传赞》中所述当别有材料依据，故而前后并不一致。按，《扬雄传赞》曰："初，扬雄年四十余，自蜀来至游京师。大司马车骑将军王音奇其文雅，召以为门下史，荐雄待诏，岁余，奏《羽猎赋》，除为郎。"扬雄游京师的年龄，尚难确定，王先谦认为四字为三字形之误，亦属猜测。永始二年，扬雄四十岁，王音已薨。其游京师时应不满四十，但所云"岁余"，也应不会太早，当是三十八九岁时。可能班固《传赞》转录自其他文献，"四十余"属记述者误记。

东赋》《羽猎赋》，均作于永始三年。《七略》的记载具有明显的合理性，永始四年、元延二年之说均未通融。

## 三、《长杨赋》的写成与上奏并非同时

《长杨赋》的作年，学界据《汉书·扬雄传》，列在元延二年或三年①，原因是《七略》所载绥和元年（前8）已经是元延二年（前11）冬天成帝校猎事件之后第三年了，间隔太久，无从互证。沈钦韩认为《羽猎赋》和《长杨赋》均是就成帝校猎而发，但时间上存在"奏御"和"写进"两个时间点②。沈氏相信《汉书·扬雄传》为扬雄本人的"自叙"（即《自序》），故而完全接受《汉书》的记载。为了在《汉书》与《七略》之间调停，沈氏提出了扬雄四赋的写作时间存在"奏御时间"和"写进时间"的不同，即《汉书·扬雄传》记录了上奏皇帝的时间，而《七略》记载了皇家藏书阁抄录的时间，一前一后，似乎成理。

我们已经解除了在判定扬雄四赋作年问题上对《汉书·扬雄传》文字的轻信，因此沈钦韩这种调停式的猜测，对于永始三年完成的前三赋而言，已经是伪命题了。即使我们认真仔细分析沈氏的猜测，也会发现，是皇家藏书阁的《七略》永始三年（前14）"写进"在先，而《汉书·扬雄传》记载的元延二年（前11）的

---

① 元延二年冬成帝校猎长杨馆。学者多是对《扬雄传》中"明年"一词的理解有不同，故有元延二年、三年之争。杨福泉《扬雄年谱考订》列在元延二年，而陆侃如《中古文学系年》、刘跃进《秦汉文学编年史》均列在三年。

② 见王先谦《汉书补注》卷八十七下引，原文为："羽猎长杨均是二年冬事，而传次序一在当年，一在明年，盖以上赋之先后为次也。……又疑《七略》篇当时文，不当有失。或雄自叙止据奏御之日，秘书典校则凭写进之年。故参差先后也。"王先谦《汉书补注》，第拾壹册，第5368页。

"奏御"居然在后，即三赋在上奏皇帝的时候，皇家藏书阁已经提前三年著录了，这显然是有违常理和逻辑的。

但是由于扬雄的《长杨赋》内容明确地与元延二年（前11）冬成帝校猎直接关联，因此，《七略》所记载的绥和元年（前8）的作年已经相当滞后。学界怀疑《七略》的记载，大多原因也在于难以解释这个时间差。恰恰在这个问题上，沈氏的解释给了我们极大的启发。笔者认为，《长杨赋》的完成，经历了一个相对漫长的时间，可以理解为《长杨赋》存在一个"写成"和"上奏"的时间差。

元延二年冬成帝校猎，是《长杨赋》的写作背景，扬雄"写成"此赋，或为此之后不久。但是，扬雄这篇赋如果没有及时向皇帝上奏，皇家藏书的《七略》也便不会记载。只有扬雄上奏皇帝，《七略》才会记载"扬雄某年上《长杨赋》"。《七略》言"绥和元年"，已经是成帝校猎之后第三年，中间间隔两年多。是否存在这期间扬雄一直没有上奏皇帝的可能呢？

这种可能是存在的。

桓谭《新论》记载扬雄拜郎以后接连痛夭二子并归蜀葬子之事："扬子云为郎，居长安，素贫。比岁，亡其两男，哀痛之，皆持归葬于蜀。以此困乏。"[6](P23)《法言》亦有"育而不苗者，吾家之童乌乎！九龄而与我玄文"[7](P166)的感慨，汪荣宝《法言义疏》卷八云："按子云为郎在成帝元延二年，时年四十三。《新论》云，比岁，亡其两男，童乌之卒，盖元延三、四年间事。"[7](P167)

扬雄为郎，在上《羽猎赋》之后，所以应在永始三年岁末或永始四年年初。比岁，亡两男，则二子接连夭亡，当在永始四年至元延二年、三年之间。扬雄持棺归葬，也当在元延三年、四年之间。汪荣宝所论微有不确之处，但我们亦可从而推知，扬雄元延二年至元延四年归蜀葬子，并不在长安，不大可能上奏《长杨赋》[①]。

考察《长杨赋》作品本身，我们会发现《长杨赋》在结构和模式上与《甘泉赋》《河东赋》《羽猎赋》完全不同。前三篇赋都属于"曲终奏雅""劝百讽一"的传统结构和模式，是扬雄模拟司马相如等人的表现。而《长杨赋》一改故辙，开篇就借子墨客卿之间，明确地指出了对汉成帝不顾百姓一味夸胡校猎的不满，这是对传统写法的明显突破。扬雄的《长杨赋》已经走出了对汉赋传统写法的因袭，摆脱了司马相如等前代作家的影响，体现出截然不同的特色和新变。这种新变也可以印证其完成于相对较晚的时期。笔者认为，扬雄在"写成"到"上奏"的这个时间差内，逐渐对传统铺排夸饰和反讽手法失望，以其高超的才华，变反讽为正谏，运用"祖述道德"的方式，巧妙地解决了夸饰和讽谏之间的矛盾，完成了具有突破创新意义的《长杨赋》，可以代表扬雄后期辞赋的新高度。

## 四、结语

综合上论，学界对于扬雄四赋作年的探究，应该重视《七略》的意见，减少对《汉书·扬雄传》中史官之语的依赖。由于长期以来对《汉书·扬雄传》文字和颜师古注的坚持和坚信，使得学

---

① 张震泽《扬雄集校注》前言叙扬雄生平云"自王莽初始元年扬雄六十一岁……已经在年逾花甲以后，有子二人先后夭亡。"认为丧子在王莽时，不知何据（见张震泽《扬雄集校注》，上海古籍出版社1993年版，前言第5页）；扬雄言其子九岁助其草《太玄》。按，扬雄完成《太玄》的时间为元延四年至绥和二年之间，《汉书·扬雄传》言哀帝时"方草《太玄》"之说不确。详参束景南《〈太玄〉创作年代考》，载《历史研究》1981年第5期，收入刘大钧主编《百年易学菁华集成初编·易学贰》，上海科技文献出版社2010年版，第520—526页。

界长期将《汉书》视为判定扬雄四赋作年的唯一可信证据，对扬雄四赋作年的判定和争议基本都在《汉书》内部，这是有很大的局限性的。本文认为，只有认识到《汉书·扬雄传》中有关辞赋创作的记载不可能抄自扬雄本人的《自序》，解除对《汉书·扬雄传》的简单轻信，才能使有关扬雄四赋作年的探讨进入更充分的史料话语环境，进而才能使得《七略》的作年记载得到重新审视。同时，判定文学作品的作年，应该在重视文学作品产生的具体历史事件的基础上，更充分重视其历史时代的政治环境和舆论影响。并且还需从作品本身分析，与前代作家创作模式和写作手法有较强模拟因袭关系的应属于前期作品，而具有鲜明特色和个性的新变之作应属于后期作品。《七略》所记载的扬雄四赋的上奏时间，应该视为扬雄四赋的最终定稿时间。因此本文认为，扬雄的四赋作年问题，《七略》的记载比学界现行的"持《汉书》论"有更大的合理性，扬雄四赋的作年，应该为永始三年（前14）完成《甘泉赋》《河东赋》《羽猎赋》；绥和元年（前8）完成《长杨赋》。

## 参考文献

［1］陆侃如. 中古文学系年［M］. 北京：人民文学出版社，1985.

［2］班固. 汉书［M］. 北京：中华书局，1962.

［3］唐兰. 扬雄奏甘泉河东羽猎长杨四赋的年代［J］. 学原，1948（10）.

［4］郭维森，许结. 中国辞赋发展史［M］. 南京：江苏教育出版社，1996.

［5］萧统编，李善注. 文选［M］. 北京：中华书局，1986.

［6］桓谭. 新论［M］. 丛书集成初编. 商务印书馆，中华民国二十八年（1939）.

［7］汪荣宝. 法言义疏［M］. 北京：中华书局，1987.

# 辞赋研究

## 《汉志·诗赋略》"扬雄赋"绎释①

### 俞纪东

班固创立《艺文志》，分六略阐述先秦至西汉的文化学术源流，其中《诗赋略》记录了《诗经》之外自战国末年以来的诗赋创作情况，是后代了解与研究这一段历史时期内文学发展的重要材料。《诗赋略》分五类著录，前四类录赋家与作品篇数，第五类为"歌诗"。四类赋中，末一类标明"杂赋"，采辑佚名之作，有总合、类聚的性质；前三类则依此由"屈原赋""陆贾赋"和"孙卿赋"领起，扬雄赋隶属于第二类"陆贾赋"之下。

后代评论西汉赋家，对扬雄十分推崇，如韩愈就说"子云、相如，同工异曲"（《进学解》）。但是，《汉志·诗赋略》未对前三类赋的分类依据作出说明，于是，扬雄赋的类次问题引起了后人的不解和猜测。章炳麟就有过这样的怀疑："扬雄赋本拟相如，《七略》相如赋与屈原同次。班生以扬雄赋隶陆贾下，盖误也。"（《国故论衡·辨诗》原注）刘师培在《论文杂记》中则推断解释说：屈原以下二十家属"写怀之赋，其源出于《诗经》"；陆贾以下二十一家为"骋词之赋，其源出于纵横家"；荀卿以下二十五家是"阐理之赋，其源出于儒道两家"。

今人章必功提出新见："对前三类赋的区分，意图可能在于品第优劣，屈原赋一种最上，陆贾赋一类次之，孙卿赋一类又次之。"

---

① 原载《复旦学报》（社会科学版）2002 年第 3 期。

（《说〈汉志·赋略〉"四种"》，载深圳大学国学研究所编《中国文化与中国哲学》）而扬雄赋的被列入第二类，章文以为主要是在"私人关系"方面刘歆对扬雄存有"偏见"所致。对此，笔者的看法有所不同：第一，四类赋首先是按照正、杂分为两大类；然后，前一大类（屈原赋与陆贾赋）作为先秦西汉赋的正体、主流，再按作家创作水平的高低进行区别，而后一大类（孙卿赋与杂赋）则属于先秦西汉赋的杂流、次类，只是按有无作者主名或朝代名、郡国名、官名等来区别①，与作品的优劣似无关系。第二，关于前一大类（屈原赋与陆贾赋）的分类标准，章文所持"品第优劣"的见解是可取的，但章文对扬雄赋被归入第二类（事实上也即第二等）原因的阐述较为简单，有值得商榷和深入探讨的必要。

本文围绕《汉志·诗赋略》"扬雄赋"的著录问题，通过对两汉之交的社会背景和文化思潮的分析，对著录者（刘向、刘歆和班固）的文学思想和《汉志·诗赋略》所反映的辞赋观点，以及扬雄的生平、个性和辞赋思想等的研究，来全面考察扬雄赋在当时的影响与地位，揭示扬雄赋命运发生变化的原因，从而更好地了解两汉之交（汉赋发展史上一个极为重要的时期）的辞赋创作与理论发展的基本情况。

一、扬雄赋"十二篇"篇目探讨

众所周知，班固修撰《汉书》，其《艺文》一志是利用刘向、

① "屈原赋"为先秦两汉赋的正体、主流，刘勰在《文心雕龙·时序》中已有所表述："爰自汉室，迄至成、哀，虽世渐百龄，辞人九变，而大抵所归，祖述《楚辞》，灵均余影，于是乎在。""孙卿赋"一类属"杂赋"性质，由这一类内辑录的前三家即可看出。"秦时杂赋九篇"明言"杂赋"；"孙卿赋十篇"与"李思《孝景皇帝颂》十五篇"，参见本文第一节"扬雄赋十二篇篇目探讨"。

刘歆校书辑要、著载目录的成果。刘歆《七略》中的后六略成为《艺文志》的结构框架，班固只稍作调整和补充，并对这些变动作了技术性的处理，或有区别标志，或加文字说明，非常容易识别。例如，《艺文志》著录的扬雄作品有"《训纂》一篇""扬雄《苍颉训纂》一篇""扬雄所序三十八篇（原注：《太玄》十九、《法言》十三、《乐》四、《箴》二）"和"扬雄赋十二篇"。但据班固的标注可知，其中只有"《训纂》一篇"和赋四篇采自《七略》，其余均为班固所增补。

班固采自《七略》的"扬雄赋"四篇是《甘泉》《河东》《羽猎》和《长杨》。《汉书》本传称扬雄"年四十余，自蜀来至游京师，大司马车骑将军王音奇其文雅，召以为门下史，荐雄待诏。岁余，奏《羽猎赋》，除为郎，给事黄门"。王先谦《汉书补注》引钱大昕所言，以为《甘泉》《河东》和《羽猎》三赋均作于元延二年间，则扬雄出蜀进京应在元延元年（前12），时年四十二岁，而《长杨赋》的写作时间在元延三年。据《汉书》本传扬雄"自序"可知，这四篇赋均为讽谏成帝而作，进呈成帝后自然属于国家档案材料，应该入藏中秘书；《七略》中就有《甘泉》《羽猎》和《长杨》三赋的上奏记载（见《文选》李善注，但所记进呈时间有误）。

在《七略》著录的基础上，班固又增补了八篇。尽管其间相隔数十年，但在辑录标准上应有其一贯性；班固既然尊重《七略》"扬雄赋"的类次安排，在"入扬雄八篇"时自然也会考虑到《七略》所确定的著录原则。所以，我们首先需要了解《七略》的辑录标准。《诗赋略》四类赋的划分，先有正、杂之别，两者的源头分别在屈原与荀卿，《诗赋略》末尾的总括性评语就将"大儒孙卿及楚臣屈原"作为"贤人失志之赋"的最早代表。从正体所包括的这两类赋（"屈原赋"与"陆贾赋"）分析，在刘向、刘歆的观念中，辞、赋合一，楚辞也是赋；这是《七略》辑录的标准之一。而杂流赋所包括的那两类（"孙卿赋"与"杂赋"），情况要复杂得多。

先看具有标志性的"孙卿赋十篇"。荀子的这十篇赋，一般以为是指《荀子》一书的"成相"篇和"赋"篇中的作品；尽管人们对这两大篇中作品的具体篇目划分存在分歧，但总数都确定为十篇。据姜书阁《先秦辞赋原论》，这十篇作品是：《礼》《知》《云》《蚕》《箴》五赋，《佹诗》（包括《小歌》；"小歌"即屈原《九章·抽思》中的"少歌"，属于"乱辞"性质）一篇和《成相》四篇。那么，"孙卿赋十篇"在形式上可分为三种类型：第一种是隐语形式的赋。《诗赋略》"杂赋"类还辑录有"隐书十八篇"，刘向《别录》称"隐书者，疑其言以相问，对者以虑思之，可以无不谕"（《汉书》颜师古注引），在体例上应该与荀子"赋"篇是一致的，所以才会著录。好隐是先秦时代的风气，各国皆然，这在《韩非子》《吕氏春秋》《史记》以及刘向《新序》等书中都有记载。比较而言，当时齐、楚两国更为突出一些，荀子先游齐后仕楚，可能受到两国好隐风气的影响，才有"赋"篇的创作。"孙卿赋"的第二种形式是"成相"，也即采用比较通俗的楚歌曲调写成的赋。"成相"与屈原创立的"楚辞"，虽然都是由楚歌曲调发展而来，但在格调上显然存在雅俗、纯杂的差别，所以，刘向、刘歆才将"成相"归入杂流、次类。而《诗赋略》"杂赋"类中也还辑有"成相杂辞十一篇"，其原因也正在这里。至于"孙卿赋"的第三种形式，那是《佹诗》。刘向称这种"佹诗"为"歌赋"："春申君使人聘孙卿，孙卿遗春申君书，刺楚国，因为歌赋，以遗春申君。"（《荀子新书序》）与前两种形式的赋有比较明确的标准不同，"歌赋"这一种形式表现出很大的灵活性。这正如《橘颂》之于《九章》的其他八篇作品存在着差异一样，《佹诗》之于"赋"篇的五赋也是差别明显，但刘向、刘歆却将它们"宽容"在"赋"中。由此看来，"孙卿赋十篇"在体制上的特点确实可以用一个"杂"字来概括，《七略》将"孙卿赋"列为"杂赋"之首是非常合适的。先秦时代的隐语、楚地民歌"成相"，以及荀子的有些诗篇，都属于赋的范畴，这是《七略》辑录的又一个标准。

《七略》辑录辞赋时还有一点值得注意：在"孙卿赋"类中著录有"李思《孝景皇帝颂》十五篇"，其辞虽已佚，然据赋题及类内序次可知，李思应为景帝时人，这是今天所存西汉最早以颂名篇而被《七略》归类入赋的作品。名"颂"实赋，著录为赋，这也是《七略》辑录的一条标准。其实，刘向将屈原的《橘颂》收入《楚辞》时，已经采用了这一标准。从后代来看，赋、颂是有所区别的，刘勰说"颂惟典雅"，"敷写似赋"（《文心雕龙·颂赞》）。但是，在西汉文人的心目中，赋、颂是相通的，可以互称的。而且，西汉文人流传至今的以颂名篇的作品并不多，却全部集中在几位有名的赋家身上：淮南王刘安有《长安都国颂》（《汉书·淮南王传》），东方朔有《旱颂》（《艺文类聚》卷一百），王褒有《洞箫颂》《甘泉颂》《圣主得贤臣颂》（以上三篇出《汉书》本传）和《碧鸡颂》（《后汉书·西南夷传》），而刘向则有《高祖颂》（《汉书·高帝纪赞》）和《世颂》（《汉书·楚元王传》）。事实上，赋颂同名并称的现象早在先秦时代就已经出现，如《韩非子·外储说左上》称"先王之赋颂、钟鼎之铭"，其中的"赋颂"二字指的只是《诗经》中的颂诗。在先秦、西汉时代，"颂"字本就通"诵"。因此，在"不歌而诵谓之赋"的观念的影响下，西汉赋家就比较容易接受赋颂通名、作赋而以颂名篇的做法。名"颂"而实赋，在写作上也许要自由、灵活一些，于是，格调就不太一致，如王褒的《洞箫》《甘泉》诸颂类次"屈原赋"下显然是合适的，而像李思《孝景皇帝颂》等却不宜归入到"屈原赋"类内，所以，《七略》才将这些作品置于"杂赋"一类之内。

上述分析揭示了《七略》著录的三条标准，即辞、赋合一，隐语、"成相"以及某些特殊的诗篇都属于赋的范畴，颂赋通名。这三点在《诗赋略》中是显而易见的。但还有一条标准也是不容忽略的，那就是取材来源上的限制。班固在《两都赋序》中所说"孝成之世，论而录之，盖奏御者千有余篇"，指的正是《汉志·诗赋略》的辑录总数；"奏御"二字表明，这些作品应该是，或为献赋，或为"求遗书于天下"，而最终汇聚入藏于皇家藏书地（西汉时的中秘书、天渠阁、天禄阁以及东汉时的兰台）的书籍、材料。

根据《七略》著录的这四方面标准，大致可以推测出班固"入扬雄八篇"的篇目。

首先，《汉书》本传录载占五篇，为《反离骚》《广骚》《畔牢愁》《解嘲》和《解难》。《反离骚》《广骚》和《畔牢愁》三篇，属于楚辞体；而据"《畔牢愁》《广骚》文多不载，独载《反离骚》"几句，班固应该见过这三篇赋的原文。《反离骚》《广骚》和《畔牢愁》三篇是扬雄出蜀前所作；据"汉中世之阳朔兮，招摇纪于周正"句，《反离骚》应写于成帝阳朔年间（前24—前21），扬雄时约三十岁。《广骚》和《畔牢愁》两篇，文佚不可考。《解嘲》与《解难》是赋体的一种，刘勰说："宋玉含才，颇亦负俗，始造《对问》，以申其志"；"自《对问》以后，东方朔效而广之，名为《客难》，托古慰志，疏而有辨，扬雄《解嘲》，杂以谐谑，回环自释，颇亦为工。"（《文心雕龙·杂文》）事实上，我们还可换一个角度来考察这种赋体：众所周知，西汉初年的骋辞大赋，如枚乘《七发》、司马相如《子虚》《上林》，均源自纵横家言辞，而纵横家言辞的表现形式主要有两种，即单人游说型（《七发》袭用）和多人辩驳型（《子虚》《上林》袭用）。在表现形式上，东方朔《答客难》与扬雄《解嘲》《解难》都属于后一种类型。当然，与战国、汉初的辩士言论和《子虚》《上林》赋相比，东方朔、扬雄之作的辩驳对象已由邦国形势转为个人命运，辩驳方式也由多人交锋变为主客两人的设难辩答，但类属赋体这一点还是无可置疑的。《解嘲》与《解难》，一作于《太玄》创作之初，一作于该书完成之后，均在哀帝时期。

其次，"八篇"中应该有《酒箴》一篇；《酒箴》载《汉书·游侠传》。班固称：扬雄以为"箴莫善于《虞箴》，作《州箴》"（《汉书》本传）；《后汉书·胡广传》也称："初扬雄依《虞箴》作十二州、二十五官箴，其九箴亡缺。"刘勰说："箴者，所以攻疾防患，喻针石也。斯文之兴，盛于三代。"（《文心雕龙·铭箴》）作为一种古老的文体，箴在西汉以前用于庄重、严肃的场合，"箴惟德轨"，讲究确切、典美，"其取事也必核以辨，其摛文也必简而深"。但扬雄的《酒箴》则属变体；成帝"湛于酒色"（《汉书·成帝纪赞》），《酒箴》设"为酒客难法度士，譬之于物"，"以讽谏成帝"（《汉书·游侠传》），这显然与箴的传统写法不同。曹植称《酒箴》为《酒赋》："余览扬雄《酒赋》，辞甚瑰玮，颇戏而不雅。"（《酒赋序》）用"戏而不雅"的文笔来进行讽谏，那是"俳优淳于髡、优孟之徒"的当行本色，也与东方朔、枚皋的"为赋颂，好嫚戏"（《汉书·枚皋传》）十分相近。扬雄《酒箴》事实上是赋，而不是传统意义上的箴，它应该是班固所"入扬雄八篇"中的一篇。

最后，所补扬雄赋"八篇"中的末两篇，其中之一应当是《赵充国颂》，另一篇则较难确定。《赵充国颂》载《汉书·赵充国传》，属于歌颂之作，其性质与李思《孝景皇帝颂》相同。《汉书·赵充国传》称："成帝时，西羌尝有惊，上思将帅之臣，追美充国，乃召黄门郎扬雄即充国图画而颂之。"汤炳正《扬子云年谱》据《汉书·西域传》《段会宗传》，定《赵充国颂》为成帝元延二年之作："成帝即位以来，西羌乌孙屡作乱，然皆在子云未来京师前。其最后一乱，则在元延二年。"扬雄除黄门郎在元延二年年底："（王音）荐雄待诏，岁余，奏《羽猎赋》，除为郎，给事黄门。"《羽猎赋》作于该年十二月，那末，《赵充国颂》也有作于元延三年初的可能。"八篇"中难以确定的一篇，或许是《玉佴颂》或《绵竹颂》。扬雄《方言》附《答刘歆书》称："雄始能草文，先作《县邸铭》《玉佴颂》《阶闼铭》及《成都城四隅铭》。蜀人有扬庄者为郎，诵之于成帝，成帝好之，以为似相如，雄遂以此得外见。"而《文选·甘泉赋》李周翰注稍有不同："扬雄家贫好学，每制作，慕相如之文，尝作《绵竹颂》。成帝时，直宿郎杨庄诵此。成帝曰：'此是相如之文。'庄曰：'非也。此臣邑人扬子云。'帝即召见，拜为黄门侍郎。"这两处提及的《玉佴颂》与《绵竹颂》应该属于赋体。《汉志·诗赋略》"孙卿赋"类内著录有"李思《孝景皇帝颂》十五篇"，属"杂赋"，却以"颂"名篇。这种赋颂通名或连称的现象在《汉书》中颇为普遍，在汉代其他文献里也非罕见，例如：《史记·司马相如列传》又称《大人赋》为"大人之颂"，《汉书·王褒传》称"太子喜褒所为甘泉及洞箫颂"，指的就是《甘泉赋》与《洞箫赋》，而扬雄的《甘泉赋》也曾被王充称为《甘泉颂》（《论衡·谴告》）。扬雄的《玉佴颂》或《绵竹颂》为成帝所喜爱，也有可能为中秘书收藏；作这种推测的依据是，班固撰《汉书》特别是增补扬雄赋时，在取材来源上所受的限制，也即前述所谓汇聚入藏于皇家藏书地（东汉时就是兰台）的书籍和材料这一范围①《玉佴颂》或《绵竹颂》应该是扬雄入京前后所作。

如果以上的推测基本正确的话，那末，班固并没有将扬雄辞赋录载齐全，至少，我们今天还能见到的《蜀都赋》《逐贫赋》等就为《汉志》所漏录。自幼"好辞赋"的扬雄，其辞赋作品肯定不止"十二篇"；虽然存在着自然的散佚，但在辑录扬雄辞赋上，由于种种原因，《七略》疏漏太多，而《汉书》也受取材限制，未能补录完全，因此使扬雄成为《汉志·诗赋略》中著录作品偏少的一位大家，给后代留下了遗憾。但我们也要看到另外一方面，即扬雄辞赋的数量实际上也不会太多，其原因是：《汉书》本传扬雄"自序"称，意识到辞赋的"劝而不止"和"非法度所存、贤人君子诗赋之正"后，扬雄"于是辍不复为"，转而著述《太玄》。刘向《别录》中有两处提及《太玄》，一录"太玄经目"，一记扬雄第二子乌助其父算"太玄"事，可见，《太玄》草创应在绥和二年（前6）刘向去世之前。所以，从扬雄元延元年（前12）入京以文章得官，至绥和二年，前后不足六年时间，这是扬雄辞赋创作的高峰期，《甘泉》等四大赋、《赵充国颂》和《酒箴》等均作于这时期。至于哀帝朝所作的《解嘲》和《解难》，以及创作时间难以确定的《逐贫赋》等，则都属于"贤人失志之赋"一类，既与"劝百讽一"和俳优谐谑无关，也不入"丽而淫"的范围，自当别论，还是"壮夫"可为之作，但这类作品的数量极为有限。至于扬雄出蜀前的辞赋也许原来有不少，但无人采集，除了扬雄"自

① 《隋书·经籍志》录有扬雄《方言》（扬雄在《答刘歆书》中自称为"殊言"），但刘歆《七略》与班固《汉书》均未著录《方言》。《方言》晚出，《七略》不载，这容易理解；《汉志》未录，很可能与《方言》一书未入藏兰台、班固未曾见到有关。班固精于"小学"，在《六艺略》"小学"类末尾的归纳概述中，对自己所增补的"扬雄《训纂》一篇"有简要说明，后又叙述自己在扬雄的基础上所作的补订工作，也未提及《方言》。

序"所提到的《反离骚》等三篇外，大概已散佚殆尽，可以不论。所以，扬雄辞赋作品传世者较少，也有其自身的因素。

## 二、扬雄赋在西汉末年并不为人所重

《七略》仅录扬雄赋四篇是有原因的，这跟刘向《别录》的成书时间较早有关。

据《汉书》成帝、哀帝二纪的记载，刘向受诏校书开始于成帝河平三年（前26），至绥和二年（前6）刘向去世，前后历时整整二十年，撰有《别录》；而哀帝即位后又曾命刘歆"卒父业"，其成果是《七略》。刘歆何时撰成《七略》，史无记载，但从以下事实来推测，应该是在哀帝当朝（前6—前1）。第一，王莽在哀帝元寿元年（前2）应诏还京辅政，从此加快了篡汉自代的进程，而刘歆阿附王莽，也许不再能够专心于校书之事。所以章学诚在《校雠通义》中将《七略》的完成时间定在哀帝建平四年（前3），这是有道理的。第二，据《隋书·经籍志》所录刘向撰"《七略别录》二十卷"和刘歆撰"《七略》七卷"的记载，可以了解到：《七略别录》（简称《别录》）乃刘向校书时"条其篇目，撮其指意"之所作，具书目提要的特性，故有"二十卷"之多。但是《七略》仅"七卷"，显然只是一个简明的书目，而且，刘歆编撰时又有《别录》作为基础，因此，即使有所增删订正，《七略》的成书也不用花太长的时间，于哀帝在位时的六年里完成是不成问题的。

再看扬雄的辞赋创作情况。

扬雄出蜀前的作品，据《汉书》本传扬雄"自序"，尚有《反离骚》《广骚》和《畔牢愁》，此外又有为《艺文类聚》摘录、《文选》六臣注引、《古文苑》全文收载的《蜀都赋》，其写作时间都早在

《别录》与《七略》成书之前，又为何未被辑录呢？这可能是由于刘向、刘歆未曾读到这几篇作品，或者是中秘书以及后来的天禄阁没有收藏扬雄的这些辞赋。《反离骚》《广骚》和《畔牢愁》三篇均属楚辞体作品，刘向编《楚辞》时，或许就是因为时代关系，没有见过这些作品，因而未加选录；当然，不符合选录标准的可能也是存在的。但是，从著录辞赋作品总数这一点来看，既然已经录载扬雄《甘泉赋》等四篇作品，那么，补录而只需改动一个数字的事情，刘向、刘歆应该是不会能做而不去做的。事实上，刘向比扬雄年长二十四岁，扬雄出蜀"游京师"那年距刘向去世只相差六年，刘向专心校书，未必收集并读过扬雄入京前的辞赋作品，而刘歆《七略》是由《别录》删要而成，所以，《诗赋略》收录扬雄赋仅四篇，这与《别录》的成书时间较早无疑有很大的关系。

《七略》录载扬雄赋作数量较少的另一个原因是漏录。

《诗赋略》存在漏录的情况人所皆知，如景差、梁孝王刘武及其游士、东方朔等重要赋家都未见著录。扬雄的赋作肯定也有《七略》所漏载者；在《汉志》所著录的赋家中，扬雄是传世作品多于《汉志》录载最为突出的一家①。《方言》所附扬雄《答刘歆

---

① 马积高《赋史》："（扬雄）赋《汉志》称有十二篇，今传《汉书》本传所载《甘泉赋》《河东赋》《羽猎赋》《长杨赋》《反离骚》《解嘲》《解难》七篇；《游侠传》所载《酒赋》（今本《游侠传》称《酒箴》，但《御览》引《汉书》作《酒赋》，各书亦多作《酒赋》；《北堂书钞》作《都酒赋》，都酒，酒器名）、《古文苑》所载《蜀都赋》（又略见《艺文类聚》六一）、《太玄赋》、《逐贫赋》（亦见《艺文类聚》三五、《初学记》一八），《御览》及《文选》注所载《核灵赋》残文。其中除《太玄》仅见《古文苑》可存疑外，尚有十一篇。又其《剧秦美新》实亦赋。另外，《水经注》引其《河水赋》四句，本传复称其曾'旁《离骚》作重一篇，名曰《广骚》'，'旁《惜诵》以下至《怀沙》一卷，名曰《畔牢愁》'，均已佚。计其总数，超过《汉志》所记，这可能是对什么是赋的看法不一所致。"按：扬雄无《河水赋》，《水经注》所引"扬雄《河水赋》曰：'登历观而遥望兮，聊浮游于河之岩'"，仅为两句，实由扬雄《河东赋》"登历观而遥望兮，聊浮游以经营"抄录致误。

书》中所说的《玉佴颂》，或是《文选·甘泉赋》李周翰注提及的《绵竹颂》，就未计入《七略》的录载总数。至于扬雄入京之后、"辍不复为"之前的其他赋作，尤其是《甘泉》等"四大赋"的同时期赋作，也都没有在《七略》中得到反映。或许刘向、刘歆自有著录的标准，并非所有的作品全部照收，所以会出现收录不全的情况。

如果刘向与刘歆对辞赋作品的选择取舍，确实存在一定标准的话，这些标准现在已无从考知，但是，有一个事实却是清楚的：在《汉志》六略中，跟其他五略相比，《诗赋略》显得较为简疏。《七略》中设《诗赋》一略，这既是辞赋发展、繁荣的客观反映与需要，同时也表现出刘向、刘歆对辞赋的重视。但是，他们对辞赋的重视程度究竟如何，这还是一个值得探讨的问题。其他五略分类（《六艺略》有九类、《诸子略》有十类、《兵书略》有四类、《数术略》有六类、《方技略》有四类）之后，于每类的末尾均作归纳简评，无一例外，而《诗赋略》虽分五类，却都没有类末的归纳简评，因此留下了前四类赋分类标准不明的遗憾。如果将刘向所负责校录的《六艺》《诸子》和《诗赋》三略作一比较，那么，《诗赋略》的简疏就更为突出了。显然，与"六艺"相比，刘向、刘歆对经学外的著作尤其是辞赋作品的重视是不够的，漏录辞赋作品情况的产生应该与此有关。皮锡瑞《经学历史》说："经学自（西）汉元、成至后汉，为极盛时代。"刘向是刘邦"同父少弟"楚元王刘交的后裔。《汉书·楚元王传》记云：刘交"少时尝与鲁穆生、白生、申公俱受《诗》于浮丘伯"，《诗经》是刘交的传家之学。刘向、刘歆也以治经闻名，他们最初"皆治《易》，宣帝时诏向受《谷梁春秋》"；"及歆校秘书，见古文《春秋左氏传》，歆大好之"，与人"共校经传"，刘歆"引传文以解经，转相发明，由是章句义理备焉"。西汉时原先只设今文经博士，刘歆"欲建立《左氏春秋》及《毛诗》《逸礼》《古文尚书》皆列于学官"，他为此曾与今文经博士发生过尖锐的冲突。刘向、刘歆对经学的重视还可从下面的记载中看出："刘子政、子骏，子骏兄子伯玉，三人俱是通人，尤珍重《左氏》，教授子孙，下至妇女，无不诵读者。"（桓谭《新论·识通》）刘歆有子棻，"尝从雄学作奇字"；所谓"奇字"《汉书·扬雄传》颜师古注称为"古文之异者"，这属于"六艺"中的"小学"，与治古文经关系密切。扬雄撰著《方言》，历时"二十七岁"犹未完成，刘歆欲夺取之，两人关系因此非常紧张（刘歆《与扬雄书从取方言》及扬雄《答刘歆书》）；《方言》也是"小学"著作。

刘歆重经学，所以重"奇字"、重《方言》，而对扬雄的《太玄》《法言》这些不属"六艺"类的著作，他是很不以为然的："钜鹿侯芭常从雄居受其《太玄》《法言》焉。刘歆亦尝观之，谓雄曰：'空自苦！今学者有禄利，然尚不能明《易》，又如《玄》何？吾恐后人用覆酱瓿也。'"（《汉书·扬雄传》）刘歆重利禄轻学术、重治经轻一般著述的思想观念昭然若揭。桓谭视《太玄》《法言》为"必传"后世的大著作，而刘歆却如此轻视①，那末，扬雄的辞赋创作受到刘歆忽略也就不足为奇了。对于扬雄的为人与创作，在当时，刘歆还算比较敬重的："于时人皆曶之，唯刘歆及范逡敬焉，而桓谭以为绝伦。"（《汉书·扬雄传赞》）刘歆的敬重尚且如此，那末，当时的人对扬雄的缺乏了解便可想而知了。重利禄轻学术、重治经轻一般著述，这原本就是两汉之际的时代

---

① 据萧该《汉书音义》，刘向《别录》著录《太玄》："扬雄经目有元首、元冲、元错、元测、元舒、元营、元数、元文、元捝、元图、元告、元问，合十二篇。"但《七略》却未加录载。

风气。王充在《论衡》中说，当时社会以"著述者为文儒，说经者为世儒"，世俗认为"文儒不若世儒"，其原因是"世儒说圣人之经，解贤者之传，义理广博，无不实见，故在官常位，位最尊者为博士，门徒聚众，招会千里，身虽死亡，学传于后。文儒为华淫之说，于世无补，故无常官，弟子门徒，不见一人，身死之后，莫有绍传，此其所以不如世儒者也。"（《书解篇》）王充在这里为我们描绘了当时社会的状况，当然，王充旨在批判这种风气，他要肯定与赞扬的是"汉世文章之徒陆贾、司马迁、刘子政、扬子云"。《汉书》本传扬雄"自序"也谈到当时社会重利禄轻学术的风气："哀帝时，丁、傅、董贤用事，诸附离之者或起家至二千石。时雄方草《太玄》，有以自守，泊如也。或嘲雄以玄尚白，而雄解之，号曰《解嘲》。"张伯松是名臣张敞之孙，哀帝末年与陈遵"俱著名字为后学冠"（《汉书·游侠传》），但张伯松对扬雄的创作，同样是重《方言》、轻《太玄》与赋颂之文。扬雄在《答刘歆书》说："张伯松不好雄赋颂之文，然亦有以奇之（按：指扬雄正在撰作中的《方言》），常为雄道，言其父及其先君喜典训，属雄以此篇目，颇示其成者。伯松曰：是悬诸日月不刊之书也。又言恐雄为《太玄经》，由鼠邸之与牛场也，如其用，则实五稼、饱邦民，否则为牴粪，弃之于道矣。"

《论衡》也记录了张伯松轻视扬雄著述的这件事，但是阐述的角度稍有不同："扬子云作《太玄》、造《法言》，张伯松不肯一观，以之并肩，故贱其言。使子云在伯松前，伯松以为《金匮》矣。"（《齐世》）王充以为这里还有一个尊古卑今观念影响的问题。确实，在经学昌盛、推重师法的西汉时期，尊古卑今的观念显得尤为浓重。扬雄去世之后，桓谭与时人有过这样的对话："时大司空王邑、纳言严尤闻雄死，谓桓谭曰：'子尝称扬雄书，岂能传于后世乎?'谭曰:'必传!顾君与谭不及见也。凡人贱近而贵远,亲见扬子云禄位容貌不能动人,故轻其书……'"(《汉书·扬雄传赞》)桓谭《新论·闵友》有类似记叙:"世咸尊古卑今,贵所闻、贱所见也,故轻易之。"桓谭、王充所言是在这种观念的作用下,当时的人对扬雄创作的轻视,而事实上,扬雄本人也不能免于"尊古"风气的影响,他的创作常采用模拟仿效的形式就是明证。生活在西汉末年的乱世,处于尊古卑今观念的影响下,以"不汲汲于富贵,不戚戚于贫贱,不修廉隅以徼名当世"(《汉书》本传)为人生原则的扬雄,最终陷入"默然独守"(《解嘲》)的境地,这是可以理解的,而他的著作特别是辞赋作品在当时被人冷落、评价不高,也应该是不争的事实。由此可见,扬雄赋被《七略》列入第二等,是事出有因的,这与西汉末年经学繁荣、文化思潮发生变化的背景大有关系。

扬雄赋在当时不为人所重,还与桓谭所说的扬雄"禄位"不高直接有关,而扬雄的"禄位"不高又与帝王对辞赋的兴趣相关。西汉时期,以献赋能文而见知于帝王、成为文学侍从的事例为数不少,突出者如汉武帝用"安车蒲轮"迎枚乘、恨不能与《子虚赋》作者同时,以及宣帝太子爱好《洞箫赋》等,都已成为美谈。但是,因为善赋而获高官者却是没有的;武帝之后,"公卿之位未有不以经术进者"(皮锡瑞《经学历史》)。从总体上看,西汉赋家的社会地位并不高,"为赋乃俳,见视如倡"(《汉书·枚皋传》)的情况也非罕见。赋家在当时地位低下的境遇,在扬雄身上也有反映。扬雄不是凭借经术而是依靠文章得官的,"少而不以行立于乡里,长而不以功显于县官、著训于帝籍,但言词博览翰墨为事"(扬雄《答刘歆书》)。他的文章虽似司马相如,但遭际则不及相如。《汉书》本传扬雄"自序"称:"是时赵昭仪方大幸,每上甘泉，常法从，在属车间豹尾中。"扬雄首次随成帝郊祠甘泉"以求继嗣"，在元延二年正月，但是，从"每上甘泉，常法从"句可知，扬雄从幸甘泉似有多次。考《汉书·郊祠志》及《成帝纪》，成帝即位之初，曾"罢甘泉泰畤、河东后土之祠"，至永始三年（前16）"皇太后诏复甘泉泰畤、河东后土"，成帝于永始四年、元延二年、四年和绥和二年四次郊祠甘泉，其中第一次在扬雄入京前，最后两次在扬雄为黄门郎之时。桓谭说："子云亦言，成帝时，赵昭仪方大幸，每上甘泉，诏令作赋，为之卒暴，思精苦。赋成，遂困倦小卧，梦其五藏出在地，以手收而内之，及觉，病喘悸大少气，病一岁。"（《新论·祛蔽》）桓谭所言不免有些夸张，其用意在强调作赋时构思的艰辛，如果构思太"精苦"那是会"伤精神"的。扬雄与桓谭有忘年之交，桓谭"年十七，为奉车郎"（《新论·离事》），在元延、绥和年间像扬雄一样常"从孝成帝出祠甘泉、河东"（桓谭《仙赋序》），其所记扬雄事迹在基本情节上应该是可信的。扬雄当时禄位之低，我们从"常法从，在属车间豹尾中"几句可以看出："大驾属车八十一乘，作三行，尚书、御史乘之。最后一乘县豹尾，豹尾以前皆为省中"（《汉书·扬雄传》服虔注）。黄门侍郎虽居"要显处"（刘向《诫子歆书》），能亲近皇帝，但在成帝、赵飞燕眼中，扬雄只是文学侍从，让扬雄随行是为了可以时时"诏令作赋"，这样的遭遇就与枚皋、东方朔等人相近了。因此，扬雄"自序"在批评"词人之赋"的"劝而不止"时，还对"为赋乃俳"的现象表示不满，认为这"又颇似俳优淳于髡、优孟之徒"，这里面或许就有他自己的亲身感受在内。而更令扬雄失望的是，成帝似乎并不欣赏他的献赋。武帝读了司马相如的《子虚》《上林》后自然流露出的惊喜、爱慕之情，没有在成帝身上再现，据"自序"，扬雄撰《甘泉赋》，"赋成奏之，天子异焉"；扬雄构思"精苦"、为之呕心沥血并引出一场大病的《甘泉赋》，成帝的反应仅仅是惊异（甚至可能是诧异），别无赞许之言。而另外三篇献赋（《河东》《羽猎》和《长杨》），"自序"一字不提成帝的反应。可见，倍受后世称誉的扬雄"四大赋"，并未获得成帝的充分肯定与真正赏识，在当时的影响自然不会太大。而哀帝不好"乐府"，即位之初就下诏："郑声淫而乱乐，圣王所放，其罢乐府。"（《汉书·哀帝纪》）"乐府""歌诗"与辞赋在《七略》中同属一略，哀帝不好"乐府"，估计也不会喜爱辞赋（主要指"辞人之赋"），这不仅会影响扬雄赋在当时的评价与传播，而且也会影响刘歆对于扬雄赋的著录。《诗赋略》中赋家的排列，基本上按时代先后的顺序。第一类"屈原赋"下时代最晚的赋家为刘向，卒于成帝时；而扬雄则是第二类"陆贾赋"下唯一可考的哀帝时仍然健在的赋家。因此，刘歆在完成于哀帝朝的《七略》中将扬雄赋归入二等，不能排除受到当时文化背景影响的因素。

何况，对于当代作家的评论，往往是与作家的社会地位互为因果的。居于高官显位，阿谀奉迎者多，在当时的评价一般就比较高；反之亦然，帝王贵族赞赏的文人，通常也容易加官升爵。扬雄一生的活动主要在成、哀、平帝及新莽四朝；入仕之后，他"位不过侍郎，擢才给事黄门"（《解嘲》），"三世不徙官"，直到王莽篡汉以后，他才"以耆老久次转为大夫"，"校书天禄阁上"（《汉书》本传），他的一生真可谓"惆怅失志"（《逐贫赋》）。桓谭说："扬子云为郎，居长安，素贫。"（《新论·识通》）这是说扬雄入京以后、王莽篡汉之前的状况，而《汉书》班固赞语则写到扬雄晚年的处境："家素贫，耆酒，人希至其门。时有好事者载酒肴从游学，而钜鹿侯芭常从雄居，受其《太玄》《法言》焉。"

扬雄在京城数十年的穷困潦倒、门庭冷落，由此可以想见。在古代文学史上，盛名当时而又陷于困窘潦倒的情况并不多见，相反，寂默于当时而扬名于后代的现象倒是颇为普遍的；扬雄正属于后一种类型。

扬雄的"四大赋"在当时不被看重，还有其自身的因素。人们常以好模拟来评论扬雄的创作，但事实上，扬雄有因循，也有革化，"可则因，否则革"（《法言·问道》），他的作品也能表达出新的内容和意境，采用新的构思和手法，在字句锤炼上更有不少创新。可是，扬雄的创作也存在一定的问题。他以为"大味必淡，大音必希，大语叫叫，大道低回"（《解难》），因而"好为艰深之辞"（苏轼《答谢民师书》）。文必艰深，在"四大赋"上也是有典型反映的，曹植所说"趣幽旨深，读者非师传不能析其辞，非博学不能综其理"（《文心雕龙·练字》引），用于"四大赋"是非常恰当的。"四大赋"意隐讽微，又多古僻怪字，造成了阅读、理解上的困难，成帝是否真正读通读懂了这些作品，这还是一个疑问。王充说："孝成皇帝好广宫室，扬子云上《甘泉颂》，妙称神怪，若曰非人力所能为，鬼神乃可成，皇帝不觉，为之不止。"（《论衡·谴告》）称成帝"不觉"，应该是指成帝没有读懂《甘泉赋》。劝而不止，这不仅关系到立意构思，而且也关系到文字表达；而文字的表达又不只是"靡丽"的问题，还有"艰深"的问题。西汉末年，人们对扬雄《甘泉》等"四大赋"的认识与接受就是如此，其评价和重视程度自然不及后世高。

综上所述，扬雄赋在《诗赋略》中列名第二等，主要是因为其作品在当时不为人所重，《七略》的著录并无不当。而扬雄赋不为时人所重，自有众多原因，经学的高度繁荣、帝王对辞赋兴趣的减弱、辞赋家地位的低下以及扬雄赋文字的艰深等，都起着一定的作用。其中，经学繁盛的影响是最为主要的。西汉时期，诗、赋的地位关系受到政治思想等的影响，经历了一个由接近而分离的变化过程。随着辞赋的兴起与繁荣，西汉人曾经努力提高辞赋的地位，一度也曾出现过辞赋与"诗"受到同等重视的状况①。但是，由于"独尊儒术"的统治思想的确立，儒学日趋繁盛，扬诗抑辞就成为西汉末年社会文化思潮的最终选择。《七略》将"诗赋"另列一略，但辞赋只是与近代的"歌诗""乐府"归在一起，而《诗经》则属于经典著作，收录在"六艺略"内。儒家经典变得至高无上，辞赋的地位开始下落，两者的地位有了显著的高低差别；而扬雄关于"诗人之赋"与"辞人之赋"的区分，也正是这种文化思潮变化的具体反映。扬雄本性"好赋"，他的"悔赋"实际上是在这种文化思潮变化的背景下才产生的无奈之举，因此，扬雄对辞赋的看法不乏矛盾之处，而最终则是批评多于赞扬。扬雄对辞赋看法的改变，也从一个侧面反映出他的赋作在西汉末年的命运与地位。

### 三、扬雄赋的命运在《汉书》中发生了根本性的变化

扬雄出蜀入京数年后即有"悔赋"的表现，但细读《汉书》本传所载扬雄晚年作的"自序"，却不禁让人产生疑惑：既然称辞赋为"童子雕虫篆刻"、"女工之蠹"（《法言·吾子》）、"壮夫不为"，但其"自序"却又用主要的篇幅来录载七篇辞赋，这不是自相矛盾了吗？既然明言"辍不复为"，那末，扬雄就不应也不会将

① 武帝即位之初，不仅"安车以蒲裹轮"去迎请以教授《诗经》闻名当时的申公（见《汉书·儒林传》），而且，同样"以安车蒲轮"来征召以善赋著称的枚乘（见《汉书·枚乘传》）。

这些辞赋收入"自序"之内。唯一合理的解释应该是，其"自序"原文仅概述身世经历，并未录载具体作品，七篇辞赋的本文以及《法言》的篇目大纲都是班固所补的。"自序"中的"《畔牢愁》《广骚》文多不载，独载《反离骚》，其辞曰"，"四大赋"和《解嘲》《解难》本文前的"其辞曰"，以及"《玄》文多，故不著"，"《法言》文多不著，独著其目"，这些文字与其说出于扬雄之手，还不如说更符合班固的口吻。很明显，班固对扬雄"自序"作了"加工"，这充分表现出班固对扬雄辞赋的肯定。在《汉志·诗赋略》所著录的五类共一百零六家、一千三百一十八篇作品中，班固唯一增补的也就是扬雄的八篇赋。不仅如此，班固在《汉书》中还大量引用扬雄的赋论，以表示自己对扬雄辞赋观的赞同与继承。

　　班固在《汉书》中对辞赋所发表的评论，主要集中在两个方面：一是针对司马相如的创作，二是《诗赋略》末尾的总括性评语。我们先看《司马相如传赞》："司马迁称：'《春秋》推见至隐，《易》本隐以之显，《大雅》言王公大人，而德逮黎庶，《小雅》讥小己之得失，其流及上。所言虽殊，其合德一也。相如虽多虚辞滥说，然要其归引之于节俭，此亦《诗》之风谏何异？'扬雄以为靡丽之赋，劝百而讽一，犹骋郑、卫之声，曲终而奏雅，不亦戏乎！"整段赞语，前半引《史记》原文，一字不易，是称赞相如赋在讽谏这一点上与《诗》相通；后半则借用扬雄的见解来批评相如赋"靡丽"与"劝百风一"之弊。这里所引扬雄的见解，出自《汉书》本传扬雄"自序"："雄以为赋者，将以风也。必推类而言，极靡丽之辞，闳侈钜衍，竞于使人不能加也，既乃归之于正，然览者已过矣。往时武帝好神仙，相如上《大人赋》，欲以风，帝反缥缥有陵云之志。繇是言之，赋劝而不止，明矣。"两段文字，虽简繁有别，然旨意全同。《汉书·叙传》又谈作传缘由："文艳用寡，子虚乌有，寓言淫丽，托风终始，多识博物，有可观者，蔚为辞宗，赋颂之言。述司马相如传第二十七。"班固这段文字在强调诗赋相通的看法、肯定相如赋的作用与成就的同时，又提出了"文艳用寡"的批评。其实，"文艳用寡"还是套用扬雄的见解，《法言·君子》称："文丽用寡，长卿也"，班固评论相如赋，全用扬雄的观点，自己并无创见。

再看《诗赋略》末尾的总括性评语："传曰：'不歌而诵谓之赋，登高能赋可以为大夫。'言感物造耑，材知深美，可与图事，故可以为列大夫也。古者诸侯卿大夫交接邻国，以微言相感，当揖让之时，必称《诗》以谕其志，盖以别贤不肖而观盛衰焉，故孔子曰'不学《诗》，无以言'也。春秋之后，周道寖坏，聘问歌咏不行于列国，学《诗》之士逸在布衣，而贤人失志之赋作焉。大儒孙卿及楚臣屈原离谗忧国，皆作赋以风，咸有恻隐古诗之义。其后宋玉、唐勒，汉兴枚乘、司马相如，下及扬子云，竞为侈丽闳衍之词，没其风谕之义。是以扬子悔之，曰：'诗人之赋丽以则，辞人之赋丽以淫。如孔氏之门人用赋也，则贾谊登堂、相如入室矣，如其不用何！'" 一般认为，《汉志》六略中的这些总括性评语都出自《七略·辑略》，例如姚振宗《〈汉书·艺文志〉条理》就称："按条辨流别数语，即《辑略》之文，班氏散附于诸篇之后者。"从《六艺》《诸子》《兵书》《数术》《方技》五略来看，姚振宗所言不无道理。但是，《诗赋略》的情况却明显不同，是可以肯定经过班固润色的。我们的理由是：这段评语大致由两个部分组成，前半部分（至"咸有恻隐古诗之义"）应为《七略》原文①，后半部分（"其后宋玉、唐勒"起）则是班固所增补。前半部分主要发挥诗在先秦时的功用，和赋由诗出、犹存"恻隐古诗之义"的见解，这也许正是班固"赋者古诗之流"（《两都赋序》）看法之所本。后半部分着重批评"辞人之赋"的"侈丽闳衍"与忽视讽谏，其立意、用语也都跟前引扬雄"自序"相一致。为了强调这一批评，班固最后又以扬雄"悔赋"为例，并引扬雄"丽则""丽淫"的著名论述以证实之。"诗人之赋丽以则，辞人之赋丽以淫"几句出自《法言·吾子》；《法言》晚出，《七略》成书在其前，不可能引述《法言》中的成句。退一步说，即使扬雄在《法言》成书之前曾对刘向、刘歆说过这样的看法，但刘向也不会引后辈之言以自重，把扬雄的这些话作为自己立论的佐证，而刘歆准备拿《太玄》《法言》来盖"酱瓿"，又岂会如此推崇扬雄的这一见解、将它奉为准则呢？况且，《七略》把唐勒、宋玉、枚乘、司马相如归入第一等赋家，与扬雄不同类，而《诗赋略》末尾的评语却将此五人相提并论，一略之内前后如此矛盾也不合常理。但扬雄则不仅批评司马相如的赋"靡丽"，而且也认为"景差、唐勒、宋玉、枚乘之赋""丽以淫"（《法言·吾子》），再加上扬雄自己的"悔赋"，前后观点一致，班固显然由此而获得启发。所以，我们可以肯定，《诗赋略》末尾总括性评语的后半部分绝非《七略》原文，而应为班固所补续。

---

① 《文心雕龙·诠赋》"刘向明不歌而诵"一句后人在理解上存在歧义。通常认为，"不歌而诵"是刘向提出的，那就把刘向之言视为解经之"传"了，这显然不妥，刘向在经学史上从未以解"诗"著名。而且，如果这样理解的话，《诗赋略》的这段评语便只有"不歌而诵"两句属于刘向的言论，其余的文字都应该归于班固了，这也说不通。所以，"传曰不歌而诵"两句应该是刘向引用解《诗》者之言；据《汉书·楚元王传》，刘向所引之"传"疑为《鲁诗》或《元王诗》。

　　扬雄的辞赋思想十分丰富。他早年"好赋"，后来又"悔赋"，但从"自序"看，他对自己早、中年的赋作仍难以忘怀，"悔赋"后的心态非常矛盾。由"好赋"到"悔赋"，势必有所反思，而"悔赋"与"好赋"的交织心态又促使这种反思趋于深入与全面。扬雄的辞赋观，不仅见于"自序"和《法言》中那些明显的直接针对辞赋所发的评论，也存在于《太玄》和《法言》中有关"文"的许多论述里，而且还从他的辞赋创作实践中明显地反映出来。扬雄的辞赋理论，主要集中在如下几个方面：一是认为"赋者风也"；他受儒家诗教的影响，强调宗经征圣，十分重视作品的政治功能，要求辞赋像"诗"一样发挥讽谏作用。二是肯定"诗人之赋"的"丽以则"；扬雄"恶淫辞之淈法度"（《法言·吾子》），对"丽淫""劝而不止"的"辞人之赋"提出了严厉的批评。三是提倡"务其事而不务其辞，多其变而不多其文"（《太玄·玄莹》），主张辞赋创作在思想内容与艺术表现上的切事重用和通变求新。我们从《汉志》赋论看，班固对扬雄辞赋思想的征引与提倡，仅限于前两个方面；而通观班固的辞赋评论，也主要是集中在强调讽谏和以儒家诗教为准则这两点上。班固评论屈原的作品"其文弘博丽雅，为辞赋宗"，着重肯定的也是一个"风"字："《离骚》上陈尧舜禹汤文王之法，下言羿浇桀纣之失以风"，"在野又作《九章》赋以风谏"（《离骚赞序》）。而批评屈原"露才扬己"[1]，"强非其人"，"多称昆仑、冥婚宓妃虚无之语，皆非法度之政、经义所载"（《离骚序》），同样是以儒家诗教为准绳。班固《两都赋序》提出"或以抒下情而通讽谕，或以宣上德而尽忠孝"

---

① 刘熙载《艺概·赋概》称："班固以屈原为'露才扬己'，意本扬雄《反离骚》，所谓'知众嫭之嫉妒兮，何必扬累之蛾眉'是也。"

的见解，于注重"讽谏"的同时又强调了"歌颂"一面，这较扬雄的赋论有所发展，但宗经的总原则没有变，《诗》的传统就在"讽"与"颂"。

由上可见，在沉寂了近半个世纪以后，扬雄的辞赋创作终于得到了班固的充分肯定，而其辞赋思想也在《汉书》中获得了发扬光大。对于扬雄的辞赋作品，班固尽管在《汉书》中没有作直接的评价，但事实上已经通过《诗赋略》"入扬雄八篇"、《扬雄传》传文全录扬雄"自序"，以及在"自序"中补载七篇辞赋作品的本文等方法，来客观地传达出对扬雄赋的全部赞誉和批评。扬雄赋的命运，从《汉书》开始发生了根本性的变化。在《史》《汉》两部书里，西汉辞赋家中只有司马相如和扬雄受到特别的推重，达到了至高无上的境地；后代马、扬并称实始于此。

班固对扬雄辞赋的肯定和对扬雄赋论的发扬光大，有其主、客观两方面的原因；从客观上说，这是东汉初年时代环境影响的必然结果。经历了西汉末年的动乱，光武帝刘秀建立东汉王朝后，明确地提出了"吾理天下，亦欲以柔道行之"（《后汉书·光武帝纪》）的治国思想。这一指导思想中虽有黄老无为的成分，却是以儒家思想为基础和主导的。《后汉书·儒林列传》称："及光武中兴，爱好经术，未及下车，而先访儒雅。"东汉迁都洛阳，刘秀于是"封泰山，建明堂，立辟雍，起灵台，恢弘大道，被之八极。"（《后汉书·明帝纪》）明帝即位的第二年正月，"宗祀光武皇帝于明堂，帝及公卿列侯始服冠冕、衣裳、玉佩、绚屦以行事。礼毕，登灵台。"三月，"临辟雍，初行大射礼。"十月，又"幸辟雍，初行养老礼。"（同上）明帝永平年间所举行的上述"三雍"仪式，在班固的《东都赋》中就有具体的记叙；《东都赋》主要就是颂扬东汉王朝建立后对儒家礼仪规范的重视，赋末的五首颂诗中有三首是分别赞歌明堂、辟雍和灵台的。不仅班固《东都赋》如此，傅毅《洛都赋》《七激》、崔骃《反都赋》《达旨》、李尤《辟雍赋》等辞赋作品都赞美了东汉统治者的恪守儒道、施行礼仪。在这样的背景下，东汉初年的文学思想必然趋于正统。在班固之前，明确表达宗经尊圣的辞赋主张并付之于实践的文人，扬雄是第一位，也是两汉之交影响最大的一位。扬雄后期对辞赋的反思与批评，在西汉当时文化思潮的影响下，已经带有明显的扬诗抑辞倾向，试图用儒家诗教标准来规范辞赋创作。而班固的儒家正统思想观念更为浓厚，他将扬雄引为知己，继承并推崇扬雄的创作与赋论，这是十分自然的事。何况，《汉书》是一部先私撰、而后变为官修的历史著作，书中所表达的思想观点，理所当然应该与统治精神相符合，文学思想也不例外。

扬雄赋的命运在《汉书》中发生变化，在一定程度上也是班固个人对扬雄的仰慕与崇拜所致。班固在自叙家世时，就曾说到其父班彪"幼与从兄嗣共游学，家有赐书，内足于财，好古之士自远方来，父党扬子云以下莫不造门。"（《汉书·叙传》）而桓谭与班嗣、班彪也都有密切的交往。耳濡目染、潜移默化，班固对扬雄极为敬仰："自孔子后，缀文之士众矣。唯孟轲、孙况、董仲舒、司马迁、刘向、扬雄，此数公者，皆博物洽闻，通达古今，其言有补于世。"（《汉书·楚元王传赞》）《汉书》有传七十篇，由于篇幅限制，极大多数为几人合传，一人独传者寥寥，因内容过多而不得不采用一卷分上下篇以传一人的，只有司马相如和扬雄两位。《司马相如传》全文抄录《史记·司马相如列传》；司马迁于一传中录载司马相如的《子虚赋》等八篇作品，篇幅之大，在《史记》中绝无仅有，《汉书》转录时虽用一卷而分为上下两篇。《扬雄传》的情况正与此相同，录载《反离骚》等七篇作品，因容量过大而采用与《司马相如传》相同的体例，分为上下两篇；班固是历史上高度肯定扬雄辞赋并将扬雄与司马相如置于同等地位的第一人。《扬雄传》在体例上除了篇幅长之外，还有另外两个特别之处：一是传文全用传主扬雄的"自序"；二是传赞写得也与众不同，一半是补叙扬雄晚年与卒后的轶事，另一半则引用桓谭的评论以作赞颂。这样特别的体例在《汉书》中也是绝无仅有的；特别的体例用于特殊的人物，扬雄是班固崇拜的一位先哲。所以，班固在《汉书》的一些传记中，或以扬雄为楷模加以比较，如论谷永时称"不能洽浃如刘向父子及扬雄"（《谷永传赞》）等；或者引扬雄的言论来作评论，如说"自刘向、扬雄博极群书，皆称迁有良史之材"（《司马迁传赞》），"扬雄亦以为朔言不纯师，行不纯德，其流风遗书蔑如也"（《东方朔传赞》）等。班固在《汉书·扬雄传》中是这样结束他的"赞"语的："自雄之没至今四十余年，其《法言》大行，而《玄》终不显，然篇籍具存。"他对扬雄学术文章在后世流传的关心与感叹，他对扬雄的深深仰慕，真是溢于言表。

## 扬雄及其《反离骚》之再认识[①]

### 郭建勋

扬子云作《反离骚》，经后汉魏晋隋唐，并无大以为非者，谁料到了南宋，洪兴祖肇端于前，朱熹紧随其后，播鼓挥戈，大张挞伐，谓扬雄为"屈原之罪人"，《反离骚》乃"《离骚》之谗贼"[①]。自彼至今，尽管时或有人忍不住为扬雄说几句公道话，但势微力寡，未能动俗，朱、洪之说始终居于上风。笔者认为，对

① 原载《求索》1989 年第 4 期。

扬雄及其《反离骚》全盘否定有失偏颇，应当重新认识和评价。乃不揣浅陋，作为此文。

1. 重新认识和评价扬雄及其《反离骚》的首要任务，是必须弄清楚扬雄对屈原和《离骚》究竟持什么态度。

扬雄是一位好学深思的学者，据《汉书·扬雄传》，扬雄以"经莫大于《易》"而作《太玄》，以"传莫大于《论语》"而作《法言》，又以"赋莫深于《离骚》"，反而广之，创作了《广骚》《反离骚》《畔牢愁》三篇赋体作品。扬雄既然将《离骚》与他推崇备至的《周易》《论语》等典籍视为同类，并将其作为范式进行模仿，那么，扬雄对《离骚》的重视和喜爱也就不言而喻了。扬雄作赋，处处效法司马相如，但在他的心目中，"屈原文过相如"。（《汉书·扬雄传》）《反离骚》中亦云："图累承彼洪波兮，又览累之昌辞。"称《离骚》为"昌辞"即美辞。可见，扬雄对《离骚》的推崇，其原因在于《离骚》文辞的华美温雅（昌）、内容的哀怨悲怆（悲）、表现的幽婉深邃（深）。而且，扬雄对屈辞的喜好并非只限于《离骚》一篇，王逸《楚辞章句》言他曾援引传记解说《天问》便是明证。

假如认为扬雄对屈原的肯定仅仅表现在对屈原才华的叹服上，那就大谬了。据《汉书·扬雄传》，扬雄读《离骚》，"悲其文，读之未尝不流涕也"，又有感于屈原"投江而死"的悲惨结局，才产生作《反离骚》以吊屈原的念头，对此，文中亦有所交代："同江潭而沱记兮，钦吊楚之湘累。"颜师古注云："钦，敬也。"又引李奇释"累"字曰："诸不以罪死曰累。……屈原赴湘死，故曰湘累也。"可以说，《离骚》中反复申诉的哀怨痛苦，屈原"信而见疑，忠而被谤"、最终自沉汨罗的不幸遭遇，及其表立特出的峻洁品格，深深地打动了扬雄，他因此怀着同情、崇敬的情感作文悼念屈原。

这一创作动机决定了《反离骚》对屈原持肯定态度的基调:

> "惟天轨之不辟兮,何纯洁而离纷!纷累以其渫忍
> 兮,暗累以其缤纷。……悯吾累之众芬兮,飏烨烨之芳
> 苓。遭季夏之凝霜兮,庆天悴之丧荣。"

叹天轨不辟,致屈原以纯洁之身而遇缤纷混浊之世;痛天时无常,使屈原以芬芳之质而遭季夏严酷之霜:惋惜、伤感之情溢于言表。为了更进一步说明扬雄的态度,我们不妨将《反离骚》中与屈原关联密切的词汇作一归类统计:

(1)隐喻屈原称谓者:累
(2)与屈原类比者:神龙、圣哲、仲尼
(3)与屈原对比者:九戎、驾鹅、驴骡
(4)隐喻屈原品质者:娥娃、凤凰、骅骝、芬芳……
(5)隐喻屈原环境者:渫忍、缤纷、曲艰、凝霜

第一项中的"累"作为文中出现频率最多的隐喻性称谓,实际上蕴涵着作者对屈原"不以罪死"的冤屈的深切同情;第四项继承《离骚》"香草美人"的手法,以美女、神鸟、良马、芳草等比喻、象征屈原美好的品德和突出的才能,从中可以看出作者对屈原的崇敬;第五项揭示屈原所处环境之险恶,很自然地流露出作者对造成屈原悲剧的楚国统治集团的反感;第二、三两项则分别从正反两方面衬托屈原人格的伟大和崇高,也明白地显示了作者对屈原的由衷赞美和歌颂。经过上面的分析,我想,只要摈弃了偏见,就不能不承认,扬雄的《反离骚》不仅肯定了屈原,而且对这位伟大的诗人作出了高度的评价。

接下来,我们不可避免地必须讨论扬雄对屈原"不理解"的

问题。在《反离骚》中，扬雄认为：屈原不应该扬蛾于浊世，而应当怀瑾握瑜，"幽之离房"；不应该执着于楚国，而应当效法孔子，"周迈"天下；更没有必要自沉汨罗，完全可以如"神龙之渊潜兮，俟庆云而将举"。其主旨就是怀德自珍、全身远祸。人们固然有着堂皇的理由指责它为颓废的人生观、消极的存在方式，甚至说它是对屈原爱国精神的亵渎，但我们也不能忽视这样的事实：如同江滨渔父的娓娓劝告和《离骚》中女须的"申申其詈"一样，扬雄的责怪全出自诚挚的关怀、爱护和惋惜，在责怪的字面下流动着作者的款款深情；同时，作者的矛头，直指那个"芳酷烈而莫闻"的黑暗社会，透过作品中对《离骚》辞句的虚拟的"反"，我们能更清楚地认识到无可救药的楚国君臣的腐朽昏聩，从而体会到扬雄对造成屈原悲剧的社会环境的批判意识。李贽说得好："《离骚》，离忧也；《反骚》，反其辞，亦甚忧也，正为屈子翻愁结耳。彼以世不足愤，其愤世也益甚；以俗为不足嫉，其嫉俗愈深。"②晁补之亦云："《反离骚》非反也，合也。盖原死，知原惟雄，……《离骚》之义待《反离骚》而益明。"③故知，不理解者，真理解也；《反离骚》者，反其辞而合其心也。

2. 毋庸讳言，基于"守道保身"的人生哲学，扬雄是不主张屈原汲汲于世事，乃至自沉身死的，这种看法有着历史的原因、现实的背景和相当的合理性，它并没有为人们批判扬雄提供充足的理由。

或许我们应当对扬雄以前汉人对屈原的评说做一简单回顾。贾谊以经国之才远谪江湘，临江敬吊屈原，感情真切，却同时也说："所贵圣之神德兮，远浊世而自藏。……历九州而相其君兮，何必怀此都也！"认为屈原应约"高举远引，洁处山林，从乔松之游"，甚至断言自沉汨罗的行为，是"不知变计"的结果，"非君子远害全身之道"④。这以后，贾谊的评屈态度几乎成为汉人遵循的模式。董仲舒言不能与屈原一样"无所复顾"，而要"远游而终古"⑤；司马迁叹惋屈原恋恋于楚，而未能去"游诸侯"以遇明君；庄忌《哀时命》、刘向《九叹》也在悼伤屈子的同时，给屈原设计了一条"与赤松而结友""宁幽隐以远祸"的理想出路。扬雄的《反离骚》只不过沿用了贾谊等人的观点，而且措辞远不如贾谊那般剀切和激烈，人们可以放过肇端的贾谊以及后代许多类似观点的持有者，却偏偏揪住扬雄不放，实非理智之举。

汉人用避世全身的人生观评价屈原，是有其现实的思想基础的。西汉初年，道家、黄老学说盛行，汉武帝"废黜百家，独尊儒术"，儒家思想的统治地位日渐巩固，但汉代经学重文字训诂，流于繁琐，未及阐发先秦儒家的思想内核，反而逐渐走向了神秘的、宗教的领域，这种情况给道家思想的存在留下了余地。儒、道两家大旨相异，但在处世问题上却有着某些一致性，扬雄"得时则大行，不得时则龙蛇"的观点，既符合道家"保身尽年""顺其自然"的原则，也不违背儒家"用之则行，舍之则藏"的精神。况且，扬雄所处的时代，外戚集团为了巩固他们的地位，排斥异己，大兴冤狱，有正义感的京兆尹王章下狱而死，刘歆亦因诬而被迫离京。政治黑暗混乱，宦途凶险多艰，别无选择地必须在乱世中求生存的文人士大夫，便极为自然地接受了这种处世哲学，从刘歆"守信保己，比老彭兮"⑥的表白，班超"行止屈申，与时息兮"⑦的言志以及大量当时有关的文献中，我们可以看到，生存本能的强大驱力已经将这种中和、实用的人生观推向了整个知识阶层。扬雄的观点，正是两汉之际社会思想的反映，它只不过是这一思想潮流中的一朵浪花。且不说扬雄们与今人一样有着生存的欲望和权力，因而他们的选择自有其合理性；即使将其视为消极的人生态度，又有什么理由舍弃整个思潮而只攻其一点呢？

3. 其实，人们只要稍加注意便可以发现，《反离骚》之所以遭到洪、朱，尤其是素奉"中庸"为至道的朱熹的如此激烈的抨击，原因不在作品本身，而在作者为新莽之臣和作《剧秦美新》两件事上。如朱熹《楚辞后语》就多次愤激地称扬雄为"莽大夫"，讥其"献《剧秦美新》以媚莽意"；并声明将《反离骚》收入《楚辞·后语》，其目的就是用作批判的靶子，"以明天下之大戒"。时下批《反离骚》的人们亦多承朱熹，在扬雄的人品上作文章。

长期以来，在我国古代文学研究领域，存在着一种"因人品定文品"的倾向，唯人品论者颠倒研究对象的主从关系，取消或削弱文学作品作为研究对象本体的重要地位，主要不是通过对作品本身而是通过对作者的研究作出结论，这是一种机械的、片面的研究方法。考虑到这种研究方法的长期影响，这里也不妨对扬雄的人品问题作些考察。

《汉书·扬雄传》说扬雄为人"默而好深沉之思，清静无为，少耆欲，不汲汲于富贵，不戚戚于贫贱，不修廉隅以徼名当世"。关于他和王莽的关系，《本传》"赞"语曰：

> "初……与王莽、刘歆并。哀帝之初，又与董贤同官。当成、哀、平间，莽、贤皆为三公，权倾人主，所荐莫不拔擢，而雄三世不徙官。及莽篡位，谈说之士用符命称功德获封爵者甚众，雄复不侯，以耆老久次转为大夫。恬于势利乃如是，实好古而乐道，其意欲求文章成名于后世。"

班孟坚的记载告诉我们如下要点：（1）扬雄甘于恬淡贫贱，不求闻达富贵，因此他宦途极不得意；（2）王莽篡政后，趋之者若鹜，但扬雄保持他一贯的品格，因资历深才久次转为大夫；（3）他所重者在整理古籍、著作文章；鉴于上列情况；（4）班固对扬雄正直的为人是钦佩而肯定的。至于他作《剧秦美新》，显然是出于被迫，不得已而为之，从"投阁"事件便可以窥见他当时是过着怎样一种时刻担心迫害的、提心吊胆的生活。而且，在这篇文章里，"他所'剧'的不是'汉'而是在汉朝以前的'秦'；所剧的内容，不一定是'秦'而恰似新莽的一些作为。他所'美'的具体内容，有很多东西正是西汉末期的措施，表面上美的是'新'，实质上美的还是'汉'。他又如何挖空心思使用了这'指桑骂槐'和'偷柱换梁'的两套手法，以达到他对汉室的留恋和对王莽的口诛笔伐"⑨。可见，扬雄的人品也没有什么值得指斥的地方。

然而，问题到此还未彻底解决，随着讨论的深入，我们将逐渐明了，朱熹之批判扬雄及其《反离骚》，其终极原因不在扬雄的所谓"人品"问题，而是出于现实政治和维护正统思想的需要。

朱熹所处的南宋时期，民族矛盾相当尖锐，朝廷的内部亦存在着主战、主和两派的激烈斗争。为了保住南宋江山，并进而收复地方失地，迫切需要弘扬一种为君国不惜牺牲生命的献身精神，出于这一目的，属于主战派的朱熹竖起了屈原这面旗帜，赋予屈子"自沉汨罗"以浓重的殉君国色彩，并反复强调和突出屈原"忠君爱国之诚心"⑩；又按照"《反离骚》者反屈原，反屈原者反爱国"的逻辑线索，将扬雄的《反离骚》拉来作为其对立面，以加强这面忠君爱国旗帜的庄严性和号召力量，亦充当投向主和派的批判枪矛。朱子的爱国动机固然无可厚非，只冤了扬雄及其《反离骚》，竟无辜地被钉在历史的耻辱柱上示众达数百年！

既然要将屈原当作一面为君国不惜生命的精神旗帜，屈原的殉国自沉便成了一个必要前提；更重要的是，按照"增夫三纲五典之重"[⑩]的要求，屈原自当毫不犹豫地为君献身。这样，在屈原之死的问题上，朱熹与扬雄的看法产生了不可调和的冲突：扬雄认为，楚王昏庸，不值得为之死，屈原死得可惜；朱熹认为，臣为君死，纲纪所称，屈原死得其所。扬雄的看法严重违背了儒家正统的伦理纲常，朱熹焉能容忍这种异端邪说？李贽曾对朱熹为维护纲常而贬低扬雄的做法给予辛辣的嘲讽："彼假人者，岂但不知雄，而亦岂知原乎？"[⑪]可谓的论！

邹应龙在《楚辞后语》"附记"中说："夫扬雄以好深沉之思，作为雅丽之文，后世读之，未有以为非者，而先生待之不少恕如此。"正是为了服务于现实政治，维护儒家正统思想，朱熹才一反他"过犹不及"的中庸哲学，不惜违背儒家先圣"不因人废言"的祖训，甚至不顾《反离骚》作于作者"事莽"三十余年前的历史事实，以少见的偏激态度，利用作者晚年的所谓"人品"问题为借口，对"后世读之，未有以为非者"的扬雄早期作品《反离骚》进行彻底的否定和无情的鞭挞。这才是导致扬雄及其《反离骚》历史厄运的真正原因！

4.《反离骚》作为一部文学作品，在艺术上也许并不是很成功的，但也不能因此而否认它在文学史上，特别是思想上的独特价值。

《反离骚》创造了一种虚反其辞而实悼其人的独特形式，勿宁说，它是一种新颖的表现角度，其特点是以批评的口吻赞美对象，以故作的否定姿态表示真正的肯定态度。就像扬雄的另一早期作品《逐贫赋》中的"留贫"实为"厌贫"一样，"反《离骚》"实为"合《离骚》"。这种反言合正、虚抑实扬的表现手法，堪称创格，在西汉末年事事摹仿的沉闷文坛显得格外突出和耀目。这种表现角度也给了后人以相当的启迪，如皮日休的《反招魂》和宋代潘音的《反〈北山〉嘲》等，便无疑受到它的影响。

扬雄《反离骚》更重要的价值表现在其异端思想方面，如其中写道：

> "灵修既信椒、兰之哮佞兮，吾累忽焉而不蚤睹？……夫圣哲之不遭兮，固时命之所有。虽增欷以于邑兮，吾恐灵修之不累改。"

王者信任谗佞，疏远忠贤，其本性不会因劝告而改变；而"圣哲"不受重用，亦是无法改变的命运。这不仅仅是对楚怀王现象的单纯揭露，而是对整个王权社会的理性思考！基于这一认识，扬雄进而从"全身避祸"的角度，要求屈原果敢地抛开昏瞆的怀王，斩断与王权之间的依附关系，去"周迈"天下，做一个独立的自由人！一般认为，扬雄的思想是儒、道、阴阳的混合体，但《汉书·扬雄传》的记载表明，道家思想在他的早期居于主导地位，且他创作《反离骚》时尚未走上宦途，故较少儒家正统观念束缚的早期扬雄，能借题发挥，对"受命于天"的最高统治者的"全德全能"表示大胆的怀疑；并在对屈原的要求中寄寓自己对王权的藐视和嘲弄，以及对自由选择、独立人格的某种模糊的向往。

在西汉末年的那个政权与教权合一的宗法专制社会里，帝王而兼教皇的"天子"具有无上的权威和神圣性；儒家"三纲五常"的正统教条要求臣子如同子与父一样，对君主保持无条件的服从。结果，人的主体意识溶解于对君主的绝对、甚或是盲目的忠诚之中，使个人不仅在经济上，而且在精神观念上完全依附于王权，彻底地失去选择的权力，失去自我。扬雄的思想是对当时宗教化的僵死正统儒学的消极反抗，充满着反传统的叛逆精神。直至他晚年的作品如《法言》等，也"自有其异端的倾向"⑫，贯穿着这种精神。因此，与朱熹等正统派相反，桓谭、王充、李贽等后代的异端思想家，对扬雄及其作品都给予了高度评价，并从中寻取他们反传统的武器，从而亦折射出扬雄异端思想的价值光辉。

注：

①朱熹《楚辞后语》卷三

②⑪《读史·反骚》

③《变离骚序上》

④参见王夫之《楚辞通释·惜誓》

⑤《士不遇赋》

⑥《遂初赋》

⑦《北征赋》

⑧吴则虞：《扬雄思想平议》，《哲学研究》1957 年第 6 期

⑨《楚辞集注》

⑩《楚辞集注序》

⑫侯外庐《中国思想通史》第 2 卷第 211 页

## 从模拟论扬雄《反骚》的范式意义①

冯小禄

因为是模拟之作，更因为它是颂王莽革汉建新的《剧秦美新》作者扬雄的作品，《反骚》②之不能得到正确的评价，在视君臣大义为第一要义的中国古代社会就是自然而然的事了。借王充《论衡·案书》所说，就是"扬子云反《离骚》之经，非能尽反，一

① 原载《北京师范大学学报》（社会科学版）2003 年第 3 期。

② 王先谦《汉书补注》引王念孙曰："'离'字涉上下文而衍（下文'独载《反离骚》'同）。曰《反骚》，曰《广骚》，其篇名皆省一'离'字。据此，本文通称《反骚》。

篇文往往见非，反而夺之。"①[1]

其实，《反骚》作于扬雄青年时代，31 到 32 岁，那时他尚未离蜀进京，仍是一介贫民！不过，封建士人常常就是这样以后推前：如有污点恶行则是自小就有污点恶行，一坏就坏到头的。早在东汉明帝时，梁竦的《悼离骚》就以"忠孝""仁义"来标榜屈原，将他抬到儒家圣徒的地位，而责贾谊"违指"扬雄"欺真"（《后汉书·梁竦传》注引《东观记》)[2]。士人的政治节操已成为东汉士人舆论和帝王关注的首要问题。范蔚宗在《后汉书·党锢列传序》云："至王莽专伪，终于篡国。忠义之流，耻见缨绋，遂乃荣华丘壑，甘足枯槁。虽中兴在运，汉德重开，而保身怀方，弥相慕袭。去就之节，重于时也。"[2]而扬雄、崔篆、冯衍等未能效此"忠义之流"。顾炎武《日知录》卷十三"两汉风俗"条云："汉自孝武表章六经以后，师儒虽盛，而大义未明，故新莽居摄，颂德献符者，遍于天下。光武有鉴于此，故尊崇节义，敦厉名实，所举用者，莫非经明行修之人，而风俗为之一变。"[3]三人于此似皆有亏。因此，扬雄在易代之际出仕王莽朝廷诸吏中散大夫和写《剧秦美新》，其为臣之节操就被后之士人认为有清算的必要，于是《反骚》之"反"也就成了政治操守运动中的牺牲品。只是梁竦还算宽宏，只是责其"欺真"，并未大扣帽子。到了士人要为王朝争正统时，连扬雄早年之作《反骚》也就有罪了。

《反骚》之罪实是受《剧秦美新》株连所至。至于《反骚》，

---

① 攻击最力的，如南宋洪兴祖《楚辞补注》注《离骚》"跪敷衽以陈辞兮，耿吾既得此中正"句时，引扬雄《反骚》，而说："余恐重华与沉江而死，不与投阁而生也"，实则以扬雄附王莽这一被认为有亏臣节的丑事嘲笑其罪有应得，并取消其反《离骚》的资格。盖屈原忠臣，扬雄贰臣也。至朱熹直斥"雄固为屈原之罪人，而此文乃《离骚》之谗贼矣"（《楚辞后语·反离骚序》)。再到明末清初顾炎武，径称其"莽大夫"（《日知录》卷十三"乡原"条）。

为其辩护者多驳"责原说",而主"爱原说",强调扬雄非反原而实"痛念""可惜"原,是"爱原极切",明代李贽、胡应麟,清代方苞可为代表①。但是,辩护者与抨击者都出同一思路,仍是坚持政治道德主义的批评标准,着眼点还是扬雄对屈原的态度,这种泛道德化批评遮蔽了文学史研究更应该关注的内容。因此,我们将它放进拟骚这个系列来探讨其意义,当更合乎学理。遗憾的是,似乎还没人从此一角度论述之,以至《反骚》在文学史上的范式意义和扬雄的终身著述特征都有些模糊。

拟骚是一个文学史概念,特指被东汉王逸《楚辞章句》收录的几篇汉人赋作,因它们内容或是伤悼屈原,或是代屈原立言,形式上皆采用骚体,故习惯称为拟骚体或悼骚体。就赋的内容言,可称悼骚体;从赋的技术言,可称拟骚体。李大明先生认为西汉刘向编辑《楚辞》时的收录原则,是"文体上要拟骚,又指的是学习屈原诸作的以事名篇和骚体句式,而不能以赋名篇。所以,即使像贾谊的'为赋以吊屈原',也不辑入《楚辞》,但《九怀》《七谏》,则既是伤屈之作,又是以事名篇和骚体句式,所以增辑入《楚辞》专书之中。"②王逸承旧章办理,屏扬雄、班彪、梁竦、应奉等作于《楚辞》之外。

王逸收录的这几篇汉人悼骚赋作,除贾谊、淮南小山外,历来对它们的评价就不高。到南宋晁补之重编《楚辞》时,就将《九思》移入《续楚辞》,再到朱熹编注《楚辞集注》时,只保留

---

① 胡应麟《诗薮》杂编卷一:"盖深悼三闾之沦没,非爱原极切,不至有斯文。"又谓:"似反原而实爱原,与女嬃之骂同。"清人方苞《书朱注楚辞后》:"吊屈子之文,无若《反骚》之工者;其隐病幽愤,微独东方、刘、王不及也,视贾、严尤若过焉。……则知雄之言虽反而实痛也。"(《方苞集》卷五)
② 参见李大明《汉楚辞学史》第三章《西汉后期的楚辞研究》论述刘向编辑《楚辞》的原则,电子科技大学出版社,1994年版。

了《哀时命》，而删去了《七谏》《九怀》《九叹》和《九思》，因为它们"虽为骚体，然其词气平缓，意不深切，如无所疾痛而强为呻吟者"[4]。以后清人王夫之《楚辞通释》也将此数篇与《哀时命》一同删去，认为均是"无病呻吟之剿说"。而《反骚》，据宋黄伯思所见，入过先唐旧本《楚辞》，晁本编入《续楚辞》，朱本编入《续离骚》，又见于《楚辞后语》。

扬雄的拟骚作品，《广骚》①《畔牢愁》均佚，尚存《反骚》。借此一篇，亦可窥扬氏拟骚全貌。

模拟在扬雄是有意为之，并不以为是什么不妥的事。他早年的辞赋创作就模拟司马相如。《汉书·扬雄传》云："先是时，蜀有司马相如，作赋甚弘丽温雅，雄心壮之，每作赋，常拟之以为式。"屈原作为楚辞宗祖，扬雄模拟之自不待言。后来又从文艺的模拟推到典重之经说，从青年到晚年都拟而出之。"皆斟酌其本，相与放依而驰骋云"。可见他端正严肃，直视模拟为成就名山事业的必要阶梯。模拟之于雄，其义大焉。

事实上，扬雄也并非模拟之风的始作俑者，扬雄之前的汉人已早有过，评价尚可的王褒《哀时命》，仿袭屈、宋成句甚多，据统计有 30 余处。即使称为汉赋名家的贾谊，《吊屈原赋》与《惜誓》就有雷同句式，而《鵩鸟赋》抄袭《鹖冠子》。贾谊前的人也抄，宋玉《九辩》与屈赋雷同处甚多。甚至屈原也自我抄袭，也难逃模拟、重复之弊。追踪溯源，赋之模拟，始作俑者是屈原。当然，真正的本原也许是儒家的"述而不作"的传统。因此，对模拟我们必须有新的认识：模拟之于扬雄，具有别一般的意义，

---

① 《广骚》至少在唐时犹存。皮日休说："扬雄之文，丘、轲乎？而有《广骚》也；梁竦之词，班、马乎？而有《悼骚》也。又不知王逸奚罪其文，不以二家之述，为《离骚》之两派也？"（《皮子文薮》卷二《九讽系述序》）

不仅是文学技巧上必要的学习锻炼的阶梯，而且意味着一种"经典"范式意识，一种成熟的文学史眼光的拥有，备乎此，方能在模拟中沉潜进而输入自己的时代精神，赋予文学创造以新的风貌，这就是"赋莫深于《离骚》，反而广之"之意。唐人刘知几曾言："盖模拟之体，厥途有二：一曰貌同而心异，二曰貌异而心同。"又说："貌异而心同者，模拟之上也；貌同而心异者，模拟之下也。"（《史通·模拟》[5]）扬雄《反骚》之模拟，则借助拟骚的形式，表达了与屈原不同的选择，是"貌同而心异"，似为模拟之下者。但是，文学史就是在"心异"、在"述而后作"的根基上演进的，否则优孟衣冠，不免后世如明代七子派有假古董之讥。由此可见，一味的模拟消极论连同前述的政治道德化批评，也遮蔽了我们对扬雄及其作品的正确评判。

具体到《反骚》，内容是伤悼屈原，句型也学《离骚》，意象也多"拾取"，确实是悼骚之作。但是扬雄已走出了屈原作品的笼罩，而贯注了自己时代的思考，可以看作是30多岁尚蛰居蜀中一隅的扬雄理性思考未来的人生走向，并建立合乎自身和时代的精神需要的文化—心理结构，而这时，屈原作为一个典范的人生模式的实践者，又相距不远，就进入了扬雄的视阈。正是在与屈原的人格和技巧进行对话的过程中，扬雄完成了对模拟的超越，成为有汉一代拟骚体的高峰，也给模拟一词诠释了尽可能的积极意义。

特别是在文本内容的开展上，《反骚》建构了悼者和被悼者对立的二维空间，并始终维持着两个人格的交流对话，这与贾谊的《吊屈原赋》有些类似。贾作在吊屈伤屈中兼自伤自吊，愤郁的指斥里潜藏着隐秘的感伤，自悲身世遭遇里又裹挟着时代士人的紧张和焦虑。"贾生既辞往行，闻长沙卑湿，自以寿不得长。又以适去，意不自得。及渡湘水，为赋以吊屈原。"（《史记·屈原贾生列传》）既是"追伤"屈原，又是"因以自谕"（《汉书·贾谊传》），形成了文本抒情的二维空间。而时间的悬隔与感情的融合与分离，使得赋作极富张力，比诸《七谏》等作的单向度模拟与代言伤悼自有不同的文学效果。但贾作仍主于情感的抒发，尚未递升到对屈原及其时代的理性思考的境域，在屈原和自我之间并未截然划开，二者的时空仍有重合。所以其"讯曰"一段表现的"自珍""自藏"人生观，固然可以看作是面对屈原的人生选择而作出的汉代新人格苗生的努力，但他的不理解屈原死守故国，希望屈原"瞭九州而相君兮，何必怀此都也"，则更多的是出诸个人的人生考虑，欲求自用于世。对此，皮日休《悼贾序》说："余释生之意矣。当战国时，屈平不用于荆，则有齐、赵、秦、魏矣，何不舍荆而相他国乎？余谓平虽遭靳尚、子兰之谗，不忍舍同姓之邦，为他国之相，宜矣。然则生之见弃，又甚于平。"[6]可谓得贾谊吊屈的本心。但这并不能作为汉人理性思考的代表。

在《反骚》，悼者和被悼者的二维空间是分离的，或者说是对立的。他尽管赞赏屈原，雅好屈骚甚至过于相如，"悲"其遭遇至于痛哭"流涕"，但因其立意在"反"，故本赋主旨仍是"以为君子得时则大行，不得时则龙蛇，遇不遇命也，何必湛身哉！""龙蛇"，出自《易经》的"龙蛇之蛰，以存身也。"《论语·述而》也说："用之则行，舍之则藏"。这种人格模式先曾为东方朔所秉持，其《戒子诗》云："圣人之道，一龙一蛇，形见神藏，与物变化。"（《全汉文》卷二五）[7]扬雄之后又成为班彪《悼离骚》之人生选择："惟达人进止得时，形以遂伸，否则诎而坼蠖，体龙蛇以幽潜"（《全后汉文》卷二三）[7]。由此可以看出扬雄之"反"屈原，实是其冷静思考的结果，并非像贾谊一样是出于个人的处境考虑。故全赋的文本因素演绎与其说是情感的抒发，毋宁说是理性的开展，是扬雄在对屈原人格和生死选择进行全方位的审视评价。因为这评价来源于扬雄对所处汉朝的观察，于是赋中体现的人生理念就可看作汉代新人格成长的情形。只有人格的相对独立，才能走出前人的影响笼罩，而自成文艺之新格局，从而，扬雄的《反骚》在文学史上也就具有了范式意义。

这可分两方面来谈：第一，从文学技巧角度而言，《反骚》已超越了生硬的模仿阶段，在贾谊和司马相如自创的基础上更进一层，已有自己的规模和气象，甚至超越了"拟骚"这一文体模拟范畴，而获得独立自足的文学地位。这个地位可称之为"反思"体。它甚至又代替了《离骚》，而成为骚体创作中新的"经典"范式。至少它获得了这样的地位：在文学史长河中，它首创从"反思"《离骚》和屈原的角度来建构自己的文学风格和人身风度。《反骚》后，模拟之作层出，后世如唐皮日休有《反招魂》，金赵秉文有《反小山赋》，明徐祯卿有《反反骚》，清汪琬有《反招隐》，皆步扬氏"反"之思路。皮日休认为《招魂》主旨不是招屈原魂，"皮子以为忠放不如守介而死，奚招魂为？故作《反招魂》一篇以辨之"（卷二）[6]，将"反"的对象定为《招魂》。赵秉文之赋"反"的对象是无尘道人李天英的《小山赋》，表达不"桎梏于一峰之玄"，要无往不适，视天下万物"皆吾几阁间一物"的道家思想（《反小山赋序》）[8]。徐祯卿将"反"之标靶放在扬雄《反骚》，主旨和行文虽处处维护屈原，思路仍不出扬雄"反"之笼罩[9]。汪琬隐居尧峰二年，因有人劝其出仕，而作赋以见志，在描述山中隐居之乐后，表明了与《招隐士》"王孙兮归来，山中兮不可以久留"相反的意向："吁嗟乎山中兮，孰云不可以久留？"[10]

更意味深长的是，扬氏之《反骚》又成为后人（如徐祯卿）

"反"之标靶，不能不说明：一、文学史模拟之风不独汉代文人使然①，它更是一种惯常性思维和一种人生风范的追随皈依。通过"模拟"，获得的不仅是技巧的提高，更重要的乃是人生坐标的确立、操守的坚持。拟骚是一种文学技巧的对话，更是人格操守的对话。东方朔等人的拟作，其文学成就之所以不高，除了技巧的穷力极追，程步甚艰，显出文学天赋之不足外，还在于他们自身的人格尚未真正得以建立。贾谊、相如之拟作能度越前人，其根蒂亦在于此。二、扬雄之"反"，在另一方面又是建立。它代表到扬雄的汉人已完成了文学和心灵的双重模拟，技巧不必再穷追，屈原式人格亦不须再坚守；融汇儒道，解决时、命、遇的矛盾冲突和出处大事，更是汉人所关注的问题，也是后世思考的焦点。这是扬雄《反骚》成为新一轮的模拟标靶之最本质原因。

第二，从人格心灵而言，《反骚》已从最初汉人对屈原的由尊崇到怀疑（东方朔等人代表前一种，贾谊、司马迁可代表后一种），到渐趋否定，而建立起了一种新的文化－心理结构。这个新结构在贾谊《吊屈原赋》《惜誓》中已露端倪，已有"反思"之锋芒（譬如他对屈原死守故都的怀疑和他"自珍""自藏"的人生选择），已有将儒道两宗融贯的迹象，但其青春的用世热情和清新"俊发"（《文心雕龙·体性》）的文风，使他默然守道的努力化为乌有。33 岁的猝死注定了新的文化－心理结构还有待后人用自身的人生体验，借时代之风的浸染来建构。建构的过程是缓慢的，贾生处于屈原式旧人格的方蜕之际，司马迁处于汉代新人格的方生之时，其"通古今之变，成一家之言"而藏书名山的信念可贯

---

① 周勋初《王充与两汉文风》附有《两汉摹拟作品一览表》，可见两汉摹拟风之盛。载其《文史探微》，上海古籍出版社，1987 年，第 1—22 页。

日月，但在他身上体现更多的是一种先秦士子气质，而以著述为业的新观念尚属于史迁个人的努力，远未成为一种普遍风尚。他虽然没有拟骚作品，但他有《悲士不遇赋》，其念兹在兹的是"惧志行之不闻""没世不闻，古人惟耻"（《全汉文》卷二六）[7]。稍前的东方朔滑稽突梯，似乎兼综儒道，凸现了新质诞生之可能，然其"大隐"的人生态度不过解决了汉人的出处问题，"时""命""遇"的矛盾仍未得以解决。

这种情况到了扬雄才可以说告一个段落，至少他是一个醒目的标志。屈原式的决绝、清洁人格在汉代已被现实证明不具备操作的践履性，不可能得到完全的遵循，屈原人格已被悬空、提升，或者还原给历史，如"何必飂垒之蛾眉"等所表现的感情。统计全文，共有 5 处"何"（包括"何必"）；用类似"何"但比"何"语气强的词"岂"2 处，"奚"2 处，"焉"2 处，"反""不如"各 1 处；比"何"语气弱的只有"恐"2 处，"愍"1 处。如此看来，扬氏对屈原固然爱之深故"痛"之切，是以"责备"的方式来表达对屈原"哀""怨"的心情。但是，以如此不恭的语气来评论带经典的人格，则显然是扬雄静观默察时代风云，置换屈原与自身心理时空的结果。《汉书·扬雄传》说他"默而好深湛之思"，按即扬雄《自序》，则说明直到晚年扬雄仍未改变对屈原的认识。《法言·吾子》曰："或问：'屈原智乎?'曰：'如玉如莹，爰变丹青，如其智，如其智。'"李轨注曰："夫智者达天命，审行废，如玉如莹，磨而不磷。今屈原放逐，感激爰变，虽有文采，丹青之伦耳。"[11]汉人的时空已不允许臣违君命，纲常伦理乃天经地义，明君贤相的遭遇已退归传说的时代；党人的"嫉妒"成性，决无改变的可能；"时命"不遭理所当然；过分好洁绝不为时代所取。扬雄就是这样把汉代的情事置于屈原生活的时空，又将屈原从历史的空间放到汉朝，如此置换，方有了不尽是"哀""怨"或"责备"的情绪，而上升到理性的思考，依归的抉择。屈原不过作了扬氏思考的标尺罢了，评论屈子之为人倒在其次，如何安排现实人生才是其努力思考的东西。只有抽空、悬搁或者否定屈原式人格，扬雄才能获得新的价值体认。这种体认后来又由《解嘲》《解难》发展到《太玄赋》而完全成型，"抱玄守静"，以素业为事，就成了扬雄后文人大致的人生途辙。

因此，评价扬雄《反骚》，如朱熹以为扬氏"固为屈原之罪人，而此文乃《离骚》之谗贼矣"[4]，固是为伦常张目之论，不足一辩。然如明末李贽的推称，虽然探得其"文心"，实未得"骊珠"也。《焚书》卷五《读史·反骚》云："《离骚》，离忧也；《反骚》，反其辞，以甚忧也，正为屈子翻愁结耳。彼以世不足愤，其愤世也益甚；以俗为不足嫉，其疾俗愈深。以神龙之渊潜为懿，则其卑鄙世人，驴骡下上，视屈子为何物，而视世为何等乎？盖深以为可惜，又深以为可怜，痛原转加，而哭世转剧也。"[12]李贽"正为屈子翻愁结耳"一说未能发现扬雄之深心，欲藉屈子而建新的心灵结构，笔者以为这才是《反骚》之"骊珠"。

模拟之于创造，之于范式，在扬雄就是如此的统一在一体，《反骚》这样，《解嘲》等也这样，理论著述《法言》还是这样。在模拟中继承，又在模拟中别创新的格局，文化也许就是以这样层累的方式演进的，何况扬雄又是生活在经学笺疏主义浓厚的汉朝呢？又述又作，范式自在其中，也许是扬雄著述的最大特点吧。

**参考文献：**

[1] 黄晖. 论衡校释 [Z]. 北京：中华书局，1990.

[2] 范晔. 后汉书 [M]. 北京：中华书局，1965.

著作选录

［3］黄汝成. 日知录集释［Z］. 上海：上海古籍出版社，1985.

［4］朱熹. 楚辞集注［Z］. 上海：上海古籍出版社，1979.

［5］浦起龙. 史通通释［Z］. 上海：上海古籍出版社，1978.

［6］皮日休. 皮子文薮［Z］. 上海：上海古籍出版社，1981.

［7］严可均. 全上古三代秦汉三国六朝文［Z］. 北京：中华书局，1958.

［8］赵秉文. 滏水集［M］. 四库全书本.

［9］徐祯卿. 迪功集［M］. 四库全书本.

［10］汪琬. 尧峰文钞［M］. 四库全书本.

［11］汪荣宝. 法言义疏［Z］. 北京：中华书局，1987.

［12］李贽. 焚书·续焚书［M］. 北京：中华书局，1975.

# 论扬雄与汉大赋的转向①

易闻晓

扬雄是两汉之交的著名学者与赋家，有关研究已从多角度展开。然对于扬雄人格类型的定位及成因，这种人格类型在其赋作中的具体呈现，其赋作不同于宋玉、相如赋的特点及由此开启的汉人赋转向，凡此都是有经阐发的问题。

## 一、"学者型文人"

近有学者专论《扬雄从才子型文人到学者型文人的转化及其意义》②，对于"文人"的区分自有诗学史的成例，但最初却起于

---

① 原载《复旦学报》（社会科学版）2018 年第 6 期。

② 侯文学：《扬雄从才子型文人到学者型文人的转化及其意义》，《江西师范大学学报》2015 年第 5 期。

扬雄对于"诗人之赋"和"辞人之赋"的轩轾，这不是巧合，而是印证了扬雄区别于以司马相如为代表的前此赋家的自我期许，在某种程度上，这一期许作为理性的观念与他的辞赋创作是一致的。扬雄《法言》谓"诗人之赋丽以则，辞人之赋丽以淫"①。前者是指《诗》之赋，本是《诗》的表现手法，与比兴同功，不离风、雅、颂的表现内容，在汉代《诗经》学看来，旨归"美刺"，偏重"刺"之一端，《诗大序》谓为"风刺"②，汉人如班固论赋多称"风谕"③；后者专指"言语侍从之臣"④ 的赋颂创制。扬雄和班固的看法颇为后代接受，例如刘勰《文心雕龙·情采》"诗人什篇，为情而造文，辞人赋颂，为文而造情"云云⑤。论诗沿之，遂有"诗人之诗"与"词人之诗"⑥ 及"诗人之诗"与"文人之诗"的分别，后者是指韩愈"以文为诗"⑦。宋人苏、黄承接韩愈"以文为诗"，宋末严羽指其"以文字为诗，以才学为诗，以议论为诗"，与"盛唐诸公惟在兴趣"⑧ 迥然不同，直到晚清道、咸间衍

---

① 扬雄撰，汪荣宝疏：《法言义疏》卷三，北京：中华书局，1987年，第49页。

② 郑玄笺，孔颖达等正义：《毛诗正义》，《十三经注疏》本，北京：北京大学出版社，1999年，第13页。

③ 《汉书·艺文志》推本《诗》六义并"不歌而诵""登高作赋"，降及"贤人失志之赋"，如荀卿、屈原"皆作赋以风，咸有恻隐古诗之义"，然"其后宋玉、唐勒，汉兴枚乘、司马相如，下及扬子云，竞为侈丽闳衍之词，没其风谕之义"。

④ 萧统编，李善注：《文选》，北京：中华书局影印清胡克家刻本，1977年，第21页。

⑤ 刘勰撰，范文澜注：《文心雕龙注》，北京：人民文学出版社，1958年，第538页。

⑥ 大约首见旧题白居易《金针诗格》，陈应行：《吟窗杂录》，北京：中华书局，1997年，第555页。

⑦ 宋哲宗元祐、绍圣间李复在答问杜、韩之别时，谓"退之好为文，诗似其文……非诗人之诗，乃文人之诗也"，而谓"诗岂一端而已哉"（李复：《与侯谟秀才》，见《潏水集》卷五，《影印文渊阁四库全书》，台北：台湾商务印书馆，2008年，第51页）。

⑧ 何文焕辑：《历代诗话》，北京：中华书局，1981年，第688页。

为"宋诗派",竟以考据为诗,同、光承之,陈衍《近代诗钞序》标举"学人之言与诗人之言"合一①。凡此以见"诗人""学人"的分别,在度越古代的现代学者眼中,成为问题提出的学理依据。

对于扬雄"学者型文人"的定位是准确的。《汉书·扬雄传》谓"先是时,蜀有司马相如,作赋甚弘丽温雅,雄心壮之,每作赋,常拟之以为式"②,这可能包括扬雄四十多岁以前居蜀和见召以后所为之赋;又谓"孝成帝时,客有荐雄文似相如者,上方郊祠甘泉宫泰畤、汾阴后土,以求继嗣,召雄待诏承明之庭,正月,从上甘泉,还奏《甘泉赋》以风"③。扬雄以成帝郊祠甘泉宫见召,前提是他曾作赋"似相如者"。扬雄《答刘歆书》自谓"雄始能草文,先作《县邸铭》《玉佴颂》《阶闼铭》,及《成都城四隅铭》,蜀人有杨庄者,为郎,诵之于成帝,成帝好之,以为似相如,雄遂以此得外见"④,"荐雄文似相如者"即是乡党杨庄。但《汉书·扬雄传》又谓"雄年四十余,自蜀来至游京师,大司马车骑将军王音奇其文雅,召以为门下史,荐雄待诏"⑤,可能是杨庄诵扬雄赋于成帝,方游京师,其间又经历了王音之召。料想杨庄所诵非扬雄铭文,成帝亦不以此召雄。《答刘歆书》并没有提到扬雄居蜀时"似相如者"的赋作,古今多推《蜀都赋》为扬雄居蜀时所作,赋文实"似相如者",但《汉书》本传未见明言。无论如何,扬雄居蜀时追慕相如为赋,并以此见召,则确凿无疑。司马相如当然

---

① 陈衍:《近代诗抄序》,见郑朝宗、石文英校点:《石遗室诗话》,北京:人民文学出版社,2004年,第882页。

② 班固撰,颜师古注:《汉书》,北京:中华书局,1962年,第3515页。

③ 同上书,第3522页。

④ 严可均辑:《全汉文》,见严可均辑:《全上古三代秦汉三国六朝文》(第1册),北京:中华书局,1958年,第411页。严按:"《文选·甘泉赋》注无'外'字。"

⑤ 班固撰,颜师古注:《汉书》,第3583页。

是"才子型文人"，扬雄居蜀时摹拟相如为赋而"心壮之"，当然必具作赋的才性，也是个"才子"，只是后来转向了"学者型文人"，客观上"正是在以赋扬名的前景中，蜀人看到了希望，遂有王褒、扬雄先后成名"①，这是扬雄追慕相如为赋的现实动因。

然而扬雄作为"文人"类型的转变，却早在居蜀时已有前缘。《汉书》本传说"雄少而好学，不为章句，训诂通而已，博览无所不见"②。又扬雄《答刘歆书》自谓"雄少不师章句，亦于五经之训所不解"，幸蜀有严君平、临邛林闾翁孺者，深好训诂，后者与扬雄有"外家牵连之亲"，故多私遇③。扬雄居蜀的学问所得，就是训诂之学，这为《方言》的撰作奠定了基础，仅此书就足以让扬雄作为学者名垂不朽。不过训诂之学也不是扬雄学术事业的主要追求，对于词章之好，似乎是未能从事其他学术的姑且所为。《答刘歆书》说："雄为郎之岁，自奏少不得学，而心好沉博绝丽之文，愿不受三岁之奉……有诏可不夺奉，令尚书赐笔墨钱六万，得观书于石室"④，以补"少不得学"之憾。新莽时又得校书天禄阁，从四十余岁见召直到去世，学术的经历使他终成后人心目中的学者典范。《汉书》本传赞曰：

> 其意欲求文章成名于后世，以为经莫大于《易》，故作《太玄》；传莫大于《论语》，作《法言》；史篇莫善于《仓颉》，作《训纂》；箴莫善于《虞箴》，作《州箴》；赋

---

① 侯文学：《扬雄从才子型文人到学者型文人的转化及其意义》，《江西师范大学学报》2015 年第 5 期。
② 班固撰，颜师古注：《汉书》，第 3514 页。
③ 严可均辑：《全汉文》，见严可均辑：《全上古三代秦汉三国六朝文》（第 1 册），第 410—411 页。
④ 同上书，第 411 页。

莫深于《离骚》，反而广之；辞莫丽于相如，作四赋。皆
斟酌其本，相与放依而驰骋云。①

在扬雄乃至班固的眼中，凡此都是可以从学的"学问"。从中
国文体学因文立体的习惯来说，这些"学问"又莫非"文章"，那
么"文章"或文体的学习，取法乎上，追拟古人，乃是"求文章
成名于后世"的理性选择。学问与文章的通合，在理解古人及其
撰作时，乃是重要的识见。从这一角度上看，扬雄是一个刻意
"好古"的文章家、一个博通的学问家。当然从现代的学科分野来
说，"学者型文人"也比照出文学创作的才情与学术之资。而且扬
雄效《易》作《太玄》，效《论语》作《法言》，本质上也是学术
的博通，却不是经师那样专守一经而归于"儒生"，因而"学者
型"的称谓彰显了学术之于辞赋创作所资的重要性。

那么，扬雄居蜀好追拟相如辞赋，"心好沉博绝丽之文"，却
也是"少而好学"的表现，只是辞赋之"学"不克讽谏，无补于
世，未能满足扬雄对于学问的追求，这在扬雄晚年的悔悟中具有
明确的自我认识。扬雄《法言·吾子》承认"吾子少而好赋"，但
"壮夫不为"②。《汉书》本传说他反思相如讽而不克，"劝而不止"，
又"颇似俳优淳于髡、优孟之徒"，故"辍不复为"③。扬雄不甘于
无补用世的辞赋之学，才进益追求在他看来更为有用的学问。

---

① 班固撰，颜师古注：《汉书》，第 3583 页。
② 扬雄撰，汪荣宝疏：《法言义疏》卷三，第 45 页。
③ 班固撰，颜师古注：《汉书》，第 3575 页。

## 二、时势与际遇

扬雄终以"学者型文人"定格于文学史，先有"少而好学"的志向，而见召后观书石室及新莽校书天禄阁的经历在客观上成就了他，时代给了他成功的际遇，也成全了他的学者人格。在扬雄所处的时代，朝廷上下弥漫着经学的氛围，当然是前代以来的渐次积备，至此为盛，今上好之尤甚。《汉书·成帝纪》谓成帝"壮好经书，宽博谨慎"①，下诏多称经典，如"夫《洪范》八政，以食为首"②、"《书》不云乎"③、"《诗》不云乎"④ 云云，又"善修容仪，升车正立，不内顾，不疾言，不亲指，临朝渊嘿，尊严若神……博览古今，容受直辞"⑤，俨然饱读经书的硕儒。因外戚王氏秉政，成帝治国建树不大，他对于中国学术文化的贡献，就是命刘向领校群籍，完成一项浩大的文化工程，而且征举博士甚多。扬雄生逢其世，在崇学的时代氛围中成就了学问。成帝时，扬雄与王莽、刘歆并为黄门郎，与刘歆私交颇深，哀帝初，扬雄又与董贤同官，哀、平间，王莽、董贤为三公，"权倾人主，所荐莫不拔擢，而雄三世不徙官"，新莽时才以"耆老久次转为大夫"，如此"恬于势利"⑥，出身无门的他比起同是学者的刘汉宗室刘向、刘歆父子行事来说，这是理性或智慧，也是无奈。按《汉书·楚元王传》，刘向宣帝时献秘书并假造黄金获罪，元帝初与太傅萧望

① 班固撰，颜师古注：《汉书》，第301页。
② 同上书，第314页。
③ 同上书，第315页。
④ 同上书，第325页。
⑤ 同上书，第330页。
⑥ 同上书，第3583页。

之、少傅周堪共同对付宦官弘恭、石显，弄得一败涂地，成帝时又"常显讼宗室，讥刺王氏及在位大臣，其言多痛切"①。刘歆在哀帝时以大司马王莽举荐，至奉车光禄大夫，移书责让诸儒，结果是自己求出补吏，以病免官，新莽时贵为国师，但两个儿子被杀，遂谋诛王莽，事泄自尽。姑不论刘向父子领校群书的伟大业绩，他们以宗室自居，善与时势，气性峻切，言辞不让，乃致其祸，深可为鉴。至于扬雄，既无出身，则安于淡泊，他知道能够自我成就的，也许就是一个学者。《汉书》本传说："哀帝时，丁、傅、董贤用事，诸附离之者，或起家至二千石。时雄方草《太玄》，有以自守，泊如也。或嘲雄以玄尚白，而雄解之，号曰《解嘲》。"② 其辞曰：

> 扬子笑而应之曰："……往者周罔解结，群鹿争逸，离为十二，合为六七，四分五剖，并为战国，士亡常君，国亡定臣，得士者富，失士者贫，矫翼厉翮，恣意所存，故士或自盛以橐，或凿坏以遁。是故驺衍以颉亢而取世资，孟轲虽连蹇，犹为万乘师。今大汉左东海，右渠搜，前番禺，后陶涂，东南一尉，西北一候。徽以纠墨，制以质鈇，散以礼乐，风以《诗》《书》，旷以岁月，结以倚庐……当今县令不请士，郡守不迎师，群卿不揖客，将相不俯眉，言奇者见疑，行殊者得辟，是以欲谈者宛舌而固声，欲行者拟足而投迹……且吾闻之，炎炎者灭，隆隆者绝……攫拏者亡，默默者存，位极者宗危，自守

---

① 班固撰，颜师古注：《汉书》，第 1966 页。
② 同上书，第 3565—3566 页。

者身全，是故知玄知默，守道之极；爰清爰静，游神之廷；惟寂惟寞，守德之宅。"①

　　扬雄以解嘲的形式道出了当今统一帝国高度集权的政治文化与战国养士的不同，在今上的时代，士只有"默默者存"，这是自己的宿命，也是"守德之宅"，而如刘歆贵为国师所落得的下场，正是"炎炎者灭，隆隆者绝"。扬雄能做到的，就是"欲求文章成名于后世"，他的辞赋创作当然实现了这一愿望，而《太玄》《法言》的学术，在他自己和班固看来，也是"文章"撰作。刘歆看过《太玄》，谓雄曰："空自苦，今学者有禄利，然尚不能明《易》，又如《玄》何？吾恐后人用覆酱瓿也。"扬雄笑而不应，对《太玄》的流传表现出相当的自信。桓谭也相信其文必传②。张衡耽好《太玄》，谓"观《太玄》，方知子云妙极道数，乃与五经相拟，非徒传记之属，使人难论阴阳之事，汉家得天下二百岁之书也"③。扬雄终以学者名世，包括他在政治漩涡中得以全身避祸的处世之道，对于缺乏显赫背景的文人来说，并堪垂范。

　　扬雄之后，赋家如班固、马融、张衡都是大学者，其前则如枚乘、司马相如、王褒、东方朔当然深有学养，但不称为"学者型文人"。司马相如"少时好读书"④，东方朔自谓从十三岁到十九岁学《诗》《书》兵法，诵四十四万言⑤；王褒"讲论六艺群书，

————————

①　班固撰，颜师古注：《汉书》，第 3565—3571 页。
②　同上书，第 3585 页。
③　范晔等撰，李贤注：《后汉书》，北京：中华书局，1965 年，第 1897 页。
④　班固撰，颜师古注：《汉书》，第 2529 页。
⑤　同上书，第 2841 页。

博尽奇异之好"①。然如枚皋"不通经术"②，固非束书不观，赋资学问，才克铺陈。但在扬雄之前，赋家罕有以学术为事业者，而且不像后来扬雄、班固那样表现出学者的精神气质。司马相如与邹阳、枚乘、庄忌声气相悦，并从梁王。齐人邹阳是游说之士。枚乘初为吴王濞郎中，濞谋逆，乘奏书谏之，不纳，吴王与六国谋反，以诛晁错为名，汉斩错以谢诸侯，枚乘复说吴王，不用，卒见擒灭，乘由是知名，表现出对于政治时势的过人审察力，非止文人漫夸和书斋学者所为。景帝时拜乘为弘农都尉，"乘久为大国上宾，与英俊并游，得其所好，不乐郡吏，以病去官"③。诸人从梁王游，言辞行止颇有纵横遗风，而诸侯如淮南王刘安聚集门客，也是战国养士的延续，给文人游士带来相对宽松的政治环境，培养了自由的精神。司马相如少学击剑，小名犬子，景帝时以资为郎，为武骑常侍，非其所好而去，他辞官、避临邛令、卓王孙之请，都是称病，喜则从之，否则却之，而且琴挑文君，当垆卖酒，真乃旷达之士，这与成帝时扬雄的谨小慎微判若霄壤。枚皋则"诙笑类俳倡"，东方朔更是滑稽多方。诸人所遇，当然由于武帝喜好辞赋，却也是"明主"宽容爱才。武帝"读《子虚赋》而善之，曰：'朕独不得与此人同时哉！'"④ 复奏《天子游猎赋》，武帝大悦，用为郎，又拜相如为中郎将使南夷，相如还报，武帝大悦，"其后人有上书言相如使时受金，失官，居岁余，复召为郎"⑤，又拜为孝文园令，相如既奏《大人赋》，武帝大悦，及相如病甚，武帝使人往取其

---

① 班固撰，颜师古注：《汉书》，第2821页。

② 同上书，第2366页。

③ 同上书，第2365页。

④ 同上书，第2533页。

⑤ 同上书，第2589页。

书，知遇如此，千古称羡。武帝为太子时闻枚乘名，即位后以安车蒲轮征，但枚乘命乖道卒。枚皋自陈为枚乘子，武帝得之大喜，召入见待诏①。东方朔则以滑稽对上，武帝大笑②，并其大悦、大喜，都表明为上的豁达大度。这些赋家得以文人见信，都是幸有遭逢。尽管武帝罢黜百家，独尊儒术，终究导致后世"散以礼乐，风以《诗》《书》"的经学氛围，但扬雄所谓"县令不请士，郡守不迎师，群卿不揖客，将相不俯眉……欲谈者宛舌而固声，欲行者拟足而投迹"，却不是武帝时的情形，他没有生逢相如的时代，只能谨慎守身，成就学者。而枚乘、司马相如、枚皋、东方朔诸人却也不仅是"才子型文人"，从他们身上，我们可以感受战国之士的遗风，或为游士，或近纵横，或有奇策，或堪大任，或者狂傲，或者诙谐，自由而外向，恃才而张扬，不同于"学者型文人"的沉静深思、端谨方正，这是时代赋予文人群体的共同精神气质。

### 三、凭虚的夸饰

扬雄以前的汉赋作家以其独特的精神气质驰骋才学，敷扬丽藻，创造了空前绝后的鸿篇巨制。他们的赋作表现为远自《庄》《列》和屈原的高蹈精神和浪漫气质，以及纵横家的恢弘气势。对此，前人多有论说，如明胡应麟谓"蒙叟《逍遥》，屈子《远游》，旷荡虚无，绝去笔墨畦径，百代诗赋源流"③；清章学诚谓汉大赋"假设问对，《庄》《列》寓言之遗也，恢廓声势，苏张纵横之体

① 班固撰，颜师古注：《汉书》，第 2366 页。
② 同上书，第 2843 页。
③ 胡应麟撰：《诗薮》外编卷一，上海：上海古籍出版社，1979 年，第 126 页。

著作选录

也"①。庄子寓言虚托无征，纵横家"恢廓声势"，也是虚夸过实。晚清刘熙载《赋概》遂有"凭虚构象"之说②，可谓探本之论。"凭虚"乃是自《庄子》寓言到屈《骚》宋赋再到汉大赋的本质特点。《庄子·寓言》："寓言十九，重言十七，卮言日出，和以天倪。"③ 寓言为假托之言，重言乃"耆艾之谈"，卮言是无定或支离之言，都属假托，荒唐谬悠，曼衍无当，不着边际，恣纵不傥，这是《庄子》谈说的独特方式，汉大赋假设问对的凭虚夸饰与之相通。

《汉书·艺文志》谓"贤人失志之赋"如荀卿、屈原"皆作赋以风，咸有恻隐古诗之义"，然"其后宋玉、唐勒，汉兴枚乘、司马相如，下及扬子云，竞为侈丽闳衍之词，没其风谕之义"④，班固《离骚序》又谓"多称昆仑、冥婚宓妃虚无之语，皆非法度之政，经义所载……自宋玉、唐勒、景差之徒，汉兴，枚乘、司马相如、刘向、扬雄，骋极文辞，好而悲之，自谓不能及也"⑤。这是本于"赋者古诗之流"⑥ 的假设，由于赋源于《骚》，所以并《骚》纳入《诗》的流变系统，要求《诗》的讽喻功用。班固的观点影响深远。《文心雕龙·辨骚》批评说："至于讬云龙，说迂怪，丰隆求宓妃，鸩鸟媒娀女，诡异之辞也；康回倾地，夷羿彃日，木夫九首，土伯三目，谲怪之谈也；依彭咸之遗则，从子胥以自适，狷狭之志也；士女杂坐，乱而不分，指以为乐，娱酒不废，沉湎日夜，举以为欢，荒淫之意也。摘此四事，异乎经典者也。"⑦

---

① 章学诚撰，王重民注：《校雠通义通解》，上海：上海古籍出版社，1987年，第117页。
② 刘熙载撰，袁津琥注：《艺概注稿》，北京：中华书局，2009年，第462页。
③ 郭庆藩：《庄子集释》，北京：中华书局，1961年，第947页。
④ 班固撰，颜师古注：《汉书》，第1756页。
⑤ 洪兴祖：《楚辞补注》，北京：中华书局，1983年，第49—50页。
⑥ 萧统编，李善注：《文选》，第21页。
⑦ 刘勰撰，范文澜注：《文心雕龙注》，第46—47页。

刘勰的指责正好显示《离骚》"虚无"的突出特点。姚华《论文后编》所谓屈《骚》"于诗为别调，于赋为滥觞"①，确指屈辞包括《离骚》非出于《诗》，胡应麟推"屈子《远游》，旷荡虚无"为"百代诗赋源流"，也不攀附于《诗》。

宋玉继承屈辞长篇大制的名物铺陈，转而去情赋物，其假设问对的凭虚赋写预设了汉大赋的基本模式。《高唐赋》写"昔者楚襄王与宋玉游于云梦之台、望高唐之观"②，王命宋玉赋之，盖假设其事；《风赋》假托"楚襄王游于兰台之宫"③，王问玉对；《神女赋》谓"楚襄王与宋玉游于云梦之浦，使玉赋高唐之事"④。其事荒唐，虚无杳渺，为云为雨，缠绵绸缪。汉大赋承之，枚乘《七发》假托楚太子有疾，而吴客往问之，虚构七事；司马相如《子虚赋》《上林赋》假托子虚、乌有、亡是公，欲抑先扬，逐层推进，后倍于前。这种假设问对从总体上是寓言式的，没有实事的依托，而且所假托者也是子虚乌有，作者并没有在场，完全以旁观者的角度虚设凭空之事，作者的观点和议论不是直接性的，正如《庄子》的"荒唐之说，谬悠之言"，通篇可以看作是一个寓言的假设。作者缺席与在场的区别是重要的，正如《诗》之情感的群体共通性保证"可以群"⑤的情感沟通、乐府代言体之与文人五言的主体意识以及由此导致的主体明确、议论为本，作者从旁的"他说"与在场的"正说"反映文学群体情感与主体意识的区别及其演变，后者导致文学个体化的自我书写，其与群体的隔离

① 姚华：《弗堂类稿》论著甲，台北：台北文海出版社，1974 年，第 29—30 页。
② 萧统编，李善注：《文选》，第 264 页。
③ 同上书，第 190 页。
④ 同上书，第 267 页。
⑤ 刘宝楠：《论语正义》，《诸子集成》本，上海：上海书店出版社，1986 年，第 374 页。

反映文学创作的"专业化"甚至职业化，这是"文学社会学"视域中的一个重要现象。只就整体寓言式的假托来说，它给予读者自由的参与，或置身度外的对象欣赏，扬雄谓"往时武帝好神仙，相如上《大人赋》，欲以风，帝反缥缥有陵云之志"①，就是这种假设文本的阅读效果。不用说楚太子与吴客、子虚乌有亡是公本身及其所夸之谈都具有远离现实的虚廓性，吸引读者包括帝王的好奇和雄心，否则按实的铺写焉能耸动人主！

扬雄《答桓谭书》云："长卿赋不似从人间来，其神化所致邪？"② 作为追拟相如的作家，这是真切的感受，应该也是"自谓不能及也"。刘熙载《赋概》说："相如一切文，皆善于驾虚行危。其赋既会造出奇怪，又会撇入窅冥，所谓'似不从人间来者'，此也，至模山范水，犹其末事。"③《西京杂记》卷二谓"司马相如为《上林》《子虚》赋，意思萧散，不复与外事相关，控引天地，错综古今，忽然如睡，焕然而兴，几百日而后成"，又答盛览谓"赋家之心，苞括宇宙，总览人物，斯乃得之于内，不可得而传"④。这或属假托，但假托者言之，也是深有得于相如赋者，就是凭虚之旨，不是着眼于事实的叙写，没有事实的时空限制，空所依傍，不受拘束，放开想象的空间自由驰骋，才能"控引天地，错综古今……苞括宇宙，总览人物"，总体上表现为恢弘的气度、博阔的心胸、深厚的才学、宏大的想象。这确实又与"苏张纵横之体"有关，也是时代的氛围使邹阳、枚乘、司马相如等赋家得以传承

① 班固撰，颜师古注：《汉书》，第 3575 页。
② 严可均辑：《全汉文》，见严可均辑：《全上古三代秦汉三国六朝文》（第 1 册），第 411 页。
③ 刘熙载撰，袁津琥注：《艺概注稿》，第 432 页。
④ 程毅中点校：《燕丹子·西京杂记》（合订本），北京：中华书局，1985 年，第 12 页。

战国纵横的精神气度。扬雄也说为赋"必推类而言，极丽靡之辞，闳侈钜衍，竞于使人不能加也"①，这是得于策士纵横谈说的赋体特点，但"既乃归之于正，然览者已过矣"②，具体则如"相如上《大人赋》，欲以风，帝反缥缥有陵云之志"。扬雄认为"赋者将以风也"，在班固"赋者古诗之流"说之前，已经将赋体类比于《诗》之"赋"义，将《诗》赋的风谕视为赋体的功用，却与来源于《庄》《骚》和纵横之谈的凭虚夸饰与恢弘气势不相融合，赋体必须凭虚夸饰，必然有碍风谕，这是观念与创作的深刻矛盾③，扬雄自己的大赋创作突出反映了这一点。

扬雄之前，以枚乘、司马相如为代表赋家自铸伟词，不本《诗》《书》。刘勰《文心雕龙·事类》说："观夫屈宋属篇，号依诗人，虽引古事，而莫取旧辞。唯贾谊《鵩赋》，始用鹖冠之说；相如《上林》，撮引李斯之书，此万分之一会也。及扬雄《百官箴》，颇酌于《诗》《书》；刘歆《遂初赋》，历叙于纪传；渐渐综采矣。至于崔、班、张、蔡，遂捃摭经史，华实布濩，因书立功，皆后人之范式也。"④ 事实上，屈、宋自己并没有"号依诗人"，只是"赋者古诗之流"的观念强将《离骚》纳入《诗》的流变系统，而"莫取旧词"，主要是不引《诗》语，这正好说明《骚》不关《诗》。晚清姚华《论文后编》谓"楚隔中原，未亲风雅，故屈原之作，独守乡风，不受桎梏，自成闳肆，于诗为别调，于赋为滥觞"⑤，这可破除《骚》出于《诗》的独断之论。在刘勰"宗经"

---

① 班固撰，颜师古注：《汉书》，第 3575 页。

② 同上。

③ 参见易闻晓：《论汉代赋颂文体的交越互用》，《文学评论》2012 年第 1 期。

④ 刘勰撰，范文澜注：《文心雕龙注》，第 615 页。

⑤ 姚华：《弗堂类稿》论著甲，第 29—30 页。

"征圣"的固执观念视之,"夫经典沉深,载籍浩瀚,实群言之奥区,而才思之神皋也",但也是到扬、班以下才"莫不取资,任力耕耨"①,而扬雄以前诸家为赋,都本屈《骚》宋赋,不取《诗》《书》。刘师培《南北文学不同论》说:

> 枚乘、司马相如,咸以辞赋垂名,然恢廓声势,开拓宦突,殆纵横之流欤?至于写物附意,触兴致情,则导源楚《骚》,语多虚设……东汉文人,咸生北土,且当此之时,士崇儒术,纵横之学,屏绝不观,《骚经》之文,治者亦鲜,故所作之文,偏于记事、析理(如《幽通》《思玄》各赋,以及《申鉴》《潜夫论》之文,皆析理之文也;若夫《两都》《鲁灵光》各赋,则记事之文)。②

　　枚乘、司马相如为人则"纵横之流",为赋则本楚《骚》,"语多虚设",但在东汉之前,扬雄即"颇酌于《诗》《书》",其人已非枚、马"纵横之流",而成为"学者型文人",为文则以记事为本、析理为用。这不是本于学问与否的问题,而是学术所本不同,导致作者人格类型和大赋创作的转向。明谢榛《四溟诗话》卷谓"汉人作赋,必读万卷书,以养胸次,《离骚》为主,《山海经》《舆地志》《尔雅》诸书为辅,又必精于六书,识所从来,自能作用"③,当然即使扬雄及其后班固、张衡作赋,其所本者主要还是

---

①　刘勰撰,范文澜注:《文心雕龙注》,第615页。

②　刘师培:《南北文学不同论》,见程千帆:《文论十笺》,武汉:武汉大学出版社,2008年,第86页。

③　谢榛:《四溟诗话》卷二,见丁福保:《历代诗话续编》,北京:中华书局,1983年,第1175页。

以"《离骚》为主"，惟此可以保持赋体的本质特征，但以"士崇儒术"而强调《诗》的讽喻，并多引《诗》《书》了。

## 四、征实的转向

自《离骚》直到汉赋的凭虚夸饰在扬雄这位"学者型文人"这里出现了征实的转向，后来者如班固、张衡再也回不到全然凭虚的状态了。固然凭虚夸饰乃是大赋的本质特征，舍此无以成体，反映为赋文的具体铺陈上，也一定不是按实敷写。从总体上看，自扬雄赋以降，汉大赋的创作，或以事实为写作的起因和整体框架结构所本，或以作者自己在场而不作假设问对，即有假托，也是执于自我，而且征引《诗》《书》，发为议论，出以端谨，正襟危言，甚者有如说教，虽具体铺陈仍有可观，然已不复司马相如"驾虚行危……造出奇怪……撇入窅冥"，凭虚形迹有之，惟"神化"不及，缺乏的是那种驰骋想象的自由精神、纵横谈说的恢弘气势。后代宗相如为"赋圣"，他人莫及，也可能是由于这种感受吧。南宋理学家林光朝说："司马相如赋之圣者。扬子云、班孟坚只填得腔子满，如何得似他自在流出？左太冲、张平子辈竭尽其气力，又更不及。"[1] "自在流出"即空所依傍，不居《诗》《书》堂宇之下，那种"控引天地，错综古今……苞括宇宙，总览人物"的恢弘气度，在相如之后罕能见到。

扬雄大赋所流传者有《甘泉赋》《河东赋》《羽猎赋》《长杨赋》等，都是他被召为郎后所作，他是否在居蜀时写过《蜀都

① 祝穆：《古今事文类聚》，见《影印文渊阁四库全书》第 927 册，台北：台湾商务印书馆，1986 年，第 682 页。

赋》，自来存在疑问。我们在这些赋作中所看到的夸饰铺陈，当然尚具摹拟相如赋的表现，但总体立意框架异于相如凭虚，业已转向征实。即使是这些相对征实的作品，在其风谕功用的问题上，也导致扬雄的自悔。换言之，他的正襟危言也和相如赋一样，没有发挥讽喻的功用。由于"赋者将以风也"乃是扬雄执着的观念，"必推类而言，极丽靡之辞，闳侈钜衍"却是赋体夸饰铺陈的体制特点，在相如赋是"劝而不止"，而"非法度所存、贤人君子诗赋之正也"，反思的结果就是"辍不复为"①。在这种反思中，不仅对相如赋，也对自己的赋作进行了否定，至少是相当不自信。在此一并否定中，当然可以看到扬雄赋作与司马相如赋作的相似性，这基于赋体夸饰铺陈的本质普遍性。现在，我们只能根据上述诸赋来看其异于相如赋凭虚的征实倾向，以及仍然保持的丽藻铺陈，并与其后班固、张衡诸赋进行连带的比照，借以看出扬雄的征实转向及其对于后来赋作的影响。

《汉书·扬雄传》依次记述了扬雄诸赋撰作的缘由："孝成帝时……上方郊祠甘泉泰畤、汾阴后土，以求继嗣，召雄待诏承明之庭，正月，从上甘泉，还奏《甘泉赋》以风……其三月，将祭后土，上乃帅群臣横大河，凑汾阴。既祭，行游介山，回安邑，顾龙门，览盐池，登历观，陟西岳以望八荒，迹殷周之虚，眇然以思唐虞之风。雄以为临川羡鱼不如归而结网，还，上《河东赋》以劝……其十二月羽猎，雄从……故聊因《校猎赋》以风……明年，上将大夸胡人以多禽兽，秋，命右扶风发民入南山，西自褒斜，东至弘农，南驱汉中，张罗网罝罘，捕熊罴豪猪虎豹狖玃狐菟麋鹿，载以槛车，输长杨射熊馆，以网为周阹，纵禽兽其中，

---

① 班固撰，颜师古注：《汉书》，第 3575 页。

令胡人手搏之，自取其获，上亲临观焉。是时，农民不得收敛。雄从至射熊馆，还，上《长杨赋》。"① 这就是扬雄所作诸赋的现实因由，无一不是从上亲历其事而旨归讽谏，其后班固《两都赋》、张衡《二京赋》，乃至左思《三都赋》的创作，都具有切近的现实因由，这与自屈《骚》宋赋到司马相如赋的凭虚而起形成明显的区别。宋玉《高唐赋》《神女赋》的赋写，原本就是一个云雨绸缪的虚无梦境，枚乘《七发》和司马相如《子虚》《上林》虽有现实的讽喻性，但都不是针对特定之事，其寓言式的假设完全出于作者的凭虚构思，就是起于想象，不是本于事实。

扬雄赋或有假托，后代亦然，但与枚、马凭虚所设不同，不是如楚太子和吴客、子虚乌有和亡是公出于凭虚的杜撰，而是明显带有"学者气"或正人君子的"子墨客卿"和"翰林主人"（扬雄《长杨赋》），或"东都主人"（班固《东都赋》）和"凭虚公子"（张衡《西京赋》）。例如"凭虚公子"其实不虚，他既"雅好博古，学乎旧史氏"②，俨然是一个博通前史的学者，"翰林主人"则是经学味和君子气浓厚的学者，"东都主人"也一样以说教的身份充满正义批评的能量，后两者更像作者的替身。这种不再凭虚的"假托"代替作者在场，反映了主体中心的强烈意识，就是说教为本。反观"楚使子虚使于齐"，并"楚太子有疾，而吴客往问之"，子虚和吴客更像策士，他们抵掌而谈，颇有纵横之风，恢廓声势，乃能耸动人主。至于本于事实的"记事之文"既已失去寓言的荒唐谬悠，不再具有神秘性，而替身带上假托的面具，其谈论则变成呆板的说教和正义的演讲，那么这种假托就显得矫

---

① 班固撰，颜师古注：《汉书》，第 3522—3557 页。

② 萧统编，李善注：《文选》，第 36 页。

揉造作，无事生事。《长杨赋》假托"子墨客卿"和"翰林主人"问对，本是摹拟子虚乌有，然子虚乌有并不存在，他们的问对虽有议论，但本于夸饰的谈说，荒诞不经，而且逐层否定，换言之，他们的设词就是夸饰本身。在扬雄这里，"客卿"之问并主人之答基本上就是直接议论，他们讨论了一个非常严肃的现实问题，就是针对"今年猎长杨"即成帝在射熊馆观猎这件事。这件事不像子虚虚夸的云梦校猎，更不是那个不可考证的楚太子得了奇怪的病，以及吴客这个游士的夸夸其谈，却更像一个臣僚说起今年的政事；主人也引经据典，完全没有子虚乌有和吴客来去无踪的神秘性，变成一个十分清醒的学者和一本正经的谏臣。他从秦朝说起，历述汉高祖到当今朝廷的文治武功："昔有强秦……逮至圣文……今朝廷纯仁"[①]，通篇的议论为主代替了赋体应有的铺陈夸饰，结论当然就是否定这次畋猎。就像议论文，篇幅截短，结构紧缩，铺陈削弱，行文拘束，辞藻消减，没有高蹈的精神和纵横的气势，成帝读后可能引起反思，但不会"缥缥有陵云之志"，即使现代的读者，也只是明白一个道理，很难激发叹为观止的审美感受，作为辞章丽藻的审美功能大打折扣。近代林纾说："赋者，铺也，铺采摛文，体物写志也。一立赋之体，一达赋之旨，为旨无他，不本于讽喻，则出之为无谓；为体无他，不出于颂扬，则行之亦弗庄。"[②]"出于讽谏"乃是本于《诗》学的观念，"出于颂扬"不仅是歌功颂德，本质上是一种显示与炫耀，就是"赋者，铺也"即"铺采摛文"体制本义。"体物写志"在汉有之，但不是大赋的本质，只是到六朝小赋才彰显为普遍的特点。以议论为主

---

① 班固撰，颜师古注：《汉书》，第 3559—3563 页。

② 林纾：《春觉斋论文·流别论》，见《论文偶记·初月楼古文绪论·春觉斋论文》（合订本），北京：人民文学出版社，1959 年，第 49—50 页。

而"出于讽谏"消减了铺采摛文，失去了铺陈的体制特点，就必然枯燥乏味。这对于后来的大赋创作深有影响。张衡《二京赋》"凭虚公子"和"安处先生"的问对，本质上也是议论。这种议论是统摄性的，它使一篇大赋的主旨和从头到尾的框架结构变成基于叙事的议论，即就事论事。在这个预设的叙议框架中，当然也还保留或多或少的铺陈，堆积名物，叠复形容，但总体上却如林光朝所谓"只填得腔子满"，乃是既定主旨和框架内的铺陈，而不是子虚乌有的凭虚假借和"控引天地，错综古今"的想象驰骋。

　　这种以叙议为本的框架结构，在没有假设陈词的赋作中就是首尾的主旨呈现，序文往往交代事因，正文开头往往出以议论，最后总结。作者直接上阵，不资假托。《甘泉赋》虽拟相如而效铺写之虚，但起首叙议之实，已定整篇导向。开篇"惟汉十世，将郊上玄，定泰畤，雍神休，尊名号，同符三皇，录功五帝"云云，造语颇类《诗》颂、史传，预定一篇间架，而祝尧谓"全是仿司马长卿，真所谓异曲同工之妙"①，未免缺少思虑。所以古代赋论，未可全信，当有审识，方能度越前贤。大赋正文四言也有类于《诗》颂者，如扬雄《河东赋》："秦神下詟，跖魂负沴。河灵矍踢，爪华蹈衰。遂臻阴宫，穆穆肃肃，蹲蹲如也。灵祇既飨，五位时叙，絪缊玄黄，将绍厥后。"②后四句显类《诗》颂。或以乱词作结，重申主旨，《甘泉赋》乱辞"上天之絯，杳旭卉兮。圣皇穆穆，信厥对兮……辉光眩耀，降厥福兮"③云云，造语亦如《诗》颂。其所祖述，取于《诗》《书》则庄重而板滞，本于《庄》《骚》则放纵而张扬。

　　自扬雄反思相如和自己的赋作虚夸而失讽喻，即以观念的自

①　祝尧：《古赋辨体》卷四，《影印文渊阁四库全书》本，第305册，第761页。
②　班固撰，颜师古注：《汉书》，第3536—3538页。
③　同上书，第3534页。

觉导致创作的征实倾向，后来作者的观念愈益如此。班固《两都赋序》本诸"先臣之旧式、国家之遗美……以极众人之所眩曜，折以今之法度"①；《二京赋》虽假托"凭虚公子"，但仍以其"雅好博古，学乎旧史氏，是以多识前代之载"，故雅有所本。至晋左思《三都赋序》更是批评"相如赋《上林》，而引'卢橘夏熟'，扬雄赋《甘泉》而陈'玉树青葱'，班固赋《西都》而叹以出比目，张衡赋《西京》而述以游海若"，他自己赋三都，"其山川城邑，则稽之地图，其鸟兽草木，则验之方志"，盖"美物者贵依其本，赞事者宜本其实，匪本匪实，览者奚信"②？及南朝刘宋谢灵运《山居赋序》则云"求丽逾以远矣"，而提醒"览者废张、左之艳辞，寻台、皓之深意，去饰取素"③。纵观从扬雄到司马相如的批评直到谢灵运"废张、左之艳辞"，观念的自觉就是由虚转实，这是赋家鄙陋前贤借以抬高自己的惯用套路，时势每下，逐浪愈高。然而"去饰取素"却终究消除凭虚的夸饰，而左思"稽之地图"，则如王夫之所谓"《广舆记》前一天下图耳"④，"验之方志"则变成史传，因为赋本夸诞，体制的要求本来就是"匪本匪实"，并不需要览者信其为真，而是"缥缥有陵云之志"，会通作者"控引天地，错综古今……苞括宇宙，总览人物"的博阔胸怀和恢弘气度。当然从创作的实际情况来说，必不完全拘于考实的观念行事，例如班固《西都赋》描写宫殿是"轶云雨于太半，虹霓回带

---

① 萧统编，李善注：《文选》，第 22 页。
② 同上书，第 74 页。
③ 谢灵运：《山居赋序》，顾绍伯：《谢灵运集校注》，郑州：中州古籍出版社，1987 年，第 319 页。
④ 王夫之：《姜斋诗话》卷下，丁福保辑：《清诗话》，上海：上海古籍出版社，1978 年，第 19 页。

于梦櫺"①，叙田猎则"风毛雨雪，洒野蔽天"②，无不极尽夸诞。至于扬雄诸赋的具体铺陈，也是极尽声貌，堆砌丽藻，仅此可以证明对于相如赋的追拟。不仅如此，而且表明赋体本质的凭虚夸饰，不尽按照观念的操作，显示赋体一脉尚存的本质属性。否则铺陈的减弱，丽藻的不再，就是"赋亡"的必然结果③。不可否认这一结果起于凭虚和征实的转向，但是征实的转向之于凭虚的夸饰，在汉代以至两晋大赋的创作历史中，却也可以视为一种演变和发展，而且凭虚和征实的成反相即保持了大赋演变和发展的必要张力，只有到了凭虚的完全消失，从而导致铺陈不再，才演变为"赋亡"的结局。这是一体文学演变的结果，也是时势兴替的归趋。

① 萧统编，李善注：《文选》，第27页。
② 同上书，第28页。
③ 参见易闻晓：《"赋亡"：铺陈的丧失》，《文学评论》2015年第3期。

著作选录

# 其他文体研究

## 扬雄官箴创作及经典化问题探讨①

### 王允亮

　　扬雄是西汉时期的著名文学家，他以复古为特点创作了很多脍炙人口的作品。除了众所周知的大赋创作之外，其模仿《虞人之箴》而写的《十二州牧箴》《二十五官箴》也非常值得注意。这组作品在后世取得了经典性的地位，引起很多人的仿效，形成了一个官箴创作的系列。尽管如此，对于扬雄官箴的写作年代，由于资料所限学术界仍是众说纷纭，没有一个确切的说法，大致有初始元年（公元8年）和元始四年（公元4年）至新莽始建国元年（公元8年）之间两种观点。② 本文从汉代官制改革的角度入手，重新探讨了扬雄官箴文创作的时间，将其定于成帝绥和元年（公元前8年）末至绥和二年春（公元前7年）三月期间。在对基本史

---

① 原载《暨南学报》（哲学社会科学版）2017年第8期。

② 前者以陆侃如为代表，参《中古文学系年》，北京：人民文学出版社1985年版，第37—39页，同其说者有林贞爱，见《扬雄集校注》，成都：四川大学出版社2001年版，第338—340页。后者以顾颉刚为代表，参顾颉刚、谭其骧：《关于汉武帝的十三州问题讨论》，《复旦学报》（社会科学版）1980年第3期，同其说者有张震泽：《扬雄集校注》，上海：上海古籍出版社1993年版，第314页。另：刘跃进《秦汉文学编年史》对这组文章没有编年，唯在王莽天凤五年扬雄卒年总论时及之，见商务印书馆2006年版，第318—319页。束景南论扬雄州箴当作于成帝时期，但他没有解决扬雄十二州箴创作与汉代十三州制间的冲突，认为扬雄仅仿写《禹贡》作了九州，十二州箴中的另外三州箴是后人的伪作，但他一方面认为扬雄州箴非写汉代的十二州或十三州，另一方面又认为扬雄的州箴写作与成帝时的州制改革有关，实相矛盾。此说不确。参束景南：《扬雄作州箴辨伪》，《文献》1992年第4期。

实重新考订的基础上，我们由扬雄官箴作品的创作时间出发，考察了扬雄官箴文创作的时代环境及其内在动因。鉴于扬雄官箴文在后世的重要影响，我们以六朝时期为中心，从经典化的角度探讨了其接受历程，并揭橥其经典化的内外原因，以便更深入了解扬雄官箴作品的价值。

## 一、扬雄官箴的写作时间

对于扬雄官箴的写作年代，如前所述，当今学界主要有两种观点：一个是初始元年（公元 8 年），一个是元始四年（公元 4 年）至新莽始建国元年（公元 8 年）之间的三四年间。这两种观点的主要依据都和扬雄官箴中的十二州箴创作有关。据《汉书·王莽传》记载元始五年王莽上奏：

> 莽复奏曰："……臣又闻圣王序天文，定地理，因山川民俗以制州界。汉家地广二帝三王，凡十二州，州名及界多不应经。《尧典》十有二州界，后定为九州。汉家廓地辽远，州牧行部，远者三万余里，不可为九。谨以经义正十二州名分界，以应正始。"奏可。①

又《汉书·平帝纪》：

> 分京师置前辉光、后丞烈二郡。更公卿、大夫、八

————————
① （汉）班固：《汉书》，北京：中华书局 1962 年版，第 4077 页。据校勘记，其中"凡十二州"一句，宋景祐本作"凡十三州"，殿本作"凡十二州"。

十一元士官名、位次及十二州名分界，郡国所属，罢、
置、改易，天下多事，吏不能纪。①

虽然两处所言时间不同，一为元始五年，一为元始四年，但
均提到王莽进行州制改革的史实。由于传统正史帝纪作用以系年
为主，其编排当较传记可信，故此处姑从《平帝纪》将其时间定
为元始四年。

在说到十二州的划分与扬雄官箴的创作问题时，很多人认为
扬雄十二州箴的创作时间在王莽改制之后，甚而由此认为扬雄十
二州箴的选择受了王莽的影响，由此上升到对他谄媚阿附王莽的
批判，如清朱珔《文选集释》卷二十三云：

> 近梁氏耆《庭立记闻》谓：翁孝廉尝言：汉分十三
> 州刺史，莽并朔方入凉州为十二；雄作州箴十二，独缺
> 朔方，可见其为莽大夫也；此亦人所未及。②

梁氏所引翁孝廉之语，实乃宋明以后诸人对扬雄所作出的诛
心之论，此论点发自朱熹《通鉴纲目·汉纪》"莽大夫扬雄死"一
语，以后广为传播，此可勿论。③ 但除梁氏之外，后世的很多学者
也存在这样的认识，认为王莽元始四年改制是将十三州改成了十

---

① （汉）班固：《汉书》，北京：中华书局 1962 年版，第 357—358 页。
② 许逸民主编：《清代文选学名著集成》第 17 册，扬州：广陵书社 2013 年版，第
683—684 页。
③ 徐复观以为西汉时并无后世之忠君观念，故扬雄并不以为自己必须忠于汉朝，其说
有理。参徐复观：《两汉思想史》（二）之"扬雄论究"，北京：九州出版社 2014 年
版，第 419—420 页。

二州，并以此作为扬雄百官箴创作时间的上限。①

然而，这些说法看似有据，却存在一个不容忽视的问题，那就是除了州制的变动之外，由于西汉还进行过数次官制改革，官箴中的官职名称也应该是我们考察扬雄官箴创作时间的依据。扬雄的官箴中有《廷尉箴》，据《汉书·百官公卿表》：

> 廷尉，秦官，掌刑辟，有正、左右监，秩皆千石。景帝中六年（公元前144年）更名大理，武帝建元四年（公元前137年）复为廷尉。宣帝地节三年（公元前67年）初置左右平，秩皆六百石。哀帝元寿二年（公元前1年）复为大理。王莽改曰作士。②

根据廷尉官制的变动记录，它在汉初名廷尉，景帝中期改称大理，武帝建元四年复为廷尉，哀帝元寿二年复改大理，至王莽改称作士。元始五年至始建国元年期间廷尉已经更名为大理，如果扬雄这个时期内创作官箴，当名为《大理箴》，而不应该名为《廷尉箴》，这是一个不可忽视的矛盾之处，也是以往的研究者很少注意到的地方。③

如果根据廷尉官制的变迁来考察，则扬雄官箴创作年代当在哀帝元寿二年之前，而不应该是其后的平帝年间。那么，它应该

① 陆侃如：《中古文学系年》，北京：人民文学出版社1985年版，第39页；张震泽：《扬雄集校注》，上海：上海古籍出版社1993年版，第314页。

② （汉）班固：《汉书》，北京：中华书局1962年版，第730页。

③ 张震泽虽然注意到廷尉在哀帝元寿二年以后已经改称大理，认为此箴当作于元寿二年之前，但又认为十二州二十五官箴当作于平帝元年以后，新莽始建国元年以前，实为自相矛盾。参张震泽：《扬雄集校注》，上海：上海古籍出版社1993年版，第314页、374页。

是在什么时候呢？其实，汉代改十三州为十二州，并不仅是王莽时期才有。众所周知，汉武帝时期曾将天下分为冀州、兖州、青州、徐州、扬州、荆州、豫州、益州、凉州、幽州、并州、朔方、交趾十三州，① 设刺史以监之。而据《汉书·成帝纪》绥和元年（公元前 8 年）"十二月，罢部刺史，更置州牧，秩二千石"，《汉书·哀帝纪》建平二年（公元前 5 年）夏四月"罢州牧，复刺史"，《汉书·百官公卿表》哀帝"元寿二年（刺史）复为州牧"。在这刺史、州牧的来回变动中，我们认为十三州也极有可能改为十二州，而且其最可能改动的时间则在绥和元年由刺史而州牧的变革中。为什么这么说呢？这和成帝末年的复古风气有很大的关系。成帝绥和元年二月，按儒家通三统的理论分封殷绍嘉侯和周承休侯；四月以骠骑将军为大司马，改御史大夫为大司空，益大司马、大司空俸如丞相，以符合古三公之义；同年十二月的罢部刺史，更置州牧，也是这一系列具有复古精神的活动之一。《汉书·朱博传》载：

> 初，何武为大司空，又与丞相方进共奏言："古选诸侯贤者以为州伯，《书》曰'咨十有二牧'，所以广聪明，烛幽隐也。今部刺史居牧伯之位，秉一州之统，选第大吏，所荐位高至九卿，所恶立退，任重职大。《春秋》之

---

① 对于汉武帝在天下设州的数目曾有不同的说法，如顾祖禹认为汉武帝将天下分为十二州和司隶校尉部，州部共十三，其中州为十二，参顾祖禹《读史方舆纪要》之"历代州域形势二"，中华书局 2005 年版，第 53—54 页。又《汉书》卷七十一平当"左迁朔方刺史"下颜师古注曰："武帝初置朔方郡，别令刺史兼之，不在十三州之限。"颜氏此处所云之十三州亦当为十三部之误，不然除朔方之外更无十三州之数。这些说法皆不确，顾颉刚先生已经指出汉武帝时曾经设置朔方州，当时已有十三州之实，参顾颉刚、谭其骧：《关于汉武帝的十三州问题讨论》，《复旦学报》（社会科学版）1980 年第 3 期。

义，用贵治贱，不以卑临尊。刺史位下大夫，而临二千
石，轻重不相准，失位次之序。臣请罢刺史，更置州牧，
以应古制。"奏可。①

何武和翟方进改刺史为牧伯建议的最有力证据，就是《尚
书·尧典》中的"咨十有二牧"，这和元始四年王莽所言的"《尧
典》十有二州界"同一出处。我们要注意的不仅是其中的牧伯官
职，还有其十二的数目，何、翟二人既然据《尧典》所言"十有
二牧"提议进行制度改革"以应古制"，恐怕就不会仅建议将刺史
改为州牧，而在数目上仍保持与经典有违的十三州，所谓的"古
制"应包括州的长官为州牧，州数为十二这两层含义。既然王莽
能根据《尧典》想到将天下划为十二州，难道依据同样理论提出
州制改革的何、翟二人就不会想到吗？所以，我们认为成帝改制
不仅是将刺史改为牧伯，还同时将十三州改为十二州。除此之外，
据《汉书·成帝纪》，武帝征和四年设立的职位与刺史相当的司隶
校尉，也已在成帝元延四年二月被撤销，其时仅在改刺史为州牧
的前一年。成帝撤销司隶校尉，改刺史为州牧，将十三州并为十
二州，这一系列措施的目的只有一个，就是符合《尧典》所言十
有二牧的记载，将自己的统治和舜的统治相类比。

那么，十三州是如何改成十二州的呢？据《并州箴》所言，
其最大可能是将十三州中的朔方州并入并州，省去一州而为十二
州。这一想法并非纯出推测，最明显的证据就是据《汉书》《翟方
进传》《冯野王传》《平当传》所载，成帝中叶时尚有朔方刺史之
职，此后则再未出现，这就说明在成帝末期刺史改州牧的变革中，

---

① （汉）班固：《汉书》，北京：中华书局 1962 年版，第 3406 页。

著作选录

朔方州很可能同时被取消，变十三州为十二州，以符合经典之记载。由于"班《志》郡国之名，以元始二年户口籍为断"①，然其所载州郡中并无朔方之名，这似可说明，在王莽改制之前的元始二年，朔方就已经省去，虽然成帝变刺史为州牧的制度，在他死后有所回复，但改十三州为十二州的制度，似乎仍维持了下来。因而，王莽元始四年的再度改革，可能只涉及州名及经界问题，对于十二州的数目并没有变动。②

如果成帝末年曾改十三州为十二州，扬雄州箴的创作时间就不能

---

① （清）钱大昕：《廿二史考异》，上海：上海古籍出版社 2004 年版，第 182 页。

② 细绎《汉书》所载《王莽传》："莽复奏曰：'……臣又闻圣王序天文，定地理，因山川民俗以制州界。汉家地广二帝三王，凡十二州，州名及界多不应经。《尧典》十有二州界，后定为九州。汉家廓地辽远，州牧行部，远者三万余里，不可为九。谨以经义正十二州名分界，以应正始。'奏可。"此处前言汉家地广二帝三王，故分天下为十二州，只是州名和分界多不应经，后面接着说《尧典》载十有二州，后来大禹治水划分为九州，但是汉朝疆土辽阔，不能改为九州，所以要按照经义将汉朝十二州的州名分界进行调整，其文前后一贯，前面讲汉代十二州州名及界多不应经，后面的提议也是以经义正十二州名分界，尤其"谨以经义正十二州名分界"一句证明所要作的调整很小，似乎此次改革并不涉及州数的增减。又《平帝纪》："分京师置前辉光、后丞烈二郡。更公卿、大夫、八十一元士官名、位次及十二州名分界，郡国所属，罢、置、改易，天下多事，吏不能纪。"此处所言也仅指"十二州名分界"，所以我们同时也怀疑汉成帝将十三州省并为十二州之后，后来的哀帝和平帝时期并没有将其恢复到十三州，王莽的改革只是就十二州的名称和分界略作调整而已。钱大昕《廿二史考异》卷九言，班固《汉书·地理志》所记"郡国之名，以元始二年户口籍为断"，今考《汉书·地理志》所载，并无朔方州之名，而有冀州、并州、青州、徐州、豫州、扬州、荆州、益州、幽州、兖州、交州及虽未言及，但统领关西京畿的凉州，这说明在王莽改制之前的元始二年，十三州已是十二州了。至于《平帝纪》元始元年所载"大司农部丞十三人，人部一州，劝农桑。"看似平帝初年还有十三州的设置，但我们不要忘了西汉除了州治之外还有个司隶校尉部，它是与州并立的区划，据《百官公卿表》载，它虽然在成帝元延四年曾经省去，但哀帝元寿二年已经复置。如顾祖禹《读史方舆纪要》卷二"历代州域形势二"中所言，司隶校尉部有时也与刺史部笼统称为十三部，此十三州或许是包括司隶校尉部而言的。又据《后汉书·百官志》"建武十八年，复为刺史，十二人各主一州，其一州属司隶校尉。"这里的所谓十二州其中一个就属于司隶校尉，以司隶校尉当一州在汉人的观念中似乎很正常，故平帝元始元年的十三州恐怕也是如此，除去司隶校尉其实仍是十二州。

仅限定在元始四年以后了，成帝时的绥和元年至哀帝建平二年也是一个可以考虑的时间。再考虑到哀帝元寿二年以后虽然刺史复改为州牧，但其时廷尉已改称大理的情况，那么成帝绥和元年（公元前8年）十二月至哀帝建平二年（公元前5年）四月，才是唯一能符合既有廷尉又有州牧条件的时间，扬雄官箴的创作就应该在此期间。

又据《汉书·游侠传》扬雄曾经做《酒箴》讽谏汉成帝，其官箴当和《酒箴》大概作于同时，皆为讽谏成帝所作。我们看百官箴中的箴谏对象皆为皇帝，哀帝虽处末世，即位后却有励精图治的决心，《汉书·哀帝纪》赞云："哀自为藩王及充太子之宫，文辞博敏，幼有令闻。睹孝成世禄去王室，权柄外移，是故临朝屡诛大臣，欲强主威，以则武、宣。雅性不好声色，时览卞射武戏。即位痿痹，末年浸剧，飨国不永，哀哉！"于此可见其重整朝政的决心。而成帝却以酒色荒淫著名，且他在位的时候外戚当政，国势日衰，故而这些对皇帝劝谏性质的箴文无疑是针对成帝而发的。更进一步来说，扬雄这组作品当作于成帝末期，即绥和元年（公元前8年）十二月至绥和二年（公元前7年）三月这约三个月的时间之内。

如果按照传统的说法，百官箴创作于平帝元始五年至王莽始建国元年这个时间段内，当时朝政一直掌握在王莽手里，平帝不过是一个年幼的傀儡皇帝，没有任何的权威，这样一来文本中对于皇帝的屡屡进谏又有什么意义呢？这是很难解释得通的地方。而且自哀帝元寿二年之后廷尉即改称大理，扬雄官箴中却有《廷尉箴》，这也是一个无法调和的矛盾之处。如果将创作时间放至绥和元年十二月至二年三月之间，则无论是官制称谓还是其实际创作意义都不存在任何问题，所以我们认为这个说法是成立的。

其实最早提到扬雄官箴的创作时间的是唐代的孔颖达，他在《春秋左传正义》襄公四年中说："汉成帝时扬雄爱《虞箴》，遂依放之作十二州二十五官箴，后亡失九篇。"与后世学者不同，孔氏将州箴和官箴的创作时间置于成帝时期。通过我们对刺史改为州牧以及廷尉官制的变迁考察结果来看，他的说法无疑是正确的。

成帝末年，分封殷绍嘉侯和周承休侯，存二王之后以通三统；以骠骑将军为大司马，改御史大夫为大司空，益大司马、大司空俸如丞相，以符合古三公之义；以《尧典》之义罢部刺史，更置十二州牧，这一系列活动具有强烈的文化建构意义。这种建构以儒家经义为核心，具有两方面的原因，一方面与自武帝以来，儒家五经立于官学，其思想长期浸润社会，在国家意识形态中占据主导地位有关；另一方面也和成帝末年，国家政治面临的现实困局有关。向经典寻求力量，强调统治的合法性，增加民众的认同感，是这些具有仪式化举动的实质。[①] 这一系列的因素，最终体现为复古风气的兴起，这种复古是以儒家经典为指归的，儒家经典文本被崇高化，在当时的生活中发挥着重要作用。受其影响，时人也日益注重对经典文本的审定、阐释、模仿，自觉或不自觉地以经典化作为自己的目标。扬雄的官箴创作，也是在这种经典化风气下产生的典型之一。当然，他的创作自有需要申述的独特因素，接下来我们将就这一方面进行分析。

## 二、扬雄官箴创作的内外动因

扬雄的官箴创作是在特定的社会环境中，内外双层动因的驱

---

① 扬·阿斯曼说："新的开始、复兴、复辟总是以对过去进行回溯的形式出现的。它们意欲如何开辟将来，就会如何制造、重构和发现过去。"成帝末年的种种复古举动，无疑是在重构过去外衣下的解困之举。［德］扬·阿斯曼著，金寿福、黄晓曼译：《文化记忆：早期高级文化中的文字、回忆和政治身份》，北京：北京大学出版社 2015 年版，第 25 页。

使下完成的，其内在动因取决于扬雄的创作心理，外在动因则取决于其创作的时代环境。两者相比，外在动因无疑更为显眼，接下来我们便由此开始作一考察。

（一）扬雄官箴创作的外部环境

扬雄这组作品创作于成帝绥和元年十二月至绥和二年三月之间，其诉求对象也为成帝，所以我们首先要关注的应该是文章的接受者汉成帝刘骜。对于他，《汉书·成帝纪》中有这样的评价：

> 臣之姑充后宫为婕妤，父子昆弟侍帷幄，数为臣言成帝善修容仪，升车正立，不内顾，不疾言，不亲指，临朝渊嘿，尊严若神，可谓穆穆天子之容者矣！博览古今，容受直辞。公卿称职，奏议可述。遭世承平，上下和睦。然湛于酒色，赵氏乱内，外家擅朝，言之可为於邑。[1]

这段《成帝纪》后的赞语是《汉书》作者班固的父亲班彪写的，班彪的姑姑班婕妤是成帝的嫔妃，所以他的看法来自家族女性与成帝的日常接触，可信度自然较高。

西汉自元、成时期起，儒学开始占据意识形态的统治地位，不仅朝中大臣儒生的比例越来越高，最高统治者身上的儒学色彩也越来越浓，他们注重用儒家伦理标准来处理君主与大臣间的关系，而不是凭法家的严酷少恩来维持一人专制，这一点可以从汉宣帝与当时的太子元帝间的对话见出一斑。《汉书·元帝纪》载：

————————————

[1] （汉）班固：《汉书》，北京：中华书局1962年版，第330页。

（元帝）见宣帝所用多文法吏，以刑名绳下，大臣杨恽、盖宽饶等坐刺讥辞语为罪而诛，尝侍燕从容言："陛下持刑太深，宜用儒生。"宣帝作色曰："汉家自有制度，本以霸王道杂之，奈何纯任德教，用周政乎！且俗儒不达时宜，好是古非今，使人眩于名实，不知所守，何足委任！"乃叹曰："乱我家者，太子也！"①

可见，元帝与宣帝的最大不同在于其身上多了儒家的人情味，而不是像法家一样强调君主对臣民的绝对权威。成帝与元帝一样，也是一个儒学化色彩较浓的帝王，他虽然有湛于酒色的致命缺点，但一方面却能容受直词，颇有度量。

另外：与君主自身的儒学化态势相反，社会上的情况也不容乐观，西汉后期由于国家长期稳定，统治阶层渐渐流于奢靡享乐，经济层面豪强兼并弱小，普通民众生活难以为继，加之元帝时宦官干政，成帝时外戚专权，故而国势日衰，社会局面几近失控。《汉书·王商传》载"建始三年秋，京师民无故相惊，言大水至，百姓奔走相蹂躏、老弱号呼，长安中大乱"，《杜邺传》载"民讹言行筹，传相惊恐"，从这些反常的景象中，可想见社会纷扰不定的情状。

昭帝时眭孟因上书汉昭帝要其求索贤人，禅让退位而被杀，宣帝时作为九卿之一的司隶校尉盖宽饶，同样上书皇帝让他退位让贤，虽然盖宽饶被迫自杀，但这些情况足以表明，即使家天下的制度实行已久，西汉知识界天下为公的思想却一直存在。至元、成以后社会局面日趋混乱，这种思想又开始抬头，《汉书·李寻传》：

---

① （汉）班固：《汉书》，北京：中华书局 1962 年版，第 277 页。

初，成帝时，齐人甘忠可诈造《天官历》、《包元太平经》十二卷，以言"汉家逢天地之大终，当更受命于天，天帝使真人赤精子，下教我此道"。忠可以教重平夏贺良、容丘丁广世、东郡郭昌等，中垒校尉刘向奏忠可假鬼神罔上惑众，下狱治服，未断病死。贺良等坐挟学忠可书以不敬论，后贺良等复私以相教。①

这个事例足以说明在时人心目中，刘氏统治确乎遇到了至为棘手的难题，所以某些术士才鼓吹用再受命的方式来延续汉家运命，这也反映出成帝时期统治的不稳定。

作为宗室老臣的刘向对此心怀忧愤，不断地向成帝陈奏论事，而且写成《新序》《说苑》《列女传》以启发成帝。朝中的一些大臣也借灾异现象的发生，接连向皇帝上奏章进行劝谏。② 由于君主身上的儒学化色彩浓厚，故儒家话语中对君主个人道德伦理方面的要求，被大臣们以灾异为借口频频提出，对成帝进行毫不忌讳的谏诤，这些奏疏激烈忧直，赵翼在《廿二史札记》中曾举例论西汉晚期的上书奏事风气说：

……刘向奏成帝亦曰："陛下为人子孙，而令国祚移于外家，降为皂隶，纵不为身，奈宗庙何?"此等狂悖无忌讳之语，故以下所难堪，而二帝受之，不加谴怒，且

---

① （汉）班固：《汉书》，北京：中华书局 1962 年版，第 3192 页。
② 云武、宣间多祥瑞，元成间多灾异。除了宣帝时大臣多伪造祥瑞谄媚取容外，也与元、成时期儒生权力高涨，借灾异来抑制皇帝这一文化风向有关。顾颉刚：《顾颉刚读书笔记》中华书局 2011 年版，第 7 册，第 490 页。

叹赏之，可谓盛德矣。①

足见当时上书言事风格的激烈，由此也可知当日朝堂上下的紧张气氛。

当然，如刘向给成帝的奏疏中所言，其时汉帝国的权力实际上把持在成帝的外家王氏手中，作为宗室大臣，刘向见及于此，屡次对成帝耳提面命进行谏诤。也有一些士人认识到这个问题，毅然指出症结所在，但很快遭到报复，引来杀身之祸，《汉书·王章传》：

> 时帝舅大将军王凤辅政，章虽为凤所举，非凤专权，不亲附凤。会日有蚀之，章奏封事，召见，言凤不可任用，宜更选忠贤。上初纳受章言，后不忍退凤。章由是见疑，遂为凤所陷，罪至大逆。②

另外一些人则避开这个敏感问题，顾左右而言他，《汉书·谷永杜邺传》：

> 永于经书，泛为疏达，与杜钦、杜邺略等，不能洽浃如刘向父子及扬雄也。其于天官、《京氏易》最密，故善言灾异，前后所上四十余事，略相反复，专攻上身与后宫而已。党于王氏，上亦知之，不甚亲信也。③

---

① （清）赵翼著，王树民校证：《廿二史札记校证》，北京：中华书局1984年版，第48页。
② （汉）班固：《汉书》，北京：中华书局1962年版，第3238页。
③ 同上书，第3472—3473页。

又：

> 孝成之世，委政外家，诸舅持权，重于丁、傅在孝哀时。故杜邺敢讥丁、傅，而钦、永不敢言王氏，其势然也。①

作为西汉末期的言事名臣，谷永、杜邺宁愿批评皇帝本人，也不敢撄王氏之锋，足见王氏气焰之嚣张，朝中论政的风险之大。这便是扬雄官箴创作时面临的社会政治局面。

（二）扬雄官箴创作的内在动因

以上所论为扬雄官箴创作的外部环境，那么他创作的内在动因又是如何呢？作为一个知识型作家，扬雄对于政治并不热心，他的主要目的是欲以"文章成名于后世"，故而他将自己的全部精力都投入到对知识的探索中去了。所以在西汉晚期朝政扰攘的情况下，他并没有如其他人一样痛陈时政，只是不痛不痒地写了一篇《谏勿许单于朝》，因为这种做法并不涉及实际的政治利益，不至于使他卷入朝中的纠葛纷争，从而保证他处于一个安全的境地。②

那么扬雄的箴文创作又是为何呢？某种程度上，这或许与汉成帝和扬雄的私人关系有关，这一点在扬雄的《答刘歆书》颇能透露出一些信息，其中有云：

----

① （汉）班固：《汉书》，北京：中华书局1962年版，第3479页。
② 此论见诸徐复观《扬雄论究》，参《两汉思想史》（二），第425页。

著作选录

而雄始能草文，先作《县邸铭》《王佴颂》《阶闼铭》，及《成都城四隅铭》。蜀人有杨庄者，为郎，诵之于成帝。成帝好之，以为似相如，雄遂以此得外见。此数者，皆都水君尝见也。雄为郎之岁，自奏少不得学，而心好沉博绝丽之文，愿不受三岁之奉，且休脱直事之徭，得肆心广意，以自克就。有诏可不夺奉，令尚书赐笔墨钱六万，得观书于石室。如是后一岁，作《绣补灵节龙骨之铭诗》三章。成帝好之，遂得尽意。①

就汉成帝对于扬雄作品的喜爱与欣赏来说，实具有某种文学上的知遇之情，至于他准许扬雄不任职事，得带俸恣意观书皇家密阁，又令尚书赐笔墨钱六万襄助其事，这对于不营生产，且写有《逐贫赋》的扬雄来说，是非常具有实际意义的帮助。从扬雄与刘歆书信中透露出的情况来看，他在私人感情上对成帝是有感激之意的。从扬雄的角度来说，在目睹对自己有知遇之情的君主陷入困境而难以自拔时，自己无论于公或私都应该尽到谏诤之责，这种心理是很容易理解的，可以看作是他创作文章的动机之一。

但扬雄对官箴形式的选择，其原因则较为复杂，从外部环境来说，当时朝堂政治氛围凶险，他在朝中无甚根基，王章的前车之鉴证明，谈论具体事务很可能给自己带来麻烦，官箴文形式复古则无此之虞；从内在个性上来说，扬雄以模拟为创新的创作习性，促成了他对官箴形式的选择。

"箴"作为贵族文学的一种，古代早已有之，《国语·周语》中记载：

---

① 张震泽：《扬雄集校注》，上海：上海古籍出版社1993年版，第264页。

故天子听政，使公卿至于列士献诗，瞽献典，史献
书，师箴，瞍赋，矇诵，百工谏，庶人传语，近臣尽规，
亲戚补察，瞽、史教诲，耆艾修之，而后王斟酌焉。①

此处"师箴"，韦昭注云："师，小师也。箴，刺王阙以正得
失也。"② 箴在这里作动词用，当时有无文学作品的存在，不得而
知。但是《左传·襄公十四年》载：

晋师旷曰："……自王以下各有父兄子弟以补察其
政。史为书，瞽为诗，工诵箴谏，大夫规诲，士传言，
庶人谤，商旅于市，百工献艺。"③

这里从"工诵箴谏"一句，明显可见箴谏是一种可诵读的文
本，具有文学作品的性质，证明当时已有箴文存在。

古代的箴文不仅只是在典籍中被约略提及，而且还有一篇相
当完备的文字流传下来，那就是《虞人之箴》，《左传·襄公四
年》：

昔周辛甲之为大史也，命百官，官箴王阙。于《虞
人之箴》曰："芒芒禹迹，画为九州，经启九道。民有
寝、庙，兽有茂草；各有攸处，德用不扰。在帝夷羿，
冒于原兽，忘其国恤，而思其麀牡。武不可重，用不恢

---

① （清）徐元诰：《国语集解》，北京：中华书局 2002 年版，第 11—12 页。
② 同上书，第 11 页。
③ 杨伯峻：《春秋左传注》，北京：中华书局 1990 年版，第 1017 页。

于夏家。兽臣司原，敢告仆夫。"《虞箴》如是，可不惩乎?①

《虞人之箴》与扬雄箴文的句式、风格如出一辙，它对扬雄创作的影响毋庸置疑。那么，扬雄的箴文创作与《虞人之箴》之间是一个什么样的关系？难道仅仅是一种模仿吗？扬雄又为何要这么做呢？这是我们必须要思考的问题。

众所周知，相对于西汉的其他作家来说，扬雄是一个知识型的作家，从知识型作家的性格来讲，扬雄具有好奇、好胜、好深、好博的特点，他的创作多以模仿为之便是一个很好的体现，无论是模仿司马相如写四大赋，还是模仿《论语》写《法言》，模仿《易经》写《太玄》无不如此。这并不是扬雄才力不够必须模仿，反而是他好胜性格的一种表现，他在各类著作中都选定居于第一位的作品为目标，以自己的才力与古人相角逐，不是一种好胜性格的支撑，是不容易做到这一点的。② 从这个角度来看，扬雄的箴文创作也是如此，《虞人之箴》作为义据典雅，首尾完备的箴文珍品，在后世具有不容置疑的经典地位，扬雄以其为目标撰写的《十二州》《二十五官箴》，风格体式丝毫不差，从创作动机来讲无疑具有争胜的意味。

总之，从扬雄官箴创作的内外动因来说，社会环境的纷纭扰攘彰显着时代困境，政治斗争的波诡云谲给士人以无形的心理压迫，成帝的知遇之情又不容扬雄缄默不言。在这种情况下，他既

① 杨伯峻：《春秋左传注》，北京：中华书局 1990 年版，第 938—939 页。
② 此处可参阅徐复观《扬雄论究》之三"扬雄的人生形态"，载徐复观：《两汉思想史》(二)，第 421—426 页。

不愿希颜苟合来赢得政治位势，也不愿直指弊政给自己带来麻烦，通过对经典作品的模拟来表达政治劝诫，则一方面既让自己与现实政治疏离，不至于卷入政治风波之中，另一方面又顺应了自己与古人争胜的创作心理，同时也尽到了作为大臣的职责。因此，这组箴文可以看作是扬雄在内外因驱动下，对成帝末期混乱朝政给出的独特反馈。

### 三、扬雄官箴经典地位的获得

扬雄的官箴文对后世颇有影响，在六朝时期便有继起仿效之作，文评予以高度评价，类书多选其篇，使它获得了牢固的经典地位。在这种情况下，对它的经典化历程进行梳理，分析其经典地位获得的内外原因当不为无益，接下来我们将对这一情况作一考察。

文学作品的经典化往往与作家经典地位的获得息息相关，扬雄的文学成就在当时已被认可，汉成帝以其文类相如而任他为郎即是明证。此外，他的作品更被时人认为是必传之作，这可以两汉之际桓谭的言论为代表：

> 时，大司空王邑、纳言严尤闻雄死，谓桓谭曰："子常称扬雄书，岂能传于后世乎？"谭曰："必传。顾君与谭不及见也。凡人贱近而贵远，亲见扬子云禄位容貌不能动人，故轻其书。昔老聃著虚无之言两篇，薄仁义，非礼学，然后世好之者尚以为过于《五经》，自汉文、景之君及司马迁皆有是言。今扬子之书文义至深，而论不诡于圣人，若使遭遇时君，更阅贤知，为所称善，则必

度越诸子矣。"①

又桓谭《新论》：

> 张子侯曰："扬子云，西道孔子也，乃贫如此？"吾
> 应曰："子云亦东道孔子也。昔仲尼岂独是鲁孔子，亦
> 齐、楚圣人也。"②

前者是桓谭认为扬雄的著作必传于后世，后者是桓谭、张子侯以扬雄比孔子，既体现了对其作品经典地位的认可，也显示了他在两汉之际的崇高地位。

至于扬雄的官箴作品，其经典地位的较早体现，是在班固《汉书·扬雄传》中被作为扬雄的代表作品而提及，在传后的赞语中，班固写道：

> 实好古而乐道，其意欲求文章成名于后世，以为经
> 莫大于《易》，故作《太玄》；传莫大于《论语》，作《法
> 言》；史篇莫善于《仓颉》，作《训纂》；箴莫善于《虞
> 箴》，作《州箴》；赋莫深于《离骚》，反而广之；辞莫丽
> 于相如，作四赋；皆斟酌其本，相与放依而驰骋云。③

这里所言的"箴莫善于《虞箴》，作《州箴》"，是史书写作中以点带面的常见手法，用《州箴》来指代扬雄的全部官箴文创

---

① （汉）班固：《汉书》，北京：中华书局1962年版，第3585页。
② 朱谦之：《新辑本桓谭新论》，北京：中华书局2009年版，第62页。
③ （汉）班固：《汉书》，北京：中华书局1962年版，第3583页。

作。扬雄箴文在这里与他的代表作品《法言》《太玄》、四大赋等相提并论，足以说明其在东汉初已经被当成经典作品来看待了。

除了在史书中对其经典地位认可之外，扬雄官箴的经典化还表现为对它的借鉴与模仿，最早体现为东汉出现的一系列官箴作品，《后汉书·胡广传》：

> 初，扬雄依《虞箴》作《十二州二十五官箴》，其九箴亡阙，后涿郡崔骃及子瑗，又临邑侯刘騊駼增补十六篇，广复继作四篇，文甚典美。乃悉撰次首目，为之解释，名曰《百官箴》，凡四十八篇。①

从这段文字可以看出，胡广之前与扬雄相关的官箴文创作可以分为两类，一类是对扬雄亡佚的官箴作品进行补苴，另一类则是对扬雄的官箴作品进行模仿，但无论哪一类，都是以承认扬雄箴文的经典地位为前提的。

其实，除了《胡广传》提到的官箴文之外，东汉还有其他的官箴作品，如皇甫规的《女师箴》，崔寔的《谏议大夫箴》，崔篆的《御史箴》，崔德正的《大理箴》，潘勖的《符节箴》等，仅就《后汉书·文苑传》所载，就有崔琦《外戚箴》和高彪《督军御史箴》。虽然这些箴文与扬雄官箴的诉求对象或许已有所不同，一般来说扬雄的官箴仍沿袭古义，以标题中的职官身份箴谏，其诉求对象为皇帝，东汉箴文的诉求对象则多是职官本人，但它们也都受到了扬雄的影响。我们先来看崔琦的《外戚箴》：

---

① （南朝宋）范晔：《后汉书》，北京：中华书局 1965 年版，第 1511 页。

故曰：无谓我贵，天将尔摧；无恃常好，色有歇微；无怙常幸，爱有陵迟；无曰我能，天人尔违。患生不德，福有慎机。日不常中，月盈有亏。履道者固，杖势者危。微臣司戒，敢告在斯。①

高彪的《督军御史箴》：

无曰己能，务在求贤，淮阴之勇，广野是尊。周公大圣，石碏纯臣，以威克爱，以义灭亲。勿谓时险，不正其身。勿谓无人，莫识己真。忘富遗贵，福禄乃存。枉道依合，复无所观。先公高节，越可永遵。佩藏斯戒，以厉终身。②

我们再来看看扬雄的《豫州牧箴》：

故有天下者，毋曰我大，莫或我败。毋曰我强，靡克余亡。夏宅九州，至于季世，放于南巢。成康太平，降及周微。带蔽屏营，屏营不起。施于孙子，王赦为极，实绝周祀。③

《将作大匠箴》：

故人君无云我贵，榱题是遂。毋云我富，淫作极游。

---

① （南朝宋）范晔：《后汉书》，北京：中华书局1965年版，第2622页。
② 同上书，第2650页。
③ 张震泽：《扬雄集校注》，上海：上海古籍出版社1993年版，第331—332页。

在彼墙屋，而忘其国戮。作臣司匠，敢告执猷。①

　　很明显《外戚箴》和《督军御史箴》中的"无谓"，"无曰"，"勿谓"云云之类的句式，是从扬雄《豫州牧箴》中的"毋曰"，《将作大匠箴》中的"无云""毋云"句式变换而来的，说明前者在创作中对后者进行了借鉴。

　　魏晋时期，官箴创作尤其兴盛，现在能知道的有魏嵇康的《太师箴》，晋齐王司马攸的《太傅箴》，陆机的《丞相箴》，温峤的《侍臣箴》，王济的《国子箴》，潘尼的《乘舆箴》，张华的《女史箴》《大司农箴》，傅玄的《吏部尚书箴》《少傅箴》，傅咸的《御史中丞箴》，挚虞的《尚书令箴》，李重的《吏部尚书箴》，王廙之的《保傅箴》等，这些作品均受到扬雄的沾溉，不出其箴文所牢笼。不仅官箴文字，铭文的创作也受到影响，就当时颇负盛名的张载《剑阁铭》来说，《骈体文钞》卷四即评曰："虽曰铭，其体实箴也，亦是步趋子云。"② 这说明扬雄官箴文的影响此时已经跨越文类，及于铭文创作了。

　　南北朝时期，官箴创作也不乏其人，最突出的有袁峻，《梁书·文学传》：

　　　　高祖雅好辞赋，时献文于南阙者相望焉，其藻丽可观，或见赏擢。六年，峻乃拟扬雄《官箴》奏之。高祖嘉焉，赐束帛。除员外散骑侍郎、直文德学士省。③

① 张震泽：《扬雄集校注》，上海：上海古籍出版社1993年版，第385页。
② （清）李兆洛：《骈体文钞》，上海：上海书店出版社1988年版，第87页。
③ （唐）姚思廉：《梁书》，北京：中华书局1973年版，第688—689页。

著作选录

这说明直到南北朝后期，模拟扬雄官箴的创作仍在继续，袁峻且因成绩出色而受到梁武帝的嘉奖。

创作之外，在作为文学经典化体现的文艺批评和选本收录上，扬雄的官箴作品也同样受到注意。前者主要体现于集南北朝文学批评大成的《文心雕龙》中，其《铭箴》说：

> 战代以来，弃德务功，铭辞代兴，箴文委绝。至扬雄稽古，始范《虞箴》，作《卿尹》、《州牧》二十五篇。及崔胡补缀，总称《百官》。指事配位，鹯鉴可征，信所谓追清风于前古，攀辛甲于后代者也。①

刘勰从箴文文体发展史的角度，指出了扬雄官箴创作在其中承前启后的关键作用。

后者反映为扬雄官箴在中古文学书籍中的入选情况，它们虽然没有入选《文选》，但在初唐的类书《艺文类聚》《初学记》《北堂书钞》等书中却多次出现，如果将作者存疑的《交州牧箴》《尚书箴》《博士箴》《太常箴》五篇作品排除在外②，据统计《北堂书钞》节选了七篇，《艺文类聚》选录了六篇，《初学记》选入了十七篇。除此之外，通常被认为是唐人选本的《古文苑》也选了二十三篇。这说明时人已将它们当成创作时借鉴取资的典范。

至唐以后，官箴创作甚至成为科举考试的科目之一，进入了人才选拔的范畴，《四六丛话》卷二十三载：

---

① 范文澜：《文心雕龙注》，北京：人民文学出版社1958年版，第194—195页。

② 这五篇作品一向被认为是扬雄之作，但其实是后人的仿作，并非扬雄原作。笔者特另有专文讨论这一问题。

周辛甲为太史，命百官箴王阙，虞人掌猎为箴。汉扬雄拟其体為十二州二十五官箴，后之作者咸依做焉。隋杜正藏举秀才拟匠人箴，拟题肇于此。唐进士亦或试箴。显庆四年试《贡士箴》，开元十四年《考功箴》，广德三年《辕门箴》，建中三年《学官箴》。①

有了制度性的保障，其影响无疑也就更加广泛了。

通常来说，文学作品的经典化一般具有两方面的因素：一方面是内在原因，另一方面则是外在原因。内在原因一般包括文学作品的艺术价值，文学作品的可阐释空间；外在原因则包括意识形态和文化权力的变动，文学理论和批评的价值取向，特定时期读者的期待视野②。

就扬雄的官箴作品来说，其经典化地位的获得也多少具有这方面的因素。从内在的艺术价值来说，作为一个知识型的作家，扬雄作品以渊博典雅为特色，这一点在熔铸经典而成的官箴中体现得尤为明显，《文心雕龙·事类篇》说："及扬雄百官箴，颇酌于诗书；刘歆《遂初赋》，历叙于纪传：渐渐综采矣。"这说明扬雄官箴创作注重从经籍中撷取词汇典故，这样做的效果就是作品展现出渊雅堂皇的美学风格，《骈体文钞》卷四即评扬雄《十二州箴》为："子云诸箴，质多于文，源出诗书者也。"③ 又云："本传以为法《虞箴》而推究盛衰，折衷经调，才学识具备。"④ 又评扬

---

① （清）孙梅：《四六丛话》，北京：人民文学出版社 2010 年版，第 446 页。
② 童庆炳：《文学经典建构诸因素及其关系》，童庆炳、陶东风编：《文学经典的建构、解构和重构》，北京：北京大学出版社 2007 年版。
③ （清）李兆洛：《骈体文钞》，上海：上海书店出版社 1988 年版，第 72 页。
④ 同上。

雄的《官箴》为："《官箴》不及《州箴》之赡炼，而古泽自足。"①
作为宫廷贵族文学的一支，这种典雅渊穆的风格，符合士大夫的
审美趣味，受到他们的青睐。从可阐释空间来说，官箴文以政治
批评为主题的写作范式，与传统士大夫以政治为日常生活主题的
生存形态相契合，他们在感情上对这一主题并不陌生，官箴创作
上熔经铸史的特点，又给了作者驱遣词句，较力角胜的空间，因
而激发了他们的创作热情，群趋从事这一文体的创作，客观上促
成了扬雄官箴的经典地位。从官箴文体发展的角度来看，扬雄的
官箴创作在模范《虞箴》的基础上扩充完备，使沉寂数百年的官
箴文重新焕发了活力，实有兴废继绝的意义，从对后世作者的影
响来讲，它的作用更为直接显豁。从外在的接受角度来看，扬雄
官箴文的经典化历程经过了史家的认可，它们在《汉书》扬雄本
传中被正式提及；作者的接受，东汉以降大量的补苴模仿之作层
出不穷；批评家的关注，《文心雕龙·铭箴》中对它的地位高度评
价；文学书籍的纳入，《艺文类聚》《初学记》《北堂书钞》等书将
它们广泛甄录；制度化的保障，唐代科举考试中将官箴创作列为
人才选拔手段之一，诸多因素保证了它的经典地位在初唐时期已
经完全确立。

综而言之，扬雄的官箴作品并非作于平帝元始五年之后，因
为那个时候廷尉已经改称大理，这与扬雄官箴中有《廷尉箴》一
文不合，经过细致比勘，我们认为它的写作时间应该在成帝绥和
元年十二月至绥和二年三月之间。这个时候朝政掌握在外戚手中，
社会局面动荡不安。西汉皇室为了巩固自己的统治，解脱政治困
局，通过种种复古举措，向儒家经典寻求力量，客观上形成了社

---

① （清）李兆洛：《骈体文钞》，上海：上海书店出版社1988年版，第76页。

会上的经典化风气。扬雄出于对成帝知遇之情的回馈，顺应时代的复古风气，采用模仿《虞人之箴》的方式讽谏皇帝，既可以让自己尽可能远离政治纷争的是非，又满足了他与古作者争竞的好胜心理。这种情况下创作出的官箴，可算是经典化风气下产生的经典之作。这些作品因为符合士大夫的审美趣味，在六朝时期被广泛借鉴、模仿、评价、选录，迅速确立了它在文学史上的经典地位。

# 扬雄与《剧秦美新》①

## 刘保贞

《剧秦美新》[1]《《全汉文》卷五十三》是扬雄仿效司马相如的《封禅书》而献给王莽的一篇奏书，它批判暴秦，赞美新莽，建议王莽效古代故事而行巡狩天下、封禅泰山之礼。由于这篇文章的缘故，后人对扬雄产生两种截然不同的评价。有人从封建正统思想出发，认为扬雄作此篇，是为了谄媚以矫宠，为其一生之大污点。如颜之推《颜氏家训·文章》说，扬雄"德败美新"[2]。朱彝尊《曝书亭集》卷五十九《扬雄论》也说："王莽将篡汉，恭俭以下士。雄之淡泊自守，若无荣利动其中，其初盖欲悦莽之心，及久未见用，躁不能禁，乃为《剧秦美新》之文以献媚。"[3]还有人从扬雄"安贫乐道"的品性方面考虑，认为扬雄必不作此文，将此篇系于扬雄名下，是为了污蔑扬雄。

以此篇为伪托的说法是站不住脚的。扬雄确实是作了这篇奏文。班固在仿效《封禅》和《剧秦美新》的一篇赞美汉明帝的

---

① 原载《山东大学学报》（哲学社会科学版）2000 年第 6 期。

《典引》序中，明言"相如《封禅》靡而不典，扬雄《美新》典而不实"，[1]《《全后汉文》卷二十六》是其确证。全祖望《鲒埼亭集外编》卷四十《扬子云生卒考》也指出："或又以谷永亦字子云，欲以《美新》之文嫁之，不知谷死于王根之世，不及见禅代；或又以刘棻当之，然总莫之征也。"[4]那么，扬雄是出于何种目的来写这篇赞歌的呢？是否是就如某些人所说的那样，是谄媚，是拍马屁呢？为了弄清这一问题，我们首先要搞清这篇文章的写作时间。

陆侃如先生在其《中古文学系年》中，将这篇文章系之于莽始建国元年（公元9年），失之于未能详审本文。考《剧秦美新》之中扬雄所赞莽之政绩，时间最晚者当为"复五爵、度三壤"之事。据《汉书·王莽传》，此事发生在始建国四年（公元12年）夏，王莽至明堂，授诸侯茅土，并下书曰："州从《禹贡》有九，爵从周氏有五"[5]。另外，文中还赞美了王莽"经井田、免人役"之事，此即王莽于始建国元年四月所颁行的"王田、奴婢"政策。这种政策的实行，不但没能解决当时土地高度集中、富贵者大量蓄奴、买卖奴婢的社会痼疾，反而因此制度本身的不切实际和奸吏的营私舞弊，使得"农商失业、食货俱废，民人至涕泣于市道。及坐买卖田宅奴婢、铸钱，自诸侯卿大夫至于庶民，抵罪者不可胜数。"[5]《《王莽传》下》中郎区博就在王莽宣布"复五爵"不久，上书谏王莽说："井田虽圣王法，其废久矣。……今欲违民心，追复千载绝迹，虽尧舜复起，而无百年之渐，弗能行也。天下初定，万民新附，诚未可施行。"[5]《《王莽传》》莽知民怨，就下书废止了这一法令："诸名食王田，皆得卖之，勿拘以法。犯私买卖庶人者，且一切勿治。"[5]《《王莽传》》综上两条考之，扬雄《剧秦美新》的写作时间，当在始建国四年夏，王莽下令复五爵之后和废止"王田、奴婢"政策前。因为若扬雄在王莽下令废井田后，还把这一"凉壶"提出来当赞歌念，恐怕是太不识时务了，一年后的《元后诔》恐怕也轮不到扬雄来捉大笔了。汤炳正《扬子云年谱》于"莽始建国四年"条下云："据本文（《剧秦美新》）末段自被风濡化以下，乃劝莽仿行巡狩封禅事。案《莽传》始建国五年拟于二月建寅之节东巡狩，以元后之丧而中止。天凤元年又拟于二月行巡狩礼，群臣以居丧劝阻，遂预定于天凤七年行之。子云之劝莽巡狩，必在莽无此举动之前，决非在锐意进行之时。莽之有意巡狩，盖即因子云之劝，故书上于今年而巡狩之诏即下于明年春。"[6]

此时的扬雄已六十有五，况且还时常犯个"颠眴病"，自己也明白说不定哪一天就会"先犬马填沟壑"[1]。处于苟延残喘中的扬雄难道还会为求得一官半职而低三下四的献媚吗？这绝不可能！要是扬雄愿用这种手段升官发财，早在年轻时就用了，何须等到快死时！以扬雄之才，炮制一篇像模像样的赞歌应是举手之劳，偏偏扬雄就不是那样的人："当成、哀、平间，莽、贤皆为三公，权倾人主，所荐莫不拔擢，而雄三世不徙官。及莽篡位，谈说之士用符命称功德封爵者甚众，雄复不侯，以耆老久次转为大夫，恬于势利乃如是。"[5]《扬雄传》扬雄淡泊自守，也并不是为了悦莽之心。他"不修廉隅以徼名当世"，"为人简易佚荡"[5]《扬雄传》，好喝酒，不大在乎别人怎么看自己。平生唯一所介意的就是自己的文章能否扬名于后世，（连当时的人怎么看他的文章他都不太在意）他模仿五经中最难的《周易》作《太玄》和模仿记载儒家鼻祖孔子言论的《论语》作《法言》，就充分显示了他对自己才学的自负。在王莽提升他为大夫之后，他也并没表现出急不可耐的样子去捞点实惠，而是仍一头扎在天禄阁的残篇断简里，一门心思地搞他的学问。再者说，此时的扬雄已是孤苦伶仃的老头一个，他的两个儿子大约未及成年在两年内都先后夭折了。这对扬雄的打击很大，他两次千里迢迢地把儿子的灵柩从长安运回成都安葬，可见他的伤心程度。无儿无女的扬雄更不会对财富有什么过多的渴求。因此，扬雄也无必要像常人那样为了能封妻荫子而去奉迎谄媚。

实际上，扬雄写这篇赞歌，是其自认为职责所在，是出于内心对王莽由衷的赞美。

在受儒家思想浸润的中国文化中，为"圣君明主"歌功颂德一直被视为"文学"之士的一种职责，这种思想由《诗》《书》《春秋》（特别是《诗》中的《颂》部分）肇其端，历世而不衰，特别是在儒学被视为独尊的两汉，表现得犹为明显，连"发愤著书"的司马迁和"谲常心、逆俗耳"的王充都不能外。司马迁在《太史公自序》中说："汉兴以来，至明天子，获符瑞，封禅，改正朔，易服色，受命于穆清，泽流罔极，海外殊俗，重译款塞，请来献见者，不可胜道。臣下百官力颂圣德，犹不能宣尽其意。且士贤能而不用，有国者之耻；主上明圣而德不布闻，有司之过也。且余尝掌其官，废明圣盛德不载，灭功臣世家贤大夫之业不述，堕先人所言，罪莫大焉！"[7]明确提出不能颂扬明主的圣德，是太史类文官的莫大罪过。另一大史学家班固也主张要为帝王"润色鸿业"，应当"宣上德而尽忠孝"[1]《《全后汉文》卷二十四）（《西都赋序》）。他不但在《汉书》中"宣上德"，而且还仿效《封禅》和《剧秦美新》，作了一篇《典引》，以扬汉明帝之德。因此王充说班固"孝明之时，众瑞并至，百官臣子不为少矣，唯班固之徒称颂国德，可谓誉得其实矣。颂谲以奇，彰汉德于百代，使帝名如日月。孰与不能言，言之不美善哉！"[8]（《论衡·须颂》）王充自己也极力提倡为帝王歌功颂德："古之帝王建鸿德者，须鸿笔之臣，褒倾纪载，鸿德乃彰，万世乃闻。"[8]《须颂》

扬雄以几篇赞扬汉皇朝的大赋得成帝赏识，被封为侍郎后，并没像其他人那样，视此为进一步高升的阶梯。他自甘贫贱，愿三年不要俸禄，并免去日常勤杂之役，让他自由地自学自修。成帝没停他的薪水并命尚书给他笔墨钱六万，还准许他到藏有经典秘籍的石室去看书。在儒学独尊的时代，皇家藏书室内最丰富的藏书也应是儒家典籍。可以说扬雄是在这石室里，系统地接受了儒学的薰陶。在他意识到辞赋除了使他能成为皇帝的弄臣而与社会毫无补益后，就毅然与赋决裂，潜心儒学。在扬雄为侍郎的二十几年里，他一直没偏离"文学之士"这条路。他笔耕不辍，除作了大量的赋、箴、铭外，还搜集各地方言异语，在前人基础上，撰成《方言》一书；又仿《周易》作《太玄》，仿《论语》作《法言》；还顺续《史记》，"录宣帝以至哀、平"[8]《须颂》。扬雄也想用他的鸿笔，宣一下上德，润色一下鸿业，然而他仔细搜寻汉朝廷上下，发现"当今县令不请士，郡守不迎师，群卿不揖客，将相不俯眉，言奇者见疑，行殊者得辟，是以欲谈者宛舌而固声，欲行者拟足而投迹。"[1]《全汉文》卷五十三《解嘲》简直是一片黑暗，想找个人赞一下都找不到，无奈之中，应诏作了篇《赵充国颂》，把上世的老功臣拿出来盛赞一番，算是过了一把瘾。

以当世孟子自居的扬雄，是戴着儒家的眼镜观察周围的一切的。他判断事物的唯一标准就是看其是否与"五经"所言相符。他说："或曰：人各是其所是，而非其所非，将谁使正之？曰：万物纷错，则悬诸天；众言淆乱，则折诸圣。或曰：恶睹乎圣而折诸？曰：在则人，亡则书，其统一也。"[9]《法言·吾子》要想成为"有道君子"，舍五经而别无他途。他说："舍舟航而济乎渎者，末矣！舍五经而济乎道者，末矣！弃常珍而嗜乎异馔者，恶睹其识味也！委大圣而好乎诸子者，恶睹其识道也。"[9]《吾子》对于治国，扬雄所赞扬的方法是："君子为国，张其纲纪，谨其教化。导之以仁，则下不相贼；莅之以廉，则下不相盗；临之以正，则下不相诈；修之以礼义，则下多德让。"[9]《先知》

当扬雄对汉朝庭上下感到十分失望的时候，从王家大院里升起的王莽这颗新星，着实让扬雄惊奇不已。"莽群兄弟皆将军五侯子，乘时侈靡，以舆马声色佚游相高，莽独孤贫，因折节为恭俭。受礼经，师事沛郡陈参，勤身博学，被服如儒生；事母及寡嫂，养孤兄子，行甚敕备；又外交英俊，内事诸父，曲有礼意。"[5]《王莽传》王莽不但入孔门、念孔书，行的也是孔子"忠、孝、友、悌"之道。及"迁骑都尉光禄大夫侍中，宿卫谨敕，爵位益尊，节操愈谦。"[5]《王莽传》儒家谦恭之美德又备矣。蛰居南阳期间，王莽竟能逼子王获自杀，以偿家奴之命，这是何等大义之举！天下有几人能做到这一点！怪不得"在国三岁，吏上书冤讼莽者以百数"[5]《王莽传》复出后，又数次辞让朝庭的封赏，并愿献田、出钱救济受饥荒的流民，吏民因王莽不受新野田而上书颂功德者前后竟达四十八万七千五百七十二人！这一切怎能不让扬雄这个老学究感动得唏嘘半天呢？终于，扬雄大声发出了赞美："周公以来，未有汉公之懿也，勤劳则过于阿衡。"[9]《孝至》

再看王莽执政以来所采取的措施，哪一条不是从儒家经典上搬下来的呢？起明堂、辟雍、灵台；平帝疾，莽作策，愿以身代，又藏策金滕，如周公故事；王田、奴婢之法；立九庙（祖庙五、亲庙四）、序五族。就连下达的诏书也模仿的是《书》中的典诰之文：策命孺子婴说："咨尔婴，昔皇天右乃太祖，历世十世，享国二百一十载，历数在予躬，……"[5]《王莽传》策命群司说："岁星司肃，东岳太师，典致时雨，青炜登平，考景以晷。……司马典致武应，考方法矩，主司天文，'钦若昊天，敬授民时'，……"[5]《王莽传》甚至连他派遣的班符命于天下的五威使者，也乘的是《乾》文车，驾的是《坤》六马。孟师祥才先生说得好："（王莽）他处心积虑，使自己的一言一行都从历史上找到根据，将所有的新政措施都从古代典籍中找到凭借。《诗》《书》《礼》《易》《春秋》，尤其是那部古文经典的《周官》，几乎成了王莽新政的蓝本。什么王田奴婢政策、五钧六管之法、货币改革措施，一直到官制、爵位和封赏制度等，几乎全出于此。"[10](第219页)王莽所做的这一切，完全符合扬雄凡事要"宗经、征圣"的想法。可以说，王莽的这些措施，正做在了扬雄的心坎上。于是扬雄又禁不住赞叹说："汉兴二十一载而中天，其庶矣乎！辟雍以本之，校学以教之，永乐以容之，舆服以表之，复其井、刑，勉人役，唐矣夫！"[9]《孝至》特别是井田和肉刑政策，扬雄更是赞赏备至："井田之田，田也；肉刑之刑，刑也。田也者，与众田之，刑也者，与众刑之。"[9]《先知》意思是说，井田这样的田制，才是最好的田制；伤及骨肉的刑法，才是真正的刑法。真正的田制，是和大家一起耕种；真正的刑法，是和大家一起惩罚罪犯。

　　至于王莽的政绩，别的不说，单是王莽使个手段，令匈奴及周边的少数民族都来臣服这一条，就足令扬雄赞叹的了。精通历史的扬雄明白，少数民族问题，是三代以来的历代君主都头痛的问题。现在王莽不费一兵一卒，就令少数民族献贡物，表臣服，这是多么大的功绩啊！这不就是儒家梦寐以求的与周边少数民族关系的最高境界吗？所以扬雄对此也倍加赞赏："汉德其可谓允怀矣！黄支之南，大夏之西，东鞮、北女，来贡其珍。汉德其可谓允怀矣！世鲜焉！"[9]《孝至》

　　扬雄《美新》中所美的，也正是王莽能遵儒典、行儒政、致唐虞之道这一点。他赞扬王莽，"发秘府，览书林，遥集乎文雅之囿，翱翔乎礼乐之场。胤殷周之失业，绍唐虞之绝风。懿律嘉量，金科玉条，神卦灵兆，古文毕发。……正嫁娶送终以尊之，亲九族淑贤以穆之。夫改定神祇，上仪也；钦修百祀，咸秩也；明堂雍台，壮观也；九庙长寿，极孝也；制成六经，洪业也；北怀单于，广德也，若复五爵，度三壤，经井田，免人役，方甫刑，匡马法……"[1]这一切，不都是扬雄在《法言》中所一再赞扬的吗？因此，《剧秦美新》绝不是扬雄"躁不能禁"而献的媚眼，它是发自扬雄内心深处的真实情感。

我们还可以从另一方面来考虑。若扬雄仅是为了升官，甚或为了保条老命，弄首赞歌投莽所好，这于情理上也能说得过去，但他在《法言》中一而再、再而三地赞美王莽就不是以献媚能说得通的了。要知道，《法言》是扬雄最看重的著作之一，其写作态度非常严谨，"蜀富人赍钱十万，愿载于书，子云不听。"[8]《佚文》扬雄《法言》的目的，不在于时人对它怎样评价，而是希望它也能像《论语》一样，扬名于后世。扬雄完全没有必要（实际上他也不会）违心地在《法言》中去赞美王莽。他之所以这样做，正是因为他打心眼里认为王莽好。

再从个人感情上来看，扬雄对王莽更是心怀感激。想当年扬雄千里迢迢从四川来到京师，所希冀的也是能像司马相如那样凭文章换得汉朝庭的赏识，以能扬名于后世。扬雄几篇大赋奏上，成帝封他作侍郎（执戟卫士），算是对他才能的肯定，但此后就再不见升迁。头发胡子都白了的老扬雄，还在那儿"执戟站岗"，怎能不叫扬雄愤愤不平。他对大赋看法的一百八十度的大转变，从深层次里来说，实际上是反映了扬雄内心对汉朝廷的不满。可王莽一上台，马上就以耆老久次转扬雄为大夫。二十多年都没挪窝的老郎官，忽然间被提了职称，那心情就可想而知了。扬雄虽淡泊名利，但人总有个自我实现的需要。扬雄自负有那么大的才学，却长年被埋没在郎官中，心情肯定好不了。王莽升他为大夫，算是对扬雄价值的承认，这知遇之恩，扬雄自然也是很感激的。后来发生的投阁事件，扬雄对王莽不是恨，而是更加感激万分了。因为对甄寻、刘棻事件牵涉到的人，王莽早就作过指示，可以"便收不请"，即不须经过请示，就可先抓人。治狱使者仅因扬雄教过刘棻奇字就来抓他，吓得扬雄投阁逃跑，几乎被摔死。这事王莽事先并不知晓，可一经知道，王莽就马上下令放人，"雄素不与事，何故在此？"[5]《扬雄》要知道，因这个案子"牵引公卿党亲列侯以下死者数百人。"[5]《王莽传》那么多人都被杀了，王莽唯独放了扬雄，而且，不久还复召扬雄为大夫。在扬雄看来，这是何等英明之主啊！扬雄心中的激情，已到了不吐不快的地步了，于是，这篇《剧秦美新》就献上去了。可以说，这次的投阁事件，是《剧秦美新》的直接起因。

或以为王莽是个大阴谋家，他的所作所为都是有意的作伪，是为了钓名沽誉而耍的花招。即便真的如此，那我们也只能说王莽的伪做得太像真的了，连刘歆、桓谭这样的大学问家和刘邦诸多的孝子贤孙们都被王莽骗住了，我们还怎能怪扬雄这个老学究眼睛不够亮呢？况且扬雄写这篇文章时，王莽的画皮还没被揭开。始建国四年以前，正是王莽马不停蹄地出台一项项从儒家经典上搬下来的改革措施时期，而这些措施的弊端还没被人充分地认识到，带来的危害也没完全显现出来，即使下面发生些"内郡愁于征发，民弃城郭流亡"的事件，埋头在天禄阁中的扬雄也不一定能知道。

194

**参考文献：**

[1] 严可均. 全上古三代秦汉三国六朝文 [M]. 北京：中华书局，1958.

[2] 颜之推. 颜氏家训 [M]. 上海：上海书店，1992.

[3] 朱彝尊. 曝书亭集 [M]. 上海：商务印书馆，1929.

[4] 全祖望. 鲒埼亭集外编 [M]. 上海：商务印书馆，1929.

[5] 班固. 汉书 [M]. 北京：中华书局，1962.

[6] 王以宪. 扬雄著作系年 [J]. 湘潭大学社会科学学报，1983，（3）：96—104.

[7] 司马迁. 史记 [M]. 北京：中华书局，1980.

[8] 王充. 论衡 [M]. 上海：上海人民出版社，1974.

[9] 韩敬. 法言注 [M]. 北京：中华书局，1992.

[10] 孟祥才. 新朝旧政——新帝王莽 [M]. 哈尔滨：哈尔滨出版社，1997.

百年扬雄研究文献综录·文学卷

# 文学理论

## 论扬雄文学思想之"文质相副"说①

束景南　郝　永

"文质"说是中国古代文学思想上的重要理论范畴，现在关于文学上的"文质"说起于何时何人，大致有二说：一说起于孔子，这是各种文学批评史著作的流行说法；二说起于刘勰，认为他是"首先把'文'和'质'这对概念运用于文学领域的理论家"。[1]57这两种说法都忽视了扬雄在哲学和文学上的贡献，第一个提出文学上的"文质相副"说的应是扬雄。在扬雄之前，孔子等人的文质之说并非文学理论；在扬雄之后，刘勰提出的文质说，已是继承扬雄等人的文学思想而加以了集大成的发展。

## 一、扬雄之前思想史上的"文质"说

"文""质"二字并提最初见于《论语》，但与文学理论无关。孔子讲到文质之处有二：一，《雍也》篇说："质胜文则野，文胜质则史；文质彬彬，然后君子。"[2]40二，《颜渊》篇说："棘子成曰：君子质而已矣，何以文也！子贡曰：惜乎，夫子之说君子也，驷不及舌。文犹质也，质犹文也，虎豹之鞟，犹犬羊之鞟。"[2]79"质"即质朴，"文"即文饰。"质"指人内在的本质，其基本内容为"仁"；"文"指人外在的礼貌，其基本内容为"礼"。孔子要求

① 原载《文艺理论研究》2007 年第 4 期。

著作选录

人内在本质的美与外在礼貌的美兼有，这是对人言，并非对文学言。孔子生当"礼崩乐坏"的时代，尤看重周公制定的礼乐制度维系人心的作用。他的思想核心是"仁"，主张克己复礼为仁，要求仁与礼的统一，即文与质的相副。故他的文质说是关于"人"的伦理道德学说，而不是关于"文学"的理论。先秦时代学术与文学不分，人们文学观念还不强，所以儒家的伦理道德学说远比其文学思想发达完善。孔子已初步认识到文章形式与内容的相副，但他是用"辞"与"情"、"言"与"志"来表述的，如《礼记·表记》引曰："情欲信，辞欲巧。"[3]589《左传》襄二十五年引曰："志有之，言以足志，文以足言。"[4]396这种辞情、言志相副的认识代表了先秦儒家的文学思想，如《舜典》："诗言志。"[5]120《易传》之《系辞》下："圣人之情见乎辞"[6]113，"将叛者其辞惭，中心摇者其辞枝，吉人之辞寡，躁人之辞多，诬善之人其辞游，失其守者其辞屈。"[6]119都未把文质说运用到学术和文学中。

除儒家外，先秦诸子中提及"文""质"的有墨子、庄子和韩非子三家，这三家的共同特点，都是否定文学艺术本身。墨家"尚用"，反对"以文害用"[7]668，由实用价值而"非乐"，自然谈不到乐（代表文学艺术）的文质问题。墨家的社会观点是反对奢汰而主张质朴，故刘向《说苑》之《墨子》佚文说："先质而后文，此圣人之务也。"[8]656这种重质轻文之说，不是文学理论。庄子后学也在《庄子·缮性》篇中谈到文质问题："离道以善，阴德以行，然后去性而从于心。心与心识知，而不足以定天下，然后附之以文，益之以博。文灭质，博溺心，然后民始惑乱，无以反其性情，而复其初。"[9]136文与质也只是指人的文饰和质朴。法家韩非子更激烈反对一切文学。《韩非子·八说》曰："息文学而明法度，塞私便而一功劳，此公利也。"[7]1027他对待文学的态度和墨子一样，突出的是文与用的关系，而不谈文与质的关系，如《五蠹》曰："文学者非所用，用之则乱法。"[7]1104 《亡征》曰："好辩说而不求其用，滥于文丽而不顾其功者，可亡也。"[7]300 《五蠹》又曰："今人主之于言也，说其辩而不求其当焉；其用于行也，美其声而不责其功焉。是以天下之众，其谈言者，务为辩而不周于用。"[7]1111 他只在论到人时才用到"文"与"质"这一对概念，《解老》说："礼，为情貌者也；文，为质饰者也。夫君子取情而去貌，好质而恶饰。夫恃貌而论情者，其情恶也；须饰而论质者，其质衰也。"[7]379 质文关系即人的情貌关系，表现出对礼的否定，这是法家的伦理道德观点。

两汉以降，"文"与"质"逐渐在新的意义上使用。经学大师董仲舒把文与质运用到他的三统循环说的历史观上，他在《三代改制质文》中以为"王者之制，一商一夏，一质一文。商质者主天，夏文者主地，春秋者主人。"[10]204 前一代尚文，其后一代必尚质以救其弊，这就扩大了"文"与"质"概念的内容与运用范围。文质循环说为统治者所倡，司马迁也曾受这风气的影响，如《平准书》说："是以物盛则衰，时极而转，一质一文，终始之变也。"[11]1442 文质说运用到经学和历史学中而未运用到文学中，正反映了西汉前期经学和学术昌盛而文学相对尚未发展的实际情况。司马迁后，根据记载，如终军、杨恽、杜钦、匡衡，特别是刘向，均讲到过文与质的问题，但都没有超越前人的地方。到西汉后期的扬雄时代，辞赋已由勃兴到成熟，成为上至公卿大臣、下至士林文人竞趋创作的文学主潮，必然要促使文学理论的相应发展，"文质"说这时才被扬雄运用到文学中，第一个提出了较完整的"文质相副"的文学理论。

## 二、扬雄"文质相副"说的提出

扬雄是哲学家兼文学家。他第一个把"文"与"质"赋予宇宙天地间的万事万物，而具有了阴阳对立的普遍意义。《太玄·文》说："阴敛其质，阳散其文。文质班班，万物粲然。"[12]97 阴为质，阳为文，阴质与阳文的相副才"万物粲然"。阴阳的对立产生万物，故质文的相副也为万物所具有。所以他又说："天文地质，不易厥位。"[12]205《玄摛》云：夫天地设，故贵贱序。四时行，故父子继。律历陈，故君臣理。常变错，故百事析。质文形，故有无明。吉凶见，故善否著。虚实荡，故万物缠。[12]187 他在《玄文》中用质文形而后有无明的观点来描述万物的产生、变化、发展和消亡："罔、直、蒙、幽、冥。罔，北方也，冬也，未有形也。直，东方也，春也，质而未有文也。蒙，南方也，夏也，物之修长也，皆可得而戴也。幽，西方也，物皆成象而就也。有形则复于无形，故曰冥。"[12]205 将事物的发展描绘成一个由"无形"到"有质无文"到"修长"到"成象"再复归于"无形"的过程，固然还是一种循环论看法，但他认为万物都是文与质的统一，万物因文质相副（阴阳统一）才得以成，却是发前人所未发的精辟见解。《玄掜》明确说"文"是文采、文藻，"质"是质底、素质："文为藻饰。"[12]208 "直……质而未有文也。" "质者，文之素也。"[12]205 文与质的关系就具有了一定形式与内容关系的意义。在《文》中，他进一步具体描述了万物都是文质统一的思想：

初一，袼绘何缦，玉贞。测曰：袼绘何缦，文在内也。[12]97

次二，文蔚质否。测曰：文蔚质否，不能晬也。[12]98

次三，大文弥朴，孚似不足。测曰：大文弥朴，质有余地。[12]98

次四，斐如邠如，虎豹文如，匪天之享，否。测曰：斐邠之否，奚足誉也。[12]98

次五，炳如彪如，尚文昭如，车服庸如。测曰：彪如在上，天文炳也。[12]98

次六，鸿文无范恣于川。测曰：鸿文无范，恣意往也。[12]98

次七，雉之不禄，而鸡苽谷。测曰：雉之不禄，难幽养也。[12]99

次八，雕韱谷布，亡于时，文则乱。测曰：雕韱之文，徒费日也。[12]99

上九，极文密密。易以黼黻。测曰：极文之易，当以质也。[12]99


透过晦涩的哲学用语可看出，扬雄对文、质之间的不同关系作了分析。"袷绘何缦"，是有内在之质而文不外露。"文蔚质否"，是有文无质。"斐如邠如"，是过度的文饰。"雕韱之文"，是以文害质。"极文之易，当以质也"，是求文与质相副。万物都体现文与质的相副相称，自然也包括一切学术和文学。所以在《饰》中他又说：

初一，言不言，不以言。测曰：言不言，默而信也。[12]128

次二，无质饰，先文后失服。测曰：无质失文，失贞也。[12]128

次三，吐黄舌，拑黄聿，利见哲人。测曰：舌聿之利，利见知人也。[12]128

次四，利舌哇哇，商人之贞。测曰：哇哇之贞，利于商也。[12]129

次五，下言如水，实以天牝。测曰：下言之水，能自冲也。[12]129

……

这是说质决定文，如无质而文（"无质饰"），事物就"失贞（正）"。文章著作也如此：黄者中色，在这里就是对文章著作"质"方面的要求，即要表现圣人之道。许翰注说："拑，执也。聿，笔也。君子发言著书不失中道，惟智者能知之，愚者不足语也。《法言》曰：'言，心声也；书，心画也。声、画形，君子小人见矣'。"[13]128"黄舌""黄聿"是对"无质饰""无质先文"而言，也就是文质相副对文质乖离而言。扬雄这种学术和文学上的文质相副思想实际早在年轻时就已形成，如作于成帝阳朔年间（时扬雄不到三十岁）的《反离骚》中，有说屈原的辞赋"何文肆而质薴！"[14]236朱熹注云："肆，放也。薴，狭也。言其文辞放肆，而性狷狭也。"[14]236可见扬雄所谓"文肆"指屈原作品雄放俊逸的文辞和神奇迷离的表现手法，是就作品"文"的方面言；所谓"质薴"，指屈原作品中不能知"时"而行竟自沈身的志向情趣，是就作品的"质"（主要指思想情感）方面言。扬雄年轻时对屈原的这种评价自不可取，晚年他已改变这种看法；但在这里他确实第一次把文质说具体运用到了文学作品的分析中。所以到成帝末年作的《太玄》，在《玄莹》中他便明确简要地概括了他的学术和文学的文质说：

务其事而不务其辞，多其变而不多其文也。也约则
其旨不详，不要则其应不博，不浑则其事不散，不沉则
其意不见。是故文以见乎质，辞以睹乎情。观其施辞，
则其心之所欲者见矣。[12]190

由此可见，扬雄第一个在文学上（也是第一个在哲学上）提
出了初成体系的"文质"说，标志着我国古代文学理论上的一个
新突破。

### 三、"文质相副"说的思想渊源

扬雄的文质说，明显地融合了儒与道、老庄与《周易》的思
想，可以看出道家思想对他文学思想的积极影响。"袿绘何缦，玉
贞。"是从《老子》七十章"是以圣人被褐怀玉"[15]281变化而出。
老子主张归真返朴、大朴不雕：三十二章云"道常无名，朴虽小，
天下莫能臣也"[15]130，三十七章云"吾将镇之以无名之朴"[15]147，
十九章云："见素抱朴"[15]75，十五章云"敦若朴"[15]60，五十七章
云"我无欲而民自朴"[15]232。扬雄说的"大文弥朴"，是取道家之
"朴"（扬弃其不好"文"的一面）以救汉儒过于尚文之敝，而将
儒家的重文和道家的重朴统一起来。"雕鐬之文，徒费日也。"是
取庄子之说，扬雄在《法言·问道》中说过同样的意思："或曰：
雕刻众形者匪天与？曰：以其不雕刻也。如物刻而雕之，焉得力
而给诸！"[13]114庄子以为自然之道不雕刻众形而万物自成，故在
《大宗师》中说，"（道）覆载天地刻雕众形而不为巧"[9]68，《天道》
也说："……覆载天地刻雕众形而不为朽，此之谓天乐。"[9]114扬雄

正是化用庄子的天道自然无为思想以反对过度雕琢虚饰之文，也是以道（老庄）济儒（汉儒）。道家认为物极而反，扬雄也在《玄摛》里以为"阳不极，则阴不萌。阴不极，则阳不牙"。[12]187 他以"质"为阴，以"文"为阳，所谓"极文之易，当以质也"，正是对道家物极必反思想的具体运用。"言不言，默而信也"，又是化取《老子》二十三章之"希言自然"[15]94 和二章"是以圣人处无为之事，行不言之教"[15]10 以及五十六章之"知者不言，言者不知"[15]227，还有七十三章之"天之道，不争而善胜，不言而善应"[15]287，意在反对"利舌哇哇"的文饰虚辞。"下言如水，实以天牝。"司马光说"天牝"为"海"不明确，"天牝"应即《老子》六章所说的"玄牝"："谷神不死，是谓玄牝。玄牝门，天地根。"[15]25,27 玄牝即道。道包容万物，万物复归于道，故又将道及有道之人比之为谷："旷若谷"[15]60，"知其荣，守其辱，为天下谷。"[15]113 谷居下而能汇百川之水，故说"下言如水，实以天牝"。扬雄的文质说，特别强调"质""朴"的一面，这固然有以孔子的思想以纠汉代经学化的儒学之偏的方面，但更有以老庄道家以济汉儒之敝的方面，所以他的用语也带着鲜明的道家色彩。孔子也强调质朴、简约，但汉代的儒学已趋烦琐，与孔子的这一思想相乖违。一般说，儒家繁缛，道家简约。司马谈在《论六家要旨》中比较儒道两家，说道家"与时迁移，应物变化，立俗施事，无所不宜。指约而易操，事少而功多。"[11]3289 而儒家"以六艺为法，六艺经传以千万数，累世不能通其学，当年不能究其礼。故曰：博而寡要，劳而少功。"[11]3290 到西汉后期，经学化的儒学更显繁碎，班固在《艺文志》中说："后世经传既已乖离，博学者又不思多闻阙疑之义，而务碎义逃难，便辞巧说，破坏形体；说五字之文，至于二三万言。后进弥以驰逐，故幼童而守一艺，白首而后能言。"[16]1723 在这样的现实情况下，扬雄的文质说，除强调要明孔子的简易之道外，又汲取道家道法自然的说法以救汉儒之敝，也就是很自然的事。

## 四、扬雄对其"文质"说之"质"的详述

因为要救汉儒以文害质之敝，也因为要救汉赋家文丽用寡之病，故扬雄的文质说在"文"的方面没有多少详论，而在"质"方面却充分展开了论说。他说的文章著作之"质"，包含三个方面：

1. "质"是"情"。孔子对文学的基本要求是"情信"与"辞巧"的统一。扬雄进一步把"情"规定为文章之"质"。他说的"文以见乎质，辞以睹乎情"，就可清楚看出"情"即"质"。"文"在于现"质"，"辞"在于睹"情"，文质相副也就是辞情相副。这个思想正源于孔子。由于古代诗歌合乐，他又从音乐上来阐述这种文质相副，如《玄数》："声生于日，律生于辰。声以情质，律以和声，声音和协，而八音生。"[12]202许翰注云："甲乙为角，丙丁为徵，庚辛为商，壬癸为羽，戊己为宫。故声生于日，天之气也；律生于辰，地之德也。声直之情质，律述之之以和声，而金石丝竹匏土革木之音生，声可和而成文如此。"[12]202扬雄认为乐以声表情，声与情的关系即文与质的关系。但"情"不过就是人内心的欲望，故文以表情也就是表达中心之所欲，《法言·问神》云："面相之，辞相适，抒中心之所欲，通诸人之嚍嚍者，莫如言。"[13]160《玄莹》云："辞以睹乎情，观其施辞，则其心之所欲者见矣。"[12]190文章首先在于表情达心，由此扬雄在《问神》中提出了"书为心画"说："言不能达其心，书不能达其言，难矣哉！……故言，心声也；书，心画也。声、画形，君子小人见矣。声、画者，君子小人之所以动情乎！"[13]160从文学上看，以"情"（人之所欲）为文之"质"，就是强调文学作品以情感

人的特点，要示为情而造文，反对为文而造情。这个思想使他后来对丽以淫的辞赋采取了批判态度。

2."质"是"道"。扬雄以"道"作为宇宙万物的本原。自然之道主宰天地人事，人必须循自然之道而行。因此他把人事与自然之道的关系也称为文与质的关系，《玄莹》道："夫作者贵其有循而体自然也。其所循也大，则其体也壮。其所循也小，则其体也瘠。其所循也直，则其体也浑。其所循也曲，则其体也散。故不攫所有，不强所无。譬诸身，增则赘，而割则亏。故质干在乎自然，华藻在乎人事也……"[12]190 "作"，自然包括学术和著作之作，如《问神》说："或曰：述而不作，《玄》何以作？曰：其事则述，其书则作。"[13]164 作文之事就在体循自然之道，这与他的表现中道的"黄聿"之说正一致。扬雄认为，儒家圣人的经典就体现了"道"，《吾子》道："舍舟航而济乎读者末矣，舍五经而济乎道者末矣。弃常珍而嗜乎异馔者，恶睹其识味也；委大圣而好乎诸子者，恶睹其识道也。"[13]67 "道"必待"文"而后成，五经均以道为"质"，而又加以藻饰，故为一切文章著作的典范，《寡见》以玉为喻说："或曰：良玉不雕，美言不文，何谓也？曰：玉不雕，玙璠不作器；言不文，典谟不作经。"[13]221 文与道的关系，他又比之为华与实的关系，《问明》道："孟子疾过我门而不入我室。或曰：亦有疾乎？曰：撼我华而不食我实。"[13]181 在扬雄之前，荀子讲文以明道，《诗大序》讲文以表情，扬雄的文质说把两者统一起来。

3."质"是"事"。"情"和"道"都无形不可见，必须表现和反映在具体的"事"中。故扬雄又从尚用出发，把"事"也规定为文章之"质"。《吾子》云："或问：君子尚辞乎！曰：君子事之为尚。事胜辞则伉，辞胜事则赋；事辞称则经。足言足用，德之藻也。"[13]60 文与质的相副又具体表现为辞与事的相副。他的文质说的一个重要思想，本来就是"务其事而不务其辞"。儒家经典是辞与事的完美统一，故《问神》又说"事辞称则经"，事辞不称，文质不副，则"不经"："书不经，非书也；言不经，非言也。言书不经，多多赘矣。"[13]164文章之用就是载事、传事："弥纶天下之事，记久明远，著古昔之昏昏，传千里之忞忞者，莫如书。"[13]160他自称《太玄》是"其事则述，其书则作"，正是据"事辞称则经"的标准著书立说的。他也用这条标准来评价作品，如《重黎》说："或问《周官》，曰：立事。左氏，曰：品藻。太史迁，曰：实录。"[13]413"立事""品藻""实录"都就文章如何以"辞"载"事"而言。《汉书·司马迁传赞》说"自刘向、扬雄博极群书，皆称迁有良史之才，服其善序事理，辨而不华，质而不俚，其文实，其事核，不虚美，不隐善，故谓之实录。"[16]2738这是对扬雄以"事"为"质"、主张辞事相称的很好说明。

总之，扬雄在前人思想成果和当时文学发展的基础上首先提出了系统的"文质相副"说。他的"文质"说受到道家的影响，其基本看法是质决定文，文表现质，质待文而成，文附质而行，要求文质相副。他说的"质"包含了"情""道""事"三个方面。扬雄之时虽然辞赋已成为独立的文学形式，但文学思想尚未能从整个学术中分离出来，成为独立的理论。扬雄的文质说，往往将学术作品和文学作品不分，而忽视了对文学本身特点的分析，这是它的时代造成的一个缺陷；但学术和文学上的文质之说由扬雄首先提出，却不容抹煞。

**参考文献：**

[1] 王元化. 文心雕龙创作论 [M]. 上海：上海古籍出版社，1979.

[2] 刑昺. 论语注疏 [M]. 唐宋注疏十三经（册四）[M]. 北京：中华书

局影印《四部备要》本，1998.

　　［3］孔颖达. 礼记注疏［M］. 唐宋注疏十三经（册二）［M］. 北京：中华书局影印《四部备要》本，1998.

　　［4］孔颖达. 春秋左传注疏［M］. 唐宋注疏十三经（册三）［M］. 北京：中华书局影印《四部备要》本，1998.

　　［5］孔颖达. 尚书注疏［M］. 唐宋注疏十三经（册一）［M］. 北京：中华书局影印《四部备要》本，1998.

　　［6］孔颖达. 周易注疏［M］. 唐宋注疏十三经（册一）［M］. 北京：中华书局影印《四部备要》本，1998.

　　［7］韩非著，陈奇猷校注. 韩非子新校新注［M］. 上海：上海古籍出版社，2000.

　　［8］孙诒让. 墨子闲诂［M］. 北京：中华书局，2001.

　　［9］王先谦. 庄子集解［M］. 北京：中华书局，1987.

　　［10］苏舆. 春秋繁露义证［M］. 北京：中华书局，1992.

　　［11］司马迁. 史记［M］. 北京：中华书局，1959.

　　［12］扬雄撰，（宋）司马光集注，刘韶军校点. 太玄集注［M］. 北京：中华书局，1998.

　　［13］汪容宝. 法言义疏［M］. 北京：中华书局，1987.

　　［14］朱熹. 楚辞集注［M］. 上海：上海古籍出版社、安徽教育出版社，2001.

　　［15］朱谦之. 老子校释［M］. 北京：中华书局，1984.

　　［16］班固. 汉书［M］. 北京：中华书局，1962.

# "丽则":扬雄赋论与汉赋嬗变①

车　瑞　刘冠君

## 一、弘丽：本质的体认与深化

"丽"者，"弘丽"之谓也。"丽"之一字，乃是扬雄赋论的关键词。无论是扬雄早期创作的模拟风旨，如名作《甘泉》《羽猎》等，还是他晚年悔赋之憬然而悟，明确表态"壮夫不为"等，无不围绕"丽"字立论。"丽"之内涵，不仅打着扬雄之前文学思想的鲜明印记，还带有大汉王朝宏伟壮丽的文学风貌，这些都是赋所以独立成体与区别其他文学样式的决定性因素。"丽"作为汉赋审美特性的提出，蕴含着扬雄对赋体文学本质特征的深刻洞察，也呈现出扬雄对文学形式与内容完美结合的整体思考。

在扬雄之前，"丽"作为审美概念已经进入赋的批评领域。面对众多文人对赋的责难，汉宣帝回护说："辞赋大者与古诗同义，小者辩丽可喜。"② 随后，围绕"大者与古诗同义"之说，展开了对赋所表达内容的探讨，将赋的意义与诗三百所代表的价值规范联系起来进行考察。汉宣帝将赋体的价值提到了一定的高度是尊体的表现，而尊体正是文体自觉的重要标志，就是这一随口应答，成为扬雄赋论展开之先声。"辩丽可喜"则是对赋的宽容与怜爱，与古诗同义乃是对赋体的理想期许，但并非所有的赋都能达到这

---

① 原载《武汉大学学报》（人文科学版）2015 年第 4 期。
② 《汉书》，中华书局 1975 年，第 2829 页。

种境界；而赋之小者虽未达到这一高度，却拥有"辩丽"的审美特色。"辩丽"之所以可喜，乃是因为：辩通之于声调流畅，韵律动人；丽通之于文辞华美，富艳悦目。扬雄后来对赋的尊尚与贬抑在某种意义上也可以说是遵循着宣帝开创的这两条路径。

在"丽"的概念进入赋论之前，它的本义为偶俪，之后又引申出附丽、连缀等义，再进一步引申出美丽的含义。在宣帝之前，作为美丽之义的"丽"已经大量出现，开始时多用来形容容貌与屋宇，后来用到音乐欣赏方面，如《淮南子·原道训》："目观《掉羽》《武象》之乐，耳听滔朗奇丽《激》《抮》之音。"① 用其来形容音乐的美妙，乃是"丽"作为批评术语进入赋论的桥梁，所以才会有宣帝的言论。扬雄的赋作也多次用其美丽之义，如《羽猎赋》云："丽哉神圣，处于玄宫。"②"未皇苑囿之丽，遊猎之靡也。"③ 用"丽"形容宫殿与苑囿风貌。大量美丽之"丽"在其他领域中被使用，是"丽"进入赋体文学批评的重要契机，而汉宣帝的无心栽柳，则成为其进入赋论的开始。扬雄正是从此背景下，将此字纳入了赋体批评之中，并将之作为赋体文学的本质特征进行重点论证。

扬雄生长于相如辞赋之乡，成年于武宣盛世之后，辞赋的繁华方兴未艾。一方面是以司马相如为代表的汉赋模式的形成，另一方面时主如汉成帝热衷于辞赋铺夸，扬雄好辞赋便在时代氛围之下成为自然而然之事。《扬雄传》曰："先是时，蜀有司马相如，作赋甚弘丽温雅，雄心壮之，每作赋，常拟之以为式。"④ 对相如

① 《淮南子》，陈广忠译注，中华书局 2012 年，第 45 页。
② 《汉书》，中华书局 1975 年，第 3542 页。
③ 同上书，第 3553 页。
④ 同上书，第 3515 页。

赋的推崇与模拟是扬雄辞赋创作的开始，而他所取法的是相如赋的"弘丽温雅"——"温雅"姑且不论，而相如的"弘丽"确是一种代表着汉代盛世气象的博大之丽，即"弘丽"：从大赋规模之弘到描述心胸之弘，由铺排文辞之丽到描绘内容之丽，都成为扬雄取法的内容。相如赋具有这种气象，才使得《西京杂记》中会出现托名相如的"赋迹""赋心"之说，也使得扬雄能够拥有足够的资源在《河东》《甘泉》《羽猎》《长杨》四赋中实现模拟与创新的有效融合。扬雄在与刘歆的书信中说自己："少不得学，而心好沈博绝丽之文。"①"沉博绝丽"就是对"弘丽"内涵的注解，在博大的基础上加之以深沉，而又将"丽"的要求推到了极致。我们反过来看，有理由相信班固所说的"弘丽"或是从扬雄自述的"沉博绝丽"中而来，而班氏在词汇提炼的过程中，丢失了一部分扬雄对"丽"的狂热追求以及重视赋之内涵深沉的创作倾向。前者是扬雄前期尚丽赋论之典型代表，而后者正是扬雄后期赋论转变的种子，从对形式文辞的强调转而更为重视内容，更为重视赋的教化作用。扬雄在理论上对"丽"的强调，充分体现于自己的创作实践。

　　无论是"弘丽"还是"沉博绝丽"，都是汉大赋根本特征的本质表述，标志着扬雄早期关注的重点在于汉大赋，而且是对于司马相如创作传统的继承发扬。扬雄对于"丽"的认识在后期得到进一步深化，但是对于"丽"乃赋之本质的看法却始终未曾改变，他虽然会以有用无用来衡量，却还是能够在提出新的创作标准时，仍然坚持"丽"的传统要求，从他对于"丽则""丽淫"的辩析就可看出，无论是诗人之赋还是辞人之赋，都在"丽"的笼罩之下，

① 林贞爱：《扬雄集校注》，四川大学出版社 2001 年，第 201 页。

著作选录

将"丽"作为赋体的本质特征，也就更加清楚明白。两百余年后，在文学全面自觉的时代，曹丕《典论·论文》在概述诗赋的特点时，还对此遥遥呼应说："诗赋欲丽。"如果说"丽"还是诗赋共有，那么"弘丽"与"沉博绝丽"则是大赋所独有，是扬雄对于大赋深刻体认之后的不易定论。

扬雄对于赋的认识并未止于"丽"之一面，而且随着后期思想的转变，对于赋的思考也开始发生变化，从偏重艺术风格转而更重思想内容，从对文体本质特征的认识，转向了大赋本体价值的探索。

## 二、丽则：扬雄的反思与重铸

扬雄晚年所面对的社会现实日趋严峻，心中忧惧日深。他开始思考赋的本体价值，鉴于之前所献大赋欲谏反讽的弊端，于是发表了悔赋言论。《扬雄传》说："雄以为赋者，将以风也，必推类而言，极丽靡之辞，闳侈钜衍，竞于使人不能加也。既归之于正，然览者已过矣。往时武帝好神仙，相如上《大人赋》欲以风，帝反缥缥有凌云之志。繇是言之，赋劝而不止，明矣。又颇似俳优淳于髡、优孟之徒，非法度所存，贤人君子诗赋之正也。于是辍不复为。"① 扬雄认为赋想要讽谏，必然铺排联类，使文辞丽靡之极，铺扬张厉，纵横恣肆，虽然会想方设法地表达主旨，结果却不惬人意，劝而不止，反而变本加厉，难以收到讽谏的效果。如此一来，丽靡之辞的存在价值就成了问题。

扬雄"尚丽"有一个历时的发展过程，即前期的崇尚"绝丽"

---

① 《汉书》，中华书局1975年，第3575页。

"弘丽",到后期对"丽"进行反思,从赋的功用角度切入来批判对"丽"的单纯崇尚。这一过程与他对赋体文学的认识紧密相关,标志着他对赋的重视从艺术层面转移到了本体层面,艺术形式让位于理性主旨。一方面体现了赋在当时势力之大,文体自觉性之高,对艺术美的追求之切,以至于引起了正统文教观念的对抗;另一方面也体现了以功用价值来衡量文学的观念始终占据主导地位,纯粹审美意义上的文学创作还要等到魏晋才会大量出现。

扬雄的转变有着深刻的思想背景,并非简单赋体观念的变化。扬雄文学思想由早年"心好沉博绝丽之文"到后期"女恶丹华之乱窈窕也,书恶淫辞之淈法度也"的悔赋之变,"只是交战于他思想中的矛盾的表面,而其深层,则无疑是双重主旨,如同交响乐中两个主旋律(文以载道与文道玄览)在扬雄意识中的反复出现"①。这一方面作为道、儒矛盾在扬雄身上的集中体现,另一方面表现出自然之道与伦理之道的交融,伦理之道占据了上风,因此他便以"正"来规范赋,以取代以相如为代表的汉赋旧范式,以创造有益于教化的新规则,于是"丽则"说的提出也就自然而然了。扬雄《法言·吾子》说:

> 或问:"景差、唐勒、宋玉、枚乘之赋也,益乎?"曰:"必也淫。""淫则奈何?"曰:"诗人之赋丽以则,辞人之赋丽以淫。如孔氏之门用赋也,则贾谊升堂、相如入室矣。如其不用何?"②

---

① 许结:《汉代文学思想史》,人民文学出版社 2010 年,第 207 页。
② 扬雄:《法言》,韩敬译注,中华书局 2012 年,第 33 页。

"淫"本为过甚之意，子曰"郑声淫"，《书》曰"罔淫于乐"①，都是形容音乐过甚，破坏了尽善尽美的艺术理想与中正不颇的平衡状态。这表现于赋论，即扬雄少时所好之"绝丽"，后期所批评的"闳侈钜衍"，故而对于文采铺张的过分追求，影响到了赋作内容的表达与现实作用的发挥。扬雄批评景差、宋玉等人的作品为辞人之赋，将之作为"丽以则"的反面典型加以否定。

"则"本是定差等的界划标准，即评判法则②。如刘熙载比较了《扬雄传》说相如赋"宏温雅丽"与扬雄的"丽以则"，指出"则与雅无异旨也"③；再如《左传·隐公十一年》传"恕而行之，德之则也，礼之经也"④，以经、则对举，可以看出二者意义相似，指一种稳固的评判标准。扬雄以"则"论赋，就是为赋的创作确立一个正确标准；而这一标准的内涵，其实就是儒家经典"诗三百"的雅正思想，这从孔子对待郑、卫之音的态度即可看出。许结说："从大的文学传统来讲，赋的传统独立性是不强的，是受到诗的影响，而构成了'以诗代赋'的批评传统，我们对赋的批评就带着这样的印记，诗歌批评的印记，包括早期赋家自己的批评也是如此，如扬雄所说'诗人之赋丽以则'（《法言·吾子》），都是这样一个传统。"⑤ 下面我们看下扬雄《法言》与"丽则"说相近的三条论述：

> "女恶华丹之乱窈窕也，书恶淫辞之淈法度也。"

① 陈戍国：《尚书校注》，岳麓书社 2004 年，第 13 页。
② 段玉裁：《说文解字注》，浙江古籍出版社 2010 年，第 179 页。
③ 刘熙载：《艺概》，上海古籍出版社 1978 年，第 95 页。
④ 杨伯峻：《春秋左传注》，中华书局 2013 年，第 77 页。
⑤ 许结、潘务正：《赋学演讲录》，北京大学出版社 2009 年，第 188 页。

或问："交五声、十二律也，或雅、或郑，何也？"
曰："中正则雅，多哇则郑。"

或问："君子尚辞乎？"曰："君子事之为尚。事胜辞
则伉，辞胜事则赋，事、辞称则经。足言足容，德之
藻矣！"①

第一条将淫辞与法度相对，指出淫辞是文章大害，关键就是
破坏法度。这里的法度就是"则"。第二条，将雅、郑并举，也就
是则、淫对举，中正乃是遵循法度的表现与结果，同时也是儒家
构建理想社会范式与个人行为模式的重要标准。第三条辨析事、
辞，"伉"有质直之义，而"赋"则涉及扬雄批评辞人之赋的特点
"淫"，即辞藻过盛。"事、辞称则经"，既可以理解为事、辞相称
的就是经典，也可以理解为达到了经典所代表的理想境界，亦即
"丽则"规范。

扬雄提出丽则、丽淫说是想用经学理想规范漫衍不归的赋，
以期将这种文学样式纳入儒学庞大的教化体系之中。他的"丽则"
概念表达就是"中正"标准，就是文与质的完美结合，他把儒家
文质这个经久不衰的话题推衍到了赋论领域。而这种新规范的提
出，也正是汉赋自觉的重要标志，它开始向自己想要的方向发展，
向某个理想标杆靠近，不断地调和自身与这个理想之间的矛盾，
缩短二者之间的距离，正是在这一取法的过程中，改变了之前混
沌的存在状态，成为自我体认的有意识的主体。可以说，汉赋在
规范之下的自觉，一是应答了理论的指导，赋作向理论要求的高
度靠近，产生部分积极的变化；二是面对理论的指导，显现出强

---

① 扬雄：《法言》，韩敬译注，中华书局 2012 年，第 39 页。

著作选录

大的自主性，并未顺从评论家的指挥棒立即行动，而是沿着原来的轨道和惯性继续滑行，只有到了新的时代，依靠多种因素的作用，才能出现根本性转变。

### 三、自觉：大赋的遵从与背反

扬雄"丽则"说提出之后，反应最为迅速的当属班固。班固与扬雄时代相近，而生活环境却大不相同——一个是西汉乱局，一个是东汉新政；一个是礼崩乐坏，一个是经学重建。生时寂寞的扬雄，"丽则"赋论恰好适应了东汉前期的社会形势，班固成为他的第一个追随者。"其后宋玉、唐勒，汉兴枚乘、司马相如，下及扬子云，竞为侈丽闳衍之词，没其风谕之义。是以扬子悔之曰：'诗人之赋丽以则，辞人之赋丽以淫。如孔氏之门人用赋也，则贾谊登堂，相如入室矣，如其不用何！'"① 班固完全赞同扬雄的观点，并以此为标准评价扬雄早期作品，将之与宋玉等人比较，视为辞人之赋的代表。班固认为，"扬子悔之"是关键一环，他认识到了扬雄前后思想的变化，并由此将扬雄赋论与赋作区别开来。班固一开始就接受了扬雄的"丽则"说，将诗人之赋与"丽则"作为创作标准，在《两都赋》中出现了与西京大赋不同的地方。不过，这种变化是微小的，而且集中体现在颂扬上，继续发挥汉赋"美"的功能，直接导致劝诱，而非讽谏。《东都赋》毫不吝惜赞扬之笔，从王莽之乱一路说起，将汉朝光辉历史细细道来，赞颂力度比《文王》《公刘》诸篇颂周有过之而无不及，对明帝更是称颂备至：班固作品发出"盛哉乎斯世"的感慨，恰可作为此赋

---

① 《汉书》，中华书局 1975 年，第 1756 页。

的中心点题，更遑论之后的《明堂》《辟雍》《灵台》《宝鼎》《白雉》五诗了！

班固的赞颂在张衡的《东京赋》中变本加厉，张赋对东汉制度的颂扬不遗余力，其有别于班赋的地方在于对礼的重视，张衡借安处先生之口批评曰："苟有胸而无心，不能节之以礼，宜其陋今而荣古也！"①"礼"就是《东京赋》的中心，这与扬、马赋作对于山川、器物等穷奢极丽的铺陈已有不同，扬、马的传统被他集中地留在了《西京赋》中，留在了被批判的凭虚公子口中。延续班、张的颂扬之路，到王延寿的《鲁灵光殿赋》登峰造极，其延续《诗经》进行颂扬的目的明确体现在《序》中："诗人之兴，感物而作。故奚斯颂僖，歌其路寝，而功绩存乎辞，德音昭乎声。物以赋显，事以颂宜，匪赋匪颂，将何述焉？"②赋的结尾（乱辞）云："栋宇已来，未之有兮。神之营之，瑞我汉室，永不朽兮。"③充分表明作者对大汉王朝的归属感和身为此强大王朝子民的荣耀感。不过，王延寿没有从东汉新建的宫殿中找出一个吟咏对象，反而是对西汉遗留下来的一个王国宫殿情有独钟，将之作为大汉声威的代表，正可看出东汉人对西汉旧梦的迷恋，也间接地看出时人对于危机渐起的东汉王朝满怀忧虑。颂扬一路也在东汉王朝日渐混乱的形势下由盛转衰，汉赋的格局即将发生重大变化。

对于扬雄"丽则"说的尊从与背反集中体现于一人身上，那就是赞成扬雄最力的班固。他的《两都赋序》表现出对汉赋的不同观点，认为武宣盛世的众多赋作"或以抒下情而通讽喻，或以

---

① 《文选》，上海古籍出版社 2013 年，第 93 页。
② 同上书，第 509 页。
③ 同上书，第 518 页。

宣上德而尽忠孝"①，某种意义上否定了扬雄对这些赋作"丽以淫"的评价。而观乎班固的《两都赋》，却是"宣上德"者多，而"抒下情"者近乎无，所谓的讽喻更是难得一见。号称有讽谏之意的《二京赋》，尽管张衡精心构思，着笔用力，讽谏效果却微乎其微。

由此看来，大赋已是积重难返，想要用大赋来讽谏，只能是不免于劝。赋家讽谏之心虽在，但所用的体制仍是扬、马旧式，故讽谏效果自然不佳。汉大赋的这种尴尬处境，集中体现了正统文学理想与赋体文学自身倾向之间的矛盾。在古典标准与自身规律的冲突交融之中，汉赋取得了自身的发展。不过这种发展并不体现于汉大赋，即使左思的《三都赋》也不过篇幅加长，铺陈增丽而已。汉赋真正发生变化，由铺陈大赋到抒情小赋转变，是由班彪的《北征赋》开启的。

## 四、转变：小赋的形成与开拓

在《北征赋》之前，扬雄的《解嘲》运用大赋的体制来抒写心中抑郁，已经有了转变的痕迹。所谓"当涂者入青云，失路者委沟渠；旦握权为卿相，夕失势为匹夫"②，言辞大胆犀利，已非《子虚》《甘泉》诸大赋可比，已有赵壹《刺世嫉邪赋》的雏形。扬雄后期的赋作与学术论著，改变了前期弘丽的风格，增加了沉博的内容，模拟经典的行为与愤世嫉俗的批判，都表明他开始向自己所提出的丽则标准靠近。

《北征赋》是两汉之交出现的佳作，采用骚、散两种句式，带

---

① 《文选》，上海古籍出版社 2013 年，第 3 页。

② 林贞爱：《扬雄集校注》，四川大学出版社 2001 年，第 127 页。

有强烈的个人情感色彩，蕴含了一些近乎诗人之义的因素，由一己遭际上升到对社会现实的感伤，正与《黍离》等篇立意相类。班彪以行迹为线索，触目所见，有感而发："余遭世之颠覆兮，罹填塞之阨灾。旧室灭以丘墟兮，曾不得乎少留。遂奋袂以北征兮，超绝迹而远游。"[①] 黍离之悲、身世之感，全部都凝聚在一唱三叹、盘桓郁结之中。至于"风猋发以飘飘兮，谷水灌以扬波。飞云雾之杳杳，涉积雪之皑皑。雁邕邕以群翔兮，鹍鸡鸣以哜哜"，"游子悲其故乡，心怆悢以伤怀。抚长剑而慨息，泣涟落而霑衣"[②]，无论写景还是抒情，都已经向诗歌靠近，而且比诗经、楚辞在艺术上更加成熟，不但成为汉大赋向抒情小赋转变的过渡，也可看做诗歌高潮即将到来的标志。彪女班昭《东征赋》也有类似特点，只是情感要单薄得多。紧接着就是张衡的转变，《归田赋》拓展了二班赋作的写景抒情因素，从外在的讽谏颂扬转向个人情怀的抒发，抒情小赋也就在转变中形成，汉赋的转型至此真正获得了实现。

抒情小赋实现了扬雄"丽以则"的审美理想，而其途径便是赋的诗化。从隐微一面来看，抒情小赋与三百篇血缘更近，而非汉人用伦理教化标榜的"诗经"；从艺术形式与成就看，比它脱胎的母体更加成熟；从体制看，长期以来持续发展的骚体赋，无论结构方法还是抒情基调，乃至句型都是骚体模式。这不仅体现于骚、散结合的《北征赋》，而且《归田赋》"游都邑以永久，无明略以佐时。徒临川以羡鱼，俟河清乎未期"式的句子，也是《离骚》句式去掉"兮"字的结果。"从《二京赋》到《归田赋》，暗

---

① 《文选》，上海古籍出版社 2013 年，第 426 页。
② 同上书，第 429 页。

著作选录

示了辞人之赋到诗人之赋的递转，这一递转的意义就在于把主体意识和抒情因素带入赋中，并由此开拓了赋的题材与意趣，从而有可能与辞人之赋构成某种张力，打破其创作上的固定思路与格局，刺激其再度发展。"① 所以，看待这种递转，不能仅仅将目光集中在汉赋体制的变化，更要关注赋家日益浓重的主体意识。在由重功用转而重愉悦、由体国经业转而抒发穷愁的过程中，"丽则"说发挥了独特的作用，它跨过扬、马模式，将赋重新引回了诗骚传统，固持了赋体的文学艺术特性，是文学自觉主旋律的时代和弦。

美、刺是汉代诗学最为重视的两端，"丽则"说所指向的诗人之赋正是通过这两端表现出来，它的意义不仅吸引汉赋向美、刺靠近，而且指引着后世赋家超越了汉儒，转而注重诗之本义，创作旨归由教化转向抒情，由社会转向个人，由外部描绘转向内心表达。从创作实践看，由大赋到抒情小赋的蜕变，由辞人之赋到诗人之赋的转折，呼应了扬雄的"丽则"说，是创作与理论的良性互动，同时"丽则"说也对汉赋体制的固定与成熟发挥了正面作用。

## 扬雄汉赋观刍议②

踪　凡　冷卫国

扬雄是西汉末年著名的哲学家、语言学家和赋家，同时也是影响深远的汉赋研究专家。同他的一生言行与思想性格相似，扬雄的汉赋观也充满了矛盾，有着前后期的区别，致使两千年来人

①　曹虹：《诗人之赋与辞人之赋——汉魏六朝赋研究》，载《学术月刊》1991 年第 11
　　期，第 45 页。
②　原载《陕西师范大学学报》（哲学社会科学版）2004 年第 5 期。

们对其褒贬不一，争论颇多。扬雄的汉赋观的确有不少革新与创见，为汉赋研究作出过自己独特的贡献，但也存在着保守、偏激的地方，对后世造成了长期的消极影响。本文拟从四个方面探讨扬雄汉赋观的主要内容，并试图挖掘扬雄晚年鄙薄、否定汉赋的内在原因。

## 一、讽谏：汉赋的立身之本

汉赋讽谏说并非自扬雄始，西汉中期的司马迁就曾指出过相如赋"其旨风谏，归于无为"。但扬雄无疑把这一观点推向了极致，甚至达到了非讽谏不足以生存的地步。这是一种极端功利主义的汉赋观与文学观。

讽谏说贯穿了扬雄的一生，并非是他晚年的新见解。《汉书·扬雄传》说他"少而好学"，"自有大度"，"非圣哲之书不好也，非其意虽富贵不事也"，渐渐形成了儒家的思想观念和理论体系。他早期创作的四大名赋《甘泉》《校猎》《河东》《长杨》，非"讽"即"劝"，已表现出强烈的现实针对性和社会功利性。据《汉书》本传，扬雄创作《甘泉赋》，是由于他不满甘泉宫的豪奢，希望汉成帝能戒奢从俭；其创作《河东赋》，是为了鼓励汉成帝把追慕先圣的念头付诸行动；创作《校猎赋》，是为了批判汉武帝广开上林苑的"夺民"之举；创作《长杨赋》，则是为了揭露汉成帝为"大夸胡人以多禽兽"而举行的大规模围猎。这些赋作的讽谏意味都是非常强烈的。正因为四赋的创作属于见景生情，一触即发，针对性强，讽谏意图明显，所以较之司马相如赋而言，篇幅短小，最长的也只有一千多字，有时还直接说理，以增强其教化作用。

然而，文学是语言的艺术，它首先要通过生动的语言材料来感染人，启发人，教育人，进而起到潜移默化的社会效果。而且，诉诸感官、娱悦耳目是文学赖以存在的首要条件，没有美感、不能引起情感共鸣的文字形式便不能称之为文学。扬雄处于文学走向自觉的早期阶段，他对此并不十分清楚，而是以学术著作的标准来要求文学，要求辞赋，怀着极其强烈的功利目的去从事汉赋创作，把讽谏作为汉赋的命根子，希望能起到立竿见影的效果。所以，一旦他创作的汉赋达不到预期的目的，甚至还起到相反的作用，他便在极度失望中愤而倒戈，大骂汉赋是雕虫小技，发誓不再创作，以至于连他早年崇拜的司马相如也给予了严厉的批评。

> 雄以为赋者，将以风也，必推类而言，极丽靡之辞，闳侈钜衍，竞于使人不能加也，既乃归之于正，然览者已过矣。往时武帝好神仙，相如上《大人赋》欲以风，帝反缥缥有陵云之志。由是言之，赋劝而不止，明矣。又颇似俳优淳于髡、优孟之徒，非法度所存，贤人君子诗赋之正也，于是辍不复为。[1]《汉书·扬雄传》
>
> 或问：吾子少而好赋？曰：然。童子雕虫篆刻。俄而曰：壮夫不为也。
>
> 或曰：赋可以讽乎？曰：讽乎！讽则已；不已，吾恐不免于劝也。[2]《法言·吾子》

在扬雄看来，讽谏是汉赋的立身之本，是汉赋赖以生存的先决条件。而汉大赋不仅起不到讽谏作用，反而"欲讽反劝"，"劝而不止"，要它还有何用？于是在一阵痛斥之后，便"辍不复为"，放弃了汉大赋的创作。比较而言，司马相如身处汉武盛世，他的夸饰渲染适应了大汉帝国蒸蒸日上的国势，因而有进步意义；相如赋虽起不到讽谏作用，但在当时也不致为人诟病。而扬雄身处成哀之际的衰世，当时政治黑暗，民不聊生，所以扬雄虽拟相如赋，其创作意图却主要在于规讽而不在于颂扬，这是扬雄重视讽谏的根本原因。所以扬雄"壮夫不为"的悔叹，既包含了他创作的甘辛体会，也有极为深刻的社会原因。但扬雄的汉赋观功利性太强，他把儒家保守的经世致用的文学观念发展到一个顶峰，对后世造成了十分深远的影响。强调文学的社会作用和作家社会责任感的文学批评家，大都打着扬雄的旗号；而古往今来批判、否定汉赋者，也都不约而同地把扬雄抬了出来，他们以为赋家否定汉赋最为权威，最能说服人，有些道学家甚至由此发展为文学取消主义。这两种不同的观点都是扬雄文艺观的发展。

需要说明的是，扬雄在晚年"辍不复为"的仅限于铺张扬厉、劝百讽一的汉大赋，他并没有因此而中止抒情赋的创作，并写下了著名的《逐贫赋》和《解嘲》。扬雄毕竟是一位大作家，他在探索汉赋发展的新路。

## 二、丽则：汉赋的最高境界

像扬雄这样一位功利性很强的文学批评家，似乎很难对汉赋的文学性、艺术性有所体认。令人惊讶的是，扬雄有时竟能冲破儒家传统思想的束缚，从现实出发，从汉赋创作的实际出发，对汉赋"丽"的特点给予了一定程度的肯定，闪烁着思想和智慧的火花，也反映出扬雄文艺思想的矛盾性和复杂性。

或问：景差、唐勒、宋玉、枚乘之赋也益乎？曰：必也淫。

221

淫则奈何？曰：诗人之赋丽以则，辞人之赋丽以淫。
如孔氏之门用赋也，则贾谊升堂、相如入室矣。如其不
用何？[2]《法言·吾子》

《法言》是扬雄后期的著作。在这里，扬雄把在他之前产生的
赋作分为"诗人之赋"与"辞人之赋"两大类，这是在对赋的思
想内容、艺术特色、社会功用以及赋家的才学身份、趣味风格作
出综合研究后而进行的分类，开后代汉赋分类的先河。（同时代的
刘向、刘歆将汉赋分为四类，详见《汉书·艺文志·诗赋略》。）
这两大类作品有一个共同的特点，那就是"丽"。在扬雄之前，司
马迁曾指出过相如赋"靡丽多夸"，那是对具体作家作品的论断，
而扬雄的"丽"则是在对此前所有赋家赋作进行全面考察后，所
作出的理论概括和审美评价，因而具有很大的抽象性和普遍性。
这里所谓的"丽"，主要是指语言华丽，富于文彩，同时也包括结
构的匀称和风格的优雅。扬雄早年对"弘丽温雅""侈丽闳衍"的
相如赋十分崇拜，"常（尝）拟之以为式"，所以他创作的赋都深
具"丽"的特色。而且在扬雄看来，"丽"不仅是所有汉赋的共
性，也为其他著作甚至经典论著所具备。《法言·解难》云：

"典谟之篇，《雅》《颂》之声，不温纯深润，则不足
以扬鸿烈而章绛熙。"

犹如玉璞经过雕琢方成珍器，经典也是经过圣人润色语言、
锤炼文辞而后成文，换言之，缺乏言辞文采便不成其为经典，而
经典的光辉"炳若丹青"，历久愈明。可见在扬雄心目中，"丽"
的地位是何等的重要了。此后的班固、王充等人都对"丽"有所

论述（倾向于否定），而曹丕更从正面提出"诗赋欲丽"的著名论断，被鲁迅称为"文学自觉时代"的标志。他们无疑都继承并发展了扬雄的这一观点。

但扬雄对"丽"的强调是有限度的，丽辞藻绘必须合乎"则"，合乎法度，否则便是"侈丽""淫丽""靡丽"，便失去了价值和意义。这里的所谓"则"，主要应指儒家的思想原则，伦理规范。扬雄《法言·吾子》说过："舍舟航而济乎渎者，末也；舍五经而济乎道者，末也。"《法言·问神》又说："书不经，非书也；言不经，非言也；言书不经，多多赘矣！"扬雄潜心研读儒家经典，并以绍继孟子的道统自居，构建了明道、征圣、宗经的文学批评模式[3](P528-532)。但他并非醇儒，在《太玄·至昆》还说过"鸿文无范"，《法言·问道》言"道者，通也，无不通也"，显得通达多变，顺随自然，突破了儒家的批评模式，吸收了道家的新鲜内容。扬雄的"则"，自然也就成了以儒家思想为主体而又融合儒道、循法自然的规范与法则了。

"诗人之赋丽以则"，"丽则"是扬雄所崇尚的最高境界，是其汉赋观的重要内容。丽与则，同文与质、华与实、辞与事是同等类型的概念，用今天的话说，就是形式与内容的辩证统一。扬雄认为内容与形式同等重要，不可偏废：

> 事胜辞则伉，辞胜事则赋，事辞称则经。足言足容，德之藻矣。[2](《法言·吾子》)
> 实无华则野，华无实则贾，华实副则礼。[2](《法言·修身》)

这显然继承了孔子"文质彬彬"的观点，对事与辞、实与华、文与质的关系作了辩证的理论阐发。从汉赋的角度而言，那就是既要有华美的形式，艳丽的语言，又要有雅正的内容，实际的效用，只有二者相辅相成，才能使作品兼具实用与审美的双重意义，也才是汉赋的最佳境界。以此为出发点，扬雄对于丽辞雅义、符采相胜的"诗人之赋"予以充分肯定，而对于繁华损枝、腴辞害骨的"辞人之赋"表示了极端的不满。

扬雄所倾心称颂的"诗人之赋"，应该指荀卿、屈原等人的辞赋作品，这从他认为"屈原文过相如"，并且"悲其文，读之未尝不流涕也"可以看出，探究荀、屈之作，或者语言艳美，文辞雅丽，或者具有"比兴之义"，"规讽之旨"，扬雄将其奉为楷模是理所当然的。但对于景差、唐勒、宋玉、枚乘，乃至贾谊、司马相如的赋作一概目为"丽以淫"的"辞人之赋"而加以批判，就未免过于武断，缺乏具体的分析。因为贾谊赋与屈原辞赋并无太大区别，而枚乘、相如赋也具有明显的讽谏之意。扬雄批判他们的辞赋丽辞过甚，夸饰过多，因而伤害了事物的真美，汩没了作品的真义，影响了讽谏作用的实现，造成了"欲讽反劝""劝而不止"的不良后果。其实，汉赋中"劝"的内容，即大量的铺陈渲染，正促进了文学由"言志"到"体物"的转变；"丽"的文辞，正是汉赋相对于往代文学的巨大审美创造，为丰富中国古代的文学语言和创作技巧、促进文学艺术走向自觉时代作出了重要贡献。扬雄对汉赋"丽以淫"的批判与谴责，体现了他作为正统文学批评家的局限性，是对于儒家经世致用文学批评观念的回归。

扬雄"赋分两类"的说法以及"丽则""丽淫"的论调对后世影响很大。晋人皇甫谧、挚虞异口同声地赞成他的观点，"淫丽"在后来成了人们批判汉大赋的千古不变的口实，而"丽则"却几乎成了雅正辞赋的代名词。元代杨维桢把他编定的辞赋选集定名为《丽则遗音》，今人姜书阁《汉赋通义》把汉赋的发展划分为

"丽则骚赋时期""丽淫大赋时期"以及"抒情小赋时期"凡三个阶段，便是明证。

## 三、神化与模拟：汉赋创作论

"神化"说应是扬雄早期的观点。他在《答桓谭书》中说：

> 长卿赋不似从人间来，其神化所至邪？大谛能读千赋，则能为之。谚云：伏习象神（一作众神），巧者不过习者之门。

扬雄敏锐地体察到相如赋驰骋想象、出神入化、纵横天地、超越古今的高度浪漫主义精神，内心向往备至。这里的"神化"，直承司马相如的"赋心"说而来，但又有所区别。相如"赋心"说属于创作论的范畴，所谓的"苞括宇宙，总揽人物"，揭示的是创作过程中的思维活动；而扬雄"神化"说既属于创作论，又属于鉴赏论，它展现的是一种超越时空、自由驰骋的艺术境界。而为达到这种境界，扬雄选择了博览群赋、熟习揣摩的有效途径，即"伏习"既久方能"象神"。对此，桓谭《新论》与葛洪《西京杂记》都有相似的记载。扬雄反复强调"能读千赋则善赋"，这种重视知识积累、奠定创作基础的观点是十分可取的。

但扬雄并不是一个空谈的理论家，而是一个汉赋创作的积极实践者。究竟如何"伏习象神"，如何达到"神化"的美妙境界，扬雄在创作中运用了模拟的手法：

先是时，蜀有司马相如，作赋甚弘丽温雅，雄心壮

之，每作赋，常（尝）拟之以为式。又怪屈原文过相
如，……乃作书，往往摭《离骚》文而反之，自岷山投
诸江流以吊屈原，名曰《反离骚》；又旁《离骚》作重一
篇，名曰《广骚》；又旁《惜诵》以下至《怀沙》一卷，
名曰《畔牢愁》。

　　赞曰：……以为经莫大于《易》，故作《太玄》；传
莫大于《论语》，作《法言》；史篇莫善于《仓颉》，作
《训纂》；箴莫善于《虞箴》，作《州箴》；赋莫深于《离
骚》，反而广之；辞莫丽于相如，作四赋：皆斟酌其本，
相与放（仿）依而驰骋云。[1]《《汉书·扬雄传》》

　　扬雄的一生都是在模拟中度过的，他不仅拟相如赋以为"式"
（范本），创作了著名的四大赋，而且模拟屈原辞，创作了《反离骚》
等作品，还模拟儒家经典《周易》《论语》乃至《仓颉书》和《虞
箴》，尽管也有"驰骋"即创新之处，但都"斟酌其本"，颇多"放
依"，实开后代模拟之先例。后来的班固作《两都赋》，张衡作《二
京赋》，左思又作《三都赋》，皆步扬雄之后尘而又变本加厉，使散
体大赋的创作走向僵化，走向衰颓。宋人洪迈在《容斋随笔》中批
判汉赋模拟之作"规仿太切，了无新意"，"屋下架屋，章摹句写"，
十分尖锐而又深刻地揭露了汉人模拟的弊端以及汉大赋走向衰亡的
重要原因。扬雄是模拟之风的肇始者，当然也应负一定的责任。

## 四、蹈云天与华无根：屈原、相如比较论

　　《文选·谢灵运传论》李善注引《法言》佚文记载，扬雄恐怕
是最早评骘屈原、相如高下的学者。他说：

或问：屈原、相如之赋孰愈？曰：原也过以浮，如也过以虚。过浮者蹈云天，过虚者华无根。然原上援稽古，下引鸟兽，其著意，子云、长卿亮不可及。

　　我们前面讨论过，扬雄曾认为相如赋"不似从人间来"，已达到"神化"的境界。但在这里，他又把相如赋与屈原辞做了一番认真的比较，然后看出：屈原辞在驰骋天地、纵横八荒方面远胜过相如赋，而相如赋则不过是虚幻放诞、华丽无归而已。这种观点是符合两人作品实际的。因为屈原辞多借助超现实的神话传说、历史人物来构造情节，抒发情感，其中两次遨游太空、驱遣神灵的描写尤为奇特，而相如赋则针对人世间的事物进行夸张渲染，往往子虚乌有，描写失实，所以遭到左思、皇甫谧、刘勰等人的批评。扬雄对他们的评价分别是"过于浮"与"过于虚"，前者飘浮而超脱人世，后者虚假而不合事实。这里的"过"不是过错、过失，而是过分的意思，这说明扬雄虽然体察到了屈原、相如辞赋在驰骋想象、夸张渲染等的浪漫主义手法上的同种之异和异中之同，但囿于儒家经世致用的文学观念，对此并没有真正理解与认同。活跃在楚辞、汉赋中的这些丰富的想象、夸张、虚构等浪漫主义手法，是我国早期文学艺术发达的重要标志，但由于儒家文艺观的遏制与攻击而没有充分发展起来。扬雄的看法不只是他个人的，而更属于那个经学昌盛的时代。

　　至于屈原、相如之高下，扬雄明确表示：屈作的内容是十分丰富的，大到历史传说，小到鸟兽虫鱼，无不加以描写展示；尤为甚者，屈作的"著意"是相如万万不可企及的。"著意"即用意，联系一下扬雄的思想倾向及屈作的实际情况，应该是指儒家的思想观念及强烈的讽谏精神。扬雄曾把屈原辞定位为"诗人之赋"而奉为楷模，又把相如赋定位为"辞人之赋"而加以批判，就已具有明显的扬屈抑马的倾向。他还认为"赋莫深于《离骚》""辞莫丽于相如"[1]《汉书·扬雄传》，并指出"文丽用寡，长卿也"[2]《法言·君子》，称颂屈原辞内容深邃丰富，批判相如赋空有丽辞而不切实用，不合法度，或者"著意"不佳。需要指出，扬雄的这一观点并不仅仅见于他晚年著作的《法言》，前引《汉书·扬雄传》的记载告诉我们，扬雄早年虽崇拜司马相如，但更同情并且敬重屈原，还明确表示过"屈原文过相如"的看法。可见扬雄的扬屈抑马论是明晰昭然并且终生一贯的。

扬雄的这种观点对后世也有不小影响。班固、王逸、刘勰等都或隐或显地将屈原置于相如之上。古人常撇开相如不论而径称屈原为"辞赋祖"，多少也与扬雄有关。

以上就是扬雄汉赋观的主要内容。我们不难看出，儒家思想是扬雄文艺观的基础，而讽谏说则是扬雄汉赋观的主体，其他观点皆由此出发推演而成。扬雄有些观点是终生一贯的，而有些观点则有着前后期的巨大差异。前者如讽谏说，屈、马高下论，模拟说等；后者如"神化"说，"丽则""丽淫"说，汉赋价值说等。但即使是终生一致的观点，也在程度与分寸上有些前后期的不同。比如扬雄早期就持汉赋讽谏说，他创作的每篇赋都具有强烈的现实针对性与社会功利性，但只是到了后期，才把讽谏作为汉赋生存的根基来看待，这就把汉赋讽谏说推向了功利主义的极端。他早期就有明显的扬屈抑马的倾向，但仍对相如赋"弘丽温雅"的富丽文辞及超越时空的夸张想象倾慕备至，并大量模拟，努力追攀；但到了后期，不仅对相如赋的"文丽用寡"、华而不实大加责难，就连屈原辞驰骋云天的浪漫主义手法也颇有訾议，甚至发展到了否定汉赋存在价值、抛弃汉赋创作的地步。扬雄后期为什么对其曾经倾尽心血、并且因此而闻名的汉赋创作口诛笔伐，彻底抛弃？自古以来人们的认识就颇不相同。这当然与他发现汉赋起不到讽谏作用有关，但观照一下扬雄所处的时代背景及其个人的生平经历，似乎还有更深层次的原因有待于我们进一步挖掘。

第一，扬雄生值西汉季世，历成、哀、平三帝及王莽时代。当时土地兼并，农民破产，政治黑暗，豪强横行，农民起义此起彼伏。《汉书·鲍宣传》甚至连皇帝本人也不得不承认这是一个"极乱"的时代。在这个极端黑暗、腐朽糜烂、危机四伏、朝不保夕的衰颓之世，扬雄强调汉赋的讽谏作用与社会功能，尤其是在赋中对统治者骄奢淫逸的揭露以及对人民痛苦生活的关照，无疑反映了他忧时伤世、同情人民的情怀以及匡正时弊、参与国政的愿望，在当时是有一定的进步意义的。至于他后来批驳、否定汉赋的种种言论，也正是这种愿望得不到实现所产生的愤激情绪的宣泄。所以，扬雄的汉赋否定论具有一定的现实针对性和社会政治性，是不应一笔抹杀的。

第二，汉代辞赋家的地位很低。枚乘、东方朔等人辞赋作得好，但他们都"见视如倡"，"自悔类倡"，也就是说皇帝只把他们视为倡优，把汉赋当成宫廷生活的娱乐品，并不重用他们。他们对此很不满，也很后悔。大赋家司马相如也不满于自己的赋家地位，常常称病不朝，不到皇帝那里去献殷勤。扬雄的遭遇与他们十分相似。他四十余来游京师，以奏赋而知名，"除为郎，给事黄门，与王莽、刘歆并。哀帝之初，又与董贤同官。"后来王莽、董贤皆为三公，权倾人主，而擅长作赋、学富五车的扬雄却"三世不徙官"，"家产不过十金，乏无儋石之储。"扬雄虽然"不汲汲于富贵，不戚戚于贫贱"，但对于如此不公正的待遇，他又不能无动于衷，心中的牢骚与不满是可想而知的。既然写赋大处不能挽救时弊、参与国政，小处不能加官晋爵、换取富贵，社会地位又如此之低，耗费精力又如此之大，劳而无功，枉费心血，还有什么价值？不如干脆舍弃它算了。可见扬雄鄙薄与放弃汉赋，与他形同倡优的赋家地位与坎坷偃蹇的仕途经历是密切关联着的。需要指出，汉赋本身就有审美价值与娱乐功能，倡优作为一种专给人们带来愉悦欢乐的职业也应当受到尊重。汉人（包括汉赋作家自己）对于赋家身份及倡优地位的羞愧与轻视，实际上是一种历史的偏见，是不足取的。[4](P1—3)

第三，扬雄晚年把精力转移到钻研儒家经书上，他还仿照古圣先贤的著述创作了《太玄》《法言》《训纂》《州箴》等著作。由于个人志趣的转移与思想意识的改变，他便对早年的汉赋创作进行反思、并浅薄视之。就如一个历经沧桑的老人嘲笑自己年轻时的所作所为，这也是自然的。他晚年以承继儒家道统自居，希望自己能成为"大儒"，自然认为辞赋是小道；正因为他的赋雄踞当时的赋坛之首，所以他才敢于批判汉赋，说它是雕虫小技。正如鲁迅先生评论曹植时所说："第一，子建的文章做得好，一个人大概总是不满意自己所做而羡慕他人所为的，他的文章已经做得好，于是他便敢说文章是小道；第二，子建活动的目标在于政治方面，政治方面不甚得志，遂说文章是无用了。"[5](P188)扬雄鄙薄汉赋时的心态，与此大概没有多大的差别。

第四，扬雄薄赋的根本原因还在于汉赋自身。汉赋既要表现大汉帝国的声威气象，歌颂大汉帝国的富庶强盛，又要批判皇帝的骄奢淫逸，寄寓作者的讽谏之意；既要强调汉赋的社会功能，希望能起到匡正时弊的实际效用，又要展示华美艳丽的文辞，以图起到娱悦耳目的审美效果。但由于赋家形同倡优、不敢直谏的现实处境与文学作品含蓄隐晦，寄喻遥深的自身特点，汉赋不免以过多的夸饰描写淹没了作者的真实意图，铺陈的艳词丽句掩盖了作品的真正含义。汉赋本身劝与讽的矛盾，美与刺的错位，实用与审美的纠结，再加上帝王只贪图现实的耳目之欲，只欣赏汉赋的优美文词，一句话，只把汉赋当成玩物，当成消遣品，汉赋起不到讽谏作用是不可避免的了。扬雄曾批判司马相如"上《大人赋》欲以讽"，"帝反缥缥有陵云之志"，但具有讽刺意味的是，他自己的赋也继承了相如赋的内在矛盾，同样没有起到任何实际的效果。王充《论衡·谴告篇》："孝成皇帝好广宫室，扬子云上《甘泉颂》，妙称神怪，若曰非人力所能为，鬼神力乃可成。皇帝不觉，为之不止。"汉大赋是不能克服自身矛盾的，倘若一味追求其功利作用，死守讽谏说不放，那便只有舍弃一途了。这种因噎废食、辍而不为的态度实在并不可取，因为东汉末年兴盛起来的抒情小赋就已经克服了这一矛盾，但同时也丧失了汉大赋所特有的古拙宏大的气势与艳丽夺目的光彩。作为"一代之文学"的汉赋便渐渐黯然消退了。

[参考文献]

［1］班固. 汉书［M］. 北京：中华书局，1962.

［2］扬雄. 扬子法言［M］. 北京：中华书局，1954.

［3］顾易生，蒋凡. 中国文学批评通史：先秦两汉卷［M］. 上海：上海古籍出版社，1996.

［4］龚克昌. 汉赋研究［M］. 济南：山东文艺出版社，1990.

［5］鲁迅. 魏晋风度及文章与药及酒之关系［A］. 吴中杰. 魏晋风度及其他［M］. 上海：上海古籍出版社，2000.

著作选录

# 屈赋非扬雄所说"诗人之赋"辩①

## 曹大中

"默而好深沉之思"的西汉大辞赋家扬雄，未出仕时就作过《反离骚》《广骚》《畔牢愁》等不甚以屈赋为然的作品。汉成帝时，待诏承明之庭，曾接连上《甘泉赋》《河东赋》《羽猎赋》《长杨赋》等。但作品的讽谏目的都没有实现。至哀帝时，他的思想发生巨大变化。《汉书·扬雄传》说："雄以赋者，将以风也，必推类而言，极丽靡之辞，宏侈巨衍，竟於使人不能加也，既乃归之于正，然览者已过矣。往时武帝好神仙，相如上《大人赋》，欲以风，帝反缥缥有陵云之志。由是言之，赋劝而不止，明矣。又颇似淳于髡、优孟之徒，非法度所存，贤人君子诗赋之正也，于是辍不复为"。以后仿《易》作《太玄》，仿《论语》作《法言》，不再写赋了。但他在《法言·吾子》中，写了一段著名的关于辞赋的话，在赋学史上，十分惹人注目。现抄于下：

> 或问：景差、唐勒、宋玉、枚乘之赋也益乎？曰：必也淫。淫则奈何？曰：诗人之赋丽以则，辞人之赋丽以淫。如孔氏之门用赋也，则贾谊升堂、相如入室矣，如其不用何！

在这段话中，他创立了赋学史上"诗人之赋"与"辞人之赋"两个新概念，认为两者都丽，但一则一淫，具有本质的区别，肯

---

① 原载《中国文学研究》1990 年第 4 期。

定前者，否定后者。

现在研究赋学的某些著作或论文，在涉及这一问题时，大多认为"诗人之赋"是指屈原赋而言。这样说也是有些理由的。《史记·屈贾列传》说："屈原既死之后，楚有宋玉、唐勒、景差之徒者，皆好辞而以赋见称。然皆祖屈原之从容辞令，终莫敢直谏。"就在屈原与宋玉等人之间划了一条分别高下的界线。而扬雄在写《法言》这一条，设置或人的问题时，把屈原排除在外，当然是经过了考虑的。现在肯定宋玉、唐勒、景差、枚乘之赋"必也淫"，当然是"辞人之赋"了。那么前面提问时，把屈原赋排除在"辞人之赋"的范围之外了吗？

但是，这同一材料的后面一段，"如孔氏之门用赋也，则贾谊升堂，相如入室矣，如其不用何！"扬雄的这段话，按形式逻辑来分析，前后是有矛盾的。如果将后面的话改成"如孔氏之门用辞人之赋也……"那么就前后一致了。为什么会发生这样问题呢？问题就在中间"诗人之赋丽以则，辞人之赋丽以淫"这句话上。"辞人之赋"是指哪些人的赋而言，虽然这段话里已经说明确了，但与之相对立的"诗人之赋"是指什么类型的作品呢？从这一段话里和从这一概念本身都难以确定。考汉代没有将诗称为赋者。当时辞赋经常连称。辞也可以称为赋，如《史记·屈贾列传》称"《怀沙》之赋"，《汉书·艺文志》称"屈原赋二十五篇"。赋也可以称为辞，如《汉书·扬雄传》称"辞莫丽於相如"。但诗与赋不能紊乱。即使《七略》将诗与赋放在一起，而诗与赋的境界还是确然分明的。同样西汉也未有将辞赋家称为诗人的，称屈原为诗人是以后的事。这样看来，从"诗人之赋"这一概念本身出发，无法确定它的外延指的是诗还是赋。话虽如此，但还有一点线索可以提供我们作进一步探索，那就是诗尽管不可以称作赋，但作诗、诵诗却可以称作"赋"，而且《诗》之"六义"中，包含有赋这一项，如果按赋、比、兴对《诗》进行量的分析，则赋所占比重是最大的。反过来赋之不可以称作《诗》，却没有任何灵活的余地。不过我们并不能根据这一点灵活的余地来确定扬雄所说"诗人之赋"指的就是《诗》。

那么，"诗人之赋"到底是指诗人之诗，还是特指辞赋家屈原之赋呢？我认为要明确地界定这一问题，只有进一步研究扬雄给这一概念所作的限制"丽以则"才能把问题解决。就是说，如果"诗人之赋"确是如大家所说是指屈原赋的话，那就要核实一下扬雄当时对"则"是如何看法的，对屈原赋是如何评价的。屈赋丽这一点，扬雄是明确的。雄以为赋莫深于《离骚》，辞莫丽于相如。这两句话使用了互文见义的手法，认为屈原、相如的辞赋都是既深且丽的。如果他认为屈原的赋不仅是丽，同时也是"则"的话，那么"诗人之赋"这一概念是指屈原的作品就是无疑的了。

但我认为如果作这样的研究，"诗人之赋"不可能是屈原的赋。原因于下。

第一，则者可法则。扬雄在《法言·吾子》中，正论述了一切言论、行为、著述必须取法的最高准则。这个准则就是圣人和圣人之书。他说："万物纷错，则悬诸天；众言淆乱，则折诸圣"，"在则人，亡则书，其统一也"。他还具体指出，圣人就是孔子，圣人之书就是《五经》。《法言·吾子》中有这样一段话："或问：公孙龙诡辞数万以为法，法与？曰：断木为棋，梡革为鞠，亦皆有法焉。不合乎先王之法者，君子不法也。……舍舟航而济乎渎者，末矣；舍《五经》而济乎道者，末矣。弃常珍而嗜乎异馔者，恶睹其识味也，委大圣而好乎诸子者，恶睹其识道也。山径之蹊不可胜由矣；向墙之户，不可胜入矣。曰：恶由入？曰：孔氏。

孔氏者，户也。"他的这一段话，与他评价屈原的另一段话，相隔只有一节三十七字。在这一可法之则中，屈原的赋是排除在外的，而《五经》之一的《诗经》，却正包括在内。

第二，扬雄在未仕之时，对屈原其人其文的批评与先贤贾谊，来哲班固都有相同之处。《汉书·扬雄传》说："又怪屈原文过相如，至不容，作《离骚》自投江而死，悲其文，读之未尝不流涕也。以为君子得时则大行，不得时则龙蛇，遇不遇命也，何必沉身哉！乃作书，往往摭《离骚》文而反之，自岷山投诸江流以吊屈原，名曰《反离骚》。"他是赞扬屈原的文，同情屈原的死，而批评屈原的处世哲学的。《反离骚》对屈原的批评甚多，不赘述。可见他认为屈原及其作品，是不能作为取法的准则的。

第三，《文选·谢灵运传论》李善注曾引用过扬雄评价屈原与司马相如赋的一段话："或问：屈原相如之赋孰愈？曰：原也过以浮，如也过以虚。过浮者蹈云天，过虚者华无根"。这段话的目的，是在他们都有"过"的基础上来分别出两人的优劣。屈原虽胜过司马相如，但也是"过以浮"的，并非正面肯定。如果我们把他对屈原赋的评价和对圣人之言的评价再比较一下，就可以更清楚地看出，他认为屈原的赋是不可取法的。《法言·君子》说："或问：君子言则成文，动则成德，何以也？曰：以其弸中而彪外也。"君子之言所以炳彪有文采，是因为君子内心有充实而光辉的道德。屈原的赋虽然"蹈云天"，但产生于浮之过，当然是不可取法的了。

第四，《法言·吾子》中有一段评论屈原的话："或问：屈原智乎？曰：如玉如莹，爰变丹青，如其智，如其智。"或人问屈原智不智，扬雄为什么提出"如玉如莹"的问题呢？因为"玉石之美有五德"，"其声舒扬，专以远闻，智之方也"。五德之中，包含有智，而且美玉永远光泽不变，故拿来与屈原对比。李轨注曰："夫智者达天命，审行度，如玉如莹，磨而不磷，今屈原放逐感激爱变，虽有文彩，丹青之伦尔。"两言"如其智"，是深责之不智也。这与他从前批评屈原不能"得时则大行，不得时则龙蛇"是一致的。说屈原不过丹青之伦，这与可以为人法则的圣人是不相同的。《法言·君子》说："或问，圣人之言，炳若丹青，有诸？曰：吁！是何言与？丹青初则炳，久则渝，渝乎哉？"是说圣人言不像丹青那样，只是开始的时候彪炳有文彩，不久就变，而圣人之言是永远光辉而不变的，它难道会变吗？

以上四点说到了两个方面：第一点论述了扬雄认为可法则的东西是什么。其余三点论述了扬雄对屈原的评价。两者对照起来可以得出一个结论，屈原的赋，扬雄认为够不上"丽以则"的标准，不属于"诗人之赋"的范围内。"诗人之赋"只可能是指《五经》之一的《诗经》的作品。

这样说来，屈原的赋既非"诗人之赋"，又非"辞人之赋"，那他的作品属于什么性质的作品呢？扬雄对于屈原的评论，主要是以上那些内容，没有更具体的说法。但是与扬雄同时的一个学者刘歆，写了一部《七略》。《七略》今不传，但为班固《汉书·艺文志》所吸收。现《艺文志·诗赋略》一段话，其中对宋玉、唐勒、司马相如、扬子云等人赋的评价，明显与班固《两都赋序》中的观点相矛盾，而与扬雄《法言》中的观点相一致。这段话应是吸取了刘歆的《七略》的，或另增有班固所增加的观点，或有他所同意的刘歆的观点，或者他并不同意但照抄下来了的刘歆的观点。现将有关的一段话摘抄于下。

古者诸侯卿大夫交接邻国，以微言相感，当揖让之时，必称《诗》以谕其志，盖以别贤不肖而观盛衰焉。故孔子曰："不学《诗》，无以言也。"春秋之后，周道浸坏，聘问歌咏不行于列国，学《诗》之士逸在布衣，而贤人失志之赋作矣。大儒孙卿及楚臣屈原，离谗忧国，皆作赋以风，咸有恻隐古诗之义。其后宋玉、唐勒、汉兴、枚乘、司马相如，下及扬子云，竞为侈丽衍宏之词，没其风谕之义。是以扬子悔之，曰："诗人之赋丽以则，辞人之赋丽以淫。如孔氏之门人用赋也，则贾谊升堂，相如入室矣，如其不用何？"

这段话的第一层次讲的是春秋赋诗的问题，第二个层次讲的是贤人失志之赋的问题，可能是班固所同意的刘歆的观点而照抄下来的，扬雄与刘歆同时，而对宋、枚、扬、马的评价相同，对屈原孙卿的评价也有可能相同。如果相同，则扬雄也就认为屈原的赋既不属"诗人之赋"，也不属"辞人之赋"，而属"贤人失志之赋"了。如果是不相同，这一材料也可以证明，不是任何一个辞赋家都必须是二者必居其一，在二者之外，也还可以有第三种类型存在。即使是这后一种情况，屈原的作品也不属于"诗人之赋"的了。既不属于"诗人之赋"，又不属于"辞人之赋"，那归属于哪一类呢？也只能归属于"贤人失志之赋"了。

# 论扬雄融合儒道对其文论的影响①

## 许 结

近人黄节先生云：古今来有两大冤枉人，一为扬子云，一为阮嗣宗。② 诚为明鉴。然扬子之冤，岂止仕莽问题，后世论其学术思想、文论思想臧否轩轾，冤屈殊多，究其原因，大概在于没有深入了解扬雄之身世、思想之矛盾。而我认为，扬雄学术思想中重要之矛盾就在于表现出融合儒道之倾向，这个倾向对其文论有极大的影响。

一

儒道融合作为一股学术思潮萌发于战国，发展于两汉，完成于魏晋，而扬雄为这一哲学流程中极为重要的人物；在儒道两种思潮融合过程中，传统的文化思想发生了变化，扬雄又为这种变化的前期代表。因此，研究扬雄的文论，首先应了解其学术思想，这也就有必要对历代有关扬雄学术思想之评论作些考索。

关于历代对扬雄学术思想之评论，概括起来有三类："醇儒说""变儒说"与"非儒说"。

持"醇儒说"者主要有王充、葛洪、韩愈、司马光等。如王充云：

---

① 原载《学术月刊》1986 年第 4 期。
② 引自萧涤非手记黄节《读诗三札记·读阮嗣宗诗札记》。据萧先生云：《札记》原载《学衡》第七十期（1930 年）。

扬子云作《太玄经》，造于眇思（孙诒让曰：案助当为眇。），极宵冥之深，非庶几之才，不能成也。孔子作春秋，二子作两经，所谓卓尔蹈孔子之迹，鸿茂参贰圣之才者也。[1]

葛洪云：

仲尼不见重于当时，《太玄》见蚩薄于比肩也。[2]

韩愈云：

孟氏，醇乎醇者也。荀与扬，大醇而小疵。[3]

司马光《说玄》云：

孔子既殁，知圣人之道者，非子云而谁？孟与荀殆不足拟，况其余乎！

司马光之言虽受前人陆绩《述玄》"玄经与圣人同趣，虽周公繇大易，孔子修春秋，不能是过"说之影响，但他将扬置于孟、荀之上的提法，显然针对前期大儒韩愈而发。王安石曾在《扬孟》一文中并重孟、扬，认为"是孟子则非扬子，是扬子则非孟子，盖知读其文而不知求其旨耳"。所以他说"孟子没，能言大人而不

---

① 《论衡·超奇》。
② 《抱朴子·尚博》。
③ 《昌黎先生集》卷十一《读荀子》。

放于老、庄者，扬子而已"①。尽管他们之间对扬雄之评价有歧异，然肯定其为"醇儒"则是相同的。

持"变儒说"者有桓谭、王涯、柳宗元等。桓谭通倪博学，著《新论》极赞扬雄，但将其与老子相比，却见于班固《汉书·扬雄传》的一段记载：

> 时大司空王邑、纳言严尤闻雄死，谓桓谭曰："子尝称扬雄书，岂能传于后世乎？"谭曰："必传。……昔老聃著虚无之言两篇，薄仁义，非礼学，然后世好之者尚以为过于《五经》，……今扬子之书，文义至深，而论不诡于圣人，若使遭遇时君，更阅贤知，为所称善，则必度越诸子矣。"诸儒或讥以为雄非圣人而作经，犹春秋吴楚之君僭号称王，盖诛绝之罪也。

此即桓谭以扬雄比老子之说，同时也证明了当时对"雄非圣人"之"罪"已多非议。唐代王涯、柳宗元皆主"变儒说"。王涯《说玄》言扬子之道是"因时制谊，至道无体，至神无方，亦不可以一理推之。"柳宗元以扬雄为例驳韩愈崇儒辟佛论云："退之好儒未能过扬子。扬子之书，于庄、墨、申、韩皆有取焉"②，便是在肯定扬雄学术成就时主"变儒说"的。

持"非儒说"者有颜之推、王世贞等。颜氏反对桓谭、葛洪以扬雄"胜老子""方仲尼"之论，认为扬雄乖圣人之意云：

---

① 《临川先生文集》卷七十二《答王深甫书》。
② 《柳河东集》卷二十五《送僧浩初序》。

此人直以晓算术，解阴阳，故著《太玄经》，数子为所惑耳；其遗言余行，孙卿、屈原之不及，安敢望大圣之清尘？①

王世贞亦云：

扬雄氏避其达而故晦之，作《法言》，……非圣人意也。②

他如谢榛云"子云《法言》以准《论语》，学屈原且不及，况孔子哉"③；刘熙载云"扬子云之言，其病正坐近似圣人"④ 等，与颜之推否定扬雄学术成就一脉相承。至于"朱子作《通鉴纲目》，始书莽大夫扬雄死，雄之人品著作，遂皆为儒者所轻"⑤ 这种因扬雄仕莽故遭谤毁之历史状况，是封建正统观使然，客观上阻碍了对扬雄学术思想的认识与研究。⑥

分析上述评价可以看出："醇儒说"是将扬雄纳入正统之儒家思想范畴加以认识，在注重其对儒学继承时忽略了道家思想的渗透；"非儒说"则将扬雄思想中变儒成份加以扩大，予以诋毁，显然是片面而不足取的；"变儒说"能够敏锐地把握扬雄思想中儒道融合之现象，见解较为精辟，然惜乎语焉不详。而研究扬雄学术思想之最大障碍，当为被绝大多数认可之根深蒂固的"醇儒说"。

---

① 《颜氏家训·文章篇》。
② 《艺苑卮言》卷一。
③ 《四溟诗话》卷二。
④ 《艺概·文概》。
⑤ 《四库全书总目》卷九一·子部·儒家类一。
⑥ 详见拙文《〈剧秦美新〉非"谀文"辨》，《学术月刊》1985 年第 6 期。

扬雄学术思想评价之歧异直接影响了对其文论的研究，而在扬雄文论之研究中最大偏见也就是带有正统思想标记的"醇儒"观念。可以说，在"醇儒"主导思想支配下，似乎扬雄文论只能代表儒家正统文论，或发展了传统之文学观，如稍有不同处，肯定论者则必然曲为解说，否定论者则必然因之攻难，扬雄文论所存在之矛盾却仍悬而未决。而接受扬雄学术思想研究中"变儒说"的有益启示，对扬雄文论作新角度的研究，即通过从扬雄哲学思想中儒、道之矛盾、融合到他政治思想，入世与出世之矛盾、统一来整体观察一下其文学主张之矛盾，或可接近于问题的本质。当然，说明这一点，还有待打破正统观念，确立扬雄学术思想融合儒道这一重要前提。

二

扬雄学术思想的形成首先决定于秦汉思想的形成。关于秦汉思想的形成，李泽厚同志认为：儒、道、法、阴阳是秦汉时期建构新型意识形态的四大思潮。这些思潮在抵制、颉颃、论辩中出现相互吸收、融合之趋势，而从荀子、《吕氏春秋》到《淮南鸿烈》和《春秋繁露》，正是这种发展过程的主要线索，董仲舒"天人合一"的系统宇宙论则代表了秦汉思想，是界乎先秦、魏晋之间的哲学高峰。[①] 我认为：如果说与西汉强盛的大一统专制帝国的需求相关，董仲舒把阴阳五行同王道政治的类比联系建构起系统宇宙图式，是积极参预建立官僚政教体系，那么，与西汉王朝末年腐败衰落的社会状况相关，扬雄虽也接收了天人合一的思想，

--------

① 李泽厚《秦汉思想简议》，载《中国社会科学》1984 年第 2 期。

但却在积极努力参预恢复封建王朝昌盛与极力躲避腐朽残暴的官僚政权统治的矛盾中形成特异的心理状态，从而创造了以"玄"为中心阴阳五行为形式的宇宙图式。如果说从荀子到董仲舒对四大思潮有综合趋向，尤其是《吕氏春秋》《淮南鸿烈》表现出明显的儒道融合，而这种融合只限于学术思想方面，并在汉武帝时由董仲舒提出"独尊儒术"的口号而使这种融合趋于稳定、静止、僵化，那么，扬雄则于继承前人成就的基础上打破僵化局面，重新自觉地融合儒道学说，并以太玄为主干，将儒道融合思想渗透于其他领域，所引起的文化心理的变化，对后期儒道融合的成熟起着巨大的影响。就儒学而言，他是先秦儒家发展到汉代董仲舒集大成后发生深刻变化之关键；就道学而言，他是先秦道家发展到魏晋玄学之间的枢纽；就儒道融合对古代文化心理结构产生之影响而言，他的作用更不应轻估。

《汉书·扬雄传》称扬雄"以为经莫大于《易》，故作《太玄》；传莫大于《论语》，作《法言》"。可见《太玄经》与《法言》是反映扬雄哲学、政治思想之重要著作。而认清他的学术思想之内涵，对分析其文论中出现的一些模糊现象是不无裨益的。

扬雄创建太玄学说本身，就表现了儒道融合倾向。《太玄经》是假刘歆《三统历》结构，采用老子、周易以及阴阳五行学说而成。他一方面接受先秦道家气一元论之思想，以玄为构成万物的物质基础和支配万物的自然法则，一方面又将自然现象、法则与儒家政教思想、伦理道德相匹配，形成天地与人伦、自然与社会混同的观念。

所谓"玄"，扬雄解说虽与《易》之经、传有不可分割的血缘关系，然究其本质，却无疑是先秦道家气一元论思想与《道德经》"玄之又玄，众妙之门"命题的具体推阐。他释玄云："阴怀于阳，阳怀于阴，志在玄宫。"（《太玄·至晦》）"知阴知阳，知止知行，知晦知明者其唯玄乎。"（《太玄摛》）皆阴阳生于玄之说；又云："夫玄也者，天道也，地道也，人道也。"（《太玄图》）"玄生神、象二。""玄者，神之魁也。天以不见为玄，地以不形为玄，人以心腹为玄。"（《太玄告》）皆以玄为无形之气生成宇宙，并组成宇宙至人事的结构系统。至于玄之经天纬地妙合阴阳，拟于人事合诸仁义之功用，扬雄于《太玄摛》篇中张舒其大义云：

> 玄者幽摛万类而不见形者也。资陶虚无而生乎规；拦神明而定摹；通同古今以开类；摛措阴阳而发气。一判一合，天地备矣。天日回行，刚柔接矣。还复其所，终始定矣。……故玄卓然视人远矣，旷然廓人大矣，渊然引人深矣，渺然绝人眇矣。

很明显，其"玄"同于先秦道家所谓的"道"，是具有哲学本体意义的宇宙生成说。虽然扬雄将天、地、人并列为三玄，又为儒家政教思想张目，但其所论之"道"作为天道之自然法则、规律被认识时，则合于道家思想。如他发展老子运动变化的观念强调"道"之因革变化之规律云："夫道有因有循，有革有化，因而循之，与道神之；革而化之，与时宜之。故因而能革，天道乃得；革而能因，天道乃驯"（《太玄莹》）。又如继承以老子为代表的先秦道家学说中矛盾转化，柔弱胜刚强的思想，提出"柔婴儿于号，三日不嚘"（《太玄·至事》）；"强其衰，勉其弱"；"太山拔，梁柱折，其人颠且蹶"；"极盛不救，祸降自天"（《太玄·至应》）等一系列阴柔胜阳刚，刚强济柔弱的对立统一之认识，是颇有见地的。

但是，我们不可忽略扬雄哲学思想是有深刻的历史学、社会学内容的。他以"非圣哲之书不好"① 的精神追求孔子儒家修身齐家治国平天下的理想，将儒家的政教、伦理、道德观纳入哲学思想，又使他对"道"的认识与董仲舒"道者，王道也"② 的思想无二致。这样，在扬雄哲学思想体系中对其"道"的解释便具双重性：一为宇宙生成之"道"；一为政教伦理之"道"。前者固然决定后者的存在，但后者却反作用于前者，才构成玄学体系。从儒家王道思想看，扬雄的答案是"适尧舜文王者为正道，非尧舜文王者为它道，君子正而不它"。（《法言·问道》）对正道他是奉若神明，如其谓道之"非正不视，非正不听，非正不言，非正不行"（《法言·渊骞》）。所以不管社会政教伦常，还是个人道德修养，他都以孔子规定的"仁义礼智信"为准则，并形象地说："仁，宅也；义，路也；礼，服也；智，烛也；信，符也。"（《法言·修身》）其信守之状可见。尤其是他在《法言》之《先知》《重黎》两篇中，纵论中和治国之道，褒扬贤儒名相之功，葛洪以方仲尼，也是有道理的。

　　然而，扬雄哲学思想毕竟具有二元性，因此即如他津津乐道的儒家治平之道，也竟然同老庄无为应化思想揉合起来。他说："或问无为？曰：'奚为哉！在昔虞夏袭尧之爵，行尧之道，法度彰，礼乐著，垂拱而视天下民之阜也，无为矣。'"（《法言·问道》）是将尧舜禹奉作无为而治的典范。此外，他对社会、人事之变迁有自然观念，所谓"吉人凶其吉，凶人吉其凶"（《法言·问明》），"安不忘危，盛不讳衰"（《雍州牧箴》），则表现了类似

---

① 《汉书·扬雄传》。

② 《春秋繁露·王道》。

老子祸福论的超然态度。雄立太玄学说后，东汉张衡"常好玄经"①。向长"好通《老》《易》"②。魏晋时代，何晏、王弼、嵇康、阮籍、裴頠、郭象更迭而起，玄已成极流行之观念。迨至南朝学者，仍以"玄不可弃，儒不可缺"③ 为教；以"咨玄儒诸义"④ 为学；以"学遍玄儒"⑤ 为识，这种儒道融合经过漫长道路而趋于成熟之哲学史实，是无须怀疑的。

欲解扬雄之文论，还须识其政治思想和人生行事之旨趣。对此，综观扬雄之一生可概而言之为：入世（仕）与出世（隐）的矛盾。这种矛盾并非单纯的变化，即由入世到出世或反之，而是两种思想始终交织于他的意识，使他陷入对封建王朝信赖、怀疑从而不断追求，不断自赎之矛盾。也正因此复杂之矛盾，才引起后世两种偏见：一从主观个性出发，赞其清静，如谓"子云不为财劝"⑥，"清静亡为，少耆欲，不汲汲于富贵，不戚戚于贫贱"⑦；一从客观现象出发，斥其劣行，如谓"王莽潜移龟鼎，子云……露才以耽宠，诡情以怀禄"⑧，"受其爵禄，则是甘为之臣仆矣，独得辞'莽大夫'之名乎"⑨。二说异旨，因启张溥之疑："予尝疑子云耆老清净，王莽之世，身向日景，何爱一官，自夺玄守。"⑩ 而张氏未解之疑，正是扬雄人生行事关键之所在，其间有深邃的社

---

① 《后汉书·张衡传》。
② 《后汉书·向长传》。
③ 《南齐书·陆澄传》。
④ 《南齐书·顾欢传》。
⑤ 《南齐书·杜京产传》。
⑥ 王充《论衡·佚文》。
⑦ 班固《汉书·扬雄传》。
⑧ 《文选》卷四十八《剧秦美新》李善注。
⑨ 罗大经《鹤林玉露》卷六·丙编"莽大夫"条。
⑩ 《汉魏六朝百三家集（扬侍郎集）题辞》。

会意义和复杂的历史内涵。

其实，扬雄之人生行事矛盾，亦切合其融合儒道之思想。如前所述，扬雄在建立以玄为中心之宇宙图式时又以道为中心建立了包括政治、伦理、道德的社会图式。而因后者偏向儒学，故扬雄强调圣人之治，认为"姬公用于周，而四海皇皇，奠枕于京。孔子用于鲁，齐人章章，归其侵疆"，结论是"如用真儒，无敌于天下"（《法言·寡见》）。强调伦常道德，声称："老子之言道德，吾有取焉耳。及搥提仁义，绝灭礼学，吾无取焉耳。"（《法言·问道》）又提出三门："由于情欲入自禽门；由于礼义入自人门；由于独智入自圣门。"（《法言·修身》）而由人门窥圣门，则"圣人重其道而轻其禄"；居人门修圣行，则"君子仕则欲行其义，居则欲彰其道"（《法言·五百》）。有此儒家政教思想之限制，使扬雄探讨的自然规律之"玄"，也具有了生育万物的"仁"的含义。可是，在貌似醇儒的背后，扬雄之人生行事态度却又有一种虚无超迈的道家思想充斥于内，并为太玄学说提供了具有道家思想性质的政治含义。这一点可见其《太玄赋》之解说。赋云："观太易之损益兮，览老氏之倚伏。省忧喜之共门兮，察吉凶之同域……若飘风不终朝兮，骤雨不终日……自夫物有盛衰兮，况人事之所极……岂若师由聘兮，执玄静于中谷。"赋后"乱曰"中并列"屈子慕清""伯姬曜名""孤竹二子"之处世之结果，以为"辟斯数子，智若渊兮；我异于此，执太玄兮；荡然肆志，不拘挛兮"，表现出扬雄隐鳞戢羽，不求闻达的思想。而这种荡然肆志无所拘挛的言行又与先秦道家"独与天地精神往来，而不敖倪于万物"[1] 的思想、魏晋玄学家口诵儒经却遁世远俗放荡形骸之行为极其相似。

---

[1] 《庄子·天下》。

应当看到，扬雄哲学、政治思想中儒道并存与他所处的历史条件、社会氛围有密切联系。他所处之时代已非董仲舒所处之鼎盛集权之帝国，而是由衰至溃的西汉后期，故自他写铭文而被蜀人杨庄荐之于汉成帝后，就随着西汉末年颓废的社会思潮和由此引起的矛盾心理而浮沉。史载：汉成帝时面临之形势已是"灾异数见，岁比不登，仓廪空虚，百姓饥馑，流离道路，疫疾死者以万数，人至相食，盗贼并兴"①。至哀帝，则皇室"田宅无限，与民争利"②；酷吏"役使数千家"③；兵、徭役频仍，使民"父母忧愁，妻子咏叹，愤懑之恨，发动于心，慕思之情，痛入骨髓"④。对此情状，儒家治平思想已成追慕往昔和劝喻君主的无力工具，当其政治益形腐败，暴虐危诸己身时，"老聃遗言""玄静中谷"又不失为理想的避所。司马迁说庄子"宁游戏污渎之中自快，无为有国者所羁，终身不仕"⑤，亦可用于认识扬雄在特定环境中的行事与心态。扬雄于晚岁见王莽居摄后颇有政绩，则参预新政，作《剧秦美新》《元后诔》以颂其德，因而升迁大夫；但他同时又接受刘汉"初安如山，后崩如崖"（《冀州牧箴》）、"当涂者入青云，失路者委沟渠"（《解嘲》）之严酷教训，体悟到天象运行（物极必反）与人事发展（盛极必衰）异质同构之规律，故与新莽又有离异，校书天禄阁泊如自守，时用符命称功德获封爵者甚众，而独无扬雄，是颇有意味的。

可以说，扬雄受儒家积极入世思想的支配，则"恐一旦先犬

---

① 《汉书·薛宣传》。
② 《汉书·哀帝纪》。
③ 《汉书·宁成传》
④ 《盐铁论·徭役》。
⑤ 《史记·老子韩非列传》。

马填沟壑"（《剧秦美新》）而生干禄求进之企望；受道家消极出世思想之影响，则"扬子遁世，离俗独处"（《逐贫赋》）于清静无为之境。因此，扬雄一生的思想行为正是在儒、道之间，"仕"与"隐"两种意识中徘徊的。

三

由于学术思想中儒道融合之影响，扬雄文艺观始终贯串了两种精神：一是儒家文为经世、学以致用之精神，一是道家轻禄傲贵、淡泊自守之精神。而扬雄文论中之矛盾，与这两种精神同时起作用不无关系。归纳起来，其文论中之矛盾又主要表现在文与道，文与质，对汉赋的评价与对屈原的评价四方面。为便于说明，兹作如下分述。

（一）文道关系是研究古文论的重大课题，在扬雄文论中这一课题又成其儒道思想融合之基本表现形态。

如果说儒家言文载道，其道无本体意义，而在道家老庄哲学中道即本体（宇宙生成意义），那么，扬雄则兼而得之，一面强调文以载道，一面认为至道无体，至神无方。这种宇宙论之本体与非本体之矛盾导致了扬雄对文学之社会功用看法的二元性。

从文以载道的儒家观点看，扬雄所论极"醇"。他论文以儒经为本，所谓"书不经，非书也，言不经，非言也"（《法言·问神》）；"唯五经为辩。说天者莫辩乎易；说事者莫辩乎书；说体者莫辩乎礼；说志者莫辩乎诗；说理者莫辩乎春秋"（《法言·寡见》）。而经为孔子删定，故其又谓："好书而不要诸仲尼，书肆也；好说而不要诸仲尼，说铃也。"（《法言·吾子》）非六经之文皆小，非仲尼之道皆废，可说是扬雄所倡导的符合正统儒家观点之宗经、宗圣思想。刘勰阐述"文能宗经，体有六义"便举"扬子比雕玉以作器，谓五经之含文"① 以明之，是对扬雄思想的直接继承。而此思想的单线发展，即为"醇儒说"移入文论之结果。如宋人孙复说："文者道之用"则推"董仲舒、扬雄、王通、韩愈而已"②，智圆谓"孟轲、扬雄之书"，"先儒文之纯也"③，皆主此识。然刘勰虽继扬雄之宗经、宗圣思想，但却朦胧地觉察到"子云沉寂，故志隐而味深"④。而其所揭示之"志隐味深"的奥秘，无疑有助于对扬雄文论两种意识的矛盾和如同交响乐中两个"主题旋律"的反复出现的理解。我认为，扬雄之文论除儒家入世意识与文以载道的主题旋律外，还并存着道家出世意识与文道玄览的主题旋律。倘撇开前者与其交响，仅就扬雄之文论在文、道这一根本问题上体现出的道家思想，约有两端：

其一，他肯定万物生成前所存在的一种先验的"道"（玄），使其宇宙生成论在本体意义上与道家相同，故其艺术论之本质也偏于本体之道，而强调文、道的自然应化。因为重自然应化之力量，故又膜拜玄冥中之"数"，他说"数为品式，文为藻饰"（《太玄棿》），数的规定性与文的藻饰意义使他的艺术思维多有类似《庄子·天道》所表现的"不疾不徐，得之于手而应之于心，口不能言，而数存焉于其间"之心境，从而淡漠了文（艺术）与道（政教）的关系。又因为重自然应化之力量，他"拟文于川"，认为"圣人之辞浑浑若川，顺则便，逆则否"（《法言·问神》），将文章形容作如川之水，显示出自身无常的变化和永恒的规律。依

---

① 《文心雕龙·宗经》。
② 《孙明复小集》卷二《答张洞书》。
③ 《闲居编》卷第二十九《送庶几序》。
④ 《文心雕龙·体性》。

此变或不变之规律，他又拟文艺于政治，认为"钟鼓喈喈，管絃哜哜，或承之衰"（《太玄·至事》）；"亡于时，文则乱"（《太玄·至昆》）。这种自然应化之规律并非文所能载之道，而是文艺创作者或鉴赏者在"爱清爱静，游神之廷"（《解嘲》）的心境中才能体悟的艺术真谛。这种神奇之心境，用扬雄的话来说，就是"人心其神矣乎"，"圣人存神索至"（《法言·问神》）。如何"存神索至"，扬雄付之阙如的空白，也只容"游心于无穷"①，使心神超乎物外而逍遥的道家审美趣味来填补。

其二，他论文重法度，所谓"准绳规矩"（《太玄·至增》），又强调无法，所谓"鸿文无范"（《太玄·至昆》），前者规定了文载道（政教）的艺术范围，后者体现了文与道（自然）的艺术同化境界；因其后者，方使扬雄文论超乎前人，在一定程度上肯定了文艺的独立性。扬雄认为：文即玄之辞，而"玄之辞也，沉以穷乎下，浮以际乎上，曲而端，散而聚，美也不尽于味，大也不尽其汇，上连下连非一方也"（《太玄告》）。这就是浑茫无迹难以捕捉的艺术境界，是并非依附于儒家政教思想而自存。因此，扬雄之审美趣味又常随"大味必淡，大音必希，大语叫叫，大道低回，是以声之眇者不可同于众人之耳，形之美者不可混于世俗之目，辞之衍者不可齐于庸人之听"（《解难》）之超群观念得以表现，其与先秦道家审美观是相通的。

无须否认，扬雄于文道关系之认识上颇存牴牾之见，也确有"好奇而卒不能奇"② 的局限，但他兼取儒、道，既重视文载道的现实作用，又重视文艺的自然审美，是可取的。

---

① 《庄子·则阳》。
② 陈师道《后山诗话》。

（二）文质关系是扬雄文论中继文道关系对文学艺术由内容到形式、由社会功用到美学特征的进一步探讨之范畴，他提出的文质副称说，同样受到儒、道思想之制约和影响。

文质副称美学命题之提出，固然源于《周易》天地阴阳对立统一与孔子"文质彬彬"① 之观点，但从扬雄本人文质统一思想的形成及内涵来看，其历史现象是他对汉赋态度的转变而引起的对早期文学观的悔悟，其艺术内构是他的学说本身建立在文、质两块相互矛盾冲突的载体上，从某种意义考虑，这种文质矛盾又与他思想中儒、道矛盾，仕、隐矛盾有一定的逻辑联系。

文、质概念由孔子最初明确提出，重视质对文之决定作用的观念也就成了以儒家思想为主流的我国古文论之民族特点。也正因如此，使人往往忽略道家也主张"见素抱朴"②，"被褐怀玉"③，"文灭质，博溺心"④ 等，与孔子异趣同旨。法家韩非嘲笑"买椟还珠"，批评"以文害用"⑤，亦同此理。可见文质副称论文，并不只能代表儒家思想，自孔丘后，孟轲、荀况、董仲舒、刘向、扬雄、班固、王充、张衡、陆机、钟嵘、刘勰、萧统等，同以文质统一之命题，却表现出相互不同之思想。扬雄对文质的理论探讨，主要在《太玄》《法言》中。从强调的侧重点看：其重质而不废文云"君子事之为尚。事胜辞则伉，辞胜事则赋，事辞称则经"。（《法言·吾子》）且释例云："或曰：'有人焉曰云姓孔而字仲尼，入其门，升其堂，伏其几，袭其裳，则可谓仲尼乎？'曰：'其文

---

① 《论语·雍也》。
② 《道德经》十九章。
③ 《道德经》七十章。
④ 《庄子·缮性》。
⑤ 《韩非子·外储说左上》。

是也，其质非也'。"（同上）其重文而质因文见云："文以见乎质，辞以睹乎情。"（《太玄莹》）"或曰：'良玉不彫，美言不文，何谓也？'曰：'玉不彫，玙璠不作器，言不文，典谟不作经。"（《法言·寡见》）其文质并重云："阴敛其质，阳散其文，文质班班，万物粲然。"（《太玄·至昆》）"睟文之道，或淳或班。"（《太玄错》）从具体的诠解看：其解"文"，或云"有法则成，无法则不成"（《太玄棿》），讲求文章之义法；或云"鸿文无范，恣于川"（《太玄·至昆》），[1] 强调文章之妙境。其解"质"，或云"羊质而虎皮，见草而悦"（《法言·吾子》），以通儒家政教之内容；或云"质干在乎自然，华藻在乎人事"（《太玄莹》），又近于道家自然应化之本质。概言之，不管扬雄重文、重质，或文质并重，究其文与质之本身，无不折射出他思想中儒、道的两面性，因为他所谓质，既有人生行事的政教内容，又有玄远虚静的自然形态；所谓文，在入世思想指导下，是为统治阶级服务之工具，受制于内容法度，在出世思想支配下，又超脱政治，隐然恣肆。对此矛盾现象，只要我们明确扬雄将天象、地象、心象，自然、人事、文辞统摄于"玄"，则不难理解其与学术思想中儒道融合之关系。

当然，我们在力求整体把握扬雄文论之时不可忽略其阶段性，亦即扬雄平生美学思想确曾经历了由少年"心好沉博绝丽之文"（《答刘歆书》）到"女恶华丹之乱窈窕也，书恶淫辞之淈法度也"（《法言·吾子》）的转变。但这一转变过程中出现的一些矛盾和奇异之现象，同样受儒、道思想之影响，将在讨论扬雄对汉赋之评价中得到证明。

（三）扬雄对汉赋的认识与评价，是其文质观变化之结穴，对

---

[1] （晋）范望解云："文章奂然，故无法也。"

此论者已多，这里仅就融合儒道之主旨，略陈管见。

扬雄早岁作《甘泉》《羽猎》《长杨》《河东》四赋，意主讽谏，结果事与愿违，欲讽反谀，至如刘歆《七略》所谓"竟为侈丽闳衍之词，没其讽喻之义"①。王充亦说扬雄之赋颂"言奢有害"②。对此，他在《法言·吾子》自赎云："或问：'吾子少而好赋？'曰：'童子雕虫篆刻。'俄而曰：'壮夫不为也。'或问：'赋可以讽乎？'曰：'讽则已，不已，吾恐不免于劝也。'"因此，批评家将扬雄对赋之态度归纳为"雕虫说""讽谏说"，以说明他由自赎前愆发展到对整个汉赋之否定。对扬雄赋论之变化，一般归于两种原因：一为对汉赋现状之不满，一为自身爱好之转移。可以说，两种说法皆能在他赋论和后世评价中找到证据，但亦皆缺乏对其思想作整体把握和全面思考。

关于扬雄不满汉赋之评价，后世褒贬有之。班固疑其"劝百讽一"云："相如虽多虚辞滥说，然要其归，引之于节俭，此亦《诗》之讽谏何异？扬雄以为靡丽之赋，劝百而讽一，犹骋郑卫之声，曲终而奏雅，不已戏乎？"③曹植肯定其"壮夫不为"云："辞赋小道，固未足以揄扬大业，彰示来世。"④杨修反之，以为"今之赋颂"与"风雅无别"，雄辞莫可信。⑤萧纲则云："不为壮夫，扬雄实小言破道。"⑥李贽认为扬雄"劝百讽一"是"不知人""不知文""不知言""不知讽"⑦。程廷祚又赞扬雄赋"有讽谏之遗

---

① 引自《汉书·艺文志》。
② 《论衡·谴告》。
③ 《汉书·司马相如传赞》。
④ 《与杨祖德书》，引自《文选》卷四十。
⑤ 《答临锱侯牋》，引自《文选》卷四十。
⑥ 《答张缵谢示集书》，《全梁文》卷十一。
⑦ 《焚书·子虚》。

意"，是"继诗人之末，而列于作者之林"①。苏轼否定他"雕虫"之论，以为雄悔赋作《太玄》《法言》"好为艰深之词，以文浅易之说"，是终身雕虫。② 蒋湘南又认为"此自东坡之浅陋"③。略举以上众家之说，有一共同特点，即偏执一隅。如班固执扬雄非相如靡丽之赋"讽一劝百"一端而忽略扬雄同样颂扬"孔门之用赋也，则贾谊升堂，相如入室"（《法言·吾子》）与"长卿赋不似从人间来，其神化所至"（《答桓谭书》）的一端；曹植、杨修、萧纲之论虽异，却同归儒门载道之意；至于苏轼、蒋湘南之论驳，也仅囿于对《太玄》《法言》的认识、弃取。而我认为，扬雄对汉赋之不满固有针砭其"繁华损枝，膏腴害骨"④ 形式主义文风之意义，但更为重要的则是他通过对汉赋的评论表达了自身积极入世思想受到"欲讽反谀"之挫折和嘲弄的痛苦反思。也可以说，他在西汉末年大厦将倾的危惧心理支配下，极易接近于道家出世思想，故对汉赋艺术作达观玄览的总结，从而出现他好博丽之文以至"有文无质"⑤ 之时，正是儒家积极入世思想占上风，而其重质，强调文质副称之时，却是道家消极遁世意识占上风的奇异现象。这种由社会心理所造成的文化心理，决定了扬雄对汉赋不满的心理是他整个人生矛盾心理在文论上的反映，而儒、道矛盾在他一生中又无时不起着重要作用。

那么，自身爱好的转移能否说明扬雄对汉赋之评价，我想也不尽然。所谓扬雄之爱好转移，一般的解释无疑是由重文（爱美）

---

① 《青溪集》卷三《骚赋论》下。
② 《苏东坡集后集》卷九《答谢民师书》。
③ 《七经楼文钞》卷四《与田叔子论古文第三书》。
④ 《文心雕龙·诠赋》。
⑤ 《文心雕龙·程器》。

转为重质（尚用），由作闳衍繁艳之赋转为治精深玄妙之学。如果进一步言，就扬雄之文论整体理解，这种转变本身在理论上是矛盾的。因为，扬雄厌弃汉赋最关键之处在于讽一劝百、欲讽反谀，即"爱美"之辞掩去了"尚用"之质，倘依此寻绎，扬雄转变态度后所作势必应刊浮辞，重尚用，强化对腐朽统治的讽谏力量，显示自身对社会的作用。事实相反，扬雄在反对汉赋爱美失用之同时，却转入了更加脱离"尚用"原则的玄境，与他前期的赋颂相比，他的所作如《太玄经》等讽世之力量则更为隐晦。同时还应注意，这种出世态度也不是扬雄之思想归宿，当王莽居摄后封建社会有瞬息回升，他不是又操颂扬与讽喻之"旧业"吗？由于忽视社会心理对个人心理的作用，王世贞出于对扬雄一面称赞长卿赋"神化"，一面又说"雕虫之技，壮夫不为"之矛盾心理的不解，遽谓"谤言欺人"①，是不可信的。与之相反，罗根泽先生曾针对这一矛盾现象说："就算他的好赋卑赋由于年岁关系，而好卑的矛盾心理，也不能不说是由于当时的'爱美'与'尚用'的冲突使然。"②此将扬雄论赋与当时文艺思潮结合，并据辩证法则强调"爱美""尚用"之矛盾交战于扬雄意识中并趋于融合之见解，是切中肯綮的。换言之，"爱美"的艺术性与"尚用"的政治性是一对矛盾的统一体，始终潜藏于扬雄文论意识中。

因此，雄对汉赋之评价，不仅是对汉赋形式的不满和自身爱好的转移，尤为重要的是西汉末年倾斜的社会心理在其文艺心理结构中的反映，上述讽与劝、雕虫与神化、爱美与尚用的矛盾、冲突，正表现了这种特有倾向。

---

① 《艺苑卮言》卷二。
② 《中国文学批评史》古典文学版第一册第97页。

（四）扬雄对屈原之评价，也反映了儒道融合思想。

在汉代，评屈者殊多，扬雄前有贾谊、董仲舒、司马迁，后有班氏父子、王逸、蔡邕等。而雄摹《离骚》作《反离骚》，确实引人注目，误解亦由之而生，其甚者如刘熙载谓"班固以屈原为露才扬己"是"意本扬雄《反离骚》"①。其实扬雄之观点绝无批评屈原"露才扬己"之意，而是深深地陷入对屈之尊崇、同情以至哀怨的心理矛盾。在此心理矛盾中同样有双重主题旋律的合奏。他一面读《离骚》而"悲其文"，"未尝不流涕"②，表示对屈原之行为的深深赞美；一面又谓"屈子慕清，葬鱼腹兮"，"我异于此，执太玄兮"（《太玄赋》），表示对屈原之行为所导致的结果产生怀疑。而他所执之"太玄"，正是《太玄赋》中描绘的那种玄静中谷，揖松华岳，散发昆仑，翱翔碣石；听素女之清音，观宓妃之妙曲；茹芝英以充饥，饮玉醴以解渴，排间阖，窥天庭，荡然肆志而无拘挛的超然神境。所以他认为"君子得时则大行，不得时则龙蛇。遇不遇命也，何必湛身哉！"③ 而在"圣哲之不遭兮，固时命之所有"的宿命思想支配下，他才由尊崇屈原之言行到悲其"临汨罗而自陨"，"反湛身于江皋"，进而惋惜其"弃由聃之所珍"，"碨彭咸之所遗"（《反离骚》）。同时，扬雄对屈之评价从尊崇其言行到同情其际遇，正是扬雄自身与统治者不苟合的心绪的反映，而他哀怨屈原湛身之行为，又是吸收了儒家"穷则独善其身"④ 之保守态度和道家"死生、存亡、穷达、贫富、贤与不肖、

---

① 《艺概·赋概》。
② 引自《汉书·扬雄传》。
③ 同上。
④ 《孟子·尽心上》。

著作选录

毁誉、饥渴、寒暑，是事之变、命之行也"① 之消极思想的结果。正因为扬雄通过评屈从而表现出自身与统治者不苟合的心绪与对儒家"杀身以成仁"②、"舍身而取义"③ 信条的悖逆，所以，持理解和谅解态度者，或谓之"思积功寡，意深文略"④；或谓之"哀之至也"⑤。持不理解和不可饶恕态度者，或如王逸《楚辞章句》以正统儒家道德、政治标准对扬雄消极观点的批评；或如朱熹《楚辞集注》对他守静反躁之矛盾心理从人格上的挞伐；或如顾炎武云："老子之学，所以异乎孔子者，'和其光，同其尘'，此所谓似是而非也。……子云而知此义也，《反离骚》其可不作矣"⑥，以醇儒观点对扬雄知儒悖儒，儒道揉合的斥责。

质言之，对扬雄论屈之心理矛盾必须放在他整个文论受儒、道两种思想影响这一基点上去认识，才能认清他对屈原之理解和不理解均出于哀怜回护之心曲，与班固"扬才露己"说有很大区别，不可混为一谈。当然，扬雄论屈所表现的消极因素，是应予甄别扬弃的。

如前所述，以融合儒道这一思想命题对扬雄文论作整体窥视，既发现其文论中之矛盾，又可以解决因其矛盾产生的误解，而扬雄文论本身融合儒道之意义，还在于对后世文学批评之影响。朱东润先生谓"东汉文论，全出于扬雄"⑦，极有胆识。实际上，东

---

① 《庄子·德充符》。

② 《论语·卫灵公》。

③ 《孟子·告子》。

④ 《文心雕龙·哀吊》。

⑤ 方苞语。引自《安徽师大学报》1985 年第 2 期，卫仲璠《〈扬子法言〉论屈原章析义》一文。

⑥ 《日知录》卷十三。

⑦ 《中国文学批评史大纲》古典文学版第 16 页。

汉之后，魏晋玄学家融合儒道之文论又何尝不出于扬雄，即如大诗人陶潜之政治思想、人生行事以及文学主张所表现的儒道融合，与扬雄亦不无渊源关系。就文艺思想而言，扬雄文论亦可谓先秦道家到魏晋玄学间的枢纽、桥梁，他所提出的艺术玄境与论赋之神化思想，无疑是陆机"玄览"、刘勰"神思"之艺术鉴赏论的先声。这已非本文探讨之范围，仅想引起学界注意，宜乎于现有古典文学批评史书上添此一笔。

## 扬雄的文学追求与文学观念之迁变①

孙少华

　　个人身体的某些障碍性或非障碍性疾病，对其人生道路与思想发展往往带来重要影响。司马相如与扬雄皆为西汉著名文学家，两人一个有"消渴之疾"，一个"口吃不能剧谈"。但在西汉文学史尤其是西汉赋作观念变化的历程中，两人都具有特别典型的代表意义。最突出的表现就是，两人走了一条截然相反的文学道路：一个由经学入文学，一个由文学入经学。这种思想观念的变化，不仅仅是当时文学风尚与政治思想发生变化的深层反映，某种程度上还体现了两人个体思想与内在心理的转变历程。

　　扬雄一生，慕屈原、司马相如而为赋；慕司马相如《凡将》作《训纂》《方言》；慕司马迁续《史记》；慕《周易》作《太玄》；慕《论语》作《法言》，体现了曲折、发展的文学思想与学术追求。扬雄著《太玄》，是其思想由文学向经学转变的开始。扬雄文学道路与文学观念的这种转变，有其复杂的社会背景与特定的思

① 原载《清华大学学报》（哲学社会科学版）2012 年第 1 期。

著作选录

想或个性原因。扬雄历汉成、哀、平三朝，复仕新莽，命运多舛。汉成帝时期，扬雄以汉赋创作为主，屡谏成帝；哀平之世，学术途辙一变，而为《太玄》《法言》《训纂》等，专事经学；王莽摄政之初，续《史记》，作两《箴》（《州箴》《官箴》）；王莽新朝，为《剧秦美新》《方言》。概括而言之，扬雄走过的这条由文学入经学的道路，与其个性及当时社会政治思想的影响不无关系。

## 一、扬雄文学追求的个性心理分析

扬雄，蜀郡成都人，《汉书》本传称其"好辞赋"，多半受到了司马相如的影响。司马相如亦为蜀人，其赋作在汉武帝朝兴盛一时，对蜀郡士人影响不小。扬雄为其赋作"宏丽温雅"的风格所折服，故"心壮之，每作赋，常拟之以为式"。[①] 另外，扬雄以屈原文采胜相如而竟至投江，对屈原多有同情，反《离骚》之义作《反离骚》《广骚》《畔牢愁》《天问解》等。在蜀郡时，扬雄有《绵竹颂》《蜀都赋》等作品。汉成帝朝，扬雄多上赋讽劝，[②]《甘泉赋》《河东赋》《羽猎赋》《长杨赋》皆为此时作品。这里的"讽"与"劝"，皆为扬雄对赋旨的认识。《汉书》本传称："雄以为赋者，将以风之，必推类而言，极丽靡之辞，弘侈巨衍，竞于使人不能加也，既乃归之于正，然览者已过矣。"（卷八七下，第3575页）《法言·吾子》扬雄之言则更为具体："或曰：'赋可以讽

---

① 《汉书》卷八七上《扬雄传》，北京：中华书局，1962年，第3513—3515页。以下凡引此书只在文中夹注卷数及页码。

② 《甘泉赋序》："奏《甘泉赋》以风。"《河东赋序》："上《河东赋》以劝。"《羽猎赋序》："故聊因《校猎赋》以风。"《长杨赋序》："上《长杨赋》，聊因笔墨之成文章，故藉翰林以为主人，子墨为客卿以风。"

乎？'曰：'讽乎！讽则已，不已，吾恐不免于劝也。'"①"讽谏劝人"，乃辞赋主旨。扬雄对"讽"与"劝"之别有所提示："赋劝而不止，明矣。"宋吴秘的解释更为详细："讽之必推类而言，极靡丽之辞，然后讽之有正，如其不已，乃复成劝，言不正也。"可见，"讽""劝"皆为"贤人君子诗赋之正"而设。但"讽"一般很难实现作者理想中的"讽谏劝人"目的，扬雄称"往时武帝好神仙，相如上《大人赋》欲以风，帝反缥缥有陵云之志"，即可证。扬雄这个时期的赋作，文学性特别突出，基本遵循了扬雄所说"诗人之赋丽以则"的美学原则，也就是《扬雄传》所称司马相如赋之"宏丽温雅"原则，故刘熙载称："'则'与'雅'无异旨也。"②

《汉书》对扬雄赋作的记载，始于《反离骚》，其后为《甘泉赋》。实际上，在二赋之间，扬雄还有《绵竹颂》《蜀都赋》等作品。根据《汉书》记载，扬雄"每作赋"，常拟司马相如之赋"以为式"，故其赋作风格多近相如。不仅后来的《甘泉》四赋如此，早期在蜀郡赋作，亦多如此。如李善称："《雄答刘歆书》曰：'雄作《成都城四隅铭》，蜀人有杨庄者为郎，诵之于成帝，以为似相如，雄遂以此得见。'"③李周翰则称："扬雄家贫好学，每制作慕相如之文，尝作《绵竹颂》，成帝时直宿郎杨庄诵此文，帝曰：'此似相如之文。'庄曰：'非也，此臣邑人扬子云。'帝即召见，拜为黄门侍郎。"扬雄见汉成帝的情节与司马相如见武帝何其相似之至：皆有近臣荐之于帝；作品皆被帝王疑为古人之作。但是有

① 汪荣宝：《法言义疏》，北京：中华书局，1997年，第45页。
② 刘熙载：《艺概》，上海：上海古籍出版社，1978年，第95页。
③ 萧统：《文选》卷七《甘泉赋》，北京：中华书局，1977年，第111页。

一点是不容置疑的：扬雄赋作仿相如，且文风与之极为相似。也就是说，扬雄的文学道路，一开始就选择了一条踵武前贤、拟圣贤立言的道路。其赋学屈原、司马相如，经学《周易》，子学《论语》，史学司马迁《史记》。正为此故，其赋作似相如，仿经有《太玄》，仿《论语》作《法言》，慕司马迁续《史记》。当时诸儒或以扬雄非圣人而作经书《太玄》，"犹春秋吴楚之君僭号称王，盖诛绝之罪"，不知扬雄正欲于经、史、子、集各有推阐。

扬雄为何选择了一条这样的文学与学术道路？从其早期未出蜀就刻意选择模仿屈原、司马相如看来，这应该与其所处的社会学术环境或政治制度无关，更多则与其个人的性格禀赋或人格追求有关。孔子、屈原、司马相如、司马迁相同或相似的人生遭遇与人格悲情，不可能对扬雄无所触动。据《汉书》本传，扬雄"为人简易佚荡，口吃不能剧谈，默而好深湛之思，清静亡为，少耆欲，不汲汲于富贵，不戚戚于贫贱，不修廉隅以徼名当世"（卷八七上，第 3514 页）。通过这些记载，我们可以对扬雄个性心理进行一番简单解剖。"简易佚荡"，晋灼注："佚荡，缓也。"说明扬雄性格柔顺、行动舒缓，同时说明了他性格内向、心理压抑与不爱交际的一面，后文的"默而好深湛之思"，也是这个意思。

这一点，与扬雄的身体缺陷有关。《汉书》称其"口吃不能剧谈"，晋灼注："或作遽，遽疾也，口吃不能疾言。"颜师古："剧，亦疾也，无烦作遽也。"据现代医学与心理学的研究表明，口吃主要是一种语言障碍，与人的心理状态的异常有关，而不是人的发音器官出现了毛病，但对人的性格影响不小。对于个性开朗的人来说，口吃对其心理影响不是很大，对其人生观与价值观的影响也不明显。但对于相对内向的人来说，情况就不同了：敏感、自卑、烦躁、消极，都是口吃给性格内向者的负面影响。这种负面影响，对个人人生观与世界观往往带来比较消极的认识与感悟。扬雄内向性格的偏执性，甚至造成了他自闭的倾向。尤其晚年，他"用心于内不求于外"到了一种被"时人皆忽之"的地步。作为中散大夫校书天禄阁，他竟然到投阁几死之时方为王莽所知，且竟使王莽有"何故在此"的疑问。无论王莽疑问是真是假，扬雄很少与外界交往应是事实。即使在他复官为大夫后，也出现了"人希至其门"的情况。扬雄投阁，很大程度上反映了他内心的苦闷、自闭、自卑与烦躁，甚至还有恐惧的心理。

对于扬雄来说，他表面上展示了一种豁达与大度，对屈原的投江也一度表达了排斥与反对，但他骨子里的自卑与消极，则是无法掩饰的。《反离骚》与其说是他对屈原悲惨遭遇的同情，不如说是对自己人生宿命潜意识的积极反抗。扬雄的个人期许是很高的："自有大度，非贤哲之书不好也。"但在他的主观意识里面，圣贤君子往往有"得时"与"不得时"之分。对于扬雄这样的心理状态来说，君子"不得时"的几率要大一些。扬雄本人，或者说任何具有抱负的人，都不想将其人生的轨迹定格在"不得时"的轨道上。扬雄在这里的议论，无疑体现着个人较高的自我期许与人生命运无常之间的矛盾心理。《反离骚》有这样的议论："夫圣哲之遭兮，固时命之所有；虽增欷以于邑兮，吾恐灵修之不累改。昔仲尼之去鲁兮，斐斐迟迟而周迈；终回复于旧都兮，何必湘渊与涛濑。"这是对圣贤命运蹇舛的同情与理解吗？倒不如说是他对本人命运无常的深深担忧。

扬雄生活的时代，"贤才不遇"的思想已将文人笼罩在宿命论的阴影之下，如与扬雄大致同时的桓谭就有"贾谊以才逐，而朝错以智死"之叹。① 这种思想有着复杂的历史文化背景与思想基础。早在孔子之时，即曾有"死生有命，富贵在天"之叹。西汉此论调更多，如贾谊《鵩鸟赋》："天不可与期，道不可与谋，迟速有命，焉识其时？"《淮南子·齐俗》："仁鄙在时不在行，利害在命不在智。"刘邦有"命乃在天"之说，韩信有"天授"之论。这种"命定论"思想的深刻影响，催生了汉代文人特殊的人生悲情与宿命感慨。汉人"遇不遇"的命运讨论，就由此而生。李炳海先生曾认为："早在汉代文人那里，对于人生的遇与不遇就有深刻的思索和痛切的感慨。"② 生活在这样的社会普遍性心理环境之中，加上扬雄个人性格的缺陷，很容易造成其悲观的心理状态与消极的人生态度。班固传赞称其"恬于荣利""乐道好古"。王充《论衡·命禄篇》引扬雄之言："遇不遇，命也。"③ 由此看来，扬雄很早就对利禄、命运有其独到的理解与感悟。所以，他可以对屈原投江有其自己的理解："君子得时则大行，不得时则龙蛇，遇不遇命也，何必湛身哉！"这是他对人生际遇的无奈感喟，是对战国、秦汉特别流行的"待时"观念的深刻体悟。

这种思想观念有其特定的社会思想基础，是对当时社会思想的深刻反映。《论语》中孔子对颜渊所说的"用之则行，舍之则藏"，与扬雄之论相同。孔子这种积极的"待时"思想，在《周易》中亦有所体现，如《系辞下》："君子藏器于身，待时而动，何不利之有？"④《孔丛子》记载孔子歌："大道隐兮礼为基，贤人

① 《后汉书》卷二八上《桓谭传》，北京：中华书局，1965年，第4册，第957页。
② 李炳海：《汉代文学的情理世界》，长春：东北师范大学出版社，2000年，第19页。
③ 黄晖：《论衡校释》，北京：中华书局，1996年，第24页。
④ 高亨：《周易大传今注》，济南：齐鲁书社，1988年，第572页。

审兮将待时，天下如一欲何之？""唐虞世兮麟凤游，今非其时来何求？麟兮麟兮我心忧。"孟子引齐人之言，曾有"虽有镃基，不如待时"之语；《万章下》称："孔子，圣之时者也。"《尽心上》引古人"独善其身"与"兼善天下"之说。《左传》中更是屡见此语。荀子在《宥坐》中引孔子"厄于陈蔡之间"事，并就孔子"君子博学深谋，不遇时者多矣。由是观之，不遇世者众矣"之论进行了论析，最后总结道："遇不遇者，时也。死生者，命也。今有其人，不遇其时，虽贤，其能行乎？苟遇其时，何难之有？故君子博学深谋，身端行以俟其时。"① 入汉以后，董仲舒有《士不遇赋》，司马迁亦作《悲士不遇赋》以效之，东方朔《答客难》中"此一时也，彼一时也"的思想，皆是对孔子"待时"思想的深入诠释。尤其耐人寻味的是，东方朔在这篇赋中，详细阐释了"时异事异"的思想。李炳海先生认为："遇与不遇这个富有哲学意味的人生课题，成为两汉文学的重要主题。"② 而据其考察，汉代正统史学家往往具有"遇"的观念，而不遇则是性情文人的独特感受。

对于扬雄来说，其内心恐怕一直被笼罩在"不遇"的悲观阴影中不能自拔。这一点我们可以在其文章中找到证据。扬雄《解嘲》对"遇不遇"的认识，似乎与常人不同。他认为，乱世可以为士人之"遇"带来很大的人生机会，而当今盛世则是造成士人"不遇"的最大根源：

　　夫上世之士，或解缚而相，或释褐而傅；或倚夷门

①　王先谦：《荀子集解》，北京：中华书局，2007 年，第 527 页。
②　李炳海：《汉代文学的情理世界》，第 19 页。

而笑，或横江潭而渔；或七十说而不遇，或立谈间而封侯；或枉千乘于陋巷，或拥彗而先驱。是以士颇得信其舌而奋其笔，窒隙蹈瑕而无所诎也。当今县令不请士，郡守不迎师，群卿不揖客，将相不俯眉，言奇者见疑，行殊者得辟，是以欲谈者宛舌而固声，欲行者拟足而投迹。乡使上世之士处乎今，策非甲科，行非孝廉，举非方正，独可抗疏，时道是非，高得待诏，下触闻罢，又安得青紫？

这种独特的社会认识与人生体悟，必然造成他对个人前途命运的悲观基调，并进而造成他消极的人生追求。这种心理暗示的无处不在，这种特殊的定向思维，很大程度上影响了他对文学客体的选择。由此看来，扬雄文学与学术道路的选择，与其人格悲情与消极人生有关。扬雄骚赋之作，首仿屈原，而屈原有蒙冤投江之死；仿《周易》，文王有拘于羑里之难；仿《论语》，孔子有困于陈蔡之厄；拟相如，相如有"无为"之志；① 续《史记》，司马迁有宫刑之祸。而他对司马相如的刻意模仿，或者包含着对其"遇"的向往以及对前贤"不遇"的深切同情。扬雄或者并无将自己拟于圣贤的主观意识，但其对孔子、屈原、司马迁等人命运的同情之理解，则是明显的。他后来的跃身投阁，很难说不是这种悲情心理作用的结果。

另外，扬雄这种个性心理的形成，也有当时普遍文化心理与地方个性深刻影响的痕迹。《韩诗外传》卷七记载："传曰：'伯奇孝而弃于亲。隐公慈而杀于弟。叔武贤而杀于兄。比干忠而诛于

---

① 《史记·太史公自序》称司马相如之赋"其指讽谏，归于无为"。

君。'《诗》曰：'予慎无辜'。"①《汉书》记载诸葛丰上书言："臣闻伯奇孝而弃于亲，子胥忠而诛于君，隐公慈而杀于弟，叔武贤而杀于兄。夫以四子之行，屈平之材，然犹不能自显而被刑戮，岂不足以观哉！使臣杀身以安国，蒙诛以显君，臣诚愿之。独恐未有云补，而为众邪所排，令谗夫得遂，正直之路雍塞，忠臣沮心，智士杜口，此愚臣之所惧也。"（卷七七，第3250页）《汉书·冯奉世传》班固赞称："谗邪交乱，贞良被害，自古而然。故伯奇放流，孟子宫刑，申生雉经，屈原赴湘，《小弁》之诗作，《离骚》之辞兴。"（卷七九，第3308页）汉人在日常生活中屡次提及这些忠贞见谤的人物如伯奇、子胥、隐公、申生、叔武、孟子、申生、屈原等，显然当时社会上已经形成了为忠臣被害、忠而见弃等社会丑恶现象强烈不满的文化心理。《诗经》中的"予慎无辜"等思想，则是这种文化心理产生的学术渊源。扬雄具有与先贤类似的政治与生活经历，他生活在这样的文化环境中，未尝没有同情前贤的思想，这就使其具有了悲观、消极的心理意识。同时，扬雄长于巴蜀，此地虽经战国、秦、汉战乱，然物产丰富，《汉书·地理志》称："民食稻鱼，亡凶年忧，俗不愁苦，而轻易淫泆，柔弱褊院。"（卷二八，第1645页）扬雄悲观、柔弱的个性，也是地方性格的反映。例如，《北史》泉仚本传记载："巴俗事道，尤重老子之术。仚虽童幼，而好学恬静，百姓安之。"② 地方风俗，历久不变，扬雄时代，也应大致如此。

---

① 许维遹：《韩诗外传集释》，北京：中华书局，1980年，第257页。
② 《北史》卷六六，北京：中华书局，1974年，第8册，第2331页。

## 二、扬雄文学观念转变历程及其社会学术动因

扬雄文学道路的转变历程，虽然主要与其悲情个性有关，但他的文学观念尤其是学术思想的转变，又无不带有社会思想转型的深刻印记。帝王的改朝换代，必然带来社会制度与学术风尚的巨大转向。扬雄本人虽然具有不慕荣利的理想追求，但其身居显位，厕身权贵，帝王喜好的改变、政治形势的变化与学术风尚的更辙，对其学术思想的影响不容小觑。

汉成帝时期，扬雄欲效相如讽谏事，创作了大量的赋作；然讽谏不止及"诸子各以其知舛驰"的原因，终至使他投身经学。《法言·吾子》："或问'吾子少而好赋'。曰：'然。童子雕虫篆刻。'俄而，曰：'壮夫不为也。'"① 司马光注称"少年之事""悔作之也"。宋咸注："汉儒之赋，古诗之流，尚曰雕虫篆刻，壮夫不为。矧乎今之赋也，犹倡言优戏之具尔，作之者作宜愧焉。"吴秘则曰："其文雕刻，非法度所存，贤人君子，诗赋之正也，于是辍不复为。"其后，扬雄逐渐放弃了"壮夫不为"的汉赋创作，转而投入经学研究，《太玄》《法言》《方言》等相继问世。

扬雄何以产生如此的思想转变呢？扬雄经学研究的方向性变化，最早始于《太玄》的撰述，这也是他文学观念发生转变的开始。据刘跃进《秦汉文学编年史》的考证，扬雄作《太玄》于汉哀帝建平四年（公元前3年）。② 这个时期，汉代社会制度与学术思想正发生着深刻的变动。汉成帝时期，扬雄创作了大量的赋作，

---

① 汪荣宝：《法言义疏》，第45页。
② 参见刘跃进：《秦汉文学编年史》，北京：商务印书馆，2006年，第299页。

某种程度上与司马相如赋极为相似。在命运观的理解上，他可能还不十分消极，所以才有讽劝帝王之志。但这个时期，发生了一件学术大事，就是汉成帝命刘向等人校书东观，学风大开。成帝末年，又开始论礼制，行尊孔之事，封孔子之后孔吉为殷绍嘉侯。汉哀帝时期，学风一变，建平元年，刘歆领《五经》，集六艺群书著《七略》。刘歆欲立《左传》《古文尚书》《毛诗》《逸礼》等于学官。这些经学著作，皆属古文经学。客观上说，此前皆为今文经学的天下。即使当时汉哀帝欲令刘歆与《五经》博士讲论古文经义，然"诸博士或不肯置对"。刘歆立古文经学的目的虽然没有达到，但是毫无疑问，古文经学在当时已经得到了汉哀帝的支持。如儒者师丹奏议刘歆"非毁先帝所立"，而哀帝称："刘歆欲广道术，亦何以为毁哉！"这种学术风气虽然首先起于刘歆等人，但汉哀帝的推崇，也会造成士人对古文经学的重视。尤其是，古文经学虽未立学官，但民间喜好者不在少数。据《连丛子》记载，孔子立少游京师与刘歆友善，而扬雄对子立之子孔子元十分器重。刘歆有《与扬雄书从取方言》，并曾观其《太玄》等著作，且歆子刘棻曾从扬雄学奇字，二人应该有频繁的学术交往。扬雄经学，与刘歆接近而古文为多，如其本传称其"少而好学，不为章句训诂"。"章句训诂"在汉代又称"章句内学"，《连丛子》孔季彦"治古义则不能不非章句内学"，即指季彦好古文而不好今文。由此可见，扬雄撰《太玄》有其特定的学术条件。

　　早在扬雄自蜀来游京师之初，西汉已经出现了古文经学抬头的迹象。汉成帝好儒术，永始二年擢翟方进为丞相。翟方进习古文，《左传》流传也与之有关。翟方进为相，是西汉后期学术风气

著作选录

269

发生变化的重要标志。① 但从当时的政治形势看来，汉哀帝建平四年却又奸佞当道："丁、傅、董贤用事，诸附离之者或起家至二千石。"扬雄《解嘲》即作于本年。上文说过，《解嘲》体现了扬雄对"不遇"人生的特殊感受。汉赋讽谏与帝王垂青及士人"遇"之命运息息相关，在汉哀帝这种特殊的政治环境下，士人"不遇"的悲观失望思想迅速蔓延。这是扬雄文学与学术观念转变的社会与个人思想根源。

日本学者冈村繁对这个问题也有所考察。他认为，扬雄文学、儒学立场的转变，与汉成帝死去、王氏家族倾颓、刘歆等人失势有关，因为扬雄失去了政治上的保护与关照。② 这种说法未尝没有道理。但是我们认为，个人学术转向的主要动力，应该来自于个人内心的主观诉求，而不是客观形势的外在逼迫。因为按照中国文人的实际情况，困境与逆境会促使他们的创作冲动更趋激情而不是相反。故司马迁有"发愤"之说：

> 昔西伯拘羑里，演《周易》；孔子厄陈、蔡，作《春秋》；屈原放逐，著《离骚》；左丘失明，厥有《国语》；孙子膑脚，而论兵法；不韦迁蜀，世传《吕览》；韩非囚秦，《说难》《孤愤》；《诗》三百篇，大抵圣贤发愤之所为作也。此人皆意有所郁结，不得通其道也，故述往事，思来者。③

---

① 参见刘跃进：《秦汉文学编年史》，第 277 页。

② 参见冈村繁：《冈村繁全集》第 1 卷，上海：上海古籍出版社，2002 年，第 195 页。

③ 《史记》卷一三〇《太史公自序》，北京：中华书局，1959 年，第 10 册，第 3300 页。

所以，"政治失势"说值得商榷。

其实，扬雄主要的儒学著作，恰恰作于王莽、刘歆得势之时，说明扬雄学术转向发生于王、刘失势之前，应主要与当时的学术风尚有关。汉平帝元始元年（公元元年），王莽为安汉公，刘歆逐渐得以重用。元始三年，刘歆协助王莽恢复古制，扬雄《法言》即作于本年。据王国维《汉魏博士考》，汉文帝时所置博士有《诗》《书》《春秋》，后又置《论语》《孝经》《孟子》《尔雅》，而《论语》于汉武帝时期被罢。此时扬雄作《法言》，说明《论语》在当时已经开始复兴。另外，刘歆政治上的得势，部分诠解了士人得"遇"的命运主题。像扬雄这样对"遇不遇"具有深刻体察的人来说，当然会对逐渐兴起的古文经学有着特殊的感情。汉平帝元始四年，王莽立明堂、辟雍、《乐经》博士；元始五年，王莽、刘歆等复古旧制，征天下通小学、《五经》《论语》《孝经》《尔雅》者，扬雄《训纂》即作于本年。扬雄小学类书籍的编纂，也与经学有关。有人怀疑，扬雄作《训纂》等小学书，是为了训诂汉赋中繁复、华丽辞藻之故。然扬雄著小学在赋作观念发生转变之后，则毋宁将其小学之书视作向经学转变的开始。这是因为，扬雄作《训纂》，是取司马相如《凡将》"有用者"而作之，并"顺续《仓颉》"。司马相如初通经学，如《三国志》秦宓本传有"文翁遣相如东受七经"记载。《史记》《汉书》司马相如本传对"相如东受七经"之事皆无记载，故后人一直怀疑此说真伪。关于七经的具体内容，有人以为是就《诗》《书》《礼记》《易经》《春秋》《论语》和《孝经》而言。[1] 但王国维《汉魏博士考》考证，

① 参见龚克昌：《汉赋研究》，济南：山东文艺出版社，1990年，第108页。

著作选录

汉武帝时后四经同时并罢。① 考察《汉书·艺文志》，司马相如于汉武帝时曾作《凡将》一篇，扬雄亦曾作《仓颉训纂》一篇，由此推知，西汉时蜀郡学士曾习《尔雅》一类的小学著作。这样看来，当时的七经即应指汉文帝时所置的《诗》《书》《春秋》《论语》《孝经》《孟子》和《尔雅》无疑。司马相如也应该是通《尔雅》的，而秦宓说他曾被文翁派遣"东受七经"应确有其事。从这里分析，司马相如《凡将》有经学成分，扬雄《训纂》也不应该纯粹为赋作而言。二人的小学来源，应该与当时盛行一时的蜀学，尤其是蜀郡的经学关系密切。至于扬雄所作《方言》，尤为经学附庸，故刘歆称：

> 歆先君数为孝成皇帝言：当使诸儒共集训诂，《尔雅》所及，五经所诂，不合《尔雅》者，诂鞠为病；及诸经氏之属，皆无证验，博士至以穷世之博学者。偶有所见，非徒无主而生是也。会成帝未以为意，先君又不能独集，至于歆身，修轨不暇，何偟更创？属闻子云独采集先代绝言，异国殊语，以为十五卷，其所解略多矣，而不知其目。②

起码在刘歆看来，《方言》足与《尔雅》并列，这同时也会引起王莽对扬雄才华的注意。而扬雄"乱世得遇"思想的存在，必然不能不使其对王莽的逐渐篡汉之举产生复杂的感受。汉孺子刘婴居摄元年（公元 6 年），扬雄、刘歆、冯衍皆续《史记》。扬雄

---

① 参见王国维：《观堂集林》，北京：中华书局，2004 年，第 177—178 页。
② 周祖谟：《方言校笺》，北京：中华书局，1993 年，第 91—92 页。

续《史记》,《论衡·须颂》称:"司马子长纪黄帝以至孝武,扬子云录宣帝以至哀平。"[①] 此种史学观念,体现着扬雄本人特殊的朝代更迭思想。他对新朝的呼之欲出,代表着当时士人特殊而复杂的心态,体现了当时士人对王莽政治与学术革新的高度期望。扬雄在王莽新朝作《剧秦美新》,是有其思想基础在里面的。

由此看来,扬雄文学向经学的转变,绝不是他一蹴而就或心血来潮的事情,而是有着复杂的社会政治背景与特定的学术发展动因。西汉王朝的衰亡,王莽新朝的创建,古文经学的兴起,都是促成扬雄文学与学术思想转变的外在动力。

### 三、扬雄在汉代的学术地位及其对后世的文学影响

扬雄在当时以赋闻名,其经学著作并未受到士人重视。刘歆即曾评其《太玄》:"空自苦! 今学者有禄利,然尚不能明《易》,又如《玄》何? 吾恐后人用覆酱瓿也。"司空王邑等人亦怀疑扬雄书不能传世,如其对桓谭称:"子常称扬雄书,岂能传于后世乎?"其他诸儒亦认为扬雄非圣人而作经,当有诛绝之罪。可见在当时西汉人眼里,扬雄赋作水平自无争议,其儒学撰述却被儒者视作讥毁圣人之举。

《汉书·艺文志》中入《训纂》在《六艺略》之《小学》;《太玄》《法言》《官箴》等在《诸子略》之《儒家》;"扬雄赋十二篇"在《诗赋略》之"陆贾赋之属"。这是班固的分类标准,说明东汉时期,史学家对扬雄在学术与文学上的贡献,有着较为公允的评价。将扬雄《训纂》入《六艺略》,《太玄》《法言》归儒家,赋作

---

① 黄晖:《论衡校释》,第 854 页。

与汉初陆贾、司马迁等并列，评价似乎还是比较高的。然而，宋人并不这样看。郑樵以为，《汉书·艺文志》将《太玄》《法言》归入儒家，说明班固缺乏明晰的部类观念。他认为，《法言》可入《诸子》，而《太玄》应归《易》类。章学诚对此非常赞同："（班固）总谓扬雄所叙三十八篇，谓其胸无伦类，是樵之论笃矣。至谓《太玄》当归易类，《法言》当归诸子，其说良是。"① 但是章学诚进一步考证，班固这种分类方法，显然不是无的放矢，而是学于刘歆《七略》。② 另《汉书·艺文志》并未收录扬雄《方言》，可见班固对扬雄此书尚有偏见。《隋书·经籍志》亦将《太玄》《法言》入诸子儒家，说明唐人沿袭了班固的分类标准。但是，《太玄》已被称为"经"：《扬子太玄经》。后世史学家，恐怕还是将扬雄视为继承孔子衣钵的"西道孔子"看待的。

其实，汉人对扬雄的学术成就，褒奖有加者仍不乏其人。当时刘歆未必能全面认识扬雄《太玄》的学术价值，但他对扬雄是非常尊敬的。《汉书》即称，扬雄"于时人皆忽之，唯刘歆及范逡敬焉"。另外，班固之父、祖与扬雄来往密切，班彪曾称扬雄为"父党"。③ 尤其是桓谭、王充等人，对扬雄学术成就推崇备至，甚至有"西道孔子""东道孔子""通人""当世文武周公"之美誉。如唐马总《意林》卷三引《新论》："张子侯曰：'扬子云，西道孔子也，乃贫如此。'吾应曰：'子云，亦东道孔子也。昔仲尼岂独

---

① 章学诚：《校雠义义》，见叶瑛：《文史通义校注》，北京：中华书局，2005年，第1003页。

② 章学诚《校雠义义》："刘向所叙六十七篇，部于儒家，则《世说》《新序》《说苑》《列女传颂图》四种书也。此刘歆《七略》所收，全无伦类。班固从而效之，因有扬雄所叙三十八篇，不分《太玄》《法言》《粤》《箴》四种之弊也。郑樵讥班固之混收扬雄一家为无伦类，而谓班氏不能学《七略》之征；不知班氏固效刘歆也。"叶瑛：《文史通义校注》，第1039页。

③ 《汉书·叙传》："父党扬子云以下，莫不造门。"

是鲁孔子？亦齐楚圣人也。'"《太平御览》卷二引《新论》："通人扬子云，因众儒之说。"《论衡·超奇》引桓谭称扬雄："汉兴以来，未有此人。"《太平御览》卷六〇二引桓谭《新论》则曰："子云所造《法言》《太玄经》也，人贵所闻，贱所见也。故轻易之，若遇上好事，必以《太玄》次五经也。"王充《论衡》对其事迹记载殊多，如《超奇》："近世刘子政父子、扬子云、桓君山，其犹文、武、周公，并出一时也。"对于扬雄的著作，王充给予了比较高的评价，其《佚文》称："玩扬子云之篇，乐于居千石之官。"① 至于当时为何出现排斥扬雄学术著作的现象，王充《齐世》篇也有其独到的见解："扬子云作《太玄》、造《法言》，张伯松不肯壹观。与之并肩，故贱其言。使子云在伯松前，伯松以为《金匮》矣。"② 文人相轻，自古而皆然，但那些与扬雄"不能并肩"者，对其著作却反而有很高的评价，如王充《论衡·佚文》记载："扬子云作《法言》，蜀富人赍钱千万，愿载于书。"③ 虽然扬雄拒绝了蜀富人之请，但其著作的学术价值在当时还是被认同的，尤其是其巴蜀故乡。对于扬雄著述之功，班固在《楚元王传》中将其与孟、荀、董、马、刘并列："自孔子后，缀文之士众矣，唯孟轲、孙况、董仲舒、司马迁、刘向、扬雄。此数公者，皆博物洽闻，通达古今，其言有补于世。"（卷三六，第 1972 页）这显然代表了东汉史学家对扬雄的客观认识。自桓谭以下，开始有意识神异扬雄，如《太平御览》卷三九九引桓谭《新论》有扬雄赋《甘泉》而"五藏出在地"的记载；《西京杂记》有"扬雄著《太玄经》，梦吐凤凰，集《玄》之上，倾而灭"的记载。说明扬雄的学术影

---

① 黄晖：《论衡校释》，第 864 页。
② 同上书，第 811 页。
③ 同上书，第 869 页。

响，在儒者中开始逐渐扩大。这与当时古文经学的逐渐确立不无关系。南北朝时期，更是将其提升到"通儒"的地位。如《太平御览》卷五八五引《金楼子》曰："王仲任言：夫说一经者，为儒生也；博古今者，为通人也；上书奏事者，为文人也；能精思著文连篇章，为鸿儒也。若刘子政、扬子云之列是也。"自汉代以降，《太玄》《法言》等书注疏颇多，如《太玄》有汉宋衷注，三国陆绩注、蔡文邵注、虞翻注，晋王肃注，北魏陆凯注，等等；《法言》有汉宋衷注，晋李轨注，梁侯苞注，等等；《方言》有晋郭璞注。汉代以后，扬雄的历史地位及学术影响，较其生活的时代已经大为改观。

另外，对于扬雄的小学贡献还需要做一说明。汉代律令规定，官吏必须通小学，奏章有舛讹者甚至有杀头之祸。扬雄著《训纂》，显然也有自命为学者师或官吏师的潜意识。这当然与其特殊的学术水平有关。《汉书》著录的西汉小学著作者，仅限于司马相如、扬雄二人。扬雄小学，当在其他儒者之上。[1] 扬雄小学成就的取得，显然与其本人的好学多问有关。[2] 可见扬雄的小学成绩，绝不是单纯得自书本，而是其刻苦学习与实地考察的结果。对于扬雄的小学贡献，冯班曾有较高评价。[3] 所以，明人将其列入"蜀四贤"，[4] 无疑是有道理的。

但是扬雄著作的代圣贤立言及其小学方面的突出才能，不能

---

① 罗大经《鹤林玉露》卷一一云："西汉诸儒，扬子云独称识字。"
② 《太平御览》卷六〇六引《西京杂记》记载："扬子云好事，尝怀铅椠，从诸计吏，访殊方绝俗四方之语。"
③ 《钝吟杂录》卷八："汉初文字驳杂，至扬子云，压之以《五经》，驱天下之文，尽归之于孔孟。后之文人，不敢乱说，扬子之功也。"
④ 何良俊《语林》卷一一云："自以蜀司马相如、王褒、严君平、扬子云四贤，皆有高才，而无显位，乃托意赞之。"

不使其儒学作品充满了繁复、绮华甚至诘屈聱牙的词汇，从而使其著作缺乏自然的灵动与活力。刘熙载即称："扬子云说道理，可谓能将许大见识寻求。然从来足于道者，文必自然流出；《太玄》《法言》，抑何气尽力竭耶？""扬子《法言》有些憨意。盖专己创言，人虽怪且厌之，弗为少动也"。"扬子云之言，其病正坐近似圣人。《朱子语类》云：'若能得圣人之心，则虽言语各别，不害其为同。'此可知学贵实有诸己也"。①

汉人对扬雄的文学成就评价也很高。《汉书·艺文志》将其赋归入"陆贾赋之属"，与枚皋、严助、司马迁赋并列。当然，与司马相如一样，扬雄的文学创作，离不开侍从帝王的出游与讽谏。②扬雄赋作刻意模仿司马相如，但班固未将其与司马相如一样归入"屈原赋之属"，史学家或者有将其赋视作近臣之作的意思。桓谭对扬雄的赋作创作方法有所记录。③后人对扬雄辞赋观的认识，也经历了一个过程。魏晋人吸收了扬雄"辞赋小道"的文学思想，曹植《与杨德祖书》称："辞赋小道，固未足以揄扬大义，彰示来世也。昔扬子云，先朝执戟之臣耳，犹称壮夫不为也。吾虽德薄，位为蕃侯，犹庶几戮力上国，流惠下民，建永世之业，留金石之功，岂徒以翰墨为勋绩、辞赋为君子哉？"④至南朝，辞赋观念的认识又有变化，颜之推《颜氏家训·文章》称：

或问扬雄曰："吾子少而好赋。"雄曰："然。童子雕

---

① 刘熙载：《艺概》，第14—15页。
② 王充《论衡·佚文》称："孝成玩弄众书之多，善扬子云，出入游猎，子云乘从。"
③ 《太平御览》卷五八七引桓谭《新论》："余少好文，见扬子云工赋颂，欲从学。子云曰：'能读千赋，则善之矣。'"
④ 萧统编：《文选》卷四二《与杨德祖书》，第594页。

虫纂刻，壮夫不为也。"余窃非之曰：虞舜歌《南风》之诗，周公作《鸱鸮》之咏，吉甫、史克《雅》《颂》之美者，未闻皆在幼年累德也。孔子曰："不学《诗》，无以言。""自卫返鲁，乐正，《雅》《颂》各得其所。"大明孝道，引诗证之，扬雄安敢忽之也？

毫无疑问，扬雄的文学作品，充满了自然流动的文学趣味。洪迈《容斋随笔》卷七称："东方朔《答客难》，自是文中杰出，扬雄拟之为《解嘲》，尚有驰骋自得之妙。"①

在后人看来，扬雄代表了两汉文学的一个时代。扬雄之前，西汉文学的开创性代表人物是贾谊与司马相如。西汉后期，扬雄是文学发展的另一个标志性人物。尤其是在文学的"阐理"方面，汉代文人无有出其右者。② 在刘勰看来，扬雄的文学地位足与贾、马并列。他认为，汉代自王褒《九怀》以下，学《楚辞》者众，然莫能有超越屈、宋之人，唯"枚、贾追风以入丽，马、扬沿波而得奇"。③ 这种认识比较符合汉赋发展的历程。另外，在汉赋发展史上，扬雄具有推动汉赋进展的特殊贡献。

在汉代文学史上，扬雄还具有继承先秦并开拓汉代文体的特殊作用。刘勰《文心雕龙·铭箴》称："战代以来，弃德务功，铭辞代兴，箴文委绝。至扬雄稽古，始范《虞箴》，作卿尹、州牧二

---

① 洪迈：《容斋随笔》卷七，上海：上海古籍出版社，1998年，第88页。
② 梁任昉《文章缘起》云："两汉而下，独贾生以命世之才，俯就骚律，非一时诸人所及。他如相如，长于叙事，而或昧于情；扬雄长于说理，而或略于辞；至于班固，辞理俱失。"
③ 刘勰《文心雕龙·诠赋》称："秦世不文，颇有杂赋。汉初词人，顺流而作。陆贾扣其端，贾谊振其绪，枚、马同其风，王、扬骋其势。"

十五篇。"① 扬雄的《元后诔》，也是汉代第一篇继承先秦的文体形式之一，故《文心雕龙》有"暨乎汉世，承流而作，扬雄之诔"的说法。扬雄之前，经学与诸子著作引用《诗》《书》典故较为平常，但文学作品引用者并不频繁。自扬雄《百官箴》才有所改变。《文心雕龙·事类》称："观夫屈宋属篇，号依诗人，虽引古事而莫取旧辞。惟贾谊《鵩赋》，始用《鹖冠》之说，相如《上林》，撮引李斯之书：此万分之一会也。及扬雄《百官箴》，颇酌于《诗》《书》。"② 扬雄的《剧秦美新》虽然是模仿司马相如《封禅文》而来，但这种文体在整个西汉凤毛麟角，其文学史意义不容忽视。

扬雄的文学创作与人格特点，对唐人诗歌创作影响不小。王勃《越州秋日宴山亭序》称："是以东山可望，林泉生谢客之文；南国多才，江山助屈平之气。况乎扬子云之故地，岩壑依然；宓子贱之芳猷，弦歌在属。"《上绛州上官司马书》有"扬子云之澹泊心窃慕之"之说。杨炯《从弟去溢墓志铭》赞"扬子云吐凤之才"。李白《东武吟》有"因学扬子云，献赋甘泉宫"之诗，《送王屋山人魏万还王屋》有"吾友扬子云，弦歌播清芬"之赞。扬雄的文采风流、个性悲情与澹然超逸，对后世文人的影响，还是比较深刻的。

扬雄学术与文学道路的选择与转向，不仅是其学术思想、个性心理内在作用的结果，也与社会政治的重大变化及学术风尚的急遽转型有关。早在西汉时期，扬雄的学术与文学成就，就得到了时人的赞许，但尚未形成风气。魏晋以降，对扬雄及其著作的

---

① 范文澜：《文心雕龙注》，北京：人民文学出版社，1958 年，第 194 页。
② 同上书，第 615 页。

研究蔚然兴起，扬雄的历史地位与学术贡献逐渐得到了认可。毫无疑问，扬雄是西汉文学与学术发展进程中最有典型性的个案，对其本人及其作品的研究还有许多值得关注的地方，如《剧秦美新》的真伪与学术价值问题、关于《太玄》的创作缘由与意图问题、关于扬雄思想发展与变化的历程问题、关于其所言"讽""劝"的内在联系与区别及文学功用问题，甚至关于其由文学入经学的其他因素的影响问题，等等，都值得我们进一步思考与研究。

# 文学影响

## 论扬雄与东汉文学思潮①

许　结

## 一、引　语

公元前53年扬雄生，陆侃如《中古文学系年》以此年为我国中古文学之肇端；扬雄卒后七年（公元25年），刘秀定都洛阳，开启了历时194年的东汉王朝，这一历史阶段的文学，刘师培《中国中古文学史》谓之文章各体至此大备；陆氏之说以明扬雄与中古文学（含东汉）之关系，刘氏之说揭示东汉在文学史上的地位，由此可见，扬雄与东汉文学思潮这一课题是具有文学史与文学批评史的宏观意义的。

关于扬雄在汉代文学中的地位，国内外学者持论略同，认为扬雄乃复古主义的摹拟大师，其文学思想属儒家正统思想范畴，其于后世文学的影响是保守、消极的。② 这是迄今关于扬雄研究的主流观点。与此稍异，尚有持折衷见解的，即认为扬雄以儒家思想为主，却渗透了道家思想，以摹拟复古为主，间有革新求变思

① 原载《中国社会科学》1988年第1期。

② 持此类见解的论文甚多。著作如郭绍虞《中国文学批评史》可为国内之代表；丁思文《中国文学史话·汉代的辞赋》可为港、台之代表；〔美〕康达维（D. R. Knechtges）《扬雄赋之研究》亦举"摹仿"（imitate）为扬雄文学最大特点，此可为国外之代表。

想等，然因其主流，故对后世文学的影响仍是保守、落后的①。此结论又与前说无异。上述这些观点的历史、社会依据是：西汉王朝自文、景、武、昭、宣帝以后，颓势已成，江河日下，至王莽潜移龟鼎，统治者虽事更张，实则扰民愈甚，是以追慕前朝盛景已成当时社会风尚，这种时代惰性对扬雄思想的沉压，正是其复古思想的社会基因，而其时代文化依据是：西汉思想文化重儒经，儒经传授重师法，代代相传，形成浓厚的复古风气，作为"非圣哲之书不好"（《汉书·扬雄传》）的扬雄，自然是儒门宗经重道的复古派代表。追溯"复古"论之源，当推班固《汉书·扬雄传》之"赞"语：

> （雄）实好古而乐道，其意欲求文章成名于后世，以为经莫大于《易》，故作《太玄》；传莫大于《论语》，作《法言》；史篇莫善于《仓颉》，作《训纂》；箴莫善于《虞箴》，作《州箴》；赋莫深于《离骚》，反而广之；辞莫丽于相如，作四赋：皆斟酌其本，相与放依而驰骋云。

班书写史，多概述历史现象，所以对扬雄一生创作，重普遍性的史学观归纳而忽视其特殊性的哲学观思辨，重表象形式的考察而忽视其内在机制的寻绎，后世文学批评家祖述其说而产生的偏见，正缘于对扬雄矛盾的人生、丰富的创作和著述以及深邃的思想缺乏深入的挖掘和分析。如果我们更新理论视角，于两汉之际这一历史转折点的复杂的社会、文化现象中去探索扬雄的特异

---

① 持折衷论者如施昌东，其《汉代美学思想述评·扬雄的美学思想》（中华书局1981年版）在主流上否定扬雄时，对其革新求变思想的肯定评价颇多新见。

性，抑或有助于对扬雄文学矛盾性的透视和整体性的把握。

## 二、两汉之际变革中的文化思想

扬雄的文化思想反映了当时的时代特征。

从社会历史观来看，扬雄一生活动在西汉末年成、哀、平帝淫奢衰飒之际，王莽新朝初建未定之时，其社会动乱和政治复杂情况都影响着他的文化思想。他的文学创作与理论也充满了矛盾。所以他虽曾颂扬成帝早年休明，但对其后期仓廪空虚、风衰俗怨情形则表现信心丧失，尤以哀帝之庸蹇、平帝之内荏、王莽之暴虐，更使他对政局有着"初安如山，后崩如崖"（《冀州牧箴》）的危机感，对人生遭际也有着"当涂者入青云，失路者委沟渠"（《解嘲》）的危惧。由于时代之兴替、学术之隆汙对个人心理的影响，扬雄思想与行事表现出一种特有的矛盾心理，反映了当时的社会心态，这就是强烈的改变现实的要求和痛苦的逃避现实的思想之矛盾，使命感与忧患感之冲突。这种矛盾冲突蕴蓄了两种精神，即由使命感激发出变革精神，由忧患感产生的反思精神。

从时代文化观来看，扬雄虽处于两汉文风依附儒经和重摹拟的时代意识之中，但他在当时特定历史时期所起的作用却是具有变革意义的。他文化思想中的复古，主要是寄托着先哲的改革愿望和社会理想，因而，他的创作思想中也有着由摹拟而求变的发展过程①。这种过程在扬雄整个文化意识中不乏例证。如其宇宙论方面，扬雄由因袭先儒盖天说转而提出"难盖天八事"，以立浑天

---

① 赵秉文《答李天英书》论文章革新与师古认为："上匠不师绳墨，独自师心"，并云"扬子云不师古人，然亦有拟相如四赋"。李兆洛《骈体文钞》卷四评扬雄《十二州箴》云："子云善仿，所仿必肖，能以气合，不以形似也。"二说盖得其真。

说，开东汉张衡、三国王蕃浑天象理论之先声①；其哲学观方面，扬雄首以老氏拟易，融合儒、道，建构了以玄为最高境界、万物变生不息的自然观体系；其历史观方面，扬雄又以时代变迁论取代"天不变道亦不变"（《汉书·董仲舒传》）的两汉正统观点，以唯物史观反谶纬神学；其治经思想方面，扬雄于经今文学衰退、经古文学初起的历史转轴上作为经古文学的倡导者，从经今文学派"师法"藩篱中超拔出来，由章句之儒向通儒过渡；其文学思想方面，扬雄由语言文学口语型向文字型的转变，由好赋到悔赋等，代表了西汉末年社会文化心理平衡态的破坏与文艺心理结构变化的特征。如此数端，阐明了扬雄思想中无处不包含着由摹拟到变化的发展现象。而循此现象去寻求扬雄文化思想中的反思、变革精神，又可窥探其较具时代特色并对后世有较大影响的几个方面的内容。

（一）扬雄自觉地融合儒、道学说，建立了以"玄"为本体的哲学思想体系。

西汉王朝的统治思想虽然经历了初年崇尚黄老无为术，武帝独尊儒术，末年儒学危机、道家思想抬头的历史变迁，但就西汉思想整体而言，则表现出儒、道、名、法、阴阳诸家思想混杂、牴牾、交融的态势，而其中又以儒、道互补为基础。西汉儒、道融合之过程可分为两个阶段：第一阶段，承《吕氏春秋》杂取儒、道，经淮南王刘安《淮南鸿烈》以道为主兼融儒术，到董仲舒《春秋繁露》融合儒、道，并定型于阴阳五行与王道政治相结合的思想模式，表现出学术思想从自由、活跃趋于静止、僵化。第二

---

① 《晋书·天文志》引桓谭《新论·离事》有扬雄前因"盖天"，后坏其法从"浑天"的记载。

阶段，由董仲舒思想模式经西汉后期社会王霸政治衰落到刘向父子、严遵、扬雄等学术思想的形成。扬雄思想是以融合儒、道为主，建构了以类同先秦道家之"道"的"玄"为本体的自然哲学思想体系和类同先秦儒家之"道"的"玄"为本体的政治伦理思想体系，代表了西汉末年思想的矛盾性与二元性，并表现出正宗思想的危机和异端思想的萌发。第二阶段思想是对第一阶段思想的反思，也是汉代学术思想的变异。扬雄是我国思想界最早用"玄"的观念取代道家"道""气"观念和儒家"道""德"观念的人。他推阐了《老子》"玄之又玄，众妙之门"的命题和《易经》阴阳变化之神，认为"玄者，神之魁也。天以不见为玄，地以不形为玄，人以心腹为玄"（《太玄·告》），视天、地、人为"三玄"，很巧妙地将道家宇宙观与儒家道德观揉合在一起，组成宇宙至人事的结构系统。在扬雄太玄学说中，存有不少矛盾，其间亦含有深邃的社会历史内涵，但其首倡玄学思想本身，却开东汉学者"好玄经"（《后汉书·张衡传》）"好通《老》《易》"（《后汉书·向长传》）的风气。汤用彤先生曾谓"溯自扬子云以后，汉代学士文人即间尝企慕玄远"[1]，殊为知言。

（二）扬雄独立于汉代经师之外，标新立异，自创学术体系。

汉代经学讲求传统，西汉重师法，东汉重家法，这种传授方式影响了汉代摹拟文风的形成。缘此，扬雄创作重摹拟自然就被研究者将其与经学传授相联系而予贬弃。然而，这种观点的偏颇正在于忽视了一个简单的历史事实，即扬雄学术思想的建立恰在

① 汤说见《魏晋玄学论稿·魏晋玄学流别略论》。侯外庐等著《中国思想通史》第二卷谓扬雄思想之异端倾向"一方面开魏晋玄学之风的先河，另一方面在两汉之际也有其独立的贡献"，亦持此见。

两汉之际师法毁坏、家法未立的时代断裂期①。他在《法言·学行》中强调的师承是对远圣孔子的继承，而绝非继西汉师法传统；相反，他对西汉儒师师法却痛加贬斥。如《法言·寡见》云："或曰：讟读者，天下皆说也。奚其存。曰：曼是为也。天下之亡圣也久矣。呱呱之子，各识其亲；讟读之学，各习其师。"可为其反俗儒师法一证。基于此，扬雄探索经旨，辨析疑义，反今文经学派雕章琢句学风，是具有反传统意义的。此外，扬雄承学于道家严遵，通《易》《老》，撰《太玄》，对其后张衡、王充扬举道家意识以及马融、郑玄以《老》注《易》等都有影响，客观上诊治了两汉经学师法、家法而形成的谶纬神学、烦琐象数学等痼疾。扬雄这种在西汉末年借复古反师法的思想与东汉末年出现的"家弃章句"的社会批判思潮有着潜在联系，同具抉破樊笼的时代意义。

（三）扬雄文化思想中贯串着通变意识，其"好古乐道"在很大程度上是其因革思想的曲折反映。

章学诚《文史通义·说林》云，"所谓好古者，非谓古之必胜乎今也，正以今不殊古，而于因革异同，求其折衷也。"扬雄之"好古"确有此意。由于西汉文化思想发展到武帝朝，以董仲舒为代表的春秋公羊学派建立了以"天"为主体的新儒学，倡导"道之大原出于天，天不变道亦不变"（《汉书·董仲舒传》引"对策"），以配合统治者中央集权的王霸思想。而随着集权政体的瓦

---

① 《汉书·儒林传赞》："自武帝立《五经》博士，开弟子员，设科射策，劝以官禄，迄于元始，百有余年，传业者寖盛，支叶蕃滋，一经说至百余万言，大师众至千余人，盖禄利之路然也。"又《后汉书·儒林传论》："自光武中年以后，干戈稍戢，专事经学，自是其风世笃焉。……编牒不下万人，皆专相传祖……以合一家之说。"此两汉经学师法、家法之说。结案：扬雄虽身经"师法"时期，然其学术著作《太玄》成于建平三年，前元始三年；《法言》成于元始二年，可见其思想形成于"师法"崩毁之际，其与"家法"更属无缘。

解，不变的大文化思想濒临绝境，扬雄生逢当时[①]，一种时代窒息感与文化穷变心理使他抛弃了占统治地位的经今文学而倡经古文学，在西汉思想废墟上觉悟到宇宙——人事的无常变化，提出了"可则因，否则变"（《法言·问道》）、"圣人固多变"（《法言·君子》）的世界观、人生观。他的这种通变思想不仅影响了他本人的文学思想和创作，而且对东汉文学思潮的变迁也有着不可低估的作用。

（四）扬雄"天道观"中确立"人"的地位。

扬雄太玄学说以唯物的"天道观"反对谶纬神学的"天命观"，在汉代究天人之际的观念支配下，完成了由"天人合一"（董仲舒人副天数说）到"天人分离"（扬雄天地人"三玄"说）转变，这一转变意味着西汉思想中"神"的没落与"人"的苏醒，传统整体意识的瓦解与新生自我意识的强化。扬雄一反"天者，百神之君也"（董仲舒《春秋繁露·郊义》）的天神造物思想，提出了"天地交，万物生"（《法言·修身》）的万物自生观点，表现出对宗教迷信"神怪茫茫，若存若亡，圣人曼云"（《法言·重黎》）的批判态度。正因他在无神论宇宙观、世界观的支配下，所以于否定天神意旨时强调人事的功用，以因人察天之变（"圣人以人占天"）的新观念，取代了依天占人吉凶（"史以天占人"）的旧观念。纵览扬雄一生行事，有清虚自守，卑弱自持的一面，也有投身入世，不断抗争的一面，尽管这两面的相异性揭示了扬雄矛盾的持身思想和双重人格，但其对生命的珍视（献身或保

---

① 翦伯赞《中国史纲要》第 1 册指出："西汉的政权，从成帝时起，即开始走上崩溃的过程，迄于哀、平，崩溃决裂，遂不可收拾。"扬雄一生主要活动于成、哀、平三朝，故其思想之变化亦为时代使然。

身），却显示了人的自身价值和本质力量，这种从西汉宗庙殿堂充满神秘气氛的僵化意识中分裂出来的个性意识，是从神学目的论和谶纬宿命论中脱颖而出的人的觉醒的历史前进音响。

## 三、辞赋创作的三大系列

如同众多研究者对扬雄文化思想的评价，扬雄的文学创作也被历史地定性为"摹拟""复古"。就现象观之，这种定性不为无因。如扬雄确曾仿《易》作《太玄》、仿《论语》作《法言》、仿相如赋作四赋（《甘泉》《长杨》《羽猎》《河东》），等等。但如果透过现象，从扬雄对前人创作的广泛摹拟去探究其自身的创造，我们则可以看到，扬雄创作至少在两个方面超越西汉诸家：一是因其广泛地摹拟，使其扩大题材，表现出创作模式的多元倾向；二是因其广泛地摹拟，引起他对传统文学由怀疑而产生变异，从其作品中也就反映出由正到变的发展。

扬雄创作兼备众体，涉及了较广泛的领域。为使问题集中，这里仅就扬雄文学创作主流——辞赋创作——作些归纳分析。综而言之，可将它分为三大系列。

第一个系列，可称为反骚系列，其作品包括《反骚》《广骚》《畔牢愁》《天问解》①。今虽仅存《反骚》一篇，但据有关资料，反骚系列作品的创作倾向和艺术风格一致，代表了扬雄早期的骚体赋创作。

---

① 《汉书·扬雄传》全文著录《反骚》，《广骚》《畔牢愁》仅存篇名。又，姚振宗《汉书艺文志拾补》卷三载有扬雄《天问解》条，此据《楚辞章句》卷三《天问叙》："昔屈原所作凡二十五篇，世相教传，而莫能说《天问》……至于刘向、扬雄援引传记，以解说之。"

《反骚》创作时间，按文中"汉十世之阳朔兮，招摇纪于周正"语考定作于汉成帝阳朔年间（雄年30至33岁之间），当无疑义。关于反骚系列的创作本事与创作情绪，班书记录既有价值又有疑点。《汉书·扬雄传》载："先是时，蜀有司马相如，作赋甚弘丽温雅，雄心壮之，每作赋，常拟之以为式。又怪屈原文过相如，至不容，作《离骚》，自投江而死，悲其文，读之未尝不流涕也。以为君子得时则大行，不得时则龙蛇，遇不遇命也，何必湛身哉！乃作书，往往摭《离骚》文而反之，自岷山投诸江流以吊屈原，名曰《反离骚》；又旁《离骚》作重一篇，名曰《广骚》；又旁《惜诵》以下至《怀沙》一卷，名曰《畔牢愁》。"这段记载的价值是揭示了扬雄《反骚》创制时的心态、情感，而其疑点则是将雄拟相如赋与《反骚》合论，易混淆扬雄至京师拟相如作四赋是在反骚系列创作十年后（成帝元延元年）这一史实。

通观《反骚》之文，扬雄是隐一腔激愤于无穷哀怨之中。他哀屈原如"凤凰翔于蓬陼兮，岂驾鹅之能捷"；怨屈原"知众嫭之嫉妒兮，何必飏垒之蛾眉"；遗憾其未能"懿神龙之渊潜兮，固时命之所有"，认为在混浊之世宜如许由、老聃潜性隐身，而不应效彭咸捐躯。这是《反骚》的主要思想内容，其间含有两层意义：其一，读骚而感于史事，陷入对屈原尊崇、同情以至哀怨的心理矛盾；其二，借史事针砭现实，以屈自况，抒发牢愁。扬雄吊屈，虽承贾谊、董仲舒、司马迁余绪，但更多是属他个人的对西汉末世衰危的忧患心绪（如他洁身自好，对当时外戚专权的愤懑）。对扬雄吊屈之心曲，班固过分看重怨的一面，所以他评屈一反扬雄哀怜之心而责怪屈原"露才扬己"，致使后世误认班说出自扬雄[1]，

---

[1] 刘熙载《艺概·赋概》云"班固以屈原为露才扬己"是"意本扬雄《反离骚》"。

扬雄亦遭"屈原之罪人""《离骚》之谗贼"（朱熹《楚辞集注》）之毁。然曲直自有公论，明末异端思想家李贽烛见及此，而予《反骚》以极高评价：

> 《离骚》，离忧也；《反骚》，反其辞，亦其忧也，正为屈子翻愁结耳。彼以世不足愤，其愤世也益甚；以俗为不足嫉，其嫉俗愈深。以神龙之渊潜为懿，则其卑鄙世人，驴骡上下，视屈子为何物，而视世为何等乎？盖深以为可惜，又深以为可怜，痛原转加，而哭世转剧也。①

此辩可谓深得扬雄《反骚》真谛。从文体风格看，扬雄反骚系列创作远绍楚风，辞韵沉腿，别开新境。后世如唐皮日休《反招魂》、金赵秉文《反小山赋》、明徐昌业《反骚》、清汪琬《反招隐》等，皆步其涂辙。《反骚》以激愤之思，比兴之词，达婉转悱恻之情的艺术风格，代表了扬雄早期的创作倾向。

第二个系列，可称为大赋系列，其作品包括《蜀都赋》《甘泉赋》《河东赋》《羽猎赋》《长杨赋》等，是扬雄辞赋创作极盛期的作品。

这一阶段的作品主要是扬雄42岁至京师后所作（唯《蜀都赋》较早作于雄故乡）。对此，《汉书》本传载："孝成帝时，客有荐雄文似相如者。上方郊祠甘泉泰畤、汾阴后土，以求继嗣，召雄待诏承明之庭。"又载："初雄年四十余自蜀来至，游京师，大司马车骑将军王音（案：从陆侃如说，王音为王商之误，较妥）。

---

① 《焚书》卷五《读史·反骚》。

奇其文雅，召以为门下史，荐雄待诏。岁余，奏《羽猎赋》，除为郎，给事黄门，与王莽、刘歆并。"可见扬雄因文采似相如被成帝赏识，又因献赋被擢升侍郎。关于文采受赏之事，扬雄后悔之曰："少不得学，而心好沉博绝丽之文"（《答刘歆书》），至于擢升之荣耀，亦随时间的变移，以三世（成、哀、平）不徙官而为其政治生涯的耻辱。尽管如此，在扬雄作大赋之时，他的作品确实存有两种倾向，即在思想内容上表现出积极入世（颂扬和讽谏）的倾向，在艺术风格上表现出阂衍博丽的倾向。对扬雄具有以上两种倾向的大赋，如果从汉赋发展史的观点作求同性考察，其无疑是前期辞赋的继承和发展，尤其是继汉大赋成熟期代表作家司马相如创作艺术高峰而起的又一高峰。西汉扬、马并美正是东汉班（固）、张（衡）并雄的先声。如果再从汉大赋发展阶段作求异性考察，扬雄大赋又处于变化期而呈示独特风貌。扬雄的大赋创作自云规摹相如，但从其作品内容看，则于铺陈颂美之中更有讽谕之义，泄露出对身世安危与王朝前途的忧患；从其作品艺术风格看，则于艳词中寄托深思，于瑰奇峻极的美境中显示隽永的理趣；从其作品形式结构看，则显得短小灵活，便于放宽思虑，扩大题材。

归纳起来，扬雄大赋与西汉前期大赋相比，至少有三方面的特色：首先，他献大赋是受积极入世思想支配的投身社会之举，这里含有两重心态：出于对统治者的依附心理，他对王朝予以颂扬；出于对大厦将倾的危惧心理，他加强了讽谏力量和对自身入世的忧患意识；这两重心态的矛盾冲突，导致了他以后"欲讽反诔"的忏悔。其次，他的大赋作品有散化趋向，又有向楚骚复归趋向。这不仅在于其《甘泉赋》等多袭楚骚句式、结构，更为明显的是，他的每篇大赋存有愁肠郁结的情绪和"玄默为神"的思想；从此也可看到扬雄大赋与反骚系列创作之间难以割裂的内在联系。再次，扬雄大赋表现出铺采摘文与隐志沉思统一的特征，这种文中之"志"，强化了他的"临川羡鱼，不如归而结网"（《河东赋序》）的自我意识，甚符刘勰所谓"文虽新而有质，色虽糅而有本"的"立赋之大体"（《文心雕龙·诠赋》）。这种"文"与"志"的统一与他后期于《太玄》《法言》中提出的文质副称的美学思想有着渊源默契，这是不能因其悔赋而忽略的。

第三个系列，可称为太玄系列，其作品包括因其哲学著述而引出的文学作品《解嘲》《解难》《太玄赋》①，以及与此阶段思想相近的《逐贫赋》。

这一阶段的作品是扬雄处于世界观、人生观急遽冲突变化期的思想、艺术的记录。扬雄一生的思想发展，是儒、道冲突、交融的过程，如果说他在大赋系列创作时是儒家入世思想占上风，其作品有明显的"美刺"功能，那么，在他的太玄系列作品中显然是道家隐世思想占上风，表现出与先秦道家"独与天地精神往来，而不敖倪于万物"相同的荡然肆志、玄静无拘的思想境界。然而，他的这种思想境界并非"无我"的超拔，而是"有我"的升华。正因有我，所以这一时期他创作思想的主题就是对倾斜社会的忧患和远身避祸的自尊。《太玄赋》开篇即道："观大易之损益兮，览老氏之倚伏；省忧喜之共门兮，察吉凶之同域。"此将天象运行之物极必反与人事进展之盛极必衰结合起来，以置身自然规律与社会忧患之境。因此，他在《解嘲》中答复客问"何为官之拓落"云："客徒欲朱丹吾毂，不知一跌将赤吾之族也"，并发

---

① 《太玄赋》存《古文苑》中，后世对其真伪有争议。然根据其思想、风格，宜为扬雄所作。对此，笔者将作文考论，兹不赘述。

出"当涂者入青云，失路者委沟渠"的慨叹。在倾斜的历史社会的困顿中如何自全？他在《逐贫赋》中谓"扬子遁居，离俗独处"，认为这样才能于"人皆重蔽，予独露居"的危机中获得"人皆怵惕，予独无虞"的自我完善。由此又可以看到人们通常将扬雄"默然独守吾太玄"（《解嘲》）的做法与其"大味必淡，大音必希"（《解难》）的美学思想仅归于艰涩的创作风格，是甚为偏颇的。因为，这里有丰富的社会内涵和扬举个性的时代价值。

太玄系列作品的艺术价值同样不可低估。其贡献约有两点：第一，它充分发挥了扬雄创作风格中属意深远，理赡辞坚的特点，创建了西汉辞赋中罕见的哲理小赋：如《太玄赋》，以骚体之形式，写深邃之哲理，篇幅虽短，却述理精密，造境开阔。再如《逐贫赋》，首创四字句法①，于整饬形式中骋纵横之气，志隐味浓，开东汉说理小赋之先河。第二，扬雄受道家"玄览""虚静"思想启迪，于太玄系列作品中创造了一种"玄静""仙游"的艺术审美境界，其间的自我精神既不同于反骚系列中的哀怨，也不同于大赋系列中的慷慨，而是作者沉浸于"知玄知默"的思虑与浮游于"爱清爱静，游神之廷"（《解嘲》）的玄虚神奇的空间而汲取的一种超拔躯体的灵动。这种境界在《太玄赋》中有详尽的描绘：

> 岂若师由聃兮，执玄静于中谷；纳傿禄于江淮兮，揖松乔于华岳；升昆仑以散发兮，踞弱水而濯足。朝发轫于流沙兮，夕翱翔于碣石；忽万里而一顿兮，过列仙

--------

① 清人浦铣《复小斋赋话》卷下云："赋四字为句，起于子云《逐贫》，次则中郎《青衣》、子建《蝙蝠》。"

以讬宿。役青要以承戈兮，舞冯夷以作乐；听素女之清声兮，观宓妃之妙曲。茹芝英以御饥兮，饮玉醴以解渴。排阊阖以窥天庭兮，骑骓骢以踟蹰；载美门与俪游兮，永览周乎八极。

扬雄这种仙游神境虽仅是对漫长的社会忧患和人生苦痛所作的短暂而变态的艺术抒发，然其创造的美的意境却具永恒性。

以上三个阶段三大系列辞赋作品乃扬雄文学创作之大要，此外，他的《州箴》《连珠》《酒赋》《剧秦美新》等文兼骈散，亦各具特色。刘勰在《文心雕龙》中美之云："扬雄覃思文阔，业深综述"。正因其"文阔"，故其作品既得骚体缠绵之情，又得大赋博丽之奇；既有骈语流漓之美，又有散体顿挫之力。这正是扬雄成为汉代文学之一大家的醇深的创作造诣。

扬雄创作的广泛摹拟，含有"广其资，亦得以参其变"（徐祯卿《谈艺录》论扬雄语）的深层意义。综观扬雄文学，无不内含"摹拟－反思"过程。视其作品内容，其反骚系列由慕屈原之行之文到反其文其行；其大赋系列既仿相如弘丽之思，又构深玮之风……；视其作品艺术，扬雄创作整体由弘丽博词向渊深隽永风格的发展以及向楚骚的复归，既表明了他对汉大赋艺术渐趋图案化、类型化的反思，又可透视其对宇宙、社会、人生、文化寄寓的哲理性的深层反思。

鸟瞰汉赋的发展，扬雄的创作堪称由正而变的转扭。关于文学的正、变，须放在时代与文学二者的结合上考察，就汉赋言，则应于文体（辞赋）与时代（刘汉）交接点上认识其正与变。清人王芑孙《读赋卮言·导源》云："荀正而屈变，马愉而贾戚"，以相如从荀卿赋法为正，以贾谊从屈原赋法为变，抓住了文体因素，但忽略了时代因素。从时代发展看汉赋的流变，汉初贾谊等骚赋作家仅承先秦骚体，属汉赋的发端期；而汉赋艺术的独立并成为一代正体文学，是在汉帝国强盛的大一统思想下司马相如等的大赋作品出现才得以完成的，而由相如到扬雄形成一持续期；继以扬雄悔赋（仅悔其大赋）为信号，汉赋艺术进入一变革期。在创作上，扬雄向楚骚复归和小赋的出现意味了这点；在理论上，扬雄受自身多变思想和忧患意识的影响，其创作心理和思维结构都处于穷变之中，而汉代文学正以此穷变为过渡，显示了由西汉而东汉的发展轨迹。

## 四、双重主旨的文学思想体系

扬雄文学思想同样留下了时代断裂期的影痕。在扬雄矛盾性、多元性的文学思想中，集中表现出两种精神：一是儒家文为经世、翼教明道的精神，一是道家轻禄傲贵、淡泊自守的精神[①]；前者决定其文学观宗经、征圣的倾向，后者决定其崇尚自然的倾向。此两种倾向始终交织于扬雄有关文与道、文与质（丽与则、事与辞、华与实）以及赋论中，构成了他具有矛盾内涵的双重主旨的文学思想体系。

宗经征圣与崇尚自然是扬雄文学思想中互为矛盾，互为影响的双重主旋律。扬雄宗经征圣的文学观念，是上接孟（轲）荀（卿），下启刘（勰）韩（愈），成为汉代文学理论中最系统的文学明道致用思想。所谓宗经，扬雄认为"舍五经而济乎道者，末矣。"（《法言·吾子》）他推崇五经，并不仅限于思想，而同样注

---

① 参阅拙文《论扬雄融合儒道对其文论的影响》，载《学术月刊》1986 年第 4 期。

意到其文理词辩。他说：

> 或问：五经有辩乎？曰：唯五经为辩：说天者莫辩
> 乎《易》，说事者莫辩乎《书》，说体者莫辩乎《礼》，说
> 志者莫辩乎《诗》，说理者莫辩乎《春秋》。①

由于扬雄推崇的是经孔子删定的五经蓝本，而非西汉经师之言，所以其征圣思想也仅推孔、孟而已。他说："好书而不要诸仲尼，书肆也；好说而不要诸仲尼，说铃也。……万物纷错，则悬诸天；众言淆乱，则折诸圣。"又说："山岊之蹊，不可胜由矣；向墙之户，不可胜入矣。曰：恶由入？曰：孔氏。"他以继孔者唯孟，故又"窃自比于孟子"。因此，扬雄对后世经师自居孔门，淆乱五经予以无情揭露："有人焉曰，云姓孔而字仲尼，入其门，升其堂，伏其几，袭其裳，则可谓仲尼乎？曰：其文是也，其质非也。"（上引皆见《法言·吾子》）这充分说明扬雄提倡的宗经、征圣思想隐含了对社会的强烈不满，他意欲"复三王之田，反五帝之虞"，是为使"农不辍耕，工不下机，婚姻以时，男女莫违"（《长杨赋》），并发抒对帝王"田宅无限，与民争利"（《汉书·哀帝纪》），酷吏"役使数千家"（《汉书·宁成传》）种种作为的愤慨。这种"托古改制"的文化意识决定其宗经、征圣的"复古"文学观。缘此文学观，扬雄论文重法度，然其法也并非抽象的法规，而是有具体内容与审美要求的。他认为："圣人以文，其隩也有五：曰元、曰妙、曰包、曰要、曰文。幽深谓之元，理微谓之

---

① 《法言·寡见》。

妙，数博谓之包，辞约谓之要，章成谓之文。"① 与此"五陬"相应，扬雄还提出为文审美四标准：约、要、浑、沈，以防文章之繁散轻浮，其观点是由宗经、征圣的明道思想派生的。

然而，因倡宗经、征圣而被后世奉为"醇儒"的扬雄，在西汉浓重的儒学"师法"氛围中却无师儒之证，相反，他学于以治《易》《老》著称的严遵②，这一师承关系对扬雄学术思想的形成所起的作用，同样影响了他的文学创作心态，这便是他文学观中崇尚自然的倾向。

关于文学崇尚自然的审美倾向，扬雄曾拟"文"于"天"云：

> 或问天？曰：吾于天与见无为之为矣。或问雕刻众形者匪天欤？曰：以其不雕刻也。如物刻而雕之，焉得力而给诸？③

又拟"文"于"气"云：

> 玄之辞也，沉以穷乎下，浮以际乎上，曲而端，散而聚，美也不尽其味，大也不尽其汇，上连下连非一方也。④

又拟"文"于"水"云：

---

① 语见《渊鉴类函·文章》引《法言》逸文。
② 扬雄师事严（庄）遵事，详见《汉书·王贡龚鲍列传》与扬雄《答刘歆书》。
③ 《法言·问道》。
④ 《太玄·告》。

鸿文无范，恣于川（《太玄·至昆》）。

如此以文拟天、拟气、拟水，所表达的宗旨是一致的，即"作者贵其有循而体自然"的文学主旨。根据这一主旨，扬雄又提出与前述"准绳规矩"法度相悖之论"鸿文无范，恣意往也"（《太玄·文》）。这种法与无法的冲突，表现了扬雄文论中隐含的矛盾心理，使他论文道关系时所明之"道"，既有儒家政教伦理意识，以偏重文学的教化作用，对后世文以载道思想有促成意义；又具道家宇宙生成意识，偏重文学的发展规律，对后世自然审美的趣味有极大影响。扬雄关于华实相副、事辞相称的文质观也具有这两方面的互为矛盾、互为一体的意义。他提出的"事胜辞则伉，辞胜事则赋，事辞称则经（《法言·吾子》），"文以见乎质，辞以睹乎情""质干在于自然，华藻在乎人事"（《太玄·莹》）"玉不雕，玙璠不作器，言不文，典谟不作经"（《法言·寡见》），"阴敛其质，阳散其文，文质班班，万物粲然"（《太玄·至昆》）等一系列关于文质的命题，其中和思想中无不蕴含着文艺注重人与社会的关系（儒）与文艺注重人与自然的关系（道）的双重基因。扬雄文学观在天地阴阳对立统一于"玄"的哲学思想指导下，既赞"文质彬彬"（《论语·雍也》），又赞"原天地之美而达万物之理"（《庄子·知北游》）。有此两种审美观的制约，决定了扬雄文质思想中儒、道的交融。这双重思想一直贯串着扬雄论赋"讽与劝""雕虫与神化""爱美与尚用"等对立命题和论屈之矛盾心态。

由此，我认为扬雄文学思想由早年"心好沉博绝丽之文"到后期"女恶华丹之乱窈窕也，书恶淫辞之淈法度也"的悔赋之变，只是交战于他思想中的矛盾的面层，而其深层，则无疑是双重主旨，如同交响乐中两个主旋律（文以载道与文道玄览）在扬雄意识中的反复出现。试据扬雄双重主旨的文学思想体系的渊源、派生简列如下图式：

```
玄·        ┌→天·                 ┌道家自然之道·   崇尚自然·        ┌文道
(本体) ─┼ 人· ─→道·─┤              ╳ （重审美）─中和·─┼文质
        └→地·                 └儒家伦理之道·   宗经征圣·        └赋论
          （三才）                              （重教化）
```

通过对扬雄文学思想双重主旨的剖析，其文论中一些具体矛盾则迎刃而解。倘择其要，扬雄文论中"尚简"与"艰深"的矛盾，以及"艰深"风格与"玄静神化"境界的矛盾，实为解开其文学思想体系奥秘之重点。

关于"尚简—艰深"的矛盾命题，我们在论述扬雄创作时曾述及，但若予以理论观照，则不难看出这层矛盾主要由宗经、征圣的文学思想派生，并渗透了崇尚自然的文学思想。在宗经征圣问题上，扬雄一面认为"圣人之经"和"君子之道"是"简易"的，一面又以"大音希声"为"艰深"文风辩护。对"简易"说，只要结合扬雄论文之法度与论文重自然的思想，其意自明；唯"艰深"之说，有乖"中和"思想①，与扬雄文学思想主旨形成对抗态势。《法言·问神》云："或问：圣人之经不可使易知欤？曰：不可。天俄而可度，则其覆物也浅矣；地俄而可测，则其载物也薄矣。大哉！天地之为万物郭，五经之为众说郛。"便以深奥莫测为圣人为文不凡的造诣。这种文必艰深的理论在其《解难》中得以阐发：

---

① 从扬雄中和为美的审美观看，无论来自儒家的对称和谐为美，还是来自道家的自然和谐为美，是强调主体情思的平和或强调性情自然的平和，其主张平和的情绪，简易的文风，显然是相同的。

若夫闳言崇议，幽微之涂，盖难与览者同也。昔人有观象于天，视度于地，察法于人者；天丽且弥，地普而深；昔人之辞，乃玉乃金，彼岂好为艰难哉？势不得已也！……是以宓牺氏之作《易》也，绵络天地，经以八卦，文王附六爻，孔子错其象而象其辞，然后发天地之藏，定万物之基；典、谟之篇，雅、颂之声，不温纯深润，则不足以扬鸿烈而章缉熙……是以声之渺者，不可同于众人之耳；形之美者，不可混于世俗之目；辞之衍者，本可齐于庸人之听。……孔子作《春秋》，凡君子之前睹也；老聃有遗言，贵知我者希；此非其操欤！

在这里，扬雄以圣人之文，孔、老之说为"文必艰深"，"曲高和寡"理论佐证，是有时代深层意义的。扬雄所云前贤"彼岂好为艰难哉？势不得已也"可谓警策之语。这说明，是一种历史时代之"势"，推其于"艰深"之境。此客体之"势"反映到主体精神中，又成为扬雄一生未曾摆脱的"忧患意识"。观扬雄平生"忧患"，可分为三：一为政治忧患，即面临"一跌将赤吾之族"的社会环境，使他陷入仕、隐矛盾；二为哲学忧患，使他远取圣人，反西汉儒学传统，以隐词晦语寄"忧"于"玄"，锐意独造，自创体系①；三为艺术忧患，使他对汉大赋艺术假象尽辞，敷陈其志产生怀疑，并悔其"劝百讽一"，对自持的中和文艺观产生逆想而转入艺术的深奥探求。这三重忧患意识，集中表现了扬雄处于衰世倾斜状况下文化心理的变态。由此可见，扬雄"文必艰深"

① 《汉书·扬雄传》谓："哀帝时丁、傅、董贤用事……雄方草《太玄》，有以自守，泊如也。"为雄寄"忧"于"玄"之一证；又本传云："诸儒或讥以为雄非圣人而作经，犹春秋吴楚之君僭号称王，盖诛绝之罪也。"为雄独造自创学术体系之一证。

的理论与"言渺而趋深"的创作风格，并非"摹拟复古的保守思想"，而是"穷变"思想的曲折反映。这种理论给后世造成的"艰涩"文风，实为扬雄变而未通，"好奇而卒不能奇"的一大历史悲剧。有幸的是，堕入自设的"艰涩"陷井的扬雄，却在另一方面得到超拔，此即他文学思想中一种以道家艺术观为主体，追求和谐自由的玄静神化境界。

扬雄文学中玄静神化境界，本文在论太玄系列创作时已稍及之，但如进一步将他"执玄静于中谷"的文学自然美与其学术思想整体联系而加以认识，则不难发现扬雄"爱清爱静、游神之廷"（《解嘲》）的文艺观与他"人君以玄默为神，淡泊为德"（《长杨赋》）的政治观，"玄生神、象"（《太玄·告》）的哲学观的一致性。换言之，扬雄的"玄静神化"思想，正是其自然哲学中作为宇宙本体之"玄"在艺术论上的显现。试析扬雄《太玄》学说中"玄——神"关系的艺术内涵，分两组图解如下，

一、玄生阴阳、文质、神。

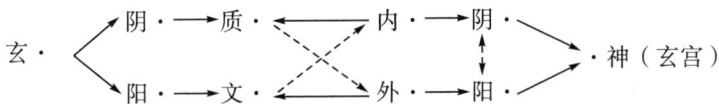

这一图式有四步演进式：1. 玄生阴、阳二气，此宇宙生成层次；2. 阴、阳生文、质："阴敛其质，阴散其文"（《太玄·至昆》），呈内质外文状（弸中彪外），此宇宙观派生文艺观层次；3. 变换文质内外之关系，"袨襦何缦，文在内也"（《太玄·至昆》），呈内文外质状，阴阳、文质、内外形成交叉现象，此文艺观深化之"重文"层次；4."阴怀于阳，阳怀于阴，志在玄宫"（《太玄·至晦》），此复归自然态，以寓其文艺观中文质交汇所达神化境界层次。

二、玄生神、象二。

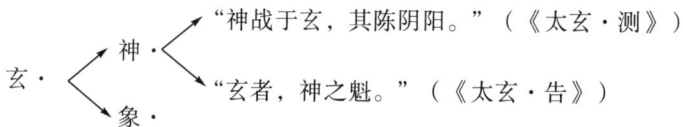

玄·
　　神·——→"神战于玄，其陈阴阳。"（《太玄·测》）
　　象·——→"玄者，神之魁。"（《太玄·告》）

这一图式有两步演进式：1. 玄生神、象，取《周易·系辞传》"圣人立象以尽意……鼓之舞之以尽神"意，因"象"（物质的）得"神"（精神的）；2. "神战于玄，其陈阴阳"亦取《系辞传》"阴阳不测之谓神"意，所不同者，扬雄以玄为神之"魁"（本根），可见神亦含于玄中；他又认为"神战于玄"方生阴阳，结合前述玄生阴阳说，可见"神"又是"玄"之"几"（精神内核和运动契机）。

综上两组图式可得两点结论：一，玄为本根，神为境界，其间包含阴阳、文质、刚柔等；二，玄为整体，神为内力，化生阴阳、文质、刚柔等。因此扬雄以"神化"为艺术之最高境界时，"神"也就具备了自然哲学之"玄"的主要特征。归纳有以下三点：

一、有包罗万象的范围。《太玄·摛》云："玄者幽摛万类而不见形者也。资陶虚无而生乎规；摛神明而定摹；通同古今以开类；摛措阴阳而发气。一判一合，天地备矣；天日回行，刚柔接矣；还复其所，终始定矣。……故玄卓然视人远矣，旷然廓人大矣，渊然引人深矣，渺然绝人眇矣。"

二、有通变因革的思想。《太玄·莹》云："天道有因有循，有革有化。因而循之，与道神之；革而化之，与时宜之。"

三、有内推的认知方法。《太玄·至晦》云："君子视内，小人视外；测曰：小人视外，不能见心也。"又《太玄·至养》云：

"藏心于渊，神不外也。"又《太玄·文》云："圣人仰天则常穷神，掘变极物穷情。"

正因为"神"有包罗万象、通变因革、内推认知等特征，所以扬雄在论赋时通过"存神索至"的方法对汉赋艺术"宇宙"考察，而提出"赋神"说。他赞美相如赋云："长卿赋不似从人间来，其神化所至邪。"（《答桓谭书》）便以最高的神化境界扬举相如赋艺，其关键在抓住了汉赋"包括宇宙""敷演万方"的艺术特点。这一评价正是扬雄文学思想中"神化"境界的具象化。如果我们再结合前述两图式和玄（神）三特征，并明白玄（神）内涵的"儒家政教"与"道家自然"两重意义的"道"，那么，对扬雄重赋的典则之美谓"孔氏之门用赋也，则贾谊升堂，相如入室"（《法言·吾子》），重赋之尚用之质谓"文丽用寡，长卿也"（《法言·君子》），重赋的艺术境界则赞其"神化"，以及悔赋之"雕虫之技，壮夫不为"等奇异的心理现象，则不会遽称"谤言欺人"（王世贞《艺苑卮言》卷二评扬雄语），而是将其放在扬雄复杂的、多元的文学思想体系中去辨识其内在矛盾和自存价值。扬雄将自然之"神"移植到评骘文艺的时代价值还在于：第一，组成了"宇宙－人事－艺术"的结构系统；第二，在我国古代思想领域中首次将"神"用于纯文学批评。①

概观扬雄文学思想中的内在矛盾，关键在于对其矛盾的双重主旨的认知，这样，我们对他的文学思想整体的理解和评价，就不致因"摹拟"而忽略其反思精神；因"保守"而忽略其忧患意识；因"艰深"而忽略其通变思想；因"复古"而忽略其艺术精义。

① 清人浦铣《复小斋赋话》上卷谓"作赋贵得其神"，实承扬雄滥觞之"赋神"理论。

## 五、对东汉文学思潮形成的积极影响

与西汉相比，东汉思潮、风尚的变迁和文学艺术的发展，明显昭示了文学艺术的独立、文学题材的扩大、文士地位的提高；而达到这一些，又是经过由西汉末到东汉时期儒学衰落、老庄复兴的学术思潮的演变而来。这与被称为"人的觉醒"的魏晋时代的到来有着密切相关的有机联系。因而扬雄在西汉末年的文学创作与文学思想对东汉文学思潮的影响，是颇多积极面的。

从文学创作看，扬雄辞赋三大系列扩大了创作视野，打破了西汉作家独专一体（骚体或大赋）或兼备二体的局限，成为两汉大赋发展之转扭，东汉骚赋复兴之前驱，哲理小赋创作之先声。此外，扬雄综述碎文，肇为《连珠》①，作《赵充国颂》，开像赞艺术体例②等，亦启东汉文学繁荣之盛。为便于在理论上把握这一点，试从扬雄文学思想对东汉文学思潮演变的几方面重要影响略予分述说明。

（一）以著述企求立名，破西汉儒门师法章句传统之学以成一家之言，寓文学思想于学术著作，是扬雄自立文学观并对东汉文学深有影响的重要方面。

据《汉书》本传载，扬雄"少而好学，不为章句"，"博览无所不见"，"好为精湛之思"，作《太玄》《法言》，意在"欲求文章成名于后世"。这与司马迁发愤著《史记》，"欲以究天人之际，通古今之变，成一家之言"（《报任安书》）的精神相同，是西汉儒

---

① 徐师曾《文体明辨序说》："盖自扬雄综述碎语，肇为连珠，而班固、贾逵、傅毅之流，受诏继作……"。
② 章太炎《国故论衡》卷中《正赍送》："画像有颂，自扬雄颂赵充国始。"

学传统的异端。因此，他这种思想与著述在当世必然受到"亶费精神""诛绝之罪"的谴责。而在东汉，这种著述精神却受到理论界有识者的赞扬。首先，通侻博学的桓谭于其《新论》中盛誉扬雄"丽文高论"，"才智开通"，"汉兴以来，未有此人"，并在非《太玄》、讥"覆瓿"声中，预言"《玄》经数百年，其书必传"；强调其"文义至深，而不诡于圣人"（《汉书·扬雄传》引）的价值。继后，以"疾虚妄"、倡"实诚"、反"奉天而法古"为廓清两汉神学迷雾与复古思潮做出积极贡献的汉代著名思想家王充，居然自诩《论衡》与《太玄》"同一趋"（《对作》），谓"文与扬雄为双，吾荣之"（《自纪》）。这绝非表象夸誉，而是王充对扬雄敢于破传统，自成一家在本质上的肯定。在《论衡》中，王氏评扬近二十处，仅有两处批评其辞赋"言奢有害"（《谴告》）、"无益于弥为崇实之化"（《定贤》）①，而推举之词，则如"扬子云作《太玄经》，造于眇思，极宜冥之深，非庶几之才，不能成也"。（《超奇》）并美司马迁、扬雄在汉世地位云"司马子长、扬子云，河汉也；其余，泾渭也"（《案书》）等，代表了王充对扬雄的基本评价。尤其值得玩味的是，王充反"好珍古不贵今"的复古之弊恰举扬雄著述为革新之例，"世俗之性，贱所见，贵所闻也。……扬子云作《太玄》造《法言》，张伯松不肯一观，……使子云在伯松前，伯松以为金匮矣"。（《齐世》）王充断言，俗儒所弃，当世不显的革新之作，"使在百世之后，则子政、子云之党也"（《案书》）。这些评价既说明王充对扬雄文学思想中"摹拟""复古"的复杂性的理解，也表明二人之间的相承性。此外，东汉科学家张衡深谙宇宙之学，对扬雄《太玄》亦未敢轻忽："吾观

---

① 王充此评亦承扬雄对辞赋"劝百讽一"的论点，这是王充文学思想中的局限性。

《太玄》，方知子云妙极道数"（《后汉书·张衡传》引《与崔瑗书》）。晋世葛洪更赞"扬雄通人，才高思远"（《抱朴子外篇·酒诫》）。这种不因扬雄有"复古"思想而忽视其学术、文学反传统、主变革、以求立名后世的"通人"品格，是东汉以及后世进步思想家、文学家的共识。

可以说，扬雄独特的文学思想体系的形成在很大程度上决定于他借著述立名这一点，而东汉及以后思想家、文学家如桓谭、王充、张衡、王符、葛洪、陆机、刘勰等对扬雄诸多文学观点的继承，又首先在汲取其自创体系的著述精神。这是东汉文风转变的一个明显标志。

（二）扬雄立"玄"，于开东汉学术玄远旨趣的同时，亦开东汉文风中崇尚自然的思想情趣和达观玄览的艺术境界。

在扬雄之前，汉代文学的发展经历了两个重要阶段，从立国到文、景之世，道家无为思想占上风，其文学作品所表现之情绪多为忧患淡泊，贾谊《鵩鸟赋》、严忌《哀时命》可称代表；自武帝到成帝间，因独尊儒术，其时文学作品所表现之情绪多为矫情夸饰、郁勃亢奋，枚乘《七发》、相如《上林》、扬雄《羽猎》可称代表。而东汉文学作品，虽远绍汉初淡泊情绪，但却更多地表现出崇尚自然的意趣；沿习西汉中期铺张扬厉之声貌，但却更多地通过个性情感的发泄达到玄览之境。这种转机与深化，正是扬雄对两汉文学的重要贡献。因为，自扬雄创作中表现出死生、穷达"是事之变，命之行也"的道家思想和"物我一体"的自然同化境界，东汉文人多受影响，以老庄为旨归，"达生任性，不拘儒者之节"（《后汉书·马融传》）；自扬雄立玄旨创太玄系列作品以降，东汉文人创作竞相言玄，如《玄根》（刘騊駼）、《思玄》、《玄图》（张衡）、《玄表》（蔡邕）、《玄达》（潘勖）等，渐开魏晋文学依玄托旨，因玄显志，以玄达趣的风尚。从文学创作心态看，扬雄《太玄赋》首次将"大易之损益""老氏之倚伏"的哲学理趣融于文艺作品，创造了一种"荡然肆志"的个性形象和一种寓飞动于玄静的超越时空的艺术神化境界。如果我们将东汉文人如桓谭作品中"乘凌虚无，洞达幽明"（《仙赋》）的骋思，冯衍作品中"游精神于大宅兮，抗玄妙之常操；处清静以养志兮，实吾心之所乐"（《显志赋》）的理趣，班彪作品中"朝发轫于长都兮，夕宿瓠谷之玄宫"（《北征赋》）的想象，张衡作品中"仰先哲之玄训""欲神化而蝉蜕"的意境等与扬雄的艺术玄境相比较，足见这种寓玄于艺的心理与空灵自然的神思，正与东汉文学变革思潮同向，其流风及于建安以后，遂成玄学、文学交融状态。从两汉理论视角的变化看，扬雄融儒道制太玄是重要的。由于魏晋"玄学"（新学）生成的要素即为对《周易》《太玄》的研究，从而产生新的天道观、人生观、文艺观；所以在这种新思潮蕴蓄发展的东汉，对太玄学说的继承则更为直接，尤其是扬雄倡导的"鸿文无范，恣意往也"的自然文艺观，无疑促成了东汉文人逐渐使文学摆脱经学的框围而与自然共脉跳的审美意识。东汉学者桓谭、张衡、王充、王符、蔡邕、仲长统等文学理论观的发展明示了这一点。以王充文论为例，他嫉伪求真，革新废古的文艺观的哲学本体是"天道自然"（《论衡·命禄》），他论文反对"辞出溢其真，称美过其善"（《艺增》），但却视"艺增""准况"为艺术的自然现象而予审美估价。这种审美倾向到仲长统，则形成一种新的超然不羁的人生意趣。仲氏《昌言·乐志论》云："蹰躇畦苑，游戏平林，濯清水，追凉风，钓游鲤，弋高鸿，……安神闺房，思老氏之玄虚；呼吸精和，求至人之仿佛。……消摇一世之上，睥睨天地之间，不受当时之责，永保性命之期。"（引自《后汉书·仲长统传》）这既是汉末哲学思想的变化，也是文艺思想的更新。

通过从扬雄到汉末的纵览，可见东汉文学思潮形成的重要因素之一就是东汉文人不断发展扬雄文学思想中"崇尚自然"的一面，而其矛盾的另一面，因"复古"而出现的极端宗经、征圣思想，则被时代新潮所抛弃。

（三）扬雄在时代变革期对儒学传统与辞赋艺术的反思，促进了东汉文学观念的演变。

在我国文学史上，两汉是文学发展经历了艰难曲折的时代，也是文学由蒙昧渐次走向觉醒的时代。西汉在我国历史上是最能说明文学是经学附庸的可悲阶段，在经学鼎盛时出现的繁类成艳的大赋，代表了有汉一代文学。在东汉，经学逐渐失去统治地位，出现了儒学向文学转化、儒生向文士转化的趋势①，文学作品作为独立艺术而受到重视、鉴赏、品评；这种转变的原因，不仅为东汉（主要是后期）政治斗争和文化心理所决定，而且还应上溯到西汉学术与文学关系之历史矛盾的微妙潜存。基于这层矛盾，有充分理由说明处于西汉末年的扬雄对辞赋由创作的摹拟到理论的反思，本质上是对西汉整体文化的反思，其间包含了对儒学的反思。因其反思而生发出求变心理，使他对文学艺术的利用和构想具有时代转化意义。对此，可概括在三个具体方面：其一，个性意识的觉醒与沉沦于西汉经学氛围的先秦人本位思想的复甦，使扬雄首开以文学笔触品藻人物之风。这集中在扬雄《法言》之《重黎》《渊骞》两卷中。如果说《重黎》所品评的人物多居政界，其意义在于作者通过对历史上真伪美恶成败存亡教训的回顾以对

---

① 《汉书·艺文志》设《诗赋略》、《后汉书》别立《文苑传》，正是两汉文学发展的需要。

理想化的清平盛世的憧憬，那么，《渊骞》则是对历史上各类人物的品藻，其描写也充分表现出文学化倾向。如评秦相吕不韦：

> 或问：吕不韦，其智矣乎？以人易货。曰：谁谓不韦智者欤？以国易宗。吕不韦之盗，穿窬之雄乎。穿窬也者，吾见担石矣，未见雒阳也。

许不韦以"盗"，对其肮脏作为诙谐讥刺，喻意深远。再如评东方朔：

> 或问：东方生名过其实者，何也？曰：应谐不穷，正谏秽德；应谐似优，不穷似哲；正谏似直，秽德似隐。请问名？曰：诙达恶比。曰：非夷齐而是柳下惠，戒其子以尚容，首阳为拙，柱下为工，饱食安坐，以仕易农；依隐玩世，诡时不逢，其滑稽之雄乎！

其对东方氏这位"依隐玩世"的"滑稽之雄"的夸誉与对那种"诡时不逢"的心理挖掘、情态描写，使一个历史人物的形象情趣充盈、栩栩如生。扬雄对历史人物冷嘲热讽的讥刺和生趣洋溢的颂扬，显示出个性情感的历史价值，也衬托出作者蕴蓄于心灵奥区的个性意识的觉醒。这种对历史或当世人物的品藻至东汉后期而大畅其风，并由书面品藻转化为清议品藻。如郭林宗偶傥风流，口悬如注，成为汉末清议领袖，蔡邕作《郭泰碑》壮其势云："绅佩之士，望形表而影附；聆嘉声而响和者，犹百川之归巨海，鳞介之宗龟龙也。"可见其时清议已成士大夫趋鹜之风。汤用彤《魏晋玄学论稿·读〈人物志〉》谓魏初清谈上接汉代清议，逐渐演变为玄学清谈，并认为

"正始以后之学术兼接汉代道家（由严遵、扬雄、桓谭、王充、蔡邕以至于王弼）之绪"，是清谈品藻原因之一。需要补充的是，在西汉儒学崩坏之际，扬雄著作中出现的人物品藻文学化倾向，实为东汉清议品藻，魏晋清谈品藻风气之滥觞。

其二，扬雄文质副称说改变了西汉重质轻文观，为东汉重文思想创造了转机。关于文质问题的讨论，并非儒家独有，其中渗合了先秦道家、法家、名家诸观点，这使汉代文质观内涵驳杂，议论迥异。略述其要，可以董仲舒用儒家文质观兼融道家"文灭质，博溺心"（《庄子·缮性》）、法家"以文害用"（《韩非子·外储说左上》）诸说，提出"先质而后文"的轻文思想为第一阶段，其理论依据是"礼之所重者在其志，……志为质，物为文。文著于质，质不居文，文安施质。……宁有质而无文"（《春秋繁露·玉杯》），充分表现其神学目的论的美学思想。以扬雄融合儒、道的文质观的出现为第二阶段，其观点在强调"文质班班"的文质并重思想时已出现"言不文，典谟不作经"的重文倾向。这种重文倾向到王充、张衡、蔡邕好文重文理论的出现，发展至第三阶段。这一阶段文质观的理论依据如王充《论衡》"大人君子以文为操"、有"好文之声"（《佚文》）、"人无文德，不为圣贤""物以文为表，人以文为基"（《书解》）等观点即是①。这是汉代文质观的发展过程，扬雄文质副称说又是由重质到重文的中转。此文学思想观念的转化，在本质上代表了东汉文学新潮的兴起。据《后汉书》载，东汉文士每以文章显世为美，如李尤"少以文章显"

---

① 王充在发展扬雄"重文"思想的同时，也发展了扬氏"弸中彪外"的内质外文提法，如《论衡·超奇》云："实诚在胸臆，文墨著竹帛，外内表里，自相副称，意奋而笔纵，故文见而实露也。"然王氏又忽略了扬氏文质观内文外质的一面，以及派生于"玄"的整体意义。

（《李尤传》），崔琦"以文章博通称"（《崔琦传》），边韶"以文章知名"（《边韶传》），郦炎"有文才，解音律"（《郦炎传》）等。其中尤多以扬雄文学为式者，如崔骃"年十三能通《诗》《易》《春秋》，博学有伟才，尽通古今训诂百家之言，善属文。……时人或讥其太玄静，将以后名失实。骃拟扬雄《解嘲》作《达旨》以答焉"（《崔骃传》）。此亦扬雄以通人重文形象对后世的影响。这种重文倾向到汉末鸿都门学成立，儒学章句衰落，文风兴盛，文学艺术争得更高的地位，则又出现新的转机，成为魏晋文学走向自觉的历史跳板。

其三，扬雄思想中萌发出一种自觉艺术观对东汉艺术观念的演变有一定影响。试举一例：《法言·问神》云："言，心声也；书，心画也；声画形，君子小人见矣。声画者，君子小人之所以动情乎。"他认为"心"达其情，"言"状其物，是唯物自然文艺观的具论；而他提出"书"为"心画"的命题，显然摆脱文字"象物"的实用阶段，使之作为自觉的艺术与主观情感的表现联结起来。在东汉，继扬雄艺术情感论的有如王充论绘画，有批判"虚妄之象"与"实事"相符的客观性，也有偏重纯真的主观情感性；蔡邕《笔论》论书法艺术云："书者，散也。欲书，先散怀抱，任情恣性。"此明示了书艺抒散情怀，表现个性的内观审美。这种对艺术美的自觉追求和纯艺术观念的逐渐强化过程，对我国书、画艺术能够在魏晋以后渐臻成熟有着必然的推动作用，也与汉代文学观念转变发展的过程相适应。

## 六、结论

扬雄是处于两汉之际时代断裂期的思想家、文学家，他的文化思想清晰地烙上时代印记。因其对传统文学的反思，使他的创作具有历史变革意义；尤其是他文学思想体系中矛盾的双重意识的相激相荡，既显示了当时社会文化心理处于穷变中的痛苦挣扎，也预示了文学新思潮的来临。拨开笼罩在扬雄身上的"复古"迷障，通过对时代异时性的纵向研究和艺术共时性的横向搜索，扬雄对东汉文学思潮影响的积极面就昭然若揭。可以认为：扬雄给后世文学的发展以有限的教训（摹拟、复古），无限的启迪（反思、变革）。

## 试论扬雄对唐代文学的影响①

### 刘保贞

在我国文学史上，汉、唐时期的文学占有十分重要的地位。汉代的大赋、史书，唐代的诗歌、古文，分别代表了我国文学史上同类题材的最高水平。扬雄是西汉末年著名的文学家、思想家、语言学家，他的文学作品以及他的事迹，对唐代文学产生了广泛的影响。

### 一、文学成就为唐人所肯定

扬雄少而好学，但不为章句训诂，而是对诸子百家博览无所不包。他在早年对屈原、司马相如十分崇拜。对于屈原，扬雄痛惜他文才超过相如，却不为楚国君臣所包容，于是作《离骚》以明志，投江而死。扬雄"悲其文，读之未尝不流涕也。……乃作

---

① 原载《山东大学学报》（哲学社会科学版）2004 年第 2 期。

书，往往摭《离骚》文而反之，自岷山投诸江流以吊屈原，名曰《反离骚》；又旁《离骚》作重一篇，名曰《广骚》；又旁《惜诵》以下至《怀沙》一卷，名曰《畔牢愁》"[1]《扬雄传》。司马相如是扬雄的同乡前辈，因文采得汉武帝赏识，拜为中郎将（一说郎中），出使西南夷，"太守以下郊迎，县令负弩先导"[1]《司马相如传》，抖尽了威风。再加上他与卓文君的风流韵事，司马相如一直都是蜀地人茶余饭后的话题。司马相如更是扬雄心目中的偶像，对扬雄一生影响至深。扬雄不但作赋"常拟之以为式"，而且其一生的行事也常常以司马相如为榜样，从他游长安、献赋一直到作《剧秦美新》，我们都可看到司马相如的影子。三十多岁时（《汉书·扬雄传》作四十多岁，误）来到长安，希望也能像司马相如那样以文才得到皇帝的赏识，赢得功名利禄。扬雄的愿望实现了，他也以辞赋得到汉成帝的赏识。在跟随汉成帝祭天祀地和田猎游玩期间，扬雄献上了《甘泉赋》《河东赋》《校猎赋》（一称《羽猎赋》）、《长杨赋》等四篇大赋。汉成帝也因扬雄的文采而封他作了个郎官，在黄门当差。表面上看起来扬雄的作品从《反离骚》到四大赋都是模仿屈原和司马相如的，而实际上扬雄是模仿中有创新。在赋的结构上，扬雄打破了司马相如以主客答问的方式来写赋的陈规，而以灵活多变的格式来布局谋篇，如《甘泉》《河东》二赋都以简明的叙述开篇。在赋的语言和用字上，扬雄也都有自己的特点，如不像司马相如那样在赋中罗列名物，而是善于运用长句以增加文章的气势。① 可以说，扬雄是与司马相如并驾齐驱的辞赋大家。扬雄在文学上的贡献赢得了唐代文人的广泛称赞。大诗人李白有"倚岩望松雪，对酒鸣丝桐。因学扬子云，献赋甘泉宫。

---

① 参见马积高：《赋史》，上海古籍出版社，1987年，第96—98页。

天书美片善，清芬播无穷"[2]（《东武吟》）（第1册20卷，第251页）的诗句。大文学家韩愈也说：

> 夫百物朝夕所见者，人皆不注视也。及睹其异者，则共观而言之。夫文岂异于是乎？汉朝人莫不能为文，独司马相如、太史公、刘向、扬雄为之最。[3]（卷十八，《答刘正夫书》）

皇甫湜说：

> 秦汉以来至今，文学之盛，莫如屈原、宋玉、李斯、司马迁、相如、扬雄之徒，其文皆奇，其传皆远。[4]（卷四，《答李生第二书》）

权德舆说：

> 《易·贲》之《象》曰："观乎人文，以化成天下。"故阙里之四教，门人之四科，未有遗文者。荀况、孟轲修道著书，本于仁义，经术之枝派也。迨夫骚人怨思之作，游士从横之论，刺讥掉阖，文宪陵夷。至汉廷，贾谊、刘向、班固、扬雄、司马迁、相如之伦，郁然复兴，有古风烈。[5]（卷三十三，《唐故尚书比部郎中博陵崔君文集序》）

## 二、安贫好学、埋头著《太玄》的精神为唐人所称颂

扬雄作了郎官以后，并没有像有的人那样拼命巴结权贵，以

求得继续升迁，他恳求汉成帝"愿不受三岁之奉，且休脱直事之繇，得肆心广意，以自克就"。汉成帝下诏说"可不夺奉"，且令尚书赐给扬雄笔墨钱六万，让他到皇家藏书处石室去看书自修。[6]（扬雄《答刘歆书》）从此，扬雄开始了他寂寂寞寞的读经、拟经、校书生涯。平常就到石室去看书，碰到"天下上计孝廉及内郡卫卒会者，雄常把三寸弱翰，赍油素四尺，以问其异语，归即以铅摘次之于椠"（同上），为他得之于严遵和林间翁孺的未竟之作《輶轩使者绝代语释别国方言》（我们现在称作《方言》）搜集资料。受社会风气的影响①，扬雄对大赋的态度发生了180度的转变，由原先的好赋、作赋，转而认为赋是雕虫小技，于是"辍不复为"。他虽然一心扑在儒家经典上，但他欲以文章留名后世的愿望没有改变，他认为六经之中《周易》最深奥，于是在众人都不顾一切地巴结、钻营权贵时，扬雄甘于寂寞，潜心构思，模仿《周易》作了《太玄》。当有人说他的《太玄》太难，一般人都看不懂，将来只会被人盖酱瓿时，扬雄又作了《解嘲》《解难》以回应，表明自己的志向。他在《解难》中说：

> 《典》《谟》之篇，《雅》《颂》之声，不温纯深润，则不足以扬鸿烈而章绩熙。盖胥靡为宰，寂寞为尸；大味必淡，大音必希；大语叫叫，大道低回。是以声之眇者不可同于众人之耳，形之美者不可混于世俗之目，辞之衍者不可齐于庸人之听。今夫弦者，高张急徽，追趋逐耆，则坐者不期而附矣；试为之施《咸池》，揄《六

① 汉武帝实行的"独尊儒术"政策在成帝时已取得了明显的成效，朝廷上下都十分尊崇儒学，朝廷的各级官员也大都由经生出任，攻读六经成了士人进身的捷径。

茎》，发《萧韶》，咏《九成》，则莫有和也。是故钟期死，伯牙绝弦破琴而不肯与众鼓；獿人亡，则匠石辍斤而不敢妄斫。师旷之调钟，俟知音者之在后也；孔子作《春秋》，几君子之前睹也。老聃有遗言，贵知我者希，此非其操与！[1]

扬雄这种“清净亡为，少耆欲，不汲汲于富贵，不戚戚于贫贱，不修廉隅以徼名当世。家产不过十金，乏无儋石之储，晏如也。自有下度：非圣哲之书不好也；非其意，虽富贵不事”[1]（《扬雄传》）的品格为唐人所称道。韩愈说：

昔扬子云著《太玄》，人皆笑之。子云之言曰：世不我知，无害也，后世复有扬子云，必好之矣。子云死近千载，竟未有扬子云，可叹也。其时桓谭亦以为雄书胜《老子》。老子未足道也，子云岂止与老子争强而已乎？此未为知雄者。其弟子侯芭颇知之，以为其师之书胜《周易》。然侯之他文，不见于世，不知其人果如何耳！以此而言，作者不祈人之知也明矣。直百世以俟圣人而不惑，质诸鬼神而不疑耳。[3]（卷十七,《与冯宿论文书》）

杜牧在《答庄充书》中说：

自两汉以来，富贵者千百，自今观之，声势光明，孰若马迁、相如、贾谊、刘向、扬雄之徒。斯人也，岂求知于当世哉？故亲见扬子云著书，欲取覆酱瓿。雄当其时，亦未尝自有夸目。[7]（卷十三）

唐代文人在他们失意或不被人知时，每每以这种精神自勉。大史学家刘知几曾自比扬雄者四：

> 雄好雕虫小伎，老而不悔；吾幼喜诗赋而壮不为，期以述者自名。雄准《易》作经，当时笑之；吾作《史通》，俗以为愚。雄著书见尤于人，作《解嘲》；吾亦作《释蒙》。雄少为范逡、刘歆所器，及闻作经，以为必覆酱瓿；吾始以文章得誉，晚谈史传，由是减价。[8]（《刘子玄传》，第4521页）

唐朝是我国诗歌艺术发展的顶峰时期，出现了大批的著名诗人。扬雄白首草《太玄》、淡泊自守的节操为许多诗人所欣赏。扬雄成了许多诗人淡泊以明志、失意而自遣的最常用的典故。如：

卢照邻《长安古意》："寂寂寥寥扬子居，年年岁岁一床书。"[2]（第2册41卷，第519页）

张九龄《酬王六寒朝见诒》："贾生流寓日，扬子寂寥时。在物多相背，唯君独见思。"[2]（第2册48卷，第583页）

王勃《赠李十四四首》之三："乱竹开三径，飞花满四邻。从来扬子宅，别有尚《玄》人。"[2]（第3册56卷，第682页）

王维《重酬苑郎中》（并序）："顷辄奉赠，忽枉见酬。叙末云：且久不迁，因而嘲及。诗落句云：应同罗汉无名欲，故作冯唐老岁年。亦《解嘲》之类也。扬子《解嘲》徒自遣，冯唐已老复何论。"[2]（第4册128卷，第1296页）

孟浩然《初出关旅亭坐怀王大校书》："永怀芸（一作蓬）阁友，寂寞滞扬云。"[2]（第5册160卷，第1637页）

李白《古风》："独有扬执戟，闭关草《太玄》。"[2]（第5册161卷，第1677页）

李白《侠客行》："纵死侠骨香，不惭世上英。谁能书阁下，白首《太玄经》。"[2]（第5册162卷，第1688页）

司空曙《和耿拾遗元日观早朝》："南陌高山碧（一作祥光紫），东方晓气青。自怜扬子贱，归草《太玄经》。"[2]（第9册293卷，第3336页）

韩愈《送灵师》："手持南曹叙，字重青瑶镌。古气参《象》《系》，高标摧《太玄》。"[2]（第10册337卷，第3776页）

白居易《送刘五司马赴任硖州兼寄崔使君》："位下才高多怨天，刘兄道胜独恬然。贫于扬子两三倍，老过荣公六七年。"[2]（第14册454卷，第5148页）

李群玉《感兴四首》之一："子云吞白凤，遂吐《太玄》书。幽微十万字，枝叶何扶疏。婉娈猛虎口，甘言累其初。一睹《美新》作，斯瑕安可除。"[2]（第17册568卷，第6574页）

黄滔《书怀寄友人》："常思扬子云，五藏曾离身。寂寞一生中，千载空清芬。"[2]（第21册704卷，第8094页）

皎然《兵后与故人别予西上至今在扬楚因有是寄》："日月不相待，思君魂屡惊。草《玄》寄扬子，作赋得芜城。"[2]（第23册816卷，第9189页）

艰涩古奥的《太玄》能流传下来，应该说与扬雄淡泊自守以草《太玄》这一典故的流行有很大关系。人们在了解这一典故后，更激起了读一下《太玄》的愿望。唐朝有很多人喜欢读《太玄》。皮日休、陆龟蒙特好扬雄的太玄，在他们的诗（或诗序）中多次提到《太玄》，或直接引用《太玄》中的话以明理。如：

皮日休《追和虎丘寺清远道士诗》序："……《太玄》曰，大无方，易无时，然后为鬼神也。噫，清远道士果鬼神乎？抑道家者流乎？抑隐君子乎？词则已矣，人则吾不知也。"[2]（第18册609卷，第7030页）

又《酒中十咏》序："……《太玄》曰：君子在玄则正，在福则冲，在祸则反，小人在玄则邪，在福则骄，在祸则穷，余之于酒得其乐，人之于酒得其祸，亦若是而已矣。"[2](第18册611卷，第7050页)

又《屣步访鲁望不遇》："壁间定欲图双桧，厨静空如饭一麻。拟受《太玄》今不遇，可怜遗恨似侯芭。"[2](第18册613卷，第7070页)

又《杂体诗·苦雨杂言寄鲁望》："桃花米斗半百钱，枯荒湿坏炊不然。两床莣席一素几，仰卧高声吟《太玄》。"[2](第18册616卷，第7102页)

陆龟蒙《奉和袭美暇日独处见寄》："谢府殷楼少暇时，又抛清宴入书帷。三千余岁上下古，八十一家文字奇（司马迁书上下纪三千余岁，《太玄》有八十一家。率多奇字。）"[2](第18册624卷，第7175页)

又《酬袭美见寄海蟹》："药杯应阻蟹螯香，却乞江边采捕郎。自是扬雄知郭索（《太玄经》云：蟹之郭索），且非何胤敢飧馐。"[2](第18册624卷，第7175页)

又《寄友人》："敬亭寒夜溪声里，同听先生讲《太玄》。"[2](第18册629卷，第7218页)

而且《太玄》素以难著称，能读懂《太玄》是一件很让人称羡的事。这在唐诗中也有反映：

羊士谔《郡中端居有怀袁州王员外使君》："青眼真知我，玄谈愧起予。兰厄招促膝，松砌引长裾。（王尤精《太玄》，自为深知，时在宪司，休注释，与予自躬冠服，辄诣松庭，永日言集。）"[2](第10册332卷，第3703页)

温庭筠《题丰安里王相林亭二首》（公明《太玄经》）："花竹有薄埃，嘉游集上才。白蘋安石渚，红叶子云台。"[2](第17册581卷，第6738页)

这两首诗的作者在诗中特意注明他的友人精《太玄》，就是为了说明他的朋友了不起，有学问。《旧唐书·一行传》也记载了僧一行研读《太玄》的事，说：

一行少聪敏，博览经史，尤精历象、阴阳、五行之学。时道士尹崇博学先达，素多坟籍。一行诣崇，借扬雄《太玄经》，将归读之。数日，复诣崇，还其书。崇曰："此书意指稍深，吾寻之积年，尚不能晓，吾子试更研求，何遽见还也？"一行曰："究其义矣。"因出所撰《太衍玄图》及《义决》一卷以示崇。崇大惊，因与一行谈其奥赜，甚嗟伏之，谓人曰："此后生颜子也。"一行由是大知名。[9](第5112页)

### 三、"征圣""宗经"的复古主张为唐代的古文运动所继承

唐初文坛绮靡的文风依然很盛行，但陈子昂等人已经举起了"复古"的大旗，对六朝以来的浮靡文风进行了猛烈的抨击。令狐德棻在《周书·王褒庾信传论》中批评庾信说：

> 然则子山之文，发源于宋末，盛行于梁季。其体以淫放为本，其词以轻险为宗，故能夸目侈于红紫，荡心逾于郑卫。昔扬子云有言："诗人之赋丽以则，词人之赋丽以淫。"若以庾氏方之，斯又词赋之罪人也。[10](第744页)

这杆以复古为口号的大旗传至唐中期的韩愈、柳宗元，衍生出了轰轰烈烈的"古文运动"。古文运动有两个很明显的特征：第一，在文章的语言上，主张要继承和发扬先秦两汉文章单行散体的生动、简洁、明朗、自然的语言表达方式，突破六朝以来的骈文所讲究的四六对仗、平仄格律等对人们正确表达思想的束缚。第二，在文章的内容上，主张要"文以载道"，反对骈文的那种辞

藻华丽、内容贫乏、格调底下的文风。韩愈在《答陈生书》中说："愈之志在古道,又甚好其言辞。"[3]在《答李秀才书》中说:"然愈之所志于古者,不惟其辞之好,好其道焉尔。"[3]韩愈所说的"古道"是正统的儒家之道,"非向所谓老与佛之道也"[3]。这种道,"尧以是传之舜,舜以是传之禹,禹以是传之汤,汤以是传之文武周公,文武周公传之孔子,孔子传之孟轲,轲之死,不得其传焉。荀与扬也择焉而不精,语焉而不详"[3]《原道》。在此他还批评荀子、扬雄所传的圣人之道还不够纯粹,但他在《答张籍书》中又说:

> 前书谓吾与人论不能下气,若好胜者。虽诚有之,抑非好己胜也。好己之道胜也。非好己之道胜也,己之道乃夫子、孟轲、扬雄之道。传者若不胜,则无所为道,吾岂敢避是名哉![8]（第5267页）

柳宗元所说的"道"与韩愈略有不同,他是以儒家为基础,兼取百家,不排斥佛老。柳宗元在《答韦中立论师道书》中说,作文要"本之《书》以求其质,本之《诗》以求其恒,本之《礼》以求其宜,本之《春秋》以求其断,本之《易》以求其动"[11]。古文家们的这种"复古"倾向与扬雄"明圣""宗经"的复古主张是相通的,扬雄在《法言·吾子》中反复说:

> 观书者譬诸观山及水,升东岳而知众山之逦迤也,况介丘乎?浮沧海而知江河之恶沱也,况枯泽乎?舍舟航而济乎渎者,末矣;舍五经而济乎道者,末矣。弃常珍而嗜乎异馔者,恶睹其识味也;委大圣而好乎诸子者,

恶睹其识道也。

　　好书而不要诸仲尼，书肆也。好说而不要诸仲尼，说铃也。君子言也无择，听也无淫。择则乱，淫则辟。述正道而稍邪哆者有矣，未有述邪哆而稍正也。

　　或曰："人各是其所是，而非其所非，将谁使正之？"曰："万物纷错则悬诸天，众言淆乱则折诸圣。"或曰："恶睹乎圣而折诸？"曰：　"在则人，亡则书，其统一也。"[12]

　　正因为他们对"古道"的理解十分一致，所以韩愈和柳宗元都很推崇扬雄。他们的文章都讲究练字琢句，常常使用新奇险怪的字眼和句法，即使一些说理的文章也写得古奥艰涩，如韩愈的《本政》、柳宗元的《说车》等，这种文风是深受扬雄的影响的。《旧唐书·韩愈传》中说：

　　大历、贞元之间，文字多尚古学，效扬雄、董仲舒之述作，而独孤及、梁肃最称渊奥，儒林推重。愈从其徒游，锐意钻仰，欲自振于一代。洎举进士，投文于公卿间，故相郑余庆颇为之延誉，由是知名于时。[9]（第4195页）

　　《新唐书·韩愈传》中也说，韩愈"自视司马迁、扬雄，至班固以下不论也"[8]（第5269页）。还说：

　　（韩愈）每言文章自汉司马相如、太史公、刘向、扬雄后，作者不世出，故愈深探本元，卓然树立，成一家言。其《原道》《原性》《师说》等数十篇，皆奥衍闳深，

与孟轲、扬雄相表里而佐佑六经云。[8]（第5265页）

　　这一时期人们虽不再把扬雄当作完美无缺的圣人来看待，如上文所引李群玉《感兴四首》之一，为扬雄附莽感到可惜，但也认为他是"小疵而大醇"（韩愈语）的大作家。对于扬雄拟经作《太玄》《法言》，他们也认为这是很了不起的事情。张籍就曾责备韩愈既排斥释老，为什么"不能著书若孟轲、扬雄以垂世者"[8]（《张籍传》，第5266页）；王勃"又依《孔子家语》、扬雄《法言》例，为客主对答之说，号曰《中说》。皆为儒士所称"[8]（《文苑传上》王勃，第5004页）。

**参考文献：**

[1] 班固. 汉书［M］. 北京：中华书局，1962.

[2] 彭定求，等编. 全唐诗［Z］. 北京：中华书局，1960.

[3] 韩愈. 朱文公校昌黎先生集［C］.《四部丛刊》本.

[4] 皇甫湜. 皇甫持正文集［C］.《四部丛刊》本.

[5] 权德舆. 权载之文集［C］.《四部丛刊》本.

[6] 严可均辑. 全上古三代秦汉三国六朝文［Z］. 北京：中华书局，1958.

[7] 杜牧. 樊川文集［C］.《四部丛刊》本.

[8] 欧阳修，宋祁. 新唐书［M］. 北京：中华书局，1975.

[9] 刘昫. 旧唐书［M］. 北京：中华书局，1975.

[10] 令狐德棻. 周书［M］. 北京：中华书局，1971.

[11] 柳宗元. 增广注释音辩唐柳先生集［M］.《四部丛刊》本.

[12] 汪荣宝. 法言义疏［M］. 北京：中华书局，1987.

著作选录

# 杜诗称引扬雄探析①

## 王红霞　熊梓灼

扬雄（前53—18），字子云，西汉蜀郡（今四川成都）人，西汉著名学者、文学家，颇负才名。早年因辞赋著称于世，以《甘泉赋》《羽猎赋》《长杨赋》《河东赋》《解嘲》《逐贫赋》等名篇傍身。其后文学态度有所转变，认为辞赋乃"童子雕虫篆刻"而"壮夫不为"[1]5，继而投身于哲学和语言学研究，又有《太玄》《法言》《方言》等著作流传后世。除却卓然的创作才华外，扬雄一生经历也颇具传奇色彩，"以文见召""草《玄》""投阁"等事迹皆出自其身。这样一位既有献赋入仕的士大夫情怀，更有闭门著述、不恋名利的文人风骨的传奇文学家形象，迎合了后世诸多文人的心中诉求，故后世文学作品对其称引极多。

以唐代诗人为例，在不同时段不同诗人的作品中，皆能找有关扬雄的称引，其中尤以杜甫为甚。天宝十年（751），四十岁的杜甫在《秋述》一文中以扬雄自比："秋，杜子卧病长安旅次，多雨生鱼，青苔及榻。常时车马之客，旧雨来，今雨不来。昔襄阳庞德公，至老不入州府，而扬子云草《玄》寂寞，多为后辈所褒，近似之矣。"[2]6374当时杜甫身患疟疾、久困长安，倍感冷落寂寞，种种处境与当年闭门"草《玄》"、寂寞自守的扬雄是极为相似的。此外，在杜甫一生所创作的为数不多的赋作中，也可发现扬雄带来的影响痕迹。不仅部分遣词用语直接脱胎于扬雄赋作，同时还受到扬雄思虑深远创作风格的影响。并且二人对赋体文学的

---

① 原载于《四川师范大学学报》（社会科学版）2019年第2期。

态度也有相合之处，早期皆重视赋的颂扬功能，扬雄因为献赋而取士，杜甫也一度仿效。后来二人却对赋这种文学表现形式表示出失望之感，扬雄有"童子雕虫篆刻"而"壮夫不为"[1]5语，杜甫也流露出"词赋工无益"[2]365意。这个问题，南京大学的李凤玲在《赋料扬雄敌——谈扬雄对杜甫赋作的影响》[3]中有较为详细的论述。

扬雄对杜甫的影响还体现在杜诗中多对扬雄称引。据笔者统计，杜甫现存约有二十首诗称引扬雄，总量居唐代诸家诗人之首。按照其所引形式，大致可分为三类：其一，直引其名，如"扬雄""扬子""子云"；其二，与他人并称，如"扬马""班扬"；其三，以其事迹、著作进行代称，如"投阁""汉阁""草《玄》""羽猎"。按照其所引内容，大致也可分为两类：其一，对扬雄人生际遇产生共鸣，具体包括对其以文见召的入仕途径的向往，以及对其"草《玄》""投阁"经历的感怀；其二，对扬雄文学才华表示认同。分析杜甫诗歌中扬雄的称引情况及原因，不仅可见不同时期两位伟大文人间的情感碰撞，同时也可一窥扬雄其人其文在后世的传播影响及后世文人对他的接受情况。

## 一、对扬雄人生际遇产生共鸣

据《汉书·扬雄传》记载："孝成帝时，客有荐雄文似相如者，上方郊祠甘泉泰畤、汾阴后土，以求继嗣，召雄待诏承明之庭。正月，从上甘泉，还奏《甘泉赋》以风。"[4]3522扬雄最初因其才名堪比司马相如而得人引荐，进而受诏入仕以献《甘泉赋》。其后得以跟随汉成帝左右，陆续进献《河东赋》《羽猎赋》《长杨赋》等赋作。这种凭借文学才能受到帝王重视从而走上仕途的做法，成为了一种后世文人竞相仿效的典范。到了唐代，人才选拔实际也存在着荐举与科举两种并存的形式："这种与科举相伴而行的'荐举'，是由权贵或公卿巨子在科举前对某位考生加以揄扬，或向主考官保荐，以人为的主观因素促成其中举。还有另一种'荐举'，是与科举相平行的，即在权贵或公卿的荐送下，不经由考试，而朝廷直接录用人才。朝廷既然广开荐举之路，士人必行干谒之事，为了追求功名，不惜奔走权贵之门。当士子在行干谒时，往往把自己的得意之作投诸名流显宦，以期争得一官半职，这种类似现代的自荐书，即是'投献'或'温卷'。杜甫之所行干谒，即是在盛唐强大繁荣的时空背景下所激发出来的浪漫想望。"[5]39 对于以入仕任道为己任的杜甫来说，科举入仕之路屡受磨难，天宝六年又遭遇李林甫"野无留才"[6]6346 的嘲弄，使得他一度将希望转寄在效仿扬雄以文入仕的荐举方法上，开始期望通过干谒走上仕途。这种迫切希望明显的表露在部分诗歌中，如天宝十三载（754）所作的《赠献纳使起居田舍人（澄）》一诗：

> 献纳司存雨露边，地分清切任才贤。舍人退食收封事，宫女开函近御筵。晓漏追趋青琐闼，晴窗点检白云篇。扬雄更有《河东赋》，唯待吹嘘送上天。[2]537

此为杜甫赠予田澄之诗，田澄当时任职献纳使兼起居舍人，为当时唐玄宗李隆基身边近臣。全诗多有奉承之意，不仅极力称赞田澄德才兼备、被泽蒙麻，最后两句"扬雄更有《河东赋》，唯待吹嘘送上天"更直接借用扬雄向汉成帝进献《河东赋》一事，表达出自己不遇伯乐之苦，望有朝一日能够凭借田澄之力得到天子的垂青。

同年杜甫另有《奉赠太常张卿垍二十韵》一诗，也表达出了类似期许：

> 方丈三韩外，昆仑万国西。建标天地阔，诣绝古今
> 迷。气得神仙迥，恩承雨露低。相门清议众，儒术大名
> 齐。轩冕罗天阙，琳琅识介珪。伶官诗必诵，夔乐典犹
> 稽。健笔凌鹦鹉，铦锋莹鸊鹈。友于皆挺拔，公望各端
> 倪。通籍逾青琐，亨衢照紫泥。灵虬传夕箭，归马散霜
> 蹄。能事闻重译，嘉谟及远黎。弼谐方一展，班序更何
> 跻。适越空颠踬，游梁竟惨凄。谬知终画虎，微分是醯
> 鸡。萍泛无休日，桃阴想旧蹊。吹嘘人所美，腾跃事仍
> 暌。碧海真难涉，青云不可梯。顾深惭锻炼，材小辱提
> 携。槛束哀猿巧，枝惊夜鹊栖。几时陪羽猎，应指钓
> 璜溪。[2]507

张垍为张说（曾任玄宗朝宰相）之子，兼之又是玄宗女儿宁亲公主的驸马，深得唐玄宗欢心。故该诗通篇赞美了张垍的家世品行和才华能力，从而引发出自己怀才不遇的苦楚，委婉表达希望能够得到张垍的赏识和推举。尤其最后两句："几时陪羽猎，应指钓璜溪"，借用了扬雄献《羽猎赋》的典故。据《汉书·扬雄传》记载："其十二月羽猎，雄从……又恐后世复修前好，不折中以泉台，故聊因《校猎赋》以风。"[4]3540—3541扬雄以文见召，于元延二年（前11）曾随孝成帝参与狩猎活动，并向天子进献了《羽猎赋》用以讽谏。这一事件正好契合了杜甫当时迫切希望能够如扬雄一般受到赏识和任用、跟随天子近旁的内心诉求。

《赠献纳使起居田舍人（澄）》《奉赠太常张卿垍二十韵》两首诗皆创作于天宝十三载（754），时值安史之乱前夕，朝政昏暗、

著作选录

社会凋敝。此时杜甫已逾不惑之年，客居长安十年之久。才华不被肯定，仕途备受阻隔的同时，家国不幸的种种遭遇也加诸其身，这一切的遭遇使他不得已转向投赠干谒之路。由此便不难理解此时扬雄对杜甫的意义了，扬雄因才学出众而被人举荐，从而受到天子赏识。这种以文见召、献赋入仕的行为无疑成为了当时杜甫追慕的对象。可见此时杜诗中所称引的扬雄，是一位值得效法的入仕者，是能够满足文人用世抱负的追随对象。

杜诗中除了效仿扬雄以文入仕外，更多的表达了对扬雄后期"草《玄》""投阁"经历的感怀。"草《玄》"一事本载于《汉书·扬雄传》："哀帝时丁、傅、董贤用事，诸附离之者或起家至二千石。时雄方草《太玄》，有以自守，泊如也。或嘲雄以玄尚白，而雄解之，号曰《解嘲》。"[4]3566扬雄素来为人沉静寡欲，不慕富贵。汉哀帝时期，很多人通过依附外戚佞臣获得了高官厚禄之后，大肆嘲笑扬雄不仅一无所获，而且创作也有所停滞。但扬雄根本不为所动，依旧清净自守，仅作《解嘲》以对。又据《汉书·扬雄传》记载："王莽时，刘歆、甄丰皆为上公，莽既以符命自立，即位之后欲绝其原以神前事，而丰子寻、歆子棻复献之。莽诛丰父子，投棻四裔，辞所连及，便收不请。时雄校书天禄阁上，治狱使者来，欲收雄，雄恐不能自免，乃从阁上自投下，几死。莽闻之曰：'雄素不与事，何故在此？'间请问其故，乃刘棻尝从雄学作奇字，雄不知情。有诏勿问。然京师为之语曰：'惟寂寞，自投阁；爰清静，作符命。'"[4]3584扬雄一生才华出众且清净自守，最后却依然躲不过政治的牵连，因刘棻"符命"之事无端受辱，从其供职的天禄阁跳下险些丧命，这便是"投阁"一事的来历。可见纵使早年受到任用，扬雄一生依然充满艰难坎坷，尤其晚年的遭遇为其染上了凄凉之感。而安史之乱后的杜甫，同样遭受着仕途失意的打击，感受着家国沦陷的伤痛，前途坎坷又逢山河昏暗，周遭一切令他心灰意冷，对奸佞进谗之人更是痛恨无比，晚年再逢营救房琯一事触怒肃宗，终生不得重用，这样的种种失意、困惑、无奈、悲愤的叠加，与扬雄晚年际遇不谋而合，故杜甫非常善用扬雄之事暗指己身。

于天宝十四载（755）所作的《醉时歌》颇具代表性：

> 诸公衮衮登台省，广文先生官独冷。甲第纷纷厌梁肉，广文先生饭不足。先生有道出羲皇，先生有才过屈宋。德尊一代常坎坷，名垂万古知何用！杜陵野客人更嗤，被褐短窄鬓如丝。日籴太仓五升米，时赴郑老同襟期。得钱即相觅，沽酒不复疑。忘形到尔汝，痛饮真吾师。清夜沉沉动春酌，灯前细雨檐花落。但觉高歌有鬼神，焉知饿死填沟壑？相如逸才亲涤器，子云识字终投阁。先生早赋归去来，石田茅屋荒苍苔。儒术于我何有哉，孔丘盗跖俱尘埃。不须闻此意惨怆，生前相遇且衔杯。[2]410

此时杜甫已困守长安十年，依然得不到任用，现实的黑暗加之自身的失意，愤懑之情再也无法克制，牢骚顺势而发。其中"子云识字终投阁"一句即引用了扬雄"投阁"典故，表面似是安抚自己与友人："以扬雄之才华尚且被逼跳楼，我等遭遇又算得上什么？"实际上是借几百年前大文学家扬雄"投阁"之事，来表露自己怀才不遇的激愤和对黑暗现实的控诉。

至德二年（757）杜甫所作《送杨六判官使西蕃》一诗亦援引了扬雄事典，"子云清自守，今日起为官"[2]890句借扬雄清贫自守、寂寞"草《玄》"的事迹来称赞了杨六判官为官的清廉，同时还表达出对杨六判官未来仕途的期许。乾元二年（759），杜甫因房琯之事受到牵连被贬华州，此时他的另外两位友人却获得了晋升，于是作了《秦州见敕目，薛三璩授司议郎，毕四曜除监察，与二子有故，远喜迁官，兼述索居，凡三十韵》一诗表示恭贺，其中"独惭投汉阁，俱议哭秦庭"[2]1618二句，暗示自己身陷贼中，蒙受冤屈，大有称道扬雄投阁的操守，恨不与之相随感。上元二年（760），此时是杜甫来到成都的第二年，因草堂落成，便新作《堂成》一诗，其中直接引"扬雄解嘲"一事入诗："背郭堂成荫白茅，缘江路熟俯青郊。桤林碍日吟风叶，笼竹和烟滴露梢。暂止飞鸟将数子，频来语燕定新巢。旁人错比扬雄宅，懒惰无心作解嘲。"[2]1926全诗虽然罕见地流露出愉悦之情，然而最后两句通过否定草堂与扬雄宅的关联，同时称自己不愿再去发泄怀才不遇的愤懑，言虽及此，却隐隐透着一股落寞和无奈。大历元年（766），杜甫在《夔府书怀（四十韵）》一诗中再引扬雄"投阁"典："文园终寂寞，汉阁自磷缁。"[2]4161清代杨伦注此句曰："言己虽名玷班朝，而卧病峡中，终归沦落，盖以蜀中扬马自方也。"[2]4165指杜甫表面在感叹清守汉阁却遭受诬陷的扬雄，实则暗喻了受到外界环境牵连的自己。大历三年（768）所作《秋日荆南送石首薛明府辞满告别，奉寄薛尚书颂德叙怀斐然之作（三十韵）》，也用"投阁"之事："扬子淹投阁，邹生惜曳裾"[2]5558，仇兆鳌注此句曰："淹投阁，久于蜀；惜曳裾，不干人。"[2]5564表现出杜甫久困于蜀的境遇。杜甫对扬雄事迹感同身受的体悟，直至其生命的最后阶段仍有表现，大历五年（770），在杜甫的绝笔之作《风疾舟中，伏枕书怀三十六韵，奉呈湖南亲友》一诗中，当其回忆起当年营救房琯的经历时，再一次引用了扬雄"投阁"之事："牵裾惊魏帝，投阁为刘歆。"[2]6094暗喻己身蒙受的不白之冤。

可见，随着安史之乱（755）的爆发，自身坎坷兼之家国不幸，杜甫那颗追逐"以文见召"的心逐渐开始冷却，诗中不复对于扬雄"献赋入仕"的向往，取而代之的却是对扬雄后期"草《玄》""投阁"之事的关注。此时扬雄之于杜甫，不再是值得效法的入仕者和能够满足文人用世抱负的追随对象，而成为了惺惺相惜、感同身受的精神慰藉者。杜甫诗歌中屡次引用"草《玄》""投阁"的典故，不仅仅是杜甫对扬雄人生际遇的感怀，也是对自己大半生遭际的感伤。扬雄一生经历与杜甫人生轨迹的契合，无疑成为了杜诗多称引扬雄的重要原因之一。

## 二、对扬雄文学才华表示认同

在称引扬雄的约二十首杜诗中，最为常见的类型是在诗歌中肯定扬雄的才华。杜甫历来对扬雄文学才华持非常明确的认可态度，如《鹿头山》：

> 鹿头何亭亭，是日慰饥渴。连山西南断，俯见千里豁。游子出京华，剑门不可越。及兹险阻尽，始喜原野阔。殊方昔三分，霸气曾间发。天下今一家，云端失双阙。悠然想扬马，继起名硉兀。有文令人伤，何处埋尔骨。纤馀脂膏地，惨澹豪侠窟。仗钺非老臣，宣风岂专达。冀公柱石姿，论道邦国活。斯人亦何幸，公镇踰岁月。[2]1886

唐肃宗乾元二年（759）冬天，杜甫离开同谷前赴成都。在这次行程中，杜甫写了十二首纪行诗，此诗为其中一首。诗中"悠然想扬马，继起名硉兀"，清代仇兆鳌《杜诗详注》注该句曰：

"《华阳国志》：'司马相如耀文上京，扬子云齐圣广渊，斯盖华岷之灵标，江汉之精华也。'"[7]723将司马相如与扬雄二人并称，可知在杜甫心中，扬雄实乃蜀地文人之典范。

其作于广德元年（763）的《行次盐亭县，聊题四韵，奉简严遂州、蓬州两使君、咨议诸昆季》一诗也吟咏到："全蜀多名士，严家聚德星。"[2]2811此句本自左思《蜀都赋》："近则江汉炳灵，世载其英。蔚若相如，嚼若君平。王褒晔晔而秀发，扬雄含章而挺生。"[8]448在杜甫看来，蜀地多产文人名士，如司马相如、严君平、王褒等等，扬雄俨然在其列，再度确证了杜甫对扬雄才华地位的肯定。

此外，杜甫还有多首涉对扬雄文采进行称赞的诗作，往往是通过自比扬雄，或者将他人比作扬雄来表达的。自比扬雄的诗句如《奉寄河南韦尹丈人》（约748—750）："谬惭知蓟子，真怯笑扬雄。"[2]161此处杜甫以扬雄独著《太玄》，清贫自守，却反被人嘲笑的典故自命，生发出自己不被世人理解、赏识的感叹；又如《奉赠韦左丞丈二十二韵》（752）："赋料扬雄敌，诗看子建亲。"[2]277仇兆鳌注此句曰："汉扬雄尝作《甘泉》等赋，魏曹子建七步成诗，公谓扬雄之赋与己敌体，子建之诗于己相近也。"[7]75杜甫在诗中直言自己的赋作水平能够与扬雄匹敌，可见其对扬雄赋作水平的肯定；又如《酬高使君相赠》（759）："草玄吾岂敢，赋或似相如。"[2]1904该诗本为杜甫酬和高适所作，末两句谦称自己学识有限，不敢像扬雄"草《玄》"一般挥笔著书，但还是可以像司马相如一般作赋，充斥着既自谦且自负的情绪，也可通过该句看出杜甫对扬雄哲学著作《太玄》的推崇之情；又如《壮游》（766）："斯文崔魏徒，以我似班扬。"[2]4084该句杜甫借当时文坛名家崔尚、魏启心二人之口，称自己才华可与班固、扬雄相匹敌，也从侧面表现出对扬雄才华的认同；再如《送顾八分文学适洪吉州》（768）："视我扬马间，白首不相弃。"[2]5613杜甫将自己置于扬雄、司马相如间，直言才华不输此二人，同样是在高度肯定了扬雄才华的情况下的一种自夸之辞。上述种种诗句，解释杜甫以扬雄自比。这无疑是源自杜甫对扬雄的文学作品、哲学著作的双重肯定，是源自杜甫对扬雄才华的高度赞扬和认可，故由他及己，由己及他，生出惺惺相惜之情。

除去自比，杜诗还常将同时代的其他文人比作扬雄，以夸耀对方的文学造诣。如《陈拾遗故宅》（762）："公生扬马后，名与日月悬。"[2]2703南宋杜诗学者蔡梦弼注此句曰："子昂蜀人也，生于扬雄、司马相如之后，时代不同，其名与日月争辉，固不减于扬马也。扬马亦蜀人，故甫言及子昂之平息欤。"[2]2704可见在杜甫眼中，扬雄、司马相如、陈子昂三位蜀人才华卓越，是可与日月争辉之人。诗本为称赞陈子昂而作，却以扬雄作比，可见扬雄在杜甫心目中的文人标杆地位。又如《八哀诗·故著作郎贬台州司户荥阳郑公虔》（766）："子云窥未遍，方朔谐太枉。"[2]4036明末清初学者朱鹤龄注此句曰："窥未遍，谐太枉，言虔之学问过于子云之博览，虔之言异乎方朔之诙谐也。"[2]4040杜甫以扬雄作为博览群书的典范，将唐代文人郑虔与之作比，可见在杜甫眼中，扬雄不仅是一位才华纵横的天才，同时也是一位学识渊博的学者。又如《夏日杨长宁宅送崔侍御常正字入京（得深字韵）》（765或768）："醉酒扬雄宅，升堂子贱琴。"[2]5501明代学者汪瑗注此句曰："言己与崔，常宴别于杨长宁宅也。扬雄比杨之才，子贱比杨之政。"[2]5501同样也是杜甫借用扬雄之才以夸耀他人。再如《苏大侍御访江浦，赋八韵记异》（769）："乾坤几反覆，扬马宜同时。"[2]5856朝代虽然更迭变迁，但是唐代诗人苏涣之名可如扬雄、司马相如一般流传后世，诗虽是在写苏涣之才，却从侧面体现了杜甫对扬雄才名必将流芳百世的由衷信任。

由以上所举十一首杜诗可见，自杜甫中年时起，其诗歌创作中便开始表露出对扬雄才华的欣赏和认同，直至其去世前所作的《苏大侍御访江浦，赋八韵记异》诗中还在感慨："乾坤几反覆，扬马宜同时。"[2]5856 总体而言，杜甫对扬雄才华的肯定态度在其诗歌中贯穿始终，未有明显变化。

结合前文，杜甫不仅在赋作对扬雄多有承袭，诗歌中更是常常表现出对扬雄才华的称赞。而杜甫对扬雄的创作才华认同度之所以如此之高，与其二人相似的文学风格有着密切关系。杜甫对于扬雄的文学创作有句评价非常出名："至于沉郁顿挫，随时敏捷，而扬雄、枚皋之徒，庶可跂及也。"[2]6271 "沉郁顿挫"这个概念最早其实是被杜甫用于形容扬雄赋作，并以此进行自比的，最后才慢慢演化为评价杜诗的专门用语，被后人视作杜甫最具特色的诗歌风格。由此可见，扬雄的赋作风格大抵与杜甫的诗、赋风格有互通之处。《汉书·扬雄传》中记载扬雄性格为"默而好深湛之思"[4]3514，这样的性格特征为其文学风格的形成奠定了基础。刘歆在给扬雄的《与扬雄书从取方言》中便将其联系到了文学创作中："非子云澹雅之才，沈郁之思。不能经年锐精以成此书。良为勤矣！"[9]415 可见扬雄这种构思深沉、思虑深远的文学风格在当时得到了认可。刘勰在《文心雕龙》中更多次用类似的表述评价扬雄，《体性》篇："子云沉寂，故志隐而味深。"[10]506 正是因为扬雄性情沉静，所以他的文学创作也显得含蓄隽永。《神思》篇讨论艺术构思时，将扬雄归为"思之缓"一类："人之禀才，迟速异分……扬雄辍翰而惊梦。"[10]494 《才略》篇中再次提及："子云属意，辞人最深，观其涯度幽远，搜选诡丽，而竭才以钻思，故能理瞻而辞坚矣。"[10]699 种种材料证明，无论是扬雄为人，还是其文学创作，都具有一种沉着深远的魅力。至于常被用来形容杜诗的"沉郁顿挫"四字，也具有与扬雄相通的含义："'沉郁'，偏指杜诗思想内容层面的深沉、深厚、郁勃等特征，'顿挫'，指杜诗艺术形式层面的抑扬顿挫的特色……"[2]6270 其中"沉郁"这一特色与扬雄其人其文颇为契合，无疑是杜甫对扬雄文学创作认可的原因之一。

通过上述探析杜诗中对扬雄的称引现象，可知大致存在两种情况：其一，杜甫一生中的起落境遇与扬雄生平达到部分重合，故多称引扬雄之事来表达自身的际遇感怀，现存约 9 首。其二，杜甫对扬雄的才华学识颇为肯定，因此大部分诗歌称引皆在对扬雄的文学才华表示认同，现存约 11 首。

总体来说，杜甫对扬雄人生际遇有颇多共鸣，因此诗中常引扬雄事典：安史之乱（755）前杜甫对扬雄的称引往往多用"以文见召""献赋入仕"之事，表达其对仕途的渴望；安史之乱（755）后往往多用"草《玄》""投阁"之事，表达其对仕途的失望。称引对象虽然都是扬雄，却因为杜甫自身境遇的不断变化，致使称引内容也随之发生了改变。而杜甫对扬雄才华的认同是贯穿其诗始终的，这也与二人文学风格的相似性有一定关联。

**参考文献：**

［1］扬雄. 法言［M］. 北京：中华书局，1985.

［2］萧涤非. 杜甫全集校注［M］. 北京：人民文学出版社，2013.

［3］李凤玲. 赋料扬雄敌——谈扬雄对杜甫赋作的影响［J］. 杜甫研究学刊，2005（2）.

［4］班固. 汉书［M］. 北京：中华书局，1962.

［5］黄雅莉. 杜甫长安时期的干谒诗探究［J］. 中国韵文学刊，2017，31（3）.

著作选录

[6] 欧阳修，宋祁. 新唐书 [M]. 北京：中华书局，1975.

[7] 杜甫，仇兆鳌. 杜诗详注 [M]. 北京：中华书局，1979.

[8] 赵逵夫. 历代赋评注 [M]. 成都：巴蜀书社，2010.

[9] 严可均. 全汉文 [M]. 北京：商务印书馆，1999.

[10] 刘勰，范文澜. 文心雕龙注 [M]. 北京：人民文学出版社，1958.

# 中国古典诗歌中的扬雄典事及其主导取向

## ——以扬雄的儒学史境遇为参照①

侯文学

在诸多的古典文学典事中，很多典事来自史书相对真实的记载。然史书中的情事一旦化为文学意象，便非其本真，而是熔铸了后世文人的价值取向、人生理想、情感体验，并获得文学史的传承，有其相对稳定性。作为文学资源之一的扬雄典事就是一个生动个案。

扬雄是个比较复杂的人物。他主要生活在西汉后期，又值王莽代汉自立；他早年致力于辞赋创作，晚年却认为是雕虫小技，将精力转向学问著述；他恬于势利，却在禅代之际写了《剧秦美新》歌颂新朝的作品；他家境贫寒，两个儿子相继去世，却千里迢迢归葬于蜀，使生活的贫困加剧。类似的矛盾现象在扬雄身上还能找到许多。这决定了作为文学资源的扬雄典事的丰富性和复杂性，但其中又有内在的统一性。本文通过对古典诗歌中扬雄典事的个案分析，掘发中国古典文学典事取向的内在理路。

---

① 原载《陕西师范大学学报》（哲学社会科学版）2013 年第 2 期。

## 一、主流诗歌中的扬雄典事

扬雄的文学创作较为全面，除乐府诗以外，西汉流行的文体他几乎都有涉猎，并且均获得较高成就，他的作品，理所当然成为后代作家与文论家取则与批评的对象。首先确立扬雄文学史地位的是刘勰。《文心雕龙》屡屡提及扬雄的作品以及扬雄关于文学的言论，以为评文论文的准绳。扬雄对于刘勰的影响，前贤时修多有讨论，兹不赘论。但《文心雕龙》是文论著作，它所提及的扬雄情事与诗歌创作中的扬雄典事还有所差距。古典诗歌中的扬雄典事，诸如"扬雄"（或称"扬子""扬子云"）、"扬雄宅"（或称"子云宅"）、"扬雄赋"（或称长杨赋），出现频率极高，它们经过历代诗人的筛选重塑，已升华超越为诗语符号，渗透着中国文学的独特情味。

中国古代有所谓"学而优则仕"的传统观念，仕途的显达成为衡量文人士子自身社会价值实现程度的主要标准。扬雄博学、覃思、深微、宏丽，使偏有一才的文人多能从中发现自己的身影。自我意识颇为强烈的中国古代文人，受儒家文化的熏陶，也大都具有强烈的社会使命感，但现实境遇与文人对自我的确认，往往呈现出较大落差。心怀牢骚的文人在扬雄的经历中，便尤其关注其寂寞不遇，并以之为异代知音。扬雄的寂寞是后世诗人吟咏的重要题材。

寂寞的前提是高才，两者结合在一起，是文人情感迸发的源泉。古典诗歌中的扬雄，正是高才与寂寞并举。开此端绪者为西晋诗人左思，其《咏史》诗中有一首专门吟咏扬雄：

济济京城内，赫赫王侯居。冠盖荫四术，朱轮竟长
衢。朝集金张馆，暮宿许史庐。南邻击钟磬，北里吹笙
竽。寂寂扬子宅，门无卿相舆。寥寥空宇中，所讲在玄
虚。言论准宣尼，辞赋拟相如。悠悠百世后，英名擅
八区。[1]733

《汉书·扬雄传》总结扬雄的著述活动："（雄）实好古而乐
道，其意欲求文章成名于后世，以为经莫大于《易》，故作《太
玄》；传莫大于《论语》，作《法言》；史篇莫善于《仓颉》，作
《训纂》；箴莫善于《虞箴》，作《州箴》；赋莫深于《离骚》，反而
广之；辞莫丽于相如，作四赋（《甘泉赋》《河东赋》《长杨赋》
《羽猎赋》）；皆斟酌其本，相与放依而驰骋云。"[2]3583 左思的感慨
正是由此而生。诗的开篇用大量笔墨渲染西京的富丽繁华，贵族
的豪奢与喧嚣，以此作为扬雄著述生活的反面陪衬。当贵族沉醉
在弦歌钟磬的美妙之时，扬雄独玩《太玄》（"所讲在玄虚"）这
垂范后人的著作。非但如此，左思笔下的扬雄，言论（指《法
言》）与孔子比肩，辞赋与相如仿佛。但这样一个高才足以命世
的人物，虽然死后声名大震，生年却名位不彰，整日与寂寥的门
宅相守。这里面其实熔铸了诗人自身的身世之慨：左思位卑才高，
在当时的门阀制度下倍感压抑。诗人对于高才的自负，声名的寂
寞，化为对其所景仰的扬雄的咏叹。后世的相关吟咏，多是此诗
的回响与生发。元代诗人余阙《拟古二首》其一对于扬雄的咏叹
与左思结构立意均相似，惟叹息更为沉重："昔在西京日，纵观质
前闻。皇皇九衢里，列第起朱门……东家有狂生，容颜若中人。
谬言拟仲尼，幽思切玄文。著书空自苦，名宦乃不振。悠悠千载
下，安有扬子云。"[3]《青阳集》卷1 诗人以为，世俗价值取向在于利禄，

这是千百年来不变的事实。生前勤苦著书，志高趣远的扬雄，注定是名宦不振，死后也必然缺乏异代知音。扬雄的寂寞是千古的寂寞。从题材到立意的模仿与深化中，见出诗人情思的一致性与文学形象内涵的稳定性。

酒在中国古代诗人笔下频频出现。诗人于酒多所称道。诗人的好饮，原因有多个方面，酒能化解寂寞，是其中之一。推己及人，诗人从扬雄的饮酒行为中①，发现了扬雄酒杯后面的寂寞：

> 班郎握笔未封侯，嗜酒扬雄欲白头。寂莫著书谁作伴，雨枝枫叶碧梧秋。（张耒《酒病中寄李十二招饮五首》其一）[4]24

班固用近 40 年的时间撰写《汉书》，于文化史功绩甚著，却终未封侯；扬雄校书天禄阁，并完成了一生主要思想学术著作的撰写，伴随他完成这一过程的，惟酒而已。班、扬二人的结局与经历，适成补充，加剧了彼此人生的悲剧意蕴。这正如诗人寂寞著书的生活里，惟有雨中的枫叶和秋日的碧桐。"寂寞著书"四字，又将古人与今人贯通，今人的寂寞，正是古人的境遇。其他吟咏扬雄酒的诗篇也大都同此："我似扬雄贫嗜酒，笔作耕犁纸为亩。辛勤耕耘三十年，往往糟醨罕濡口。"[4]王十朋《九日饮酒……示诸友》"扬雄嗜酒且好书，爱君性僻亦复如。"王慎中[3]《遵岩集》卷2《题北坞精舍寄赠蔡克铭先生》扬雄（嗜）酒，是诗人对自己或友人生活方式的高度概括，内中蕴含与流俗相悖的价值取向。扬雄（饮）酒的背后，是贫困的物质生活、高尚的精

---

① 《汉书·扬雄传》载，扬雄"家素贫，耆（嗜）酒，人希至其门。时有好事者载酒肴从游学，而钜鹿侯芭常从雄居，受其《太玄》《法言》焉"。

神追求。而载酒问学者，无疑是孤独心路中的一缕光亮，安慰着诗人心中的扬雄：

> 扬雄老不遇，寂寞玩文史。厕身虎狼间，乃卒脱其死。中恬遗外慕，独乐异众喜。但有载酒人，何用求知己。[4]张耒《冬怀三首》其二

诗人笔下的扬雄，甘于寂寞，不为利禄所动，坚执于学问文章，特立独行的外表下，是一颗淡定的文心。虽然所好与时俗有异，人希至其门，但终有引为同道者（"载酒人"），殊可构成寂寞中的安慰。这样的人生取向，为诗人所神往，故以为楷模，汲取力量和信心，或用之比人，表达称许之意："平生扬子云，识字造奇古。时有好事人，载酒问训诂。君乃贵公子，趣向亦如许。读书如鸡鸣，勤不乱风雨。"[4]谢逸《载酒堂》

《汉书·扬雄传》载，"哀帝时，丁、傅、董贤用事，诸附离之者，或起家至二千石。时雄方草《太玄》，有以自守，泊如也。"[2]3565-3566扬雄的朋友著名学者与显宦刘歆对此不以为然，对扬雄说："空自苦！今学者有禄利，然尚不能明《易》，又如《玄》何？吾恐后人用覆酱瓿也。"扬雄则"笑而不应"[2]585。扬雄著（草、守）《太玄》，是其向流俗对抗的标志性行为，他的笑而不应，是对自身创造文化价值的强烈自信。历史的发展回应了扬雄的微笑，《太玄》沉寂200余年，至魏晋时期，成为研究的热点①，至宋代，又再次迎来《太玄》研究的热潮。后代学术所掀起的

---

① 此期为《太玄》作注或阐发义理的学者有宋衷、陆绩、虞翻、王肃、李譔、陆凯、范望等人。

《太玄》热潮①，与扬雄生前的寂寞自守，及当时权威的嘲笑，形成巨大的反差，尤其撼动诗人的心弦。"著（草、守）《（太）玄》"的诗语背后，便是淡泊名利、有以自守的崇高境界，以及对世俗冷遇的愤慨。前引左思的诗已是如此，后代诗作亦多有是者：

> 握中有孤竹，奏竹鸾凤吟。聘俗俗不喜，持归故山岑。歌居折杨花，倾耳众口瘖。乃知扬子云，空草五千文。龟龙困螾蜒，嘲诮何纷纭。酱瓿真可复，嗟嗟徒尔勤。（汪珍《秋怀七首》）[5]177

是诗将扬雄及其《太玄》比喻为孤竹之管和鸾凤之音，将俗下文字比喻为俗乐。身处俗世的扬雄，犹如龟龙受困于螾蜒。最后出之以叹诘之语，表达不平之意。类此者颇多，诸如："扬雄玄未就，双鬓飒已白。虽云客载酒，此意终寂岑。"[4]张耒《春雪二首》其二 "暮年无寐意，灯与影应知。谁复名三叛，空劳赋五噫。今人难与语，来世尚堪期。准易扬雄业，真成覆瓿为。"[4]方回《不寐十首》其三 "太玄书"与"寂寞（岑）""名位薄"必然并出，是历代诗人的集体心声。

就整个古典诗歌史来看，诗人们更多是撷取扬雄经历中的某一片断，熔铸自身的感受，创造出蕴含丰富的扬雄典事，后世文人又在此基础上，加以点染深化，使典事更为坚实厚重。扬雄宅、扬雄赋是其中尤为著者。

前面说，文人眼中的扬雄，寂寞而恬淡，这一点也渗透到"扬雄宅"（或称"扬子宅""子云宅""扬子居"）这一意象上。前引左

---

① 据晁公武《郡斋读书志》卷3和王应麟《少室山房笔丛》卷28，此期为《太玄》作注的学者有徐庸、郭元亨、张揩、司马光、宋维翰、林瑀等19人。

思的《咏史》，已开"扬雄宅"意象的先河。卢照邻《长安古意》正是在此基础上，用反衬的手法，予以开掘。是诗前面用 64 句的笔墨，写尽长安城的奢华，贵戚的骄纵，收之以"昔时金阶白玉堂，即今惟见青松在"的沧桑之叹，说明一切的繁华不足据守。末尾却出以反对之句："寂寂寥寥扬子居，年年岁岁一床书。独有南山桂花发，飞来飞去袭人裾。"[6]519 扬子居的寂寥，是相对于前面长安贵戚的声色享乐、权力追逐而言，而"年年岁岁一床书"则是扬子居的独特氛围，它拒斥尘世的情欲满足，自有一种高尚的情趣。寥寥二句诗，概括扬雄一生的清心寡欲、不慕荣利，穷愁著书的独特生活。"独有南山桂花发，飞来飞去袭人裾"，则是历史赋予扬雄的公平，当豪家的骄庸烟消云散之际，扬雄却以文名流芳百世。扬子（雄）宅，是甘于寂寞创造不朽的象征。以扬雄宅自喻其庐，便透着诗人对自我的高自标置："勿嗤城南巷，寂寞扬雄庐。"[7]2

《汉书·扬雄传》载，扬雄的青少年时期在蜀地度过。蜀地的扬雄自先祖扬季时起，便"有田一廛，有宅一区，世世以农桑为业……家产不过十金，乏无儋石之储"[2]3513-3514，是一个虽然不算富裕，但足资温饱的中等之家。入京后的生活虽然有所好转，但并未获得根本性的转变，"家素贫，耆酒，人希至其门"[2]3585。诗歌中的扬雄宅，清贫自足是其固有内涵。杜甫《堂成》以此为基础，点染"扬雄宅"：

　　背郭堂成荫白茅，缘江路熟俯青郊。桤林碍日吟风叶，笼竹和烟滴露梢。暂止飞乌将数子，频来语燕定新巢。旁人错比扬雄宅，懒惰无心作解嘲。[6]2433

杜甫在浣花草堂吟诗作赋，幽静而落寞的生活，颇似扬雄。

而简陋清幽的环境，颇合于时人对扬雄宅环境的想象。故时人以扬雄宅为喻。杜甫为表达流落多时终于定居的自适之感，一反传统，不肯以扬雄宅自比。因为扬雄曾作《解嘲》，表达对自身不遇命运的感慨。另一方面，杜甫以为，自己既然没有扬雄《太玄》那样的弘篇巨制，当然也就不会有扬雄那样不遇的牢骚了。"扬雄宅"的意象里，蕴含着身居其中者不遇的牢骚。就文学史来看，扬雄宅里不遇的牢骚只是个别诗人的赋予，诗人们更多开掘的，是扬雄宅里与匮乏的物质生活、平凡的社会地位相伴的高雅情趣：

> 金家香巷千轮鸣，扬雄秋室无俗声。（李贺《绿章封事》）[6]4396

金家，指汉代权臣金日磾的家族。扬雄秋室，即扬雄宅的变称。自宋玉《九辩》之后，秋在中国古代文人那里，便与怀才不遇、失意悲伤联系在一起，以"秋室"易"宅""居""庐"，伤叹之意更为显豁深沉。"金家香巷"，是富贵奢华的形象表达；千轮鸣，写其喧哗繁闹，"扬雄秋室"与之对举，显示出贫与富、雅与俗的对立。

> 清夜严城玉漏迟，杏花疏影散书帷。红尘不到扬雄宅，石鼎焚香写楚词。[3]《近光集》卷2周伯琦《夜坐偶成》

扬雄宅的意象里，没有滚滚红尘的著染，一派清幽：室外杏花疏影，室内石鼎焚香。

> 南浦绿波今雨客，东风白苎故人袍。清秋载酒扬雄

宅，相约同瞻玉兔毫。[3]《北郭集》卷5许恕《次林子山韵》

白苧袍，指白衣，读书人未取功名时所著，也是寒者之服，暗示著者的清贫无功名。玉兔毫，指毛笔，此处代指文章。扬雄宅里，虽然物质生活颇为惨淡，却是谈笑有鸿儒，往来无白丁。类此者多有："一区扬雄宅，恬然无所欲。"[6]权德舆《数名诗》"高门扫日鸣珂里，吹竹弹丝暖响中。寂寞一区如此宅，世间却有两扬雄。"[3]《龙洲集》卷8刘过《过无锡见李祭酒》"问奇颇类扬雄宅，醒酒真轻李相庄。"[8]《空同集》卷27李梦阳《题严编修东堂成》扬雄宅，是个独立的生存空间，它固然缺乏丝竹暖响，车马喧阗的热闹，却容纳着渊博的学识、高雅的情趣，内心的独立自足，及二三知交饮酒论文的快乐。陶渊明历来是文人士大夫在世俗尘染中的清凉一剂，其隐居之所成为人所共推的心灵家园，"子云宅"与"靖节庐"在诗歌中往往并出：

三径渊明居，一区子云宅。吾生诚易足，处静期息迹。[4]李纲《次韵和渊明饮酒二十首》其十一

清静子云宅，扶疏陶令篇。[4]赵蕃《别杨谨仲》

一区自足子云宅，三径何妨靖节庐。[4]何梦桂《贺蚁峰先生入宅诗》

子云宅与渊明居相并而出，互相映衬生发，意蕴完足，成为诗人精神家园的象征。

据《汉书·扬雄传》，扬雄中年以前尝好辞赋。中年入京，有荐其文似相如者，得以待诏阙庭。待诏后的扬雄，不久便逢成帝往祠甘泉的盛事，作《甘泉赋》，"赋成奏之，天子异焉"[2]3535。一年之后，又奏《河东赋》《校猎赋》，得拜黄门侍郎。奏《羽猎赋》的第二年，又作《长杨赋》。以上4赋，奠定了扬雄在汉代文学史上的卓

越地位。赋，是一种高品位的文学样式，堪比音乐中的黄钟大吕之音，它需要作者兼备渊博的学识与激越的情感。故"扬雄赋"（或作"甘泉赋""长杨赋""羽猎赋"）成为文学才情的象征：

　　海岱英灵气，胶庠礼乐资。风流满天下，人物擅京师。疾起扬雄赋，魂游谢客诗。从今好文主，遗恨不同时。[6]张说《崔司业挽歌二首》其一

　　是诗将扬雄赋与谢灵运诗并出，用以称颂崔司业的才情全面而不凡。扬雄赋，成为赋体文学的最高取则标准。

　　昔献长杨赋，天开云雨欢。当时待诏承明里，皆道扬雄才可观。[6]李白《答杜秀才五松山见赠》

　　李白受玄宗赏识，一度入翰林院的缘由，据《新唐书》本传的记载是经过吴筠、贺知章等人的引领、推荐，玄宗"召见金銮殿"，李白"论当世事，奏颂一篇"，玄宗赏爱，"赐食，亲为调羹，有诏供奉翰林"。[9]5762-5763 是以作颂而见赏。"长杨赋"成为文采的代称。

　　蕙叶青青花乱开，少年趋府下蓬莱。甘泉未厌扬雄赋，吏道何劳贾谊才。征陌独愁飞盖远，离筵只惜暝钟催。欲知别后相思处，愿植琼枝向柏台。[6]钱起《送严维尉河南》

　　唐代以诗赋取士，能诗善赋而又富于政治才华方是理想的士人。因之，称道士人往往文、治并举，此诗正是如此，将扬雄赋

与贾谊才对举，后者称颂严维具有吏治才华，扬雄赋则泛指严维的文学才情。扬雄赋已经超脱出它的狭义所指，泛指出众的文辞。后世诗歌则用为习语："词臣定有长杨赋，翰墨能销几许才。"[4]宋庠《从猎晚归马上默成奉呈承旨端明王学士》"从幸甘泉能献赋，愧无人可似扬雄。"[4]彭汝砺《拟赏花钓鱼诗》十首其十 "扬雄词赋今谁识，陶令田园先已荒。"[10]《别董德卿》"从官车骑多如雨，只有扬雄赋最高。"[5]虞集《送袁伯长庾从上京》"学士长杨赋早传，偶来花下醉江烟。"[11]卷36王士贞《王太史与余奕，负余锦文笺，余负一诗扇，赋此促之》或用"扬雄赋（长杨赋）"赞人，或用以自比，"扬雄赋"成为文学创作的极轨。

当然，古典文学中，亦有以扬雄其他典事入诗者，其中蕴含的情意多不出上面所论，均侧重发掘强调扬雄作为文人的高才不遇的悲剧命运，如："忽然载酒从陋巷，为爱扬雄作酒箴。"[4]苏轼《陈季常……戏作陈孟公诗一首》"俊敏今非无李白，沉深自古有扬雄。和声直可奏宗庙，叹息无人知爨桐。"[4]彭汝砺《送吴县丞》"后生晚出不勉学，从汉至今无扬雄。"[4]黄庭坚《和舍弟中秋月》"不随当世师章句，颇识扬雄善读书。"[4]黄庭坚《读书呈几复二首》其一 "句新悦耳源先涸，思苦雕肝味易穷。自古才人皆患此，就中崛强是扬雄。"[4]袁甫《读朱冠之诗有作三首》之三 "颇聋早谢诸葛辟，少吃善著扬雄书。"[4]叶适《寄柳祕校》

## 二、儒学史境遇中的扬雄及诗体选择

扬雄的《太玄》与《法言》，奠定其儒学史地位。据《汉书·扬雄传》，《太玄》乃仿《易》而作，其义"要合《五经》"，《法言》则像《论语》，均发明礼义道德。后代儒家学者对于扬雄的推重，正是从这两部书开始。《法言》在东汉初已经大行，东汉桓谭、王充、张衡等人对二书推崇备至，以为扬雄以此"卓尔蹈孔子之迹"（《论衡·超奇》），至魏晋则首次掀起《太玄》研究的热潮。谙熟儒家典籍的士人往往兼长学术与诗歌制作，儒学史对于扬雄的观照必然折射于文学领域。左思的"言论准仲尼"之句，是晋人对扬雄儒学史地位的诗语表达。左诗中，此评价适成扬雄高才的构成要素，以为咏叹其寂寞境遇的铺垫。这一现象，并非诗歌史的个案，而是儒学视阈中的扬雄汇入诗体之流的总体趋势。

如果说魏晋人既看到扬雄对儒学的阐扬，也注意到其学说的玄学特征（左思"所讲在玄虚"之句，正是时代的玄学追求的诗语体现），那么，从唐代"责人甚恕"的韩愈为辟佛而建立儒家"道统"，隐约将"大醇而小疵"[3]《东雅堂昌黎集注》卷11韩愈《读荀》的扬雄塑造为儒家道统的传承人物以后，扬雄便主要以儒家学者的身份出现于学者们的视野。后世学者对他的评价与立身行事的观照与解说，大都站在儒家的价值立场上。韩愈以其卓越的文章成就，影响着后人的论说。他的追随者，如张籍、李翱等提倡古文运动，主张文以载道者，莫不承此立论。张籍评价扬雄在汉代黄老学大盛的背景下作《法言》，而使"圣人之道犹明"[3]《张司业集》卷8《与韩愈书》。北宋的古文运动者对于扬雄的著述、出处颇多回护之说，不乏违背史实之处。北宋柳开因之云"能言圣人之辞，能明圣人之道"，进而得出"是子云圣人也"[3]《河东集》卷3《汉史扬雄传论》的结论。石介从反莽的立场申说《法言》的作意："新莽篡汉，道斯潜矣，扬雄作《准易》五万言，《法言》十三章而彰之。"[3]《徂徕集》卷13《上蔡副枢书》曾巩则为扬雄事莽、《美新》辩护，认为扬雄的所为合乎箕子的明夷之道，并将之与孔子见南子事比附，以证明扬雄的行为合于圣贤。[3]《元丰类稿》卷16《答王深甫论扬雄书》诸如此类，不一而足。扬雄的儒学史地位，至北宋神宗时达到顶点，神宗元丰七年，朝廷"以孟轲配食文宣王（孔子），封荀况、扬雄、韩愈为伯，并从祀"[12]312为标志性的事件。朝廷对扬雄的推重与王安石主政不无关系，王安石极为称许作为儒者的扬雄，以为"扬雄者，自孟轲以来未有及之者"，"扬雄之仕，合于孔子无不可之义"，遗憾的是"后世士大夫多不能深考之"[3]《临川文集》卷72《答龚深父书》。这种认识，也融入他的诗歌，其《扬雄二首》云：

> 子云游天禄，华藻锐初学。覃思晚有得，晦显无适莫。寥寥邹鲁后，于此归先觉。岂尝知符命，何苦自投阁。长安诸愚儒，操行自为薄。谤嘲出异己，传载因疏略。孟轲劝伐燕，伊尹干说亳。叩马触兵锋，食牛要禄爵。少知羞不为，况彼皆卓荦。史官蔽多闻，自古喜穿凿。
>
> 子云平生人莫知，知者乃独称其辞。今尊子云者皆是，得子云心亦无几。圣贤树立自有师，人知不知无以为。俗人贱今常贵古，子云今存谁女数。[4]6534

此二诗实为一组，第一首侧重为扬雄正名，以扬雄献符命之说为虚①，又将扬雄投阁之事，化为史官的穿凿之笔。宋学关注道德节操，身处其世的王安石，站在同情乃至捍卫扬雄的立场上发掘扬雄的德操品行，甚至不惜歪曲史实为其开脱。以此作为铺垫，遂有第二首的吟咏，叹息扬雄生前死后的寂寞。扬雄的寂寞，因

---

① 据《汉书·五行志》王莽通过造作符命得以篡位，即位以后，为神化其事，并禁绝后来者以符命作乱，便不再希望有新的符命出现。而甄丰之子甄寻、刘歆子刘棻却再次进献符命，王莽诛杀甄丰父子，将刘棻流放四裔，并交待治狱者，可将与此事发生牵连者直接收捕，不必请示。刘棻因为曾经随扬雄学过奇字，主治官员来到天禄阁，逮捕正在校书的扬雄，扬雄畏惧投阁，几乎摔死。此事惊动王莽，王莽以为，扬雄是个不与外事的学者，与此事无关，下诏不再过问。扬雄虽然死里逃生，然京师为之语曰："惟寂寞，自投阁；爱清静，作符命。"

为附着的高尚节操更加撼动人心。诗人仍然遵循传统诗歌对于扬雄寂寞不遇的开掘，并将这一主题与扬雄的儒学史地位结合起来。出于对作为儒者的扬雄的景仰，王安石一再将此情怀发诸诗咏。诗人以为，虽然自东汉以后，扬雄已经受到史家、学者的称扬，如班固、刘勰，乃至魏晋的玄学名家、唐代古文运动的发起者，都标举扬雄，但诗人以为，他们都停留在扬雄文辞的层面，并没有真正把握扬雄学说的精髓（所谓"子云心"）。那么，"子云心"究竟如何呢？其《扬子二首》云：

> 儒者陵夷此道穷，千秋止有一扬雄。当时荐口终虚语，赋拟相如却未工。
> 道真沉溺九流浑，独泝颓波讨得源。岁晚强颜天禄阁，只将奇字与人言。[4]6724

作为思想家的王安石，对扬雄捍卫儒家学说的立场极为称道，以为杨庄之荐扬雄，是舍本而逐末。作为汉赋重要构成的扬雄赋作、他的语言学巨著《方言》，与此相比，实在微不足道。此四诗，称赞作为儒者的扬雄，表达诗人对于扬雄的寂寞深沉的感喟。上述咏叹，依然是传统文学的主题，所不同于前代诗人者，王安石以扬雄对于儒学的贡献，作为他寂寞不遇的最高前提。

众所周知，宋代程朱理学一直以与荆公新学相反的立场出现，其对立的种种情由，不关本文的主旨，这里只是指出，这种对立同样反映在对扬雄的认识与评价上。"慕洁修""能操守"[3]《水心集》卷2叶适《辩兵部郎官朱元晦状》的程朱理学否定扬雄主要在于其去就出处等节操方面。北宋程颐以为扬雄"去就不足观"，讥扬雄"逊于不虞，以保天命"之言"则是只欲全身也"[3]《二程遗书》卷18。杨时否定扬雄准《易》而作的《太玄》非如前人所谓"有得于《易》"，以为"雄未尝知《易》"[3]《龟山集》卷11，否定《太玄》上通经典的价值。邓肃因扬雄以屈原、伍子胥等自杀之举为不智，起而讥之，连及其《剧秦美新》之作："屈原伍子胥晁错皆死国之士，不当更訾之。盖事君以忠为主，才智不足论也。扬雄一切讥之，谓非智者之事。是知扬雄胸中所蕴，欲作《美新》之书久矣。岂迫于不得已而后为乎？迨莽以符命捕刘棻、甄丰等，雄自投阁。班固便谓棻尝从雄学，故雄不得不惧。殊不知《美新》符命一体也。莽既怒符命，则亦《美新》何有乎？雄身为叛臣，无所容于天地之间。故忿然捐躯，期速死耳。此扬雄之徒所谓智也。"[3]《栟榈集》卷19《书扬雄事》学者意气导致的欲加之罪的臆测，跃然纸上。朱熹在二程等人的基础上，从思想到行为全面否定扬雄，态度更为激越。在思想上，朱熹指出《太玄》的黄老倾向："扬雄则全是黄老。某常说，扬雄最无用，真是一腐儒。他到极处只是投黄老。如《反离骚》并'老子道德'之言，可见这人更无足说。"[13]3255又深恨其出仕新莽，于《通鉴纲目》特记扬雄卒曰"莽大夫扬雄死"以示厌憎。朱熹对于扬雄的立身行事、儒学思想之纯粹性的否定，也波及到对其文学创作的否定上："及至宋玉、相如、王褒、扬雄之徒则一以浮华为尚，而无实之可言矣。雄之《太元（玄）》《法言》，盖亦《长杨》《校猎》之流，而粗变其音节，初非实为明道讲学而作也。"[3]《晦庵集》卷70《读唐志》其论扬雄辞赋往往与屈原并提，扬后者而抑前者："自（屈）原之后，作者继起，而宋玉、贾生、相如、扬雄为之冠，然较其实，则宋马辞有余而理不足，长于颂美而短于规过，雄乃专为偷生苟免之计，既与原异趣矣，其文又以摹拟掇拾之故，斧凿呈露，脉理断续，其视宋、马犹不逮也。"[14]206由屈、扬立身行事的不同出发，肯定《离骚》，而以扬雄的《反离骚》为"《离骚》之谗贼"[14]237在屈、扬的对比中，扬雄的"无节操"成为批判的靶子。

程朱理学在南宋几经涨落之后，终于在明代迎来它的最高峰——成为官学，而明洪武二十八年朝廷"以行人司副杨砥言，罢汉扬雄从祀（孔子）"[15]1297便成为必然的结果。

儒学视阈中扬雄地位的迁降，投射于文学领域，则有躁进失身的扬雄形象。扬雄的著书，成为沽名钓誉之举，迷误后人；其投阁天禄，叹愧屈原的《反离骚》之作，称臣莽朝，撰写《美新》，均受到讥讽与嘲笑：

> 志士长悲处死难，唯公勇决一言间。结缨季路空遗迹，投阁扬雄亦厚颜。[4]沈与求《刘资政(韐)挽词》

将刘资政与扬雄对比，前者勇决一言，后者惧祸投阁。将理学的观念注入诗歌创作。范浚《读扬子云传》可谓朱熹否定扬雄观念的诗歌版：

> 老不晓事扬子云，缀文讥诃坚逐贫。班生曲笔甚假借，谓不戚戚元非真。草玄欲作后人计，投阁自迷身不利。王涯箧中好其书，宁复逆知甘露事。蛙声紫色欺昏童，义士远引如冥鸿。胡为颠眩尚执戟，美新屈首称臣雄。嵎山沃野蹲鸱大，拓落不归良已过。近危竟似井眉瓶，虚作反骚嗟楚些。诡情怀禄遭嘲评，但用笔墨垂声名。文章要亦千古事，久矣法言今正行。[4]21486

扬雄的《逐贫赋》，本是游戏之作，表达思想中贫富交战的矛盾，但最终贫占上风，旨在表明自己安贫乐道的操守。这在历代文人作品中本是极为常见的主题，也是宋代士人推许的人格风范。范浚却执取其末端，讥讽扬雄不能安于贫贱，并用投阁之事说明后人以为能够预测吉凶的《太玄》之妄作；又讥扬雄称臣莽朝，并用扬雄《酒赋》所讥的井眉之瓶居危而不知反讥之。对于扬雄校书天禄阁，潜心著述以求垂名后世之意，诗人也表示不齿，最后对《法言》之行世表示遗憾。史载范浚天姿高迈，不喜荣利，笃志求道，隐居不仕，曾于绍兴年间，以贤良方正数存于朝，因秦桧当朝，坚辞不出。为学主张存心养性，朱熹敬之。此诗正是诗人人生态度的宣言，而诗中的扬雄，则成为其立身行事的反面标本。

### 三、文学的扬雄与儒学的扬雄

扬雄，这个历史上曾经真实存在的人物，对其立身行事与思想意识的多样性，我们不拟作价值评判，这里旨在说明：扬雄其人其事投射于中国文人的视阈，已发生分化：文学的扬雄与儒学的扬雄。文学中的扬雄，汇入中国文学的寂寞不遇、淡泊名利、高雅自适的主题，并形成一系列典事，诗人世代沿用，内涵较为稳定。儒学中的扬雄，或以为圣人之流亚，或以为失身躁进的曲士，或视之为有所发明的儒者。就儒学与文学的关系而言，儒学视阈中正面的扬雄进入诗歌领域，与主流诗歌对扬雄的观照融为一体；而负面的扬雄进入诗歌视阈，则别开一端，但从数量看，于所有关于扬雄典事的诗歌中，后者所占比重极小，别枝而已，且未从根本上改变主流诗歌中扬雄典事的内涵。下面的事实尤其可以助成我们的结论。

陆游《二子》诗："两楹梦后少真儒，毁誉徒劳岂识渠。孟子无功如管仲，扬雄有赋似相如。敬王事业知谁继，准《易》功夫故不疏。孤学背时空绝叹，白头穷巷抱遗书。"[4]24807是诗兼咏孟子与扬雄，视二人为孔子继承人，孟子一生称述王道，扬雄准易而作《太玄》，均立意高远，却罕有继者。"白头穷巷抱遗书"，饱含叹惋之意。其《远游二十韵》："比参剑南幕，壮志就收敛。卜邻扬雄宅，遂欲老铅椠。但爱古柏青，肯顾海棠艳。"[4]25658承前代文学传统，将扬雄宅视为寄寓高雅情趣的理想居所的代称。其《寄陈伯予主簿》："石渠天禄正须才，往乞扬雄《太玄》草。"[4]25633以草《太玄》的扬雄来比拟所称道的陈伯予。扬雄一如前代作品，是正面的形象。而其《丰年行》则云："书生识字亦聊尔，莫作扬雄老投阁。"[4]24629扬雄惧祸投阁，诗人乃引以为戒，是不以为然的态度。而"讲学一以程朱为归"（《四库全书总目提要》）的刘宰一方面在《喜西岗桥成并书邦美东西桥记后》诗中表示："躬耕会有年谷丰，笑咏五柳卑扬雄。"[4]33407将扬雄与陶渊明对举，贬抑前者称扬后者，前提是以为两者在出处之际，风标适成反对。而其《寄范黄中运管》则云："铁瓮城中十万家，哀弦促管竟繁华。昼长独有扬雄宅，天远空浮博望槎。"[4]33389又《趣刘倅圣与建第》："鹪鹩巢枝宽，大鹏溟海窄。不齐物之情，大小贵安宅。一区扬子云，衡宇陶彭泽。何妨轮鞅稀，所憎廛市迫。"[4]33400分明又将扬雄宅作为理想的生存空间来取象入诗了。明人贝琼、程通的诗文亦存在如是分途。贝琼《跋胡季诚沂州事后》云："予读林元鼎叙胡季诚沂州事而知流离颠沛之际有烈丈夫如此。王莽篡汉，扬雄《剧秦美新》之论甚于蔡琰，失身于人。"[3]《清江文集》卷3而其《京师雨夜呈宋景濂学士王子充待制张孟兼主事》诗则云："昨夜归心已到吴，秋风相趣理荒芜。蓬蒿一亩扬雄宅，桑枳千家范蠡湖。但觅丹砂扶老病，那能白发事驰驱。题诗为谢京华客，秦驻山头一腐儒。"[3]《清江文集》卷8程通《奉节堂序》："此身一败，万事瓦裂，虽有他美，何以自赎！若扬雄之言诚法矣，而献赋新室，岂可云法！"[3]《贞白遗稿》卷2而其《和紫虚丹房二十首》其十六诗云："灯窗独坐夜忘眠，细玩扬雄草太玄。洞里有天非小景，山中无地不长年。向阳花木知春早，近水楼台得月先。妙趣悠然真自得，何须呼酒到龙泉。"[3]《贞白遗稿》卷5尤其值得一提的是，作为朱熹朋友的辛弃疾，听到老友去世的消息，作词《感皇恩·读〈庄子〉有所思，闻朱晦庵即世》以为悼念，词末数句云："子云何在，应有《玄经》遗草。江河流日夜，何时了？"[16]1917以朱熹极为不屑的扬雄比喻朱熹，称其著作必然流传。辛弃疾作是语，正是对传统诗歌中扬雄典事内涵的遵循，我们不必将它与朱熹所否定的扬雄情事牵合而陷入困惑。

当我们在儒学领域一片否定扬雄的声音里，不难发现发出这些声音的文人，在他们的诗歌创作中，却依然肯定扬雄，扬雄形象上依然缚系着诗人对贫而乐道、博学覃思、恬淡自乐的人生理想、生活情趣，尤其是寂寞不遇的自我观照。这种矛盾的存在，显然不能从诗人思想统一性的角度来探讨，相反，如果我们从学术门类各有所循的角度探讨，承认文学与儒学各有传统，一切则涣然冰释。文学与儒学，固然有交叉相合、彼此构成外缘影响的一面，然各自不同的传统（或曰"内在理路"），尤其不能忽视。

## ［参考文献］

［1］逯钦立. 先秦汉魏晋南北朝诗［M］. 北京：中华书局，1983.

［2］班固. 汉书［M］. 北京：中华书局，1962.

［3］纪昀，等. 文渊阁《四库全书》［M］. 上海：上海古籍出版社，1987.

［4］傅璇琮，等. 全宋诗［M］. 北京：北京大学出版社，1998.

［5］顾嗣立. 元诗选［M］. 北京：中华书局，1987.

［6］彭定求. 全唐诗［M］. 北京：中华书局，1960.

［7］高启. 高青丘集［M］. 金檀，辑注. 上海：上海古籍出版社，1985.

［8］严岳莲. 明四子诗集［M］. 清光绪刻本.

［9］欧阳修. 新唐书［M］. 北京：中华书局，1975.

［10］元好问. 元遗山诗集笺注［M］. 施国祁，注，麦朝枢，校. 北京：人民文学出版社，1958.

［11］王世贞. 弇州诗集［M］. 清光绪三十三年丁未（1907）渭南严氏刻本.

［12］脱脱，等. 宋史［M］. 北京：中华书局，1977.

［13］黎靖德. 朱子语类［M］. 北京：中华书局，1986.

［14］朱熹. 楚辞集注［M］. 上海：上海古籍出版社，1979.

［15］张廷玉. 明史［M］. 北京：中华书局，1974.

［16］唐圭璋. 全宋词［M］. 北京：中华书局，1965.

著作选录

# 文献目录

**扬雄及其作品考辨**

陈觉玄:《扬雄》,《文史教学》1942 年第 7 期。

陆侃如:《扬雄与王音、王根、王商的关系》,《大公报·文史周刊》1947 年第 39 期。

唐兰:《扬雄奏〈甘泉〉〈河东〉〈羽猎〉〈长杨〉四赋的年代》,《学原》第 1 卷 1948 年第 10 期。

王以宪:《扬雄著作系年》,《湘潭大学社会科学学报》1983 年第 3 期。

郑文:《对扬雄生平与作品的探索》,载中华书局编辑部编:《文史》第二十四辑,中华书局 1985 年版。

毕万忱:《扬雄论》,《学术研究丛刊》1987 年第 1 期。

周清泉:《扬雄世系考辨》,《成都大学学报》(社会科学版) 1992 年第 2 期。

黄开国:《扬雄的著述活动与著作》,《成都大学学报》(社会科学版) 1992 年第 2 期。

张震泽:《扬雄生平、作品评价及其他有关问题》,《辽宁大学学报》（哲学社会科学版）1992年第3期。

束景南：《〈太玄赋〉非伪作辨》，《古籍整理研究学刊》1993年第5期。

吴全兰：《论扬雄的心态特征》，《冀东学刊》1997年第2期。

孟祥才：《扬雄述论》，《人文杂志》1999年第2期。

杨福泉：《扬雄至京、待诏、奏赋、除郎的年代问题》，《上海大学学报》（社会科学版）2002年第1期。

俞纪东：《〈汉志·诗赋略〉"扬雄赋"绎释》，《复旦学报》（社会科学版）2002年第3期。

杨福泉：《扬雄年谱考订》，《绍兴文理学院学报》（人文社会科学）2006年第1期。

陈朝辉：《扬雄〈自序〉考论》，《四川师范大学学报》（社会科学版）2006年第2期。

问永宁：《〈太玄赋〉作者考辨》，《湖北大学学报》（哲学社会科学版）2006年第5期。

徐中舒：《论〈蜀王本纪〉成书年代及其作者》，载徐中舒著，徐亮工编：《川大史学·徐中舒卷》，四川大学出版社2006年版。

易小平：《校猎赋就是羽猎赋吗？——兼论扬雄初为郎的时间和年龄》，《广西大学学报》（哲学社会科学版）2007年第3期。

郭君铭：《扬雄入京年代和推荐人考辨》，《石家庄铁道学院学报》（社会科学版）2008年第1期。

熊良智：《扬雄〈蜀都赋〉释疑》，《文献》2010年第1期。

易小平：《关于扬雄四赋作年的两个问题》，《古籍整理研究学刊》2010年第6期。

孙远：《〈蜀王本纪〉著者考》，《琼州学院学报》2015年第1期。

龙文玲：《扬雄〈甘泉赋〉作年考辨》，《首都师范大学学报》（社会科学版）2016 年第 5 期。

陶成涛：《扬雄四赋作年新论》，《西北大学学报》（哲学社会科学版）2017 年第 6 期。

夏德靠：《论扬雄的著述活动与文体实践》，《中华文化论坛》2017 年第 6 期。

王允亮：《扬雄五官箴非原作考辨》，《中国韵文学刊》2018 年第 3 期。

沈相辉：《〈扬雄集〉辑本考校》，《四川师范大学学报》（社会科学版）2020 年第 1 期。

## 辞赋研究

李拓之：《离骚与反离骚——鲁迅先生诞生一百周年》，《厦门大学学报》（哲学社会科学版）1982 年增刊。

黄中模：《扬雄的〈反离骚〉及其引起的论争》，《江汉论坛》1982 年第 6 期。

龚克昌：《扬雄赋新论》，载人民文学出版社古典文学编辑室编：《中国古典文学论丛》（第二辑），人民文学出版社 1985 年版。

王以宪：《试论扬雄在汉大赋上对司马相如的因革和发展》，《江西师范大学学报》（哲学社会科学版）1985 年第 1 期。

顾绍炯：《绵里藏针 寓讽于颂——扬雄〈长杨赋〉新探》，《贵州师专学报》（社会科学版）1989 年第 1 期。

郭建勋：《扬雄及其〈反离骚〉之再认识》，《求索》1989 年第 4 期。

方铭：《扬雄赋论》，《中国文学研究》1991 年第 1 期。

阮忠：《扬雄赋风的思想性》，《成都大学学报》（社会科学版）

1992 第 2 期。

吴全兰：《扬雄是"摹拟大师"之辨正》，《桂林市教育学院学报》（综合版）2000 年第 3 期。

蓝旭：《论扬雄赋》，《青海师范大学学报》（哲学社会科学版）2001 年第 1 期。

蒋文燕：《穷愁但有骨　贫贱可安身——扬雄和他的〈逐贫赋〉》，《名作欣赏》2001 年第 3 期。

王琳：《追步前贤　不乏创变——论扬雄赋》，《山东师大学报》（人文社会科学版）2001 年第 5 期。

贾卉：《汉巴蜀赋家三题》，《绥化师专学报》2003 年第 1 期。

陈恩维：《试论扬雄赋的模拟与转型》，《中国韵文学刊》2003 年第 2 期。

冯小禄：《从模拟论扬雄〈反骚〉的范式意义》，《北京师范大学学报》（社会科学版）2003 年第 3 期。

蒋文燕：《扬雄与司马相如赋风差异之比较》，《海南师范学院学报》（社会科学版）2003 年第 6 期。

贾名党、吴益群：《司马相如与扬雄略论》，《贵州社会科学》2004 年第 3 期。

吴明贤：《扬雄、左思〈蜀都赋〉比较》，《四川师范大学学报》（社会科学版）2005 年第 1 期。

徐可超、李嘉：《扬雄对诙谐赋文化品位的提高》，《东方论坛》2005 年第 1 期。

辛小飞：《扬雄赋的个性特征》，《和田师范专科学院学报》2005 年第 5 期。

纪国泰：《扬雄"四赋"考论——兼论扬雄"三世不徙官"的重要原因》，《西华大学学报》（哲学社会科学版）2005 年第 6 期。

高明：《扬雄〈剧秦美新〉考论》，《西藏民族学院学报》（哲学社会科学版）2006 年第 2 期。

谭淑娟：《孤寂者的自慰与牢骚者自炫——扬雄〈逐贫赋〉与韩愈〈送穷文〉比较》，《辽宁行政学院学报》2006 年第 3 期。

马宗昌、张淑玉：《扬雄〈逐贫赋〉与汉代习俗》，《昭通师范高等专科学校学报》2006 年第 3 期。

宋皓琨：《扬雄四大赋的文本重读——以〈上林赋〉为比较对象》，《齐齐哈尔大学学报》（哲学社会科学版）2006 年第 6 期。

秦文萃：《〈汉书·艺文志〉刘歆、班固选扬雄赋考论》，《宜宾学院学报》2007 年第 4 期。

李昕昕：《扬雄述志赋发微》，《乐山师范学院学报》2007 年第 10 期。

陈碧仙：《扬雄辞赋创作浅论》，《福建教育学院学报》2008 年第 7 期。

王怀成：《扬雄〈蜀都赋〉之征实性略考》，《社科纵横》（新理论版）2009 年第 2 期。

陈碧仙：《试析扬雄辞赋作品的艺术特色》，《福建教育学院学报》2009 年第 3 期。

陈碧仙：《论扬雄辞赋的讽谏意识表现与形成原因》，《莆田学院学报》2009 年第 6 期。

罗红梅：《扬雄悔赋考辨——以扬雄〈自序〉为中心》，《宜宾学院学报》2009 年第 9 期。

王思齐：《试论〈反离骚〉的文学价值》，《考试周刊》2009 年第 43 期。

王德华：《主文谲谏　以颂为讽——扬雄〈甘泉赋〉〈羽猎赋〉〈长杨赋〉解读》，《古典文学知识》2010 年第 1 期。

马建华：《扬雄"四赋"的突破》，《新乡学院学报》（社会科学版）2010 年第 2 期。

卢毅：《寂寂寥寥扬子居　年年岁岁一床书——抒情小赋与扬雄后期著述心态探微》，《西安文理学院学报》（社会科学版）2010 年第 2 期。

赵乖勋：《再论扬雄〈反离骚〉》，《四川师范大学学报》（社会科学版）2010 年第 6 期。

张丽萍、朱智明：《士人的自觉意识——扬雄抒情言志赋之研究》，《辽宁师专学报》（社会科学版）2011 年第 2 期。

崔爽：《浅谈扬雄赋中讽谏手法》，《商业文化》（上半月）2011 年第 7 期。

王允亮：《从激愤到和平——扬雄〈逐贫赋〉赏析》，《名作欣赏》2011 年第 8 期。

黄进：《从扬雄赋看蜀人的艺术想象与生存智慧》，《中华文化论坛》2012 年第 3 期。

蔡丹军：《西汉赋家的郎官身份对其赋作的影响》，《文学遗产》2013 年第 5 期。

谢秋菊：《论司马相如和扬雄作品中出现的同类人物》，《名作欣赏》2014 年第 17 期。

孙少华：《文本层次与经典化——〈文选〉左思〈蜀都赋〉注引扬雄〈蜀都赋〉相关问题》，《中南民族大学学报》（人文社会科学版）2015 年第 3 期。

马燕鑫：《汉大赋"劝百讽一"成因考论》，《文艺评论》2015 年第 8 期。

纪国泰：《亦论"扬雄至京、待诏、奏赋、除郎的年代问题"——解读〈汉书·扬雄传·赞〉的新思路》，《西华大学学报》

（哲学科学版）2017 年第 4 期。

王允亮：《扬雄〈剧秦美新〉与汉代的王道观》，《上海大学学报》（社会科学版）2017 年第 5 期。

侯文学：《甘泉赋的文化承载——兼论扬雄〈甘泉赋〉的创作背景》，《贵州社会科学》2017 年第 7 期。

汤仕普：《扬雄赋重"文辞"的创作倾向》，《中华文化论坛》2017 年第 12 期。

王定璋：《扬雄〈逐贫赋〉折射的坎壈人生》，《文史杂志》2018 年第 1 期。

易文晓：《论扬雄与汉大赋的转向》，《复旦学报》（社会科学版）2018 年第 6 期。

赵骥：《经学变化的文学投影：司马相如、扬雄田猎赋异同论》，《济南大学学报》（社会科学版）2018 年第 4 期。

董小华：《从扬雄对司马相如的超越看两汉赋体文学走向》，《哈尔滨师范大学社会科学学报》2018 年第 2 期。

陶成涛：《重估〈长杨赋〉的创新意义及其赋史地位》，《聊城大学学报》（社会科学版）2018 年第 5 期。

许结：《论扬雄赋学的建德观》，《文学遗产》2019 年第 5 期。

侯文学：《扬雄辞赋观的形成及其文学史意义》，《清华大学学报》（哲学社会科学版）2020 年第 1 期。

陈碧仙：《扬雄辞赋及其赋论之研究》，福建师范大学硕士论文，2002 年。

黄竞：《扬雄辞赋研究》，湖南师范大学硕士论文，2004 年。

高安晶：《司马相如与扬雄辞赋研究》，西北大学硕士论文，2011 年。

张倩：《扬雄辞赋名物考》，兰州大学硕士论文，2012 年。

刘晓孟：《论扬雄赋的深玮风格》，北华大学硕士论文，2019年。

### 其他文体研究

束景南：《扬雄作州箴辨伪》，《文献》1992年第4期。

张晓明：《扬雄箴文略论》，《甘肃社会科学》1997年第5期。

张晓明：《论扬雄"连珠"的文学价值》，《青岛大学师范学院学报》1999年第2期。

刘保贞：《扬雄与〈剧秦美新〉》，《山东大学学报》（社会科学版）2000年第6期。

蒋文燕：《关于〈封禅文〉、〈剧秦美新〉和〈典引〉的一点思考》，《宁夏大学学报》（人文社会科学版）2002年第2期。

朱秀敏：《浅论扬雄散文的艺术特色》，《阿坝师范高等专科学校学报》2010年第4期。

孙良申：《连珠源起及与汉赋之关系》，《西南民族大学学报》（人文社科版）2010年第6期。

赵俊玲：《官箴王阙"传统与扬雄箴文》，《安阳师范学院学报》2015年第3期。

曹丹：《扬雄官箴文创作考述》，《古籍整理研究学刊》2015年第6期。

曹丹：《论扬雄箴文创作类型》，《文艺评论》2015年第10期。

王瑰：《也论扬雄"美新"》，《关东学刊》2016年第6期。

王允亮：《扬雄官箴创作及经典化问题探讨》，《暨南学报》（哲学社会科学版）2017年第8期。

王定璋：《扬雄〈谏勿许单于朝〉的历史价值》，《文史杂志》2020年第1期。

**文学理论**

李庆甲：《扬雄文学思想述评》，载上海人民出版社编：《古典文学论丛》，上海人民出版社 1980 年版。

马夏民：《扬雄薄赋辨》，《信阳师范学院学报》（哲学社会科学版）1986 年第 2 期。

许结：《论扬雄融合儒道对其文论的影响》，《学术月刊》1986 年第 4 期。

刘树清：《略论汉代大赋的讽谏艺术——兼论扬雄的欲讽反劝说》，《广西师院学报》（哲学社会科学版）1987 年第 2 期。

孙亭玉：《简述汉代四家辞赋观》，《长沙水电师院学报》（社会科学版）1989 年第 1 期。

徐宗文：《诗人之赋丽以则：扬雄文艺思想及其影响探析》，《江海学刊》1990 年第 2 期。

曹大中：《屈赋非扬雄所说"诗人之赋"辩》，《中国文学研究》1990 年第 4 期。

学思：《张皇幽渺　弘扬绝学〈扬雄思想初探〉介评》，《四川社科通讯》1990 年第 4 期。

周悦：《扬雄文学思想新探》，《中国文学研究》1997 年第 1 期。

陈朝辉：《扬雄辞赋观简论》，《成都师专学报》2002 年第 3 期。

刘怀荣：《从"九天"说看扬雄"文必艰深"论》，《山西师范大学学报》（社会科学版）2003 年第 4 期。

踪凡、冷卫国：《扬雄汉赋观刍议》，《陕西师范大学学报》（哲学社会科学版）2004 年第 5 期。

多洛肯：《扬雄辞赋创作论》，《新疆师范大学学报》（哲学社会科学版）2005 年第 3 期。

陈朝辉：《至法无法——扬雄文论的现代诠释》，《当代文坛》2006 年第 3 期。

常昭、陈天强：《由辞赋异途看扬雄赋论》，《济南大学学报》（社会科学版）2006 年第 4 期。

赵为学、王栋：《论扬雄的文体自觉》，《湖南城市学院学报》2006 年第 4 期。

万志全：《论"文学的自觉"理论探讨始自扬雄的"丽"》，《名作欣赏》2007 年第 2 期。

陈晓芬：《辩扬雄的文辞主张》，《中文自学指导》2007 年第 4 期。

束景南、郝永：《论扬雄文学思想之"文质相副"说》，《文艺理论研究》2007 年第 4 期。

陈强：《略论扬雄思想的理论来源》，《青海社会科学》2007 年第 5 期。

魏鹏举：《"雕虫"与"雕龙"的故事——兼论扬雄与刘勰的文学观》，《文化与诗学》2008 年第 1 期。

陈碧仙：《兼论扬雄关于汉赋"丽则"和"丽淫"的文学思想》，《福建教育学院学报》2009 年第 1 期。

陈碧仙：《扬雄"文质"美学思想及其对汉赋的评价》，《凯里学院学报》2009 年第 2 期。

万志全：《扬雄与"文学自觉"的理论始源》，《新疆大学学报》（哲学人文社会科学版）2009 年第 3 期。

钟志强：《扬雄的"以文立命"及其对文学自觉的影响》，《四川教育学院学报》2009 年第 3 期。

张明辉：《关于扬雄辞赋观的一点厘清》，《南阳师范学院学报》2010 年第 11 期。

汪耀明：《论扬雄的文学思想》，《太原师范学院学报》（社会科学版）2011 年第 1 期。

张晓明：《广泛性与变革性：扬雄的文体实践》，《青岛大学师范学院学报》2011 年第 2 期。

刘浏：《扬雄"诗人之赋"义证》，《天中学刊》2011 年第 4 期。

王德华：《扬雄赋论准则及其大赋创作模式》，《浙江师范大学学报》（社会科学版）2011 年第 4 期。

刘浏：《扬雄"诗人之赋"辩义》，《文艺评论》2011 年第 6 期。

孙少华：《扬雄的文学追求与文学观念之迁变》，《清华大学学报》（哲学社会科学版）2012 年第 1 期。

冷卫国：《"诗人之赋"与"辞人之赋——论扬雄的赋学批评》，《齐鲁学刊》2013 年第 3 期。

王亚军：《扬雄言意关系浅论》，《安徽广播电视大学学报》2014 年第 1 期。

杨清之：《论扬雄的隐逸心迹》，《海南师范大学学报》（社会科学版）2014 年第 9 期。

车瑞、刘冠君：《"丽则"：扬雄赋论与汉赋嬗变》，《武汉大学学报》（人文科学版）2015 年第 4 期。

田胜利：《扬雄"文质说"及相关的文学观念与创作》，《湖南工业大学学报》（社会科学版）2017 年第 6 期。

张思齐：《扬雄的文学批评观及发展意识》，《西华大学学报》（哲学社会科学版）2018 年第 4 期。

孙少华：《"壮夫不为"与"不讽则劝"——扬雄对汉赋理论

的改造与两汉之际文学批评思想的定型》，《铜仁学院学报》2018年第 7 期。

熊良智：《扬雄的文学思想与辞赋书写》，《四川师范大学学报》（社会科学版）2019 年第 6 期。

王志阳：《扬雄赋论与辞赋创作变化成因考论》，《成都理工大学学报》（社会科学版）2019 年第 6 期。

陈朝辉：《扬雄文学思想研究》，四川师范大学文学院硕士论文，2002 年。

康卫国：《扬雄的文学思想——以"因""革"为中心》，陕西师范大学硕士论文，2003 年。

王栋：《扬雄文论研究》，湖南师范大学硕士论文，2005 年。

刘静安：《从大赋创作到玄静之思：扬雄辞赋创作论》，陕西师范大学硕士论文，2007 年。

张强强：《智性视阈下的文学观——扬雄文论思想研究》，陕西师范大学硕士论文，2007 年。

雷雨婷：《扬雄辞赋创作变革及其赋学思想》，宁夏大学硕士论文，2016 年。

毛羽丰：《扬雄文学思想研究》，内蒙古大学硕士论文，2017 年。

**文学影响**

刘树清：《略论汉代大赋的讽谏艺术——兼论扬雄的欲讽反劝说》，《广西师院学报》（哲学社会科学版）1987 年第 2 期。

陶懋炳：《论司马光对荀子扬雄的承袭》，《衡阳师专学报》1987 年第 2 期。

许结：《论扬雄与东汉文学思潮》，《中国社会科学》1988 年第 1 期。

叶福翔：《试论扬雄对中国文化的贡献》，《中国文化论坛》1996 年第 1 期。

方铭：《扬雄与刘勰》，《中国文化研究》1997 年第 3 期。

杨世明：《扬雄身后褒贬评说考议——林贞爱〈扬雄集校注〉序》，《四川师范学院学报》（哲学社会科学版）2001 年第 2 期。

陈汉：《知实难逢　人莫原该——评刘勰论扬雄》，《广东技术师范学院学报》（社会科学版）2003 年第 5 期。

刘保贞：《试论扬雄对唐代文学的影响》，《山东大学学报》（哲学社会科学版）2004 年第 2 期。

李凤玲：《赋料扬雄敌——谈扬雄对杜甫赋作的影响》，《杜甫研究学刊》2005 年第 2 期。

赵为学、王栋：《扬雄研究的源流与不足》，《湖南科技学院学报》2006 年第 6 期。

兰寿春：《"诗人之赋丽以则"辩证——简论扬雄赋论的影响和意义》，《龙岩学院学报》2007 年第 1 期。

汪耀明：《扬雄文学思想对东汉文论的影响》，《重庆教育学院学报》2010 年第 1 期。

韩兆琦：《韩愈何以推崇扬雄》，《古典文学知识》2010 年第 3 期。

刘成国：《论唐宋间的"尊扬"思潮与古文运动》，《文学遗产》2011 年第 3 期。

陈冬根：《王安石与苏轼对扬雄和韩愈的接受及其影响》，《井冈山大学学报》（社会科学版）2012 年第 3 期。

杨许波：《唐诗中的扬雄形象》，《长江大学学报》（社会科学版）2012 年第 10 期。

范子烨：《"游目汉庭中"：陶渊明与扬雄之关系发微——以

〈饮酒〉其五为中心》，《四川师范大学学报》（社会科学版）2013年第 2 期。

侯文学：《中国古典诗歌中的扬雄典事及其主导取向》，《陕西师范大学学报》（哲学社会科学版）2013 年第 2 期。

郭世轩：《审美诉求与意识形态建构的矛盾——关于扬雄"悔其少作"的文化阐释》，《社会科学辑刊》2014 年第 4 期。

吴思萌、李楠：《〈文心雕龙〉对扬雄辞赋观评价的积极意义》，《语文学刊》2014 年第 20 期。

徐涓：《朱熹对待扬雄〈反离骚〉态度及其原因探析》，《湖北大学学报》（哲学社会科学版）2015 年第 2 期。

汪文学、刘苏晓：《扬雄文学"明道"论之内涵及其对刘勰的影响》，《贵州民族大学学报》（哲学社会科学版）2015 年第 4 期。

侯文学：《扬雄从才子型文人到学者型文人的转化及其意义》，《江西师范大学学报》（哲学社会科学版）2015 年第 5 期。

刘保贞：《试论扬雄在宋代历史地位的变迁》，《西华大学学报》（哲学社会科学版）2018 年第 6 期。

范子烨：《试论扬雄在宋代历史地位的变迁》，《古典文学知识》2018 年第 5 期。

范子烨：《中古时代的扬雄崇拜》，《古典文学知识》2018 年第 5 期。

刘成国：《宋代尊扬思潮的兴起与衰歇》，《学术月刊》2018 年第 6 期。

李殿元：《论〈蜀王本纪〉对古蜀历史研究的意义》，《文史杂志》2018 年第 2 期。

操月：《论刘勰对荀子、扬雄"明道、征圣、宗经"文学观的继承与发展》，《学术月刊》2018 年第 2 期。

陈祎舒：《唐诗中的扬雄》，《杜甫研究学刊》2018 年第 2 期。

沈曙东：《论扬雄对李白的影响》，《福州大学学报》（哲学社会科学版）2019 年第 1 期。

王红霞、黄子珍：《韩国诗话论扬雄评述》，《福州大学学报》（哲学社会科学版）2019 年第 1 期。

王红霞、熊梓灼：《杜诗称引扬雄探析》，《四川师范大学学报》（社会科学版）2019 年第 2 期。

任敬文：《诗歌中的扬雄居所：有意选择与塑造的文化意象》，《绵阳师范学院学报》2019 年第 3 期。

沈相辉：《〈汉书〉为扬雄立传原因考论》，《北京社会科学》2020 年第 1 期。

侯文学：《淑周楚之丰烈——扬雄作品的文化阐释》，东北师范大学博士论文，2003 年。

唐妤：《扬雄与巴蜀文化》，四川师范大学硕士论文，2008 年。

隋萍：《扬雄新思想及其对陶渊明的影响研究》，山东大学硕士论文，2017 年。

# 后　记

　　本书是四川省扬雄研究中心年度规划项目"百年扬雄研究文献综录"的成果之一。四川省扬雄研究中心于2017年成立，是四川省委宣传部、四川省教育厅、四川省社会科学界联合会批准的首批十个四川历史名人文化研究中心之一。

　　本书选录20世纪以来国内正式出版的扬雄研究文献，从研究综述、著作提要、著作选录、文献目录四个方面将国内百余年的扬雄文学研究做了比较全面的展示。具体而言，研究综述部分概括论述扬雄文学研究的主要内容以及20世纪以来的发展、成就，著作提要部分简要介绍扬雄文学研究专著的作者、版本信息以及学术特点，著作选录部分选录少量有代表性的著作原文，文献目录部分将相关研究论著按类别及出版时间顺序排列。本书以百余年来扬雄文学研究成果为基础，试图展现20世纪以来扬雄文学研究的整体面貌，但由于扬雄文学研究领域宽广、文献分散，加之个人能力有限且时间仓卒，难免挂一漏万，望请读者海涵并指正。

　　在本书的编纂过程中，四川师范大学文学院领导和四川省扬雄研究中心领导给予我极大的支持与帮助，中心首席专家——恩师熊良智教授也给予我许多指导和帮助；我的硕士研究生阳雪梅

百年扬雄研究文献综录·文学卷

同学作为课题组成员负责了扬雄研究论文的收录与整理工作，并完成了硕士学位论文《扬雄文集的编撰及体例研究》，苏琳琳、罗佳、任茂雪三位同学也不同程度地参与了本书的校订工作；责任编辑张琳婉女士编校细致认真，帮助本书出版面世。在此一并表示诚挚的谢意！

本书全文载录二十余篇学术论文，经过积极联系，除了唐兰、曹大中、俞纪东三位先生外，其余作者皆已无私而慷慨地授权笔者载录，在此向各位师友表示衷心的感谢！另唐兰先生已经离世，笔者未能联系到唐先生后人；曹大中、俞纪东两位先生现已退休，笔者曾致电原单位，但未能获得他们的联系方式。敬请唐先生后人和曹、俞两位先生见书后与笔者联系。

邓　稳

2020 年 12 月 9 日于四川省扬雄研究中心